W0377491

Kohlhammer
Deutscher Gemeindeverlag

Kommunale Schriften für Nordrhein-Westfalen

Herausgegeben von

Helmut Dedy
Geschäftsführendes Vorstandsmitglied des Städtetages Nordrhein-Westfalen

Dr. Bernd Jürgen Schneider
Hauptgeschäftsführer des Städte- und Gemeindebundes Nordrhein-Westfalen

Jagdrechtliche Vorschriften Nordrhein-Westfalen

Textsammlung

von

Hans-Jürgen Thies
Mitglied des Deutschen Bundestages
Rechtsanwalt in Hamm/Westfalen

10. Auflage

Kohlhammer

Deutscher Gemeindeverlag

10. Auflage 2020

Gesamtherstellung: W. Kohlhammer GmbH, Stuttgart

Print
ISBN 978-3-555-02040-2

E-Book-Format:
pdf: ISBN 978-3-555-02041-9
epub: ISBN 978-3-555-02042-6
mobi: ISBN 978-3-555-02043-3

Vorwort

Im Dezember 2015 verstarb Ltd. Ministerialrat Hans Drees, der diese Textsammlung begründet und über viele Jahre als Autor bearbeitet hat. Hans Drees hat damit der jagdlichen Praxis in Nordrhein-Westfalen eine wertvolle Hilfestellung gegeben. Ich bin dankbar, dass ich die Arbeit von Hans Drees fortführen darf und werde ihm ein ehrendes Andenken bewahren.

Das Landesjagdgesetz NRW und nahezu sämtliche damit im Zusammenhang stehenden Verordnungen und Erlasse sind in den Jahren 2014 und 2015 umfassend novelliert worden. Erklärtes Ziel der Änderungsgesetze war es, „unter Einbeziehung der geänderten und vielschichtigen Einflussfaktoren eine Änderung hin zur Nachhaltigkeit einzuleiten und die Jagd an ökologischen Prinzipien und dem Tierschutz auszurichten (Ökologisches Jagdgesetz)“. Dass durch die vorgenommenen Novellierungen diese Ziele erreicht oder jedenfalls gefördert werden, wird von großen Teilen der Jagdpraxis bezweifelt. Insbesondere von der Mehrheit der Jägerschaft werden wesentliche Bereiche der gesetzlichen Neuregelungen als rein ideologisch motiviert und praxisuntauglich kritisiert.

Durch den im Mai 2017 in NRW stattgefundenen Regierungswechsel wurde die jagdpolitische Debatte neu entfacht. Im Februar 2019 hat diese Debatte mit der Verabschiedung einer weiteren Novelle des Landesjagdgesetzes und weiterer Vorschriften im Landtag nunmehr ihren vorläufigen Abschluss gefunden. Ein wesentlicher Teil der mit dem Ökologischen Jagdgesetz in Kraft gesetzten Regelungen wurde damit wieder korrigiert. Zu hoffen bleibt, dass das Jagdrecht in NRW jetzt endlich in ein ruhigeres politisches Fahrwasser gerät und weiterhin von einer breiten gesellschaftlichen Akzeptanz im bevölkerungsreichsten Bundesland Deutschlands getragen wird. Politik und Jagdpraxis haben hieran gleichermaßen mitzuwirken.

Für die Mitarbeit an dieser Neuauflage danke ich Frau Rechtsanwältin Dr. Susanne Selter.

Hamm, Juli 2019 Hans-Jürgen Thies

Inhaltsverzeichnis

Inhaltsverzeichnis

Einleitung

Das Jagdrecht war in Deutschland lange ein verhältnismäßig stabiles Rechtsgebiet. Wichtigste Rechtsquelle war und ist das Bundesjagdgesetz (BJagdG), das am 1. April 1953 in Kraft getreten ist und seit dem Beitritt der DDR auch in den neuen Bundesländern gilt. Das Jagdrecht gehörte nach Art. 75 Nr. 3 GG in Verbindung mit Art. 72 GG zum Bereich der Rahmengesetzgebung. Neben dem BJagdG gelten Jagdgesetze der einzelnen Bundesländer, die den bundesgesetzlich vorgegebenen Rahmen ausfüllen, zum Teil aber auch vom Bundesrecht abweichende Regelungen enthalten. In Nordrhein-Westfalen bildet das Landesjagdgesetz in der Fassung der Bekanntmachung vom 7. Dezember 1994 (GV. NRW. 1995 S. 2; 1997 S. 56), zuletzt geändert durch das dritte Gesetz zur Änderung des Landesjagdgesetzes und zur Änderung anderer Vorschriften vom 26. Februar 2019 (GV. NRW. S. 131) die Grundlage für die Jagdausübung.
Nach einer Änderung des Grundgesetzes durch Gesetz vom 27. Oktober 1994 (BGBl. I S. 3146) bestand die Rahmenkompetenz des Bundes für das Jagdwesen zwar fort (Art. 75 Abs. 1 Nr. 3 GG a. F.). Rahmenvorschriften durften jedoch nur noch in Ausnahmefällen in Einzelheiten gehende oder unmittelbar geltende Regelungen enthalten (Art. 75 Abs. 2 GG a. F.). Einige Teile des BJagdG hätten nach dieser Grundgesetzänderung nicht mehr als Bundesrecht erlassen werden können. Vor dem 15. November 1994 erlassenes Recht galt jedoch als Bundesrecht fort. Durch Bundesgesetz konnte bestimmt werden, dass es durch Landesrecht ersetzt werden konnte (Art. 125a Abs. 3 GG).
Eine grundlegende Änderung der Verteilung der Gesetzgebungskompetenz zwischen Bund und Ländern ist jedoch durch das Gesetz zur Änderung des Grundgesetzes vom 28. August 2006 (BGBl. I S. 2034), die sog. Föderalismusreform, erfolgt. Das Jagdwesen gehört nach Art. 74 Abs. 1 Nr. 28 GG n. F. nunmehr zum Bereich der konkurrierenden Gesetzgebung. Nach Art. 72 GG n. F. haben in diesem Bereich die Länder die Befugnis zur Gesetzgebung, solange und soweit der Bund von seiner Gesetzgebungszuständigkeit nicht durch Gesetz Gebrauch gemacht hat. Hat der Bund von seiner Gesetzgebungszuständigkeit Gebrauch gemacht, können die Länder durch Gesetz hiervon abweichende Regelun-

gen treffen u. a. über das Jagdwesen (ohne das Recht des Jagdscheins) und den Naturschutz und die Landschaftspflege (ohne die allgemeinen Grundsätze des Naturschutzes, das Recht des Artenschutzes oder des Meeresnaturschutzes). Bundesgesetze auf diesen Gebieten treten frühestens sechs Monate nach ihrer Verkündung in Kraft, soweit nicht mit Zustimmung des Bundesrates anderes bestimmt ist. Im Verhältnis von Bundes- und Landesrecht geht das jeweils spätere Gesetz vor.
Die neue Rechtslage birgt die Gefahr, dass sich das Jagdrecht in den Ländern der Bundesrepublik unter dem Druck unterschiedlicher Interessengruppen sehr unterschiedlich entwickeln könnte. Eine Grenze für die Gesetzgebung im Bund und in den Ländern besteht nur insoweit, als das Jagdrecht als Teil des Eigentums nach Art. 14 GG verfassungsrechtlich geschützt ist. Welche Folgerungen daraus zu ziehen sein werden, ist noch klärungsbedürftig.
Im Zeitpunkt der Drucklegung dieses Bandes haben erst wenige Länder (Rheinland-Pfalz, Baden-Württemberg, Nordrhein Westfalen) von den ihnen eröffneten Gesetzgebungsmöglichkeiten umfassend Gebrauch gemacht.
Mit seiner Entscheidung vom 26.6.2012 hat sich der Europäische Gerichtshof für Menschenrechte in das deutsche Jagdrechtssystem eingemischt und hat eine Befriedungsmöglichkeit angemahnt, wenn ein Grundstückseigentümer aus ethischen Überzeugungen die Jagd ablehnt. Der Bundesgesetzgeber hat darauf reagiert und hat durch das „Gesetz zur Änderung jagdrechtlicher Vorschriften“ vom 29.5.2013 (BGBl. I S. 1386) einen § 6a in das BJagdG eingefügt. Entgegen anfänglicher Befürchtungen haben das bewährte Reviersystem und das Prinzip der flächendeckenden Bejagung darunter bisher nicht gelitten.
Die Neuauflage gibt den am 1. April 2019 bestehenden Rechtszustand auf Bundes- und Landesebene wieder. Der Band enthält alle gesetzlichen und sonstigen Bestimmungen, die für den Jagdbetrieb in NRW von Bedeutung sind.
Lediglich die außerordentlich zahlreichen die Lebensmittelsicherheit und die Wildbrethygiene betreffenden Vorschriften (Verordnungen der EG, Lebensmittel-, Bedarfsgegenstände- und Futtermittelgesetzbuch, Verordnung zur Durchführung von Vorschriften des gemeinschaftlichen Lebensmittelhygienerechts u. a.) sind nicht abgedruckt. Insoweit wird der Leser auf die Darstellung in der Vorauflage sowie im ebenfalls im Deut-

schen Gemeindeverlag erschienenen Kommentar *Jagdrecht in Niedersachsen* (34., überarbeitetete Auflage 2019, ISBN 978-3-555-02044-0) von Dr. Heinz Rose verwiesen.

Gesetze, Verordnungen, Erlasse (z. T. in Auszügen)

Bundesjagdgesetz (BJG)

BJagdG, Ausfertigungsdatum: 29.11.1952 Vollzitat: „Bundesjagdgesetz in der Fassung der Bekanntmachung vom 29. September 1976 (BGBl. I S. 2849), das zuletzt durch Artikel 2 des Gesetzes vom 14. November 2018 (BGBl. I S. 1850) geändert worden ist".

I. Abschnitt: **Das Jagdrecht**

§ 1 Inhalt des Jagdrechts

(1) Das Jagdrecht ist die ausschließliche Befugnis, auf einem bestimmten Gebiet wildlebende Tiere, die dem Jagdrecht unterliegen, (Wild) zu hegen, auf sie die Jagd auszuüben und sie sich anzueignen. Mit dem Jagdrecht ist die Pflicht zur Hege verbunden.

(2) Die Hege hat zum Ziel die Erhaltung eines den landschaftlichen und landeskulturellen Verhältnissen angepassten artenreichen und gesunden Wildbestandes sowie die Pflege und Sicherung seiner Lebensgrundlagen; auf Grund anderer Vorschriften bestehende gleichartige Verpflichtungen bleiben unberührt. Die Hege muss so durchgeführt werden, daß Beeinträchtigungen einer ordnungsgemäßen land-, forst- und fischereiwirtschaftlichen Nutzung, insbesondere Wildschäden, möglichst vermieden werden.

(3) Bei der Ausübung der Jagd sind die allgemein anerkannten Grundsätze deutscher Weidgerechtigkeit zu beachten.

(4) Die Jagdausübung erstreckt sich auf das Aufsuchen, Nachstellen, Erlegen und Fangen von Wild.

(5) Das Recht zur Aneignung von Wild umfasst auch die ausschließliche Befugnis, krankes oder verendetes Wild, Fallwild und Abwurfstangen sowie die Eier von Federwild sich anzueignen.

(6) Das Jagdrecht unterliegt den Beschränkungen dieses Gesetzes und der in seinem Rahmen ergangenen landesrechtlichen Vorschriften.

§ 2 Tierarten

(1) Tierarten, die dem Jagdrecht unterliegen, sind:

1. Haarwild:
    Wisent (Bison bonasus L.),
    Elchwild (Alces alces L.),

Rotwild (Cervus elaphus L.),
Damwild (Dama dama L.),
Sikawild (Cervus nippon TEMMINCK),
Rehwild (Capreolus capreolus L.),
Gamswild (Rupicapra rupicapra L.),
Steinwild (Capra ibex L.),
Muffelwild (Ovis ammon musimon PALLAS),
Schwarzwild (Sus scrofa L.),
Feldhase (Lepus europaeus PALLAS),
Schneehase (Lepus timidus L.),
Wildkaninchen (Oryctolagus cuniculus L.),
Murmeltier (Marmota marmota L.),
Wildkatze (Felis silvestris SCHREBER),
Luchs (Lynx lynx L.),
Fuchs (Vulpes vulpes L.),
Steinmarder (Martes foina ERXLEBEN),
Baummarder (Martes martes L.),
Iltis (Mustela putorius L.),
Hermelin (Mustela erminea L.),
Mauswiesel (Mustela nivalis L.), Dachs (Meles meles L.),
Fischotter (Lutra lutra L.),
Seehund (Phoca vitulina L.);

2. Federwild:
Rebhuhn (Perdix perdix L.),
Fasan (Phasianus colchicus L.),
Wachtel (Coturnix coturnix L.),
Auerwild (Tetrao urogallus L.),
Birkwild (Lyrurus tetrix L.),
Rackelwild (Lyrus tetrix x Tetrao urogallus),
Haselwild (Tetrastes bonasia L.),
Alpenschneehuhn (Lagopus mutus MONTIN),
Wildtruthuhn (Meleagris gallopavo L.),
Wildtauben (Columbidae),
Höckerschwan (Cygnus olor GMEL.),
Wildgänse (Gattungen Anser BRISSON und Branta SCOPOLI),
Wildenten (Anatinae),
Säger (Gattung Mergus L.),
Waldschnepfe (Scolopax rusticola L.),
Bläßhuhn (Fulica atra L.),
Möwen (Laridae),
Haubentaucher (Podiceps cristatus L.),

Großtrappe (Otis tarda L.),
Graureiher (Ardea cinerea L.),
Greife (Accipitridae),
Falken (Falconidae),
Kolkrabe (Corvus corax L.).

(2) Die Länder können weitere Tierarten bestimmen, die dem Jagdrecht unterliegen.

(3) Zum Schalenwild gehören Wisente, Elch-, Rot-, Dam-, Sika-, Reh-, Gams-, Stein-, Muffel- und Schwarzwild.

(4) Zum Hochwild gehören Schalenwild außer Rehwild, ferner Auerwild, Steinadler und Seeadler. Alles übrige Wild gehört zum Niederwild.

§ 3 Inhaber des Jagdrechts, Ausübung des Jagdrechts

(1) Das Jagdrecht steht dem Eigentümer auf seinem Grund und Boden zu. Es ist untrennbar mit dem Eigentum am Grund und Boden verbunden. Als selbständiges dingliches Recht kann es nicht begründet werden.

(2) Auf Flächen, an denen kein Eigentum begründet ist, steht das Jagdrecht den Ländern zu.

(3) Das Jagdrecht darf nur in Jagdbezirken nach Maßgabe der §§ 4 ff. ausgeübt werden.

II. Abschnitt: **Jagdbezirke und Hegegemeinschaften**

1. Allgemeines

§ 4 Jagdbezirke

Jagdbezirke, in denen die Jagd ausgeübt werden darf, sind entweder Eigenjagdbezirke (§ 7) oder gemeinschaftliche Jagdbezirke (§ 8).

§ 5 Gestaltung der Jagdbezirke

(1) Jagdbezirke können durch Abtrennung, Angliederung oder Austausch von Grundflächen abgerundet werden, wenn dies aus Erfordernissen der Jagdpflege und Jagdausübung notwendig ist.

(2) Natürliche und künstliche Wasserläufe, Wege, Triften und Eisenbahnkörper sowie ähnliche Flächen bilden, wenn sie nach Umfang und Gestalt für sich allein eine ordnungsmäßige Jagdausübung nicht gestatten, keinen Jagdbezirk für sich, unterbrechen nicht den Zusammenhang eines Jagdbezirkes und stellen auch den Zusammenhang zur Bildung eines Jagdbezirkes zwischen getrennt liegenden Flächen nicht her.

§ 6 Befriedete Bezirke, Ruhen der Jagd

Auf Grundflächen, die zu keinem Jagdbezirk gehören, und in befriedeten Bezirken ruht die Jagd. Eine beschränkte Ausübung der Jagd kann gestattet werden. Tiergärten fallen nicht unter die Vorschriften dieses Gesetzes.

§ 6a Befriedung von Grundflächen aus ethischen Gründen

(1) Grundflächen, die zu einem gemeinschaftlichen Jagdbezirk gehören und im Eigentum einer natürlichen Person stehen, sind auf Antrag des Grundeigentümers zu befriedeten Bezirken zu erklären (Befriedung), wenn der Grundeigentümer glaubhaft macht, dass er die Jagdausübung aus ethischen Gründen ablehnt. Eine Befriedung ist zu versagen, soweit Tatsachen die Annahme rechtfertigen, dass ein Ruhen der Jagd auf der vom Antrag umfassten Fläche bezogen auf den gesamten jeweiligen Jagdbezirk die Belange

1. der Erhaltung eines artenreichen und gesunden Wildbestandes sowie der Pflege und Sicherung seiner Lebensgrundlagen,
2. des Schutzes der Land-, Forst- und Fischereiwirtschaft vor übermäßigen Wildschäden,
3. des Naturschutzes und der Landschaftspflege,
4. des Schutzes vor Tierseuchen oder
5. der Abwendung sonstiger Gefahren für die öffentliche Sicherheit und Ordnung gefährdet.

Ethische Gründe nach Satz 1 liegen insbesondere nicht vor, wenn der Antragsteller

1. selbst die Jagd ausübt oder die Ausübung der Jagd durch Dritte auf einem ihm gehörenden Grundstück duldet oder
2. zum Zeitpunkt der behördlichen Entscheidung einen Jagdschein gelöst oder beantragt hat.

Der Antrag ist schriftlich oder zur Niederschrift bei der zuständigen Behörde zu stellen. Der Entscheidung über den Antrag hat neben der Anhörung des Antragstellers eine Anhörung der Jagdgenossenschaft, des

Jagdpächters, angrenzender Grundeigentümer, des Jagdbeirats sowie der Träger öffentlicher Belange vorauszugehen.

(2) Die Befriedung soll mit Wirkung zum Ende des Jagdpachtvertrages erfolgen. Sofern dies dem Antragsteller unter Abwägung mit den schutzwürdigen Belangen der Jagdgenossenschaft nicht zuzumuten ist, kann die Behörde einen früheren Zeitpunkt, der jedoch nicht vor Ende des Jagdjahres liegt, bestimmen. In den Fällen des Satzes 2 kann die Jagdgenossenschaft vom Grundeigentümer den Ersatz des Schadens verlangen, der ihr durch die vorzeitige Befriedung entsteht.

(3) Die Befriedung kann räumlich auf einen Teil der Antragsfläche sowie zeitlich beschränkt werden, soweit dies zur Wahrung der Belange nach Absatz 1 Satz 2 erforderlich ist.

(4) Die Befriedung erlischt vorbehaltlich der Sätze 2 und 3 drei Monate nach Übergang des Eigentums an der befriedeten Grundfläche auf einen Dritten. Stellt der Dritte während des Laufs der Frist nach Satz 1 einen Antrag auf erneute Befriedung, so erlischt die bestehende Befriedung mit dem Wirksamwerden der behördlichen Entscheidung über den Antrag. Verzichtet der Dritte vor Ablauf der Frist nach Satz 1 auf einen Antrag auf erneute Befriedung, so erlischt die bestehende Befriedung mit dem Zugang der Verzichtserklärung bei der zuständigen Behörde. Der Grundeigentümer hat den Eigentumswechsel der zuständigen Behörde anzuzeigen. Die Befriedung ist zu widerrufen, wenn

1. der Grundeigentümer schriftlich gegenüber der zuständigen Behörde den Verzicht auf die Befriedung erklärt oder
2. der Grundeigentümer die Jagd ausübt, einen Jagdschein löst oder die Ausübung der Jagd durch Dritte auf einem ihm gehörenden Grundstück duldet.

Die Befriedung ist in der Regel zu widerrufen, wenn Tatsachen bekannt werden, die den Anspruch auf Erklärung zum befriedeten Bezirk entfallen lassen. Die Befriedung ist unter den Vorbehalt des Widerrufs zu stellen für den Fall, dass ein oder mehrere weitere begründete Anträge auf Befriedung in demselben Jagdbezirk gestellt werden und nicht allen Anträgen insgesamt ohne Gefährdung der Belange nach Absatz 1 Satz 2 stattgegeben werden kann. Im Übrigen gelten die verwaltungsverfahrensrechtlichen Vorschriften über Rücknahme und Widerruf von Verwaltungsakten.

(5) Die zuständige Behörde kann eine beschränkte Jagdausübung auf den für befriedet erklärten Grundflächen anordnen, soweit dies zur Vermeidung übermäßiger Wildschäden, der Gefahr von Tierseuchen, aus Gründen des Naturschutzes oder des Tierschutzes, der Seuchenhygiene, der Gewährleistung der Sicherheit des Verkehrs auf öffentlichen Verkehrswegen oder

der Abwendung sonstiger Gefahren für die öffentliche Sicherheit und Ordnung erforderlich ist. Widerspruch und Klage gegen die Anordnung haben keine aufschiebende Wirkung. Kommt der Grundeigentümer der Anordnung nicht nach, so kann die zuständige Behörde für dessen Rechnung die Jagd ausüben lassen.

(6) Wildschäden an Grundstücken, die zum gemeinschaftlichen Jagdbezirk gehören, hat der Grundeigentümer der befriedeten Grundfläche nach dem Verhältnis des Flächenanteils seiner Grundfläche an der Gesamtfläche des gemeinschaftlichen Jagdbezirks anteilig zu ersetzen. Dies gilt nicht, sofern das schädigende Wild auf der befriedeten Grundfläche nicht vorkommt oder der Schaden auch ohne die Befriedung der Grundfläche eingetreten wäre.

(7) Der Grundeigentümer der befriedeten Fläche hat keinen Anspruch auf Ersatz von Wildschäden.

(8) Die Grundsätze der Wildfolge sind im Verhältnis des gemeinschaftlichen Jagdbezirks zu der nach Absatz 1 für befriedet erklärten Grundfläche entsprechend anzuwenden. Einer Vereinbarung nach § 22a Absatz 2 bedarf es nicht. Der Grundeigentümer des für befriedet erklärten Grundstücks ist über die Notwendigkeit der Wildfolge, soweit Belange des Tierschutzes nicht entgegenstehen bereits vor Beginn der Wildfolge, unverzüglich in Kenntnis zu setzen.

(9) Das Recht zur Aneignung von Wild nach § 1 Absatz 1 Satz 1 steht in den Fällen der nach Absatz 5 behördlich angeordneten Jagd und der Wildfolge nach Absatz 8 dem Jagdausübungsberechtigten des Jagdbezirks oder dem beauftragten Jäger zu.

(10) Die Absätze 1 bis 9 sind auf Grundflächen, die einem Eigenjagdbezirk kraft Gesetzes oder auf Grund behördlicher Entscheidung angegliedert sind, entsprechend anzuwenden.

2. Eigenjagdbezirke

§ 7

(1) Zusammenhängende Grundflächen mit einer land-, forst- oder fischereiwirtschaftlich nutzbaren Fläche von 75 Hektar an, die im Eigentum ein und derselben Person oder einer Personengemeinschaft stehen, bilden einen Eigenjagdbezirk. Die Länder können abweichend von Satz 1 die Mindestgröße allgemein oder für bestimmte Gebiete höher festsetzen. Soweit am Tag des Inkrafttretens des Einigungsvertrages in den Ländern eine andere als die in Satz 1 bestimmte Größe festgesetzt ist, behält es dabei

sein Bewenden, falls sie nicht unter 70 Hektar beträgt. Die Länder können, soweit bei Inkrafttreten dieses Gesetzes eine solche Regelung besteht, abweichend von Satz 1 bestimmen, dass auch eine sonstige zusammenhängende Fläche von 75 Hektar einen Eigenjagdbezirk bildet, wenn dies von Grundeigentümern oder Nutznießern zusammenhängender Grundflächen von mindestens je 15 Hektar beantragt wird.

(2) Ländergrenzen unterbrechen nicht den Zusammenhang von Grundflächen, die gemäß Absatz 1 Satz 1 einen Eigenjagdbezirk bilden. In den Fällen des Absatzes 1 Satz 3 besteht ein Eigenjagdbezirk, wenn nach den Vorschriften des Landes, in dem der überwiegende Teil der auf mehrere Länder sich erstreckenden Grundflächen liegt, für die Grundflächen insgesamt die Voraussetzungen für einen Eigenjagdbezirk vorliegen würden. Im Übrigen gelten für jeden Teil eines über mehrere Länder sich erstreckenden Eigenjagdbezirkes die Vorschriften des Landes, in dem er liegt.

(3) Vollständig eingefriedete Flächen sowie an der Bundesgrenze liegende zusammenhängende Grundflächen von geringerem als 75 Hektar land-, forst- oder fischereiwirtschaftlich nutzbaren Raum können allgemein oder unter besonderen Voraussetzungen zu Eigenjagdbezirken erklärt werden; dabei kann bestimmt werden, dass die Jagd in diesen Bezirken nur unter Beschränkungen ausgeübt werden darf.

(4) In einem Eigenjagdbezirk ist jagdausübungsberechtigt der Eigentümer. An Stelle des Eigentümers tritt der Nutznießer, wenn ihm die Nutzung des ganzen Eigenjagdbezirkes zusteht.

3. Gemeinschaftliche Jagdbezirke

§ 8 Zusammensetzung

(1) Alle Grundflächen einer Gemeinde oder abgesonderten Gemarkung, die nicht zu einem Eigenjagdbezirk gehören, bilden einen gemeinschaftlichen Jagdbezirk, wenn sie im Zusammenhang mindestens 150 Hektar umfassen.

(2) Zusammenhängende Grundflächen verschiedener Gemeinden, die im Übrigen zusammen den Erfordernissen eines gemeinschaftlichen Jagdbezirkes entsprechen, können auf Antrag zu gemeinschaftlichen Jagdbezirken zusammengelegt werden.

(3) Die Teilung gemeinschaftlicher Jagdbezirke in mehrere selbständige Jagdbezirke kann zugelassen werden, sofern jeder Teil die Mindestgröße von 250 Hektar hat.

(4) Die Länder können die Mindestgrößen allgemein oder für bestimmte Gebiete höher festsetzen.

(5) In gemeinschaftlichen Jagdbezirken steht die Ausübung des Jagdrechts der Jagdgenossenschaft zu.

§ 9 Jagdgenossenschaft

(1) Die Eigentümer der Grundflächen, die zu einem gemeinschaftlichen Jagdbezirk gehören, bilden eine Jagdgenossenschaft. Eigentümer von Grundflächen, auf denen die Jagd nicht ausgeübt werden darf, gehören der Jagdgenossenschaft nicht an.

(2) Die Jagdgenossenschaft wird durch den Jagdvorstand gerichtlich und außergerichtlich vertreten. Der Jagdvorstand ist von der Jagdgenossenschaft zu wählen. Solange die Jagdgenossenschaft keinen Jagdvorstand gewählt hat, werden die Geschäfte des Jagdvorstandes vom Gemeindevorstand wahrgenommen.

(3) Beschlüsse der Jagdgenossenschaft bedürfen sowohl der Mehrheit der anwesenden und vertretenen Jagdgenossen, als auch der Mehrheit der bei der Beschlussfassung vertretenen Grundfläche.

§ 10 Jagdnutzung

(1) Die Jagdgenossenschaft nutzt die Jagd in der Regel durch Verpachtung. Sie kann die Verpachtung auf den Kreis der Jagdgenossen beschränken.

(2) Die Jagdgenossenschaft kann die Jagd für eigene Rechnung durch angestellte Jäger ausüben lassen. Mit Zustimmung der zuständigen Behörde kann sie die Jagd ruhen lassen.

(3) Die Jagdgenossenschaft beschließt über die Verwendung des Reinertrages der Jagdnutzung. Beschließt die Jagdgenossenschaft, den Ertrag nicht an die Jagdgenossen nach dem Verhältnis des Flächeninhaltes ihrer beteiligten Grundstücke zu verteilen, so kann jeder Jagdgenosse, der dem Beschluss nicht zugestimmt hat, die Auszahlung seines Anteils verlangen. Der Anspruch erlischt, wenn er nicht binnen einem Monat nach der Bekanntmachung der Beschlussfassung schriftlich oder mündlich zu Protokoll des Jagdvorstandes geltend gemacht wird.

4. Hegegemeinschaften

§ 10a Bildung von Hegegemeinschaften

(1) Für mehrere zusammenhängende Jagdbezirke können die Jagdausübungsberechtigten zum Zwecke der Hege des Wildes eine Hegegemeinschaft als privatrechtlichen Zusammenschluss bilden.

(2) Abweichend von Absatz 1 können die Länder bestimmen, dass für mehrere zusammenhängende Jagdbezirke die Jagdausübungsberechtigten zum Zwecke der Hege des Wildes eine Hegegemeinschaft bilden, falls diese aus Gründen der Hege im Sinne des § 1 Abs. 2 erforderlich ist und eine an alle betroffenen Jagdausübungsberechtigten gerichtete Aufforderung der zuständigen Behörde, innerhalb einer bestimmten Frist eine Hegegemeinschaft zu gründen, ohne Erfolg geblieben ist.

(3) Das Nähere regeln die Länder.

III. Abschnitt: **Beteiligung Dritter an der Ausübung des Jagdrechts**

§ 11 Jagdpacht

(1) Die Ausübung des Jagdrechts in seiner Gesamtheit kann an Dritte verpachtet werden. Ein Teil des Jagdausübungsrechts kann nicht Gegenstand eines Jagdpachtvertrages sein; jedoch kann sich der Verpächter einen Teil der Jagdnutzung, der sich auf bestimmtes Wild bezieht, vorbehalten. Die Erteilung von Jagderlaubnisscheinen regeln, unbeschadet des Absatzes 6 Satz 2, die Länder.

(2) Die Verpachtung eines Teils eines Jagdbezirkes ist nur zulässig, wenn sowohl der verpachtete als auch der verbleibende Teil bei Eigenjagdbezirken die gesetzliche Mindestgröße, bei gemeinschaftlichen Jagdbezirken die Mindestgröße von 250 Hektar haben. Die Länder können die Verpachtung eines Teiles von geringerer Größe an den Jagdausübungsberechtigten eines angrenzenden Jagdbezirkes zulassen, soweit dies einer besseren Reviergestaltung dient.

(3) Die Gesamtfläche, auf der einem Jagdpächter die Ausübung des Jagdrechts zusteht, darf nicht mehr als 1.000 Hektar umfassen; hierauf sind Flächen anzurechnen, für die dem Pächter auf Grund einer entgeltlichen Jagderlaubnis die Jagdausübung zusteht. Der Inhaber eines oder mehre-

rer Eigenjagdbezirke mit einer Gesamtfläche von mehr als 1.000 Hektar darf nur zupachten, wenn er Flächen mindestens gleicher Größenordnung verpachtet; der Inhaber eines oder mehrerer Eigenjagdbezirke mit einer Gesamtfläche von weniger als 1.000 Hektar darf nur zupachten, wenn die Gesamtfläche, auf der ihm das Jagdausübungsrecht zusteht, 1.000 Hektar nicht übersteigt. Für Mitpächter, Unterpächter oder Inhaber einer entgeltlichen Jagderlaubnis gilt Satz 1 und 2 entsprechend mit der Maßgabe, dass auf die Gesamtfläche nur die Fläche angerechnet wird, die auf den einzelnen Mitpächter, Unterpächter oder auf den Inhaber einer entgeltlichen Jagderlaubnis, ausgenommen die Erlaubnis zu Einzelabschüssen, nach dem Jagdpachtvertrag oder der Jagderlaubnis anteilig entfällt. Für bestimmte Gebiete, insbesondere im Hochgebirge können die Länder eine höhere Grenze als 1.000 Hektar festsetzen.

(4) Der Jagdpachtvertrag ist schriftlich abzuschließen. Die Pachtdauer soll mindestens neun Jahre betragen. Die Länder können die Mindestpachtzeit höher festsetzen. Ein laufender Jagdpachtvertrag kann auch auf kürzere Zeit verlängert werden. Beginn und Ende der Pachtzeit soll mit Beginn und Ende des Jagdjahres (1. April bis 31. März) zusammenfallen.

(5) Pächter darf nur sein, wer einen Jahresjagdschein besitzt und schon vorher einen solchen während dreier Jahre in Deutschland besessen hat. Für besondere Einzelfälle können Ausnahmen zugelassen werden. Auf den in Satz 1 genannten Zeitraum sind die Zeiten anzurechnen, während derer jemand vor dem Tag des Wirksamwerdens des Beitritts eine Jagderlaubnis in der Deutschen Demokratischen Republik besessen hat.

(6) Ein Jagdpachtvertrag, der bei seinem Abschluss den Vorschriften des Absatzes 1 Satz 2 Halbsatz 1, des Absatzes 2, des Absatzes 3, des Absatzes 4 Satz 1 oder des Absatzes 5 nicht entspricht, ist nichtig. Das gleiche gilt für eine entgeltliche Jagderlaubnis, die bei ihrer Erteilung den Vorschriften des Absatzes 3 nicht entspricht.

(7) Die Fläche, auf der einem Jagdausübungsberechtigten oder Inhaber einer entgeltlichen Jagderlaubnis nach Absatz 3 die Ausübung des Jagdrechts zusteht, ist von der zuständigen Behörde in den Jagdschein einzutragen; das Nähere regeln die Länder.

§ 12 Anzeige von Jagdpachtverträgen

(1) Der Jagdpachtvertrag ist der zuständigen Behörde anzuzeigen. Die Behörde kann den Vertrag binnen drei Wochen nach Eingang der Anzeige beanstanden, wenn die Vorschriften über die Pachtdauer nicht beachtet

sind oder wenn zu erwarten ist, dass durch eine vertragsmäßige Jagdausübung die Vorschriften des § 1 Abs. 2 verletzt werden.

(2) In dem Beanstandungsbescheid sind die Vertragsteile aufzufordern, den Vertrag bis zu einem bestimmten Zeitpunkt, der mindestens drei Wochen nach Zustellung des Bescheides liegen soll, aufzuheben oder in bestimmter Weise zu ändern.

(3) Kommen die Vertragsteile der Aufforderung nicht nach, so gilt der Vertrag mit Ablauf der Frist als aufgehoben, sofern nicht einer der Vertragsteile binnen der Frist einen Antrag auf Entscheidung durch das Amtsgericht stellt. Das Gericht kann entweder den Vertrag aufheben oder feststellen, dass er nicht zu beanstanden ist. Die Bestimmungen für die gerichtliche Entscheidung über die Beanstandung eines Landpachtvertrages gelten sinngemäß; jedoch entscheidet das Gericht ohne Zuziehung ehrenamtlicher Richter.

(4) Vor Ablauf von drei Wochen nach Anzeige des Vertrages durch einen Beteiligten darf der Pächter die Jagd nicht ausüben, sofern nicht die Behörde die Jagdausübung zu einem früheren Zeitpunkt gestattet. Wird der Vertrag binnen der in Absatz 1 Satz 2 bezeichneten Frist beanstandet, so darf der Pächter die Jagd erst ausüben, wenn die Beanstandungen behoben sind oder wenn durch rechtskräftige gerichtliche Entscheidung festgestellt ist, dass der Vertrag nicht zu beanstanden ist.

§ 13 Erlöschen des Jagdpachtvertrages

Der Jagdpachtvertrag erlischt, wenn dem Pächter der Jagdschein unanfechtbar entzogen worden ist. Er erlischt auch dann, wenn die Gültigkeitsdauer des Jagdscheines abgelaufen ist und entweder die zuständige Behörde die Erteilung eines neuen Jagdscheines unanfechtbar abgelehnt hat oder der Pächter die Voraussetzungen für die Erteilung eines neuen Jagdscheines nicht fristgemäß erfüllt. Der Pächter hat dem Verpächter den aus der Beendigung des Pachtvertrages entstehenden Schaden zu ersetzen, wenn ihn ein Verschulden trifft.

§ 13a Rechtsstellung der Mitpächter

Sind mehrere Pächter an einem Jagdpachtvertrag beteiligt (Mitpächter), so bleibt der Vertrag, wenn er im Verhältnis zu einem Mitpächter gekündigt wird oder erlischt, mit den übrigen bestehen; dies gilt nicht, soweit der Jagdpachtvertrag infolge des Ausscheidens eines Pächters den Vorschriften des § 11 Abs. 3 nicht mehr entspricht und dieser Mangel bis zum Beginn des nächstens Jagdjahres nicht behoben wird. Ist einem der Beteiligten die Aufrechterhaltung des Vertrages infolge des Ausscheidens eines Pächters nicht zuzumuten, so kann er den Vertrag mit sofortiger Wirkung kündigen. Die Kündigung muss unverzüglich nach Erlangung der Kenntnis von dem Kündigungsgrund erfolgen.

§ 14 Wechsel des Grundeigentümers

(1) Wird ein Eigenjagdbezirk ganz oder teilweise veräußert, so finden die Vorschriften der §§ 566 bis 567b des Bürgerlichen Gesetzbuchs entsprechende Anwendung. Das gleiche gilt im Falle der Zwangsversteigerung von der Vorschrift des § 57 des Zwangsversteigerungsgesetzes; das Kündigungsrecht des Erstehers ist jedoch ausgeschlossen, wenn nur ein Teil eines Jagdbezirkes versteigert ist und dieser Teil nicht allein schon die Erfordernisse eines Eigenjagdbezirkes erfüllt.

(2) Wird ein zu einem gemeinschaftlichen Jagdbezirk gehöriges Grundstück veräußert, so hat dies auf den Pachtvertrag keinen Einfluss; der Erwerber wird vom Zeitpunkt des Erwerbes an auch dann für die Dauer des Pachtvertrages Mitglied der Jagdgenossenschaft, wenn das veräußerte Grundstück an sich mit anderen Grundstücken des Erwerbers zusammen einen Eigenjagdbezirk bilden könnte. Das gleiche gilt für den Fall der Zwangsversteigerung eines Grundstücks.

IV. Abschnitt: **Jagdschein**

§ 15 Allgemeines

(1) Wer die Jagd ausübt, muss einen auf seinen Namen lautenden Jagdschein mit sich führen und diesen auf Verlangen den Polizeibeamten sowie den Jagdschutzberechtigten (§ 25) vorzeigen. Zum Sammeln von Abwurfstangen bedarf es nur der schriftlichen Erlaubnis des Jagdausübungsberechtigten. Wer die Jagd mit Greifen oder Falken (Beizjagd) ausüben will, muss einen auf seinen Namen lautenden Falknerjagdschein mit sich führen.

(2) Der Jagdschein wird von der für den Wohnsitz des Bewerbers zuständigen Behörde als Jahresjagdschein für höchstens drei Jagdjahre (§ 11 Abs. 4) oder als Tagesjagdschein für vierzehn aufeinanderfolgende Tage

nach einheitlichen, vom Bundesministerium für Ernährung, Landwirtschaft und Verbraucherschutz (Bundesministerium) bestimmten Mustern erteilt.

(3) Der Jagdschein gilt im gesamten Bundesgebiet.

(4) Für Tagesjagdscheine für Ausländer dürfen nur die Gebühren für Inländer erhoben werden, wenn das Heimatland des Ausländers die Gegenseitigkeit gewährleistet.

(5) Die erste Erteilung eines Jagdscheines ist davon abhängig, dass der Bewerber im Geltungsbereich dieses Gesetzes eine Jägerprüfung bestanden hat, die aus einem schriftlichen und einem mündlich-praktischen Teil und einer Schießprüfung bestehen soll; er muss in der Jägerprüfung ausreichende Kenntnisse der Tierarten, der Wildbiologie, der Wildhege, des Jagdbetriebes, der Wildschadensverhütung, des Land- und Waldbaues, des Waffenrechts, der Waffentechnik, der Führung von Jagdwaffen (einschließlich Faustfeuerwaffen), der Führung von Jagdhunden, in der Behandlung des erlegten Wildes unter besonderer Berücksichtigung der hygienisch erforderlichen Maßnahmen, in der Beurteilung der gesundheitlich unbedenklichen Beschaffenheit des Wildbrets, insbesondere auch hinsichtlich seiner Verwendung als Lebensmittel, und im Jagd-, Tierschutz- sowie Naturschutz- und Landschaftspflegerecht nachweisen; mangelhafte Leistungen in der Schießprüfung sind durch Leistungen in anderen Prüfungsteilen nicht ausgleichbar. Die Länder können die Zulassung zur Jägerprüfung insbesondere vom Nachweis einer theoretischen und praktischen Ausbildung abhängig machen. Für Bewerber, die vor dem 1. April 1953 einen Jahresjagdschein besessen haben, entfällt die Jägerprüfung. Eine vor dem Tag des Wirksamwerdens des Beitritts in der Deutschen Demokratischen Republik abgelegte Jagdprüfung für Jäger, die mit der Jagdwaffe die Jagd ausüben wollen, steht der Jägerprüfung im Sinne des Satzes 1 gleich.

(6) Bei der Erteilung von Ausländerjagdscheinen können Ausnahmen von Absatz 5 Satz 1 und 2 gemacht werden.

(7) Die erste Erteilung eines Falknerjagdscheines ist davon abhängig, dass der Bewerber im Geltungsbereich dieses Gesetzes zusätzlich zur Jägerprüfung eine Falknerprüfung bestanden hat; er muss darin ausreichende Kenntnisse des Haltens, der Pflege und des Abtragens von Beizvögeln, des Greifvogelschutzes sowie der Beizjagd nachweisen.[1] Für Bewerber, die vor dem 1. April 1977 mindestens fünf Falknerjagdscheine besessen

---

1 § 15 Abs. 7 S. 1 i. V. m. Abs. 5 S. 1: Nach Maßgabe der Entscheidungsformel mit GG unvereinbar und nichtig, BVerfGE v. 5.11.1980; 1981/41 – 1. BvR 290/78 –

haben, entfällt die Jägerprüfung; gleiches gilt für Bewerber, die vor diesem Zeitpunkt mindestens fünf Jahresjagdscheine besessen und während deren Geltungsdauer die Beizjagd ausgeübt haben. Das Nähere hinsichtlich der Erteilung des Falknerjagdscheines regeln die Länder. Eine vor dem Tag des Wirksamwerdens des Beitritts in der Deutschen Demokratischen Republik abgelegte Jagdprüfung für Falkner steht der Falknerprüfung im Sinne des Satzes 1 gleich.

§ 16 Jugendjagdschein

(1) Personen, die das sechzehnte Lebensjahr vollendet haben, aber noch nicht achtzehn Jahre alt sind, darf nur ein Jugendjagdschein erteilt werden.

(2) Der Jugendjagdschein berechtigt nur zur Ausübung der Jagd in Begleitung des Erziehungsberechtigten oder einer von dem Erziehungsberechtigten schriftlich beauftragten Aufsichtsperson; die Begleitperson muss jagdlich erfahren sein.

(3) Der Jugendjagdschein berechtigt nicht zur Teilnahme an Gesellschaftsjagden.

(4) Im Übrigen gilt § 15 entsprechend.

§ 17 Versagung des Jagdscheines

(1) Der Jagdschein ist zu versagen

1. Personen, die noch nicht sechzehn Jahre alt sind;
2. Personen, bei denen Tatsachen die Annahme rechtfertigen, dass sie die erforderliche Zuverlässigkeit oder körperliche Eignung nicht besitzen;
3. Personen, denen der Jagdschein entzogen ist, während der Dauer der Entziehung oder einer Sperre (§§ 18, 41 Abs. 2);
4. Personen, die keine ausreichende Jagdhaftpflichtversicherung (fünfhunderttausend Euro für Personenschäden und fünfzigtausend Euro für Sachschäden) nachweisen; die Versicherung kann nur bei einem Versicherungsunternehmen mit Sitz in der Europäischen Union oder mit Niederlassung im Geltungsbereich des Versicherungsaufsichtsgesetzes genommen werden; die Länder können den Abschluss einer Gemeinschaftsversicherung ohne Beteiligungszwang zulassen.

Fehlen die Zuverlässigkeit oder die persönliche Eignung im Sinne der §§ 5 und 6 des Waffengesetzes, darf nur ein Jagdschein nach § 15 Abs. 7 erteilt werden.

(2) Der Jagdschein kann versagt werden
1. Personen, die noch nicht achtzehn Jahre alt sind;
2. Personen, die nicht Deutsche im Sinne des Artikels 116 des Grundgesetzes sind;
3. Personen, die nicht mindestens drei Jahre ihren Wohnsitz oder ihren gewöhnlichen Aufenthalt ununterbrochen im Geltungsbereich dieses Gesetzes haben;
4. Personen, die gegen die Grundsätze des § 1 Abs. 3 schwer oder wiederholt verstoßen haben.

(3) Die erforderliche Zuverlässigkeit besitzen Personen nicht, wenn Tatsachen die Annahme rechtfertigen, dass sie
1. Waffen oder Munition missbräuchlich oder leichtfertig verwenden werden;
2. mit Waffen oder Munition nicht vorsichtig und sachgemäß umgehen und diese Gegenstände nicht sorgfältig verwahren werden;
3. Waffen oder Munition an Personen überlassen werden, die zur Ausübung der tatsächlichen Gewalt über diese Gegenstände nicht berechtigt sind.

(4) Die erforderliche Zuverlässigkeit besitzen in der Regel Personen nicht, die
1. a) wegen eines Verbrechens,
   b) wegen eines vorsätzlichen Vergehens, das eine der Annahmen im Sinne des Absatzes 3 Nr. 1 bis 3 rechtfertigt,
   c) wegen einer fahrlässigen Straftat im Zusammenhang mit dem Umgang mit Waffen, Munition oder Sprengstoff,
   d) wegen einer Straftat gegen jagdrechtliche, tierschutzrechtliche oder naturschutzrechtliche Vorschriften, das Waffengesetz, das Gesetz über die Kontrolle von Kriegswaffen oder das Sprengstoffgesetz

   zu einer Freiheitsstrafe, Jugendstrafe, Geldstrafe von mindestens 60 Tagessätzen oder mindestens zweimal zu einer geringeren Geldstrafe rechtskräftig verurteilt worden sind, wenn seit dem Eintritt der Rechtskraft der letzten Verurteilung fünf Jahre nicht verstrichen sind; in die Frist wird die Zeit eingerechnet, die seit der Vollziehbarkeit des Widerrufs oder der Rücknahme eines Jagdscheines oder eines Waffenbesitzverbotes nach § 41 des Waffengesetzes wegen der Tat, die der letzten Verurteilung zugrunde liegt, verstrichen ist; in die Frist nicht eingerechnet wird die Zeit, in welcher der Beteiligte auf behördliche oder richterliche Anordnung in einer Anstalt verwahrt worden ist;

2. wiederholt oder gröblich gegen eine in Nummer 1 Buchstabe d genannte Vorschrift verstoßen haben;
3. geschäftsunfähig oder in der Geschäftsfähigkeit beschränkt sind;
4. trunksüchtig, rauschmittelsüchtig, geisteskrank oder geistesschwach sind.

(5) Ist ein Verfahren nach Absatz 4 Nr. 1 noch nicht abgeschlossen, so kann die zuständige Behörde die Entscheidung über den Antrag auf Erteilung des Jagdscheines bis zum rechtskräftigen Abschluss des Verfahrens aussetzen. Die Zeit der Aussetzung des Verfahrens ist in die Frist nach Absatz 4 Nr. 1 erster Halbsatz einzurechnen.

(6) Sind Tatsachen bekannt, die Bedenken gegen die Zuverlässigkeit nach Absatz 4 Nr. 4 oder die körperliche Eignung nach Absatz 1 Nr. 2 begründen, so kann die zuständige Behörde dem Beteiligten die Vorlage eines amts- oder fachärztlichen Zeugnisses über die geistige und körperliche Eignung aufgeben.

§ 18 Einziehung des Jagdscheines

Wenn Tatsachen, welche die Versagung des Jagdscheines begründen, erst nach Erteilung des Jagdscheines eintreten oder der Behörde, die den Jagdschein erteilt hat, bekanntwerden, so ist die Behörde in den Fällen des § 17 Abs. 1 und in den Fällen, in denen nur ein Jugendjagdschein hätte erteilt werden dürfen (§ 16), sowie im Falle der Entziehung gemäß § 41 verpflichtet, in den Fällen des § 17 Abs. 2 berechtigt, den Jagdschein für ungültig zu erklären und einzuziehen. Ein Anspruch auf Rückerstattung der Jagdscheingebühren besteht nicht. Die Behörde kann eine Sperrfrist für die Wiedererteilung des Jagdscheines festsetzen.

§ 18a Mitteilungspflichten

Die erstmalige Erteilung einer Erlaubnis nach den §§ 15 und 16, das Ergebnis von Überprüfungen nach § 17 sowie Maßnahmen nach den §§ 18, 40, 41 und 41a sind der für den Vollzug des Waffengesetzes nach dessen § 48 Abs. 1 und 2 zuständigen Behörde mitzuteilen.

V. Abschnitt: Jagdbeschränkungen, Pflichten bei der Jagdausübung und Beunruhigen von Wild

§ 19 Sachliche Verbote

(1) Verboten ist

1. mit Schrot, Posten, gehacktem Blei, Bolzen oder Pfeilen, auch als Fangschuss, auf Schalenwild und Seehunde zu schießen;
2. a) auf Rehwild und Seehunde mit Büchsenpatronen zu schießen, deren Auftreffenergie auf 100 m (E 100) weniger als 1 000 Joule beträgt;
   b) auf alles übrige Schalenwild mit Büchsenpatronen unter einem Kaliber von 6,5 mm zu schießen; im Kaliber 6,5 mm und darüber müssen die Büchsenpatronen eine Auftreffenergie auf 100 m (E 100) von mindestens 2 000 Joule haben;
   c) auf Wild mit halbautomatischen oder automatischen Waffen, die mehr als zwei Patronen in das Magazin aufnehmen können, zu schießen;
   d) auf Wild mit Pistolen oder Revolvern zu schießen, ausgenommen im Falle der Bau- und Fallenjagd sowie zur Abgabe von Fangschüssen, wenn die Mündungsenergie der Geschosse mindestens 200 Joule beträgt;
3. die Lappjagd innerhalb einer Zone von 300 Metern von der Bezirksgrenze, die Jagd durch Abklingeln der Felder und die Treibjagd bei Mondschein auszuüben;
4. Schalenwild, ausgenommen Schwarzwild, sowie Federwild zur Nachtzeit zu erlegen; als Nachtzeit gilt die Zeit von eineinhalb Stunden nach Sonnenuntergang bis eineinhalb Stunden vor Sonnenaufgang; das Verbot umfasst nicht die Jagd auf Möwen, Waldschnepfen, Auer-, Birk- und Rackelwild;
5. a) künstliche Lichtquellen, Spiegel, Vorrichtungen zum Anstrahlen oder Beleuchten des Zieles, Nachtzielgeräte, die einen Bildwandler oder eine elektronische Verstärkung besitzen und für Schusswaffen bestimmt sind, Tonbandgeräte oder elektrische Schläge erteilende Geräte beim Fang oder Erlegen von Wild aller Art zu verwenden oder zu nutzen sowie zur Nachtzeit an Leuchttürmen oder Leuchtfeuern Federwild zu fangen;
   b) Vogelleim, Fallen, Angelhaken, Netze, Reusen oder ähnliche Einrichtungen sowie geblendete oder verstümmelte Vögel beim Fang oder Erlegen von Federwild zu verwenden;

6. Belohnungen für den Abschuss oder den Fang von Federwild auszusetzen, zu geben oder zu empfangen;
7. Saufänge, Fang- oder Fallgruben ohne Genehmigung der zuständigen Behörde anzulegen;
8. Schlingen jeder Art, in denen sich Wild fangen kann, herzustellen, feilzubieten, zu erwerben oder aufzustellen;
9. Fanggeräte, die nicht unversehrt fangen oder nicht sofort töten, sowie Selbstschussgeräte zu verwenden;
10. in Notzeiten Schalenwild in einem Umkreis von 200 Metern von Fütterungen zu erlegen;
11. Wild aus Luftfahrzeugen, Kraftfahrzeugen oder maschinengetriebenen Wasserfahrzeugen zu erlegen; das Verbot umfasst nicht das Erlegen von Wild aus Kraftfahrzeugen durch Körperbehinderte mit Erlaubnis der zuständigen Behörde;
12. die Netzjagd auf Seehunde auszuüben;
13. die Hetzjagd auf Wild auszuüben;
14. die Such- und Treibjagd auf Waldschnepfen im Frühjahr auszuüben;
15. Wild zu vergiften oder vergiftete oder betäubende Köder zu verwenden;
16. die Brackenjagd auf einer Fläche von weniger als 1 000 Hektar auszuüben;
17. Abwurfstangen ohne schriftliche Erlaubnis des Jagdausübungsberechtigten zu sammeln;
18. eingefangenes oder aufgezogenes Wild später als vier Wochen vor Beginn der Jagdausübung auf dieses Wild auszusetzen.

(2) Die Länder können die Vorschriften des Absatzes 1 mit Ausnahme der Nummer 16 erweitern oder aus besonderen Gründen einschränken; soweit Federwild betroffen ist, ist die Einschränkung nur aus den in Artikel 9 Absatz 1 der Richtlinie 2009/147/EG des Europäischen Parlaments und des Rates vom 30. November 2009 über die Erhaltung der wildlebenden Vogelarten (ABl. L 20 vom 26.1.2010, S. 7) in der jeweils geltenden Fassung genannten Gründen und nach den in Artikel 9 Absatz 2 der Richtlinie 2009/147/EG genannten Maßgaben zulässig.

(3) Die in Absatz 1 Nr. 2 Buchstaben a und b vorgeschriebenen Energiewerte können unterschritten werden, wenn von einem staatlichen oder staatlich anerkannten Fachinstitut die Verwendbarkeit der Munition für bestimmte jagdliche Zwecke bestätigt wird. Auf der kleinsten Verpackungseinheit der Munition ist das Fachinstitut, das die Prüfung vorgenommen hat, sowie der Verwendungszweck anzugeben.

§ 19a Beunruhigen von Wild

Verboten ist, Wild, insbesondere soweit es in seinem Bestand gefährdet oder bedroht ist, unbefugt an seinen Zuflucht-, Nist-, Brut- oder Wohnstätten durch Aufsuchen, Fotografieren, Filmen oder ähnliche Handlungen zu stören. Die Länder können für bestimmtes Wild Ausnahmen zulassen.

§ 20 Örtliche Verbote

(1) An Orten, an denen die Jagd nach den Umständen des einzelnen Falles die öffentliche Ruhe, Ordnung oder Sicherheit stören oder das Leben von Menschen gefährden würde, darf nicht gejagt werden.

(2) Die Ausübung der Jagd in Naturschutz- und Wildschutzgebieten sowie in National- und Wildparken wird durch die Länder geregelt.

§ 21 Abschussregelung

(1) Der Abschuss des Wildes ist so zu regeln, dass die berechtigten Ansprüche der Land-, Forst- und Fischereiwirtschaft auf Schutz gegen Wildschäden voll gewahrt bleiben sowie die Belange von Naturschutz und Landschaftspflege berücksichtigt werden. Innerhalb der hierdurch gebotenen Grenzen soll die Abschussregelung dazu beitragen, daß ein gesunder Wildbestand aller heimischen Tierarten in angemessener Zahl erhalten bleibt und insbesondere der Schutz von Tierarten gesichert ist, deren Bestand bedroht erscheint.

(2) Schalenwild (mit Ausnahme von Schwarzwild) sowie Auer-, Birk- und Rackelwild dürfen nur auf Grund und im Rahmen eines Abschussplanes erlegt werden, der von der zuständigen Behörde im Einvernehmen mit dem Jagdbeirat (§ 37) zu bestätigen oder festzusetzen ist. Seehunde dürfen nur auf Grund und im Rahmen eines Abschussplanes bejagt werden, der jährlich nach näherer Bestimmung der Länder für das Küstenmeer oder Teile davon auf Grund von Bestandsermittlungen aufzustellen ist. In gemeinschaftlichen Jagdbezirken ist der Abschussplan vom Jagdausübungsberechtigten im Einvernehmen mit dem Jagdvorstand aufzustellen. Innerhalb von Hegegemeinschaften sind die Abschusspläne im Einvernehmen mit den Jagdvorständen der Jagdgenossenschaften und den Inhabern der Eigenjagdbezirke aufzustellen, die der Hegegemeinschaft angehören. Das Nähere bestimmt die Landesgesetzgebung. Der Abschussplan für Schalenwild muss erfüllt werden. Die Länder treffen Bestimmungen,

nach denen die Erfüllung des Abschussplanes durch ein Abschussmeldeverfahren überwacht und erzwungen werden kann; sie können den körperlichen Nachweis der Erfüllung des Abschussplanes verlangen.

(3) Der Abschuss von Wild, dessen Bestand bedroht erscheint, kann in bestimmten Bezirken oder in bestimmten Revieren dauernd oder zeitweise gänzlich verboten werden.

(4) Den Abschuss in den Staatsforsten regeln die Länder.

§ 22 Jagd- und Schonzeiten

(1) Nach den in § 1 Abs. 2 bestimmten Grundsätzen der Hege bestimmt das Bundesministerium durch Rechtsverordnung mit Zustimmung des Bundesrates die Zeiten, in denen die Jagd auf Wild ausgeübt werden darf (Jagdzeiten). Außerhalb der Jagdzeiten ist Wild mit der Jagd zu verschonen (Schonzeiten). Die Länder können die Jagdzeiten abkürzen oder aufheben; sie können die Schonzeiten für bestimmte Gebiete oder für einzelne Jagdbezirke aus besonderen Gründen, insbesondere aus Gründen der Wildseuchenbekämpfung und Landeskultur, zur Beseitigung kranken oder kümmernden Wildes, zur Vermeidung von übermäßigen Wildschäden, zu wissenschaftlichen, Lehr- und Forschungszwecken, bei Störung des biologischen Gleichgewichts oder der Wildhege aufheben. Für den Lebendfang von Wild können die Länder in Einzelfällen Ausnahmen von Satz 2 zulassen.

(2) Wild, für das eine Jagdzeit nicht festgesetzt ist, ist während des ganzen Jahres mit der Jagd zu verschonen. Die Länder können bei Störung des biologischen Gleichgewichts oder bei schwerer Schädigung der Landeskultur Jagdzeiten festsetzen oder in Einzelfällen zu wissenschaftlichen, Lehr- und Forschungszwecken Ausnahmen zulassen.

(3) Aus Gründen der Landeskultur können Schonzeiten für Wild gänzlich versagt werden (Wild ohne Schonzeit).

(4) In den Setz- und Brutzeiten dürfen bis zum Selbständigwerden der Jungtiere die für die Aufzucht notwendigen Elterntiere, auch die von Wild ohne Schonzeit, nicht bejagt werden. Die Länder können für Schwarzwild, Wildkaninchen, Fuchs, Ringel- und Türkentaube, Silber- und Lachmöwe sowie für nach Landesrecht dem Jagdrecht unterliegende Tierarten aus den in Absatz 2 Satz 2 und Absatz 3 genannten Gründen sowie zur Bekämpfung von Tierseuchen Ausnahmen bestimmen. Die nach Landesrecht zuständige Behörde kann im Einzelfall das Aushorsten von Nestlingen und Ästlingen der Habichte für Beizzwecke aus den in Artikel 9 Absatz 1 Buchstabe c der Richt-

linie 2009/147/ EG genannten Gründen und nach den in Artikel 9 Absatz 2 der Richtlinie 2009/147/EG genannten Maßgaben genehmigen. Das Ausnehmen der Gelege von Federwild ist verboten. Die Länder können zulassen, daß Gelege in Einzelfällen zu wissenschaftlichen, Lehr- und Forschungszwecken oder für Zwecke der Aufzucht ausgenommen werden. Die Länder können ferner das Sammeln der Eier von Ringel- und Türkentauben sowie von Silber- und Lachmöwen aus den in Artikel 9 Absatz 1 der Richtlinie 2009/147/EG genannten Gründen und nach den in Artikel 9 Absatz 2 der Richtlinie 2009/147/ EG genannten Maßgaben erlauben.

§ 22a Verhinderung von vermeidbaren Schmerzen oder Leiden des Wildes

(1) Um krankgeschossenes Wild vor vermeidbaren Schmerzen oder Leiden zu bewahren, ist dieses unverzüglich zu erlegen; das gleiche gilt für schwerkrankes Wild, es sei denn, daß es genügt und möglich ist, es zu fangen und zu versorgen.

(2) Krankgeschossenes oder schwerkrankes Wild, das in einem fremden Jagdbezirk wechselt, darf nur verfolgt werden (Wildfolge), wenn mit dem Jagdausübungsberechtigten dieses Jagdbezirkes eine schriftliche Vereinbarung über die Wildfolge abgeschlossen worden ist. Die Länder erlassen nähere Bestimmungen, insbesondere über die Verpflichtung der Jagdausübungsberechtigten benachbarter Jagdbezirke, Vereinbarungen über die Wildfolge zu treffen; sie können darüber hinaus die Vorschriften über die Wildfolge ergänzen oder erweitern.

VI. Abschnitt: **Jagdschutz**

§ 23 Inhalt des Jagdschutzes

Der Jagdschutz umfasst nach näherer Bestimmung durch die Länder den Schutz des Wildes insbesondere vor Wilderern, Futternot, Wildseuchen, vor wildernden Hunden und Katzen sowie die Sorge für die Einhaltung der zum Schutz des Wildes und der Jagd erlassenen Vorschriften.

§ 24 Wildseuchen

Tritt eine Wildseuche auf, so hat der Jagdausübungsberechtigte dies unverzüglich der zuständigen Behörde anzuzeigen; sie erlässt im Einvernehmen mit dem beamteten Tierarzt die zur Bekämpfung der Seuche erforderlichen Anweisungen.

§ 25 Jagdschutzberechtigte

(1) Der Jagdschutz in einem Jagdbezirk liegt neben den zuständigen öffentlichen Stellen dem Jagdausübungsberechtigten ob, sofern er Inhaber eines Jagdscheines ist, und den von der zuständigen Behörde bestätigten Jagdaufsehern. Hauptberuflich angestellte Jagdaufseher sollen Berufsjäger oder forstlich ausgebildet sein.

(2) Die bestätigten Jagdaufseher haben innerhalb ihres Dienstbezirkes in Angelegenheiten des Jagdschutzes die Rechte und Pflichten der Polizeibeamten und sind Ermittlungspersonen der Staatsanwaltschaft, sofern sie Berufsjäger oder forstlich ausgebildet sind. Sie haben bei der Anwendung unmittelbaren Zwanges die ihnen durch Landesrecht eingeräumten Befugnisse.

(3) *(weggefallen)*

VII. Abschnitt: **Wild- und Jagdschaden**

1. Wildschadensverhütung

§ 26 Fernhalten des Wildes

Der Jagdausübungsberechtigte sowie der Eigentümer oder Nutzungsberechtigte eines Grundstückes sind berechtigt, zur Verhütung von Wildschäden das Wild von den Grundstücken abzuhalten oder zu verscheuchen. Der Jagdausübungsberechtigte darf dabei das Grundstück nicht beschädigen, der Eigentümer oder Nutzungsberechtigte darf das Wild weder gefährden noch verletzen.

§ 27 Verhinderung übermäßigen Wildschadens

(1) Die zuständige Behörde kann anordnen, daß der Jagdausübungsberechtigte unabhängig von den Schonzeiten innerhalb einer bestimmten Frist in bestimmtem Umfange den Wildbestand zu verringern hat, wenn dies mit Rücksicht auf das allgemeine Wohl, insbesondere auf die Interes-

sen der Land-, Forst- und Fischereiwirtschaft und die Belange des Naturschutzes und der Landschaftspflege, notwendig ist.

(2) Kommt der Jagdausübungsberechtigte der Anordnung nicht nach, so kann die zuständige Behörde für dessen Rechnung den Wildbestand vermindern lassen. Das erlegte Wild ist gegen angemessenes Schussgeld dem Jagdausübungsberechtigten zu überlassen.

§ 28 Sonstige Beschränkungen in der Hege

(1) Schwarzwild darf nur in solchen Einfriedungen gehegt werden, die ein Ausbrechen des Schwarzwildes verhüten.

(2) Das Aussetzen von Schwarzwild und Wildkaninchen ist verboten.

(3) Das Aussetzen oder das Ansiedeln fremder Tiere in der freien Natur ist nur mit schriftlicher Genehmigung der zuständigen obersten Landesbehörde oder der von ihr bestimmten Stelle zulässig.

(4) Das Hegen oder Aussetzen weiterer Tierarten kann durch die Länder beschränkt oder verboten werden.

(5) Die Länder können die Fütterung von Wild untersagen oder von einer Genehmigung abhängig machen.

§ 28a Invasive Arten

(1) Dem Jagdausübungsberechtigten ist mit dessen Zustimmung für den Jagdbezirk, in dem er die Jagd ausüben darf, die Durchführung von Management- oder Beseitigungsmaßnahmen, die nach § 40e Absatz 2 Halbsatz 1 Bundesnaturschutzgesetz festgelegt worden sind, von der nach Landesrecht für Jagd zuständigen Behörde ganz oder teilweise zu übertragen oder die Mitwirkung an der Durchführung der Maßnahmen aufzuerlegen, soweit die Durchführung der Maßnahmen im Rahmen der Jagdausübung mit zulässigen jagdlichen Methoden und Mitteln möglich, zumutbar und wirksam ist. Im Übrigen ist der Jagdausübungsberechtigte zur Durchführung von Managementmaßnahmen nach § 40e Bundesnaturschutzgesetz nicht verpflichtet. Die Sätze 1 und 2 gelten entsprechend für Maßnahmen nach Artikel 17 der Verordnung (EU) Nr. 1143/2014 des Europäischen Parlamentes und des Rates vom 22. Oktober 2014 über die Prävention und das Management der Einbringung und Ausbreitung invasiver gebietsfremder Arten (ABl. L 317 vom 4.11.2014, S. 35) für die in § 40e Absatz 2 Halbsatz 1 genannten Arten.

(2) Soweit die Durchführung von Managementmaßnahmen nach Absatz 1 nicht vom Jagdausübungsberechtigten übernommen wird, oder soweit dieser die ihm übertragenen Maßnahmen oder die Mitwirkung daran nicht ordnungsgemäß ausführt, trifft die nach Landesrecht für Jagd zuständige Behörde nach Anhörung des Jagdausübungsberechtigten die notwendigen Anordnungen; sie kann insbesondere die Durchführung der Maßnahmen übernehmen oder einen Dritten mit deren Durchführung beauftragen. Maßnahmen unter Einsatz jagdlicher Mittel haben im Einvernehmen mit dem Jagdausübungsberechtigten zu erfolgen; sein Jagdrecht bleibt unberührt.

(3) § 1 Absatz 1 Satz 2 ist auf Arten, für die Managementmaßnahmen nach § 40e oder Beseitigungsmaßnahmen nach § 40a des Bundesnaturschutzgesetzes festgelegt worden sind, nicht anzuwenden; § 22 Absatz 4 Satz 1 und 2 gilt entsprechend.

2 Wildschadensersatz

§ 29 Schadensersatzpflicht

(1) Wird ein Grundstück, das zu einem gemeinschaftlichen Jagdbezirk gehört oder einem gemeinschaftlichen Jagdbezirk angegliedert ist (§ 5 Abs. 1), durch Schalenwild, Wildkaninchen oder Fasanen beschädigt, so hat die Jagdgenossenschaft dem Geschädigten den Wildschaden zu ersetzen. Der aus der Genossenschaftskasse geleistete Ersatz ist von den einzelnen Jagdgenossen nach dem Verhältnis des Flächeninhalts ihrer beteiligten Grundstücke zu tragen. Hat der Jagdpächter den Ersatz des Wildschadens ganz oder teilweise übernommen, so trifft die Ersatzpflicht den Jagdpächter. Die Ersatzpflicht der Jagdgenossenschaft bleibt bestehen, soweit der Geschädigte Ersatz von dem Pächter nicht erlangen kann.

(2) Wildschaden an Grundstücken, die einem Eigenjagdbezirk angegliedert sind (§ 5 Abs. 1), hat der Eigentümer oder der Nutznießer des Eigenjagdbezirks zu ersetzen. Im Falle der Verpachtung haftet der Jagdpächter, wenn er sich im Pachtvertrag zum Ersatz des Wildschadens verpflichtet hat. In diesem Falle haftet der Eigentümer oder der Nutznießer nur, soweit der Geschädigte Ersatz von dem Pächter nicht erlangen kann.

(3) Bei Grundstücken, die zu einem Eigenjagdbezirk gehören, richtet sich, abgesehen von den Fällen des Absatzes 2, die Verpflichtung zum Ersatz von Wildschaden (Absatz 1) nach dem zwischen dem Geschädigten und dem Jagdausübungsberechtigten bestehenden Rechtsverhältnis. Sofern nichts anderes bestimmt ist, ist der Jagdausübungsberechtigte ersatz-

pflichtig, wenn er durch unzulänglichen Abschuss den Schaden verschuldet hat.

(4) Die Länder können bestimmen, daß die Wildschadensersatzpflicht auch auf anderes Wild ausgedehnt wird und daß der Wildschadensbetrag für bestimmtes Wild durch Schaffung eines Wildschadensausgleichs auf eine Mehrheit von Beteiligten zu verteilen ist (Wildschadensausgleichskasse).

§ 30 Wildschaden durch Wild aus Gehege

Wird durch ein aus einem Gehege ausgetretenes und dort gehegtes Stück Schalenwild Wildschaden angerichtet, so ist ausschließlich derjenige zum Ersatz verpflichtet, dem als Jagdausübungsberechtigten, Eigentümer oder Nutznießer die Aufsicht über das Gehege obliegt.

§ 31 Umfang der Ersatzpflicht

(1) Nach den §§ 29 und 30 ist auch der Wildschaden zu ersetzen, der an den getrennten, aber noch nicht eingeernteten Erzeugnissen eines Grundstücks eintritt.

(2) Werden Bodenerzeugnisse, deren voller Wert sich erst zur Zeit der Ernte bemessen lässt, vor diesem Zeitpunkt durch Wild beschädigt, so ist der Wildschaden in dem Umfange zu ersetzen, wie er sich zur Zeit der Ernte darstellt. Bei der Feststellung der Schadenshöhe ist jedoch zu berücksichtigen, ob der Schaden nach den Grundsätzen einer ordentlichen Wirtschaft durch Wiederanbau im gleichen Wirtschaftsjahr ausgeglichen werden kann.

§ 32 Schutzvorrichtungen

(1) Ein Anspruch auf Ersatz von Wildschaden ist nicht gegeben, wenn der Geschädigte die von dem Jagdausübungsberechtigten zur Abwehr von Wildschaden getroffenen Maßnahmen unwirksam macht.

(2) Der Wildschaden, der an Weinbergen, Gärten, Obstgärten, Baumschulen, Alleen, einzelstehenden Bäumen, Forstkulturen, die durch Einbringen anderer als der im Jagdbezirk vorkommenden Hauptholzarten einer erhöhten Gefährdung ausgesetzt sind, oder Freilandpflanzungen von Garten- oder hochwertigen Handelsgewächsen entsteht, wird, soweit die Länder

nicht anders bestimmen, nicht ersetzt, wenn die Herstellung von üblichen Schutzvorrichtungen unterblieben ist, die unter gewöhnlichen Umständen zur Abwendung des Schadens ausreichen. Die Länder können bestimmen, welche Schutzvorrichtungen als üblich anzusehen sind.

3. Jagdschaden

§ 33 Schadensersatzpflicht

(1) Wer die Jagd ausübt, hat dabei die berechtigten Interessen der Grundstückseigentümer oder Nutzungsberechtigten zu beachten, insbesondere besäte Felder und nicht abgemähte Wiesen tunlichst zu schonen. Die Ausübung der Treibjagd auf Feldern, die mit reifender Halm- oder Samenfrucht oder mit Tabak bestanden sind, ist verboten; die Suchjagd ist nur insoweit zulässig, als sie ohne Schaden für die reifenden Früchte durchgeführt werden kann.

(2) Der Jagdausübungsberechtigte haftet dem Grundstückseigentümer oder Nutzungsberechtigten für jeden aus missbräuchlicher Jagdausübung entstehenden Schaden; er haftet auch für den Jagdschaden, der durch einen von ihm bestellten Jagdaufseher oder durch einen Jagdgast angerichtet wird.

4. Gemeinsame Vorschriften

§ 34 Geltendmachung des Schadens

Der Anspruch auf Ersatz von Wild- oder Jagdschaden erlischt, wenn der Berechtigte den Schadensfall nicht binnen einer Woche, nachdem er von dem Schaden Kenntnis erhalten hat oder bei Beobachtung gehöriger Sorgfalt erhalten hätte, bei der für das beschädigte Grundstück zuständigen Behörde anmeldet. Bei Schaden an forstwirtschaftlich genutzten Grundstücken genügt es, wenn er zweimal im Jahre, jeweils bis zum 1. Mai oder 1. Oktober, bei der zuständigen Behörde angemeldet wird. Die Anmeldung soll die als ersatzpflichtig in Anspruch genommene Person bezeichnen.

§ 35 Verfahren in Wild- und Jagdschadenssachen

Die Länder können in Wild- und Jagdschadenssachen das Beschreiten des ordentlichen Rechtsweges davon abhängig machen, daß zuvor ein

Feststellungsverfahren vor einer Verwaltungsbehörde (Vorverfahren) stattfindet, in dem über den Anspruch eine vollstreckbare Verpflichtungserklärung (Anerkenntnis, Vergleich) aufzunehmen oder eine nach Eintritt der Rechtskraft vollstreckbare Entscheidung (Vorbescheid) zu erlassen ist. Die Länder treffen die näheren Bestimmungen hierüber.

VIII. Abschnitt: **Inverkehrbringen und Schutz von Wild**

§ 36 Ermächtigungen

(1) Das Bundesministerium wird ermächtigt, durch Rechtsverordnung mit Zustimmung des Bundesrates, soweit dies aus Gründen der Hege, zur Bekämpfung von Wilderei und Wildhehlerei, aus wissenschaftlichen Gründen oder zur Verhütung von Gesundheitsschäden durch Fallwild erforderlich ist, Vorschriften zu erlassen über

1. die Anwendung von Ursprungszeichen bei der Verbringung von erlegtem Schalenwild aus dem Erlegungsbezirk und der Verbringung von erlegtem Schalenwild in den Geltungsbereich dieses Gesetzes,
2. den Besitz von
   a) Wild, das nach Rechtsakten der Europäischen Gemeinschaft oder der Europäischen Union aus Gründen des Erhalts der Arten streng oder besonders geschützt oder von den Mitgliedstaaten der Europäischen Union zu schützen ist, oder
   b) sonstigem Wild,

2a. den gewerbsmäßigen Ankauf, Verkauf oder Tausch von
   a) Wild, das nach Rechtsakten der Europäischen Gemeinschaft oder der Europäischen Union aus Gründen des Erhalts der Arten streng oder besonders geschützt oder von den Mitgliedstaaten der Europäischen Union zu schützen ist, oder
   b) sonstigem Wild,

2b. den sonstigen Erwerb, die Ausübung der tatsächlichen Gewalt oder das sonstige Verwenden, die Abgabe, das Anbieten zum Verkauf oder den Tausch, die Zucht, die Beförderung, das Veräußern oder das sonstige Inverkehrbringen von Wild,

3. die Ein-, Durch- und Ausfuhr sowie das sonstige Verbringen von Wild in den, durch den und aus dem Geltungsbereich dieses Gesetzes,
4. die Verpflichtung zur Führung von Wildhandelsbüchern,
5. das Kennzeichnen von Wild.

(2) Die Länder erlassen insbesondere Vorschriften über

1. die behördliche Überwachung des gewerbsmäßigen Ankaufs, Verkaufs und Tausches sowie der gewerbsmäßigen Verarbeitung von Wildbret und die behördliche Überwachung der Wildhandelsbücher,
2. das Aufnehmen, die Pflege und die Aufzucht verletzten oder kranken Wildes und dessen Verbleib.

(3) Die Vorschriften nach Absatz 1 Nr. 2, 2a, 2b und 3 und Absatz 2 Nr. 2 können sich auch auf Eier oder sonstige Entwicklungsformen des Wildes, auf totes Wild, auf Teile des Wildes sowie auf die Nester und die aus Wild gewonnenen Erzeugnisse erstrecken.

(4) Rechtsverordnungen nach Absatz 1 Nr. 1 bedürfen des Einvernehmens mit dem Bundesministerium für Wirtschaft und Energie; Rechtsverordnungen nach Absatz 1 Nr. 3 bedürfen des Einvernehmens mit dem Bundesministerium der Finanzen. Rechtsverordnungen nach Absatz 1 Nr. 2 bis 5 bedürfen, soweit sie Rechtsakte der Europäischen Gemeinschaft oder der Europäischen Union auf dem Gebiet des Artenschutzes oder Verpflichtungen aus internationalen Artenschutzübereinkommen zu beachten haben, des Einvernehmens mit dem Bundesministerium für Umwelt, Naturschutz, Bau und Reaktorsicherheit.

(5) Das Bundesministerium der Finanzen und die von ihm bestimmten Zollstellen wirken bei der Ein-, Durch- und Ausfuhr sowie bei dem sonstigen Verbringen von Wild mit. Das Bundesministerium der Finanzen regelt im Einvernehmen mit dem Bundesministerium durch Rechtsverordnung ohne Zustimmung des Bundesrates die Einzelheiten des Verfahrens nach Satz 1; es kann dabei insbesondere Pflichten zu Anzeigen, Anmeldungen, Auskünften und zur Leistung von Hilfsdiensten sowie zur Duldung von Besichtigungen und von Entnahmen unentgeltlicher Muster und Proben vorsehen. Das Bundesministerium gibt im Einvernehmen mit dem Bundesministerium der Finanzen im Bundesanzeiger die Zollstellen bekannt, bei denen Wild zur Ein-, Durch- und Ausfuhr sowie zum sonstigen Verbringen abgefertigt wird, wenn die Ein-, Durch- und Ausfuhr sowie das sonstige Verbringen durch Rechtsverordnung nach Absatz 1 Nr. 3 geregelt ist.

§ 36a *(weggefallen)*

IX. Abschnitt: **Jagdbeirat und Vereinigungen der Jäger**

§ 37

(1) In den Ländern sind Jagdbeiräte zu bilden, denen Vertreter der Landwirtschaft, der Forstwirtschaft, der Jagdgenossenschaften, der Jäger und des Naturschutzes angehören müssen.

(2) Die Länder können die Mitwirkung von Vereinigungen der Jäger für die Fälle vorsehen, in denen Jagdscheininhaber gegen die Grundsätze der Weidgerechtigkeit verstoßen (§ 1 Abs. 3).

X. Abschnitt: **Straf- und Bußgeldvorschriften**

§ 38 Strafvorschriften

(1) Mit Freiheitsstrafe bis zu fünf Jahren oder mit Geldstrafe wird bestraft, wer

1. einer vollziehbaren Anordnung nach § 21 Abs. 3 zuwiderhandelt,
2. entgegen § 22 Abs. 2 Satz 1 Wild nicht mit der Jagd verschont oder
3. entgegen § 22 Abs. 4 Satz 1 ein Elterntier bejagt.

(2) Handelt der Täter fahrlässig, so ist die Strafe Freiheitsstrafe bis zu einem Jahr oder Geldstrafe.

§ 38a Strafvorschriften

(1) Mit Freiheitsstrafe bis zu fünf Jahren oder mit Geldstrafe wird bestraft, wer einer Rechtsverordnung nach § 36 Absatz 1 Nummer 2a Buchstabe a, auch in Verbindung mit Absatz 3, oder einer vollziehbaren Anordnung auf Grund einer solchen Rechtsverordnung zuwiderhandelt, soweit die Rechtsverordnung für einen bestimmten Tatbestand auf diese Strafvorschrift verweist.

(2) Mit Freiheitsstrafe bis zu drei Jahren oder mit Geldstrafe wird bestraft, wer einer Rechtsverordnung nach § 36 Absatz 1 Nummer 2 Buchstabe a, auch in Verbindung mit Absatz 3, oder einer vollziehbaren Anordnung auf Grund einer solchen Rechtsverordnung zuwiderhandelt, soweit die Rechtsverordnung für einen bestimmten Tatbestand auf diese Strafvorschrift verweist.

(3) Erkennt der Täter in den Fällen des Absatzes 1 leichtfertig nicht, dass sich die Handlung auf Wild einer Art bezieht, die in § 36 Absatz 1 Nummer 2a Buchstabe a genannt ist, so ist die Strafe Freiheitsstrafe bis zu zwei Jahren oder Geldstrafe.

(4) Erkennt der Täter in den Fällen des Absatzes 2 leichtfertig nicht, dass sich die Handlung auf Wild einer Art bezieht, die in § 36 Absatz 1 Nummer 2 Buchstabe a genannt ist, so ist die Strafe Freiheitsstrafe bis zu einem Jahr oder Geldstrafe.

(5) Die Tat ist nicht strafbar, wenn die Handlung eine unerhebliche Menge der Exemplare betrifft und unerhebliche Auswirkungen auf den Erhaltungszustand der Art hat.

§ 39 Ordnungswidrigkeiten

(1) Ordnungswidrig handelt, wer
1. in befriedeten Bezirken die Jagd ausübt oder einer Beschränkung der Jagderlaubnis (§ 6) zuwiderhandelt;
2. auf vollständig eingefriedeten Grundflächen die Jagd entgegen einer nach § 7 Abs. 3 vorgeschriebenen Beschränkung ausübt;
3. auf Grund eines nach § 11 Abs. 6 Satz 1 nichtigen Jagdpachtvertrages, einer nach § 11 Abs. 6 Satz 2 nichtigen entgeltlichen Jagderlaubnis oder entgegen § 12 Abs. 4 die Jagd ausübt;
4. als Inhaber eines Jugendjagdscheines ohne Begleitperson die Jagd ausübt (§ 16);
5. den Vorschriften des § 19 Abs. 1 Nr. 3 bis 9, 11 bis 14, 16 bis 18, § 19a oder § 20 Abs. 1 zuwiderhandelt;
6. zum Verscheuchen des Wildes Mittel anwendet, durch die Wild verletzt oder gefährdet wird (§ 26);
7. einer Vorschrift des § 28 Abs. 1 bis 3 über das Hegen, Aussetzen und Ansiedeln zuwiderhandelt;
8. den Vorschriften des § 33 Abs. 1 zuwiderhandelt und dadurch Jagdschaden anrichtet;
9. den Jagdschein auf Verlangen nicht vorzeigt (§ 15 Abs. 1).

(2) Ordnungswidrig handelt, wer vorsätzlich oder fahrlässig
1. die Jagd ausübt, obwohl er keinen gültigen Jagdschein mit sich führt oder obwohl ihm die Jagdausübung verboten ist (§ 41a);
2. den Vorschriften des § 19 Abs. 1 Nr. 1, 2, 10 und 15 zuwiderhandelt;
3. Schalenwild oder anderes Wild, das nur im Rahmen eines Abschussplanes bejagt werden darf, erlegt, bevor der Abschussplan bestätigt

oder festgesetzt ist (§ 21 Abs. 2 Satz 1), oder wer den Abschussplan überschreitet;

3a. entgegen § 22 Abs. 1 Satz 2 Wild nicht mit der Jagd verschont,
4. als Jagdausübungsberechtigter das Auftreten einer Wildseuche nicht unverzüglich der zuständigen Behörde anzeigt oder den Weisungen der zuständigen Behörde zur Bekämpfung der Wildseuche nicht Folge leistet (§ 24);
5. einer Rechtsverordnung nach § 36 Absatz 1 Nummer 1, 2 Buchstabe b, auch in Verbindung mit Absatz 3, Nummer 2a Buchstabe b, auch in Verbindung mit Absatz 3, Nummer 2b, auch in Verbindung mit Absatz 3, Nummer 3, auch in Verbindung mit Absatz 3, Nr. 4 oder Nummer 5, Absatz 2 oder Absatz 5 oder einer vollziehbaren Anordnung auf Grund einer solchen Rechtsverordnung zuwiderhandelt, soweit die Rechtsverordnung für einen bestimmten Tatbestand auf diese Bußgeldvorschrift verweist, oder
6. zur Jagd ausgerüstet unbefugt einen fremden Jagdbezirk außerhalb der zum allgemeinen Gebrauch bestimmten Wege betritt.

(3) Die Ordnungswidrigkeit kann mit einer Geldbuße bis zu fünftausend Euro geahndet werden.

§ 40 Einziehung

(1) Ist eine Straftat nach § 38 oder eine Ordnungswidrigkeit nach § 39 Abs. 1 Nr. 5 oder Abs. 2 Nr. 2 bis 3a oder 5 begangen worden, so können
1. Gegenstände, auf die sich die Straftat oder Ordnungswidrigkeit bezieht, und
2. Gegenstände, die zu ihrer Begehung oder Vorbereitung gebraucht worden oder bestimmt gewesen sind, eingezogen werden.

(2) § 74a des Strafgesetzbuches und § 23 des Gesetzes über Ordnungswidrigkeiten sind anzuwenden.

§ 41 Anordnung der Entziehung des Jagdscheines

(1) Wird jemand wegen einer rechtswidrigen Tat
1. nach § 38 dieses Gesetzes,
2. nach den §§ 113, 114, 223 bis 227, 231, 239, 240 des Strafgesetzbuches, sofern derjenige, gegen den sich die Tat richtete, sich in Ausübung des Forst-, Feld-, Jagd- oder Fischereischutzes befand, oder
3. nach den §§ 292 bis 294 des Strafgesetzbuches

verurteilt oder nur deshalb nicht verurteilt, weil seine Schuldunfähigkeit erwiesen oder nicht auszuschließen ist, so ordnet das Gericht die Entziehung des Jagdscheines an, wenn sich aus der Tat ergibt, daß die Gefahr besteht, er werde bei weiterem Besitz des Jagdscheines erhebliche rechtswidrige Taten der bezeichneten Art begehen.

(2) Ordnet das Gericht die Entziehung des Jagdscheines an, so bestimmt es zugleich, daß für die Dauer von einem Jahr bis zu fünf Jahren kein neuer Jagdschein erteilt werden darf (Sperre). Die Sperre kann für immer angeordnet werden, wenn zu erwarten ist, daß die gesetzliche Höchstfrist zur Abwehr der von dem Täter drohenden Gefahr nicht ausreicht. Hat der Täter keinen Jagdschein, so wird nur die Sperre angeordnet. Die Sperre beginnt mit der Rechtskraft des Urteils.

(3) Ergibt sich nach der Anordnung Grund zu der Annahme, daß die Gefahr, der Täter werde erhebliche rechtswidrige Taten der in Absatz 1 bezeichneten Art begehen, nicht mehr besteht, so kann das Gericht die Sperre vorzeitig aufheben.

§ 41a Verbot der Jagdausübung

(1) Wird gegen jemanden

1. wegen einer Straftat, die er bei oder im Zusammenhang mit der Jagdausübung begangen hat, eine Strafe verhängt oder
2. wegen einer Ordnungswidrigkeit nach § 39, die er unter grober oder beharrlicher Verletzung der Pflichten bei der Jagdausübung begangen hat, eine Geldbuße festgesetzt,

so kann ihm in der Entscheidung für die Dauer von einem Monat bis zu sechs Monaten verboten werden, die Jagd auszuüben.

(2) Das Verbot der Jagdausübung wird mit der Rechtskraft der Entscheidung wirksam. Für seine Dauer wird ein erteilter Jagdschein, solange er nicht abgelaufen ist, amtlich verwahrt; das gleiche gilt für einen nach Ablauf des Jagdjahres neu erteilten Jagdschein. Wird er nicht freiwillig herausgegeben, so ist er zu beschlagnahmen.

(3) Ist ein Jagdschein amtlich zu verwahren, so wird die Verbotsfrist erst von dem Tage an gerechnet, an dem dies geschieht. In die Verbotsfrist wird die Zeit nicht eingerechnet, in welcher der Täter auf behördliche Anordnung in einer Anstalt verwahrt wird.

(4) Über den Beginn der Verbotsfrist nach Absatz 3 Satz 1 ist der Täter im Anschluss an die Verkündung der Entscheidung oder bei deren Zustellung zu belehren.

§ 42 Landesrechtliche Straf- und Bußgeldvorschriften

Die Länder können Straf- und Bußgeldbestimmungen für Verstöße gegen die von ihnen erlassenen Vorschriften treffen, soweit solche nicht schon in diesem Gesetz enthalten sind.

XI. Abschnitt: **Schlussvorschriften**

§ 43 *(weggefallen)*

§ 44 Sonderregelungen

Die zuständigen Landesregierungen werden ermächtigt, durch Rechtsverordnung im Benehmen mit dem Bundesministerium die Ausübung des Jagdrechts auf der Insel Helgoland und die Jagd auf Wasservögel auf dem Untersee und dem Rhein bei Konstanz abweichend von den Vorschriften dieses Gesetzes zu regeln.

§ 44a Unberührtheitsklausel

Vorschriften des Lebensmittelrechts, Seuchenrechts, Fleischhygienerechts und Tierschutzrechts bleiben unberührt.

§ 45 *(weggefallen)*

§ 46 Inkrafttreten des Gesetzes

(1) (Inkrafttreten der ursprünglichen Fassung des Gesetzes)

(2) (Aufhebung von Vorschriften)

(3) Verweisungen auf Vorschriften, die nach Absatz 2 außer Kraft getreten sind, gelten als Verweisungen auf die entsprechenden Vorschriften dieses Gesetzes oder die entsprechenden landesrechtlichen Vorschriften.

Verordnung über den Schutz von Wild (Bundeswildschutzverordnung – BWildSchV)

Vom 25. Oktober 1985 (BGBl. I S. 2040), zuletzt geändert durch Artikel 1 der Verordnung vom 28. Juni 2018 (BGBl. I S. 1159).

Auf Grund des § 36 Abs. 1 Nr. 2, 4 und 5 in Verbindung mit § 36 Abs. 3 des Bundesjagdgesetzes in der Fassung der Bekanntmachung vom 29. September 1976 (BGBl. I S. 2849) wird mit Zustimmung des Bundesrates verordnet:

§ 1 Anwendungsbereich, Begriffsbestimmungen

(1) Diese Verordnung findet Anwendung auf Tiere der in den Anlagen 1 und 4 genannten Arten. Für die Abgrenzung der Tierarten im Sinne dieser Verordnung ist ihre wissenschaftliche Bezeichnung maßgebend. Die Art schließt Unterarten ein, auch soweit diese im Geltungsbereich des Bundeswaldgesetzes in der Natur nicht vorkommen.

(2) Der Begriff Tiere im Sinne dieser Verordnung umfasst lebende und tote Tiere, ihre ohne weiteres erkennbaren Teile, ohne weiteres erkennbar aus ihnen gewonnenen Erzeugnisse sowie ihre Eier, sonstigen Entwicklungsformen und Nester.

§ 2 Verbote

(1) Es ist verboten,
1. Tiere der in Anlage 1 Teil A genannten Arten oder Teile oder Erzeugnisse solcher Tiere zu besitzen,
2. Tiere der in Anlage 1 Teil B genannten Arten oder Teile oder Erzeugnisse solcher Tiere gewerbsmäßig anzukaufen, zu verkaufen oder zu tauschen,
3. Tiere der in Anlage 1 Teil C genannten Arten
   a) über Nummer 2 hinaus sonst zu erwerben, über sie die tatsächliche Gewalt auszuüben oder sonst zu verwenden,
   b) abzugeben, zum Verkauf anzubieten, zu veräußern oder sonst in den Verkehr zu bringen,
   c) für eine der in Nummer 2 genannten Tätigkeiten zu befördern,

   soweit die Handlung nicht bereits nach Nummer 1 oder Nummer 2 verboten ist.

Das Aneignungsrecht des Jagdausübungsberechtigten sowie Vorschriften der Länder nach § 36 Absatz 2 Nummer 2 des Bundesjagdgesetzes über das Aufnehmen, die Pflege und die Aufzucht verletzten oder kranken Wildes und dessen Verbleib bleiben unberührt.

(2) Die Verbote des Absatzes 1 gelten nicht für Tiere oder Teile oder Erzeugnisse solcher Tiere, an denen nach dem 8. November 1985 im Rahmen der Ausübung des Jagdrechts Eigentum erworben wurde. Diese Tiere oder Teile oder Erzeugnisse solcher Tiere dürfen jedoch nicht an Dritte gegen Entgelt abgegeben oder zu diesem Zweck befördert, gehalten oder angeboten werden. Ausgenommen von diesen Beschränkungen sind

1. Tiere oder Teile oder Erzeugnisse solcher Tiere der in Anlage 2 genannten Arten,
2. Tiere oder Teile oder Erzeugnisse solcher Tiere der in Anlage 3 genannten Arten, soweit die in Satz 2 aufgeführten Tätigkeiten nicht zu gewerbsmäßigen Zwecken erfolgen sowie
3. in der Natur aufgefundene tote Tiere oder Teile oder Erzeugnisse solcher Tiere, soweit sie für Zwecke der Forschung oder Lehre verwendet werden.

(3) Die Verbote des Absatzes 1 gelten ferner nicht für Tiere oder Teile oder Erzeugnisse solcher Tiere, die vor dem 9. November 1985 in Übereinstimmung mit den Vorschriften zum Schutz der betreffenden Art erworben worden sind. Dasselbe gilt im Beitrittsgebiet für den Zeitraum vor dem 3. Oktober 1990.

(4) Die Verbote des Absatzes 1 gelten ferner nicht für Tiere oder Teile oder Erzeugnisse solcher Tiere der in der Anlage 2 genannten Arten und der Art Wachtel, die in der Gefangenschaft gezüchtet wurden und nicht herrenlos geworden sind.

(5) Die nach Landesrecht zuständige Behörde kann im Einzelfall Ausnahmen von den Verboten des Absatzes 1 zulassen, soweit dies für die Verwertung beschlagnahmter oder eingezogener Tiere oder Teile oder Erzeugnisse solcher Tiere erforderlich ist. Sie kann ferner im Einzelfall Ausnahmen von den Verboten des Absatzes 1 sowie von den Verboten des Absatzes 2 Satz 2 zulassen, soweit dies

1. für Zwecke der Forschung oder Lehre,
2. zur Ansiedlung von Tieren in der freien Natur oder der damit zusammenhängenden Aufzucht oder
3. aus einem sonstigen vernünftigen Grund für eine Nutzung von Tieren oder Teilen oder Erzeugnissen solcher Tiere in geringen Mengen

erforderlich ist und Belange des Arten- und Biotopschutzes sowie Rechtsakte des Rates oder der Kommission der Europäischen Gemeinschaften oder Verpflichtungen aus internationalen Artenschutzübereinkommen nicht entgegenstehen.

§ 3 Halten von Greifen und Falken

(1) Die Haltung von Greifen oder Falken der in Anlage 4 genannten Arten ist nur nach Maßgabe der Absätze 2 bis 6 zulässig.

(2) Wer Greife oder Falken hält,
1. muss Inhaber eines auf seinen Namen lautenden gültigen Falknerjagdscheines sein,
2. darf insgesamt nicht mehr als zwei Exemplare der Arten Habicht, Sperber, Steinadler und Wanderfalke halten,
3. hat unverzüglich die Greife und Falken dauerhaft und unverwechselbar nach Maßgabe des Absatzes 3 zu kennzeichnen und
4. hat der nach Landesrecht zuständigen Stelle
   a) spätestens bis zum 1. Juni 1986, bei späterem Beginn der Haltung binnen vier Wochen nach Begründung des Eigenbesitzes, den Bestand an Greifen und Falken und
   b) nach der Bestandsanzeige jeweils unverzüglich den Zu- und Abgang von Greifen und Falken

schriftlich anzuzeigen; die Anzeige muss Angaben enthalten über Zahl, Art, Alter, Geschlecht, Herkunft, Verbleib, Standort, Verwendungszweck und Kennzeichen der Greife und Falken. Die Verlegung des regelmäßigen Standortes der Greife und Falken ist ebenfalls unverzüglich anzuzeigen. Das durch den Tod eines Tieres freigewordene Kennzeichen ist mit der Anzeige über den Abgang zurückzugeben.

(3) Die Kennzeichnung der gemäß Absatz 1 gehaltenen Greifen und Falken der Anlage 4 hat nach den Bestimmungen der §§ 12 bis 15 der Bundesartenschutzverordnung zu erfolgen.

(4) Die nach Landesrecht zuständige Behörde kann im Einzelfall von den Voraussetzungen des Absatzes 2 Nr. 1 und 2 Ausnahmen zulassen, wenn
1. die Haltung wissenschaftlichen, Lehr- oder Forschungszwecken dient oder die Ausnahme zur Nachzucht für einen der vorstehenden Zwecke, zur Nachzucht für die Ausübung der Beizjagd oder zur Nachzucht für die Ansiedlung in der freien Natur erforderlich ist,
2. der Halter die erforderliche Zuverlässigkeit und ausreichende Kenntnisse über das Halten und die Pflege von Greifen und Falken besitzt und
3. eine fachgerechte Betreuung sowie eine den tierschutzrechtlichen Vorschriften entsprechende Haltung gewährleistet sind.

(5) Absatz 2 Nr. 1 und 2 ist nicht anzuwenden auf Greife und Falken, die bei Inkrafttreten dieser Verordnung in Übereinstimmung mit den zu ihrem Schutz geltenden Vorschriften gehalten werden. Die Anwendung des Absatzes 2 Nr. 1 und 2 auf die Erweiterung solcher Bestände und auf den Ersatz des Abgangs bleibt unberührt.

(6) Die Absätze 2 bis 5 gelten nicht für zoologische Einrichtungen von juristischen Personen des öffentlichen Rechts sowie für behördlich genehmigte oder anerkannte Auffang- und Pflegestationen.

§ 4 Aufzeichnungs- und Kennzeichnungspflichten

(1) Wer gewerbsmäßig
1. tote Tiere der in Anlage 5 genannten Arten oder Teile dieser Tiere präpariert oder
2. lebende oder tote Tiere der in Anlage 5 genannten Arten oder Teile dieser Tiere in den Verkehr bringt oder erwirbt,

hat über diese Tiere ein Aufnahme- und Auslieferungsbuch mit täglicher Eintragung nach dem Muster der Anlage 6 zu führen. Werden Tiere nach Nummer 2 im Einzelhandel abgegeben, brauchen Name und Anschrift des Empfängers sowie der Abgangstag nur bei den Tieren angegeben zu werden, deren Verkaufspreis über 250 Deutsche Mark beträgt.

(2) Alle Eintragungen in das Buch sind in dauerhafter Form vorzunehmen; § 43 Abs. 2 bis 4 Satz 1 und 2 des Handelsgesetzbuches gilt sinngemäß.

(3) Die Bücher mit den Belegen sind der nach Landesrecht zuständigen Stelle auf Verlangen zur Prüfung auszuhändigen.

(4) Die Bücher mit den Belegen sind fünf Jahre aufzubewahren. Die Aufbewahrungsfrist beginnt mit dem Schluss des Kalenderjahres, in dem die letzte Eintragung für ein abgeschlossenes Geschäftsjahr gemacht worden ist.

(5) Die in Absatz 1 genannten Tiere und Teile von Tieren sind zu kennzeichnen, soweit dies mit angemessenem Aufwand möglich ist.

§ 5 Rechtmäßiger Besitz, Nachweispflicht

Wer Tiere der in Anlage 5 genannten Arten besitzt oder die tatsächliche Gewalt darüber ausübt, kann sich gegenüber der zuständigen Behörde auf eine Berechtigung hierzu nur berufen, wenn er auf Verlangen nachweist, dass die Voraussetzungen für eine Ausnahme nach § 2 Abs. 2 bis

5 vorliegen oder glaubhaft macht, dass er oder ein Dritter die Tiere bei Inkrafttreten dieser Verordnung in Besitz hatte. Für Gegenstände zum persönlichen Gebrauch oder Hausrat gilt dies nur, wenn Tatsachen die Annahme rechtfertigen, dass eine Berechtigung nach § 2 Abs. 2 bis 5 nicht besteht.

§ 5a Strafvorschriften

(1) Nach § 38 a Absatz 1 des Bundesjagdgesetzes wird bestraft, wer entgegen § 2 Absatz 1 Satz 1 Nr. 2 ein dort genanntes Tier oder ein Teil oder ein Erzeugnis eines solchen Tieres gewerbsmäßig ankauft, verkauft oder tauscht.

(2) Nach § 38 a Absatz 2 des Bundesjagdgesetzes wird bestraft, wer entgegen § 2 Absatz 1 Satz 1 Nr. 1 ein dort genanntes Tier oder ein Teil oder ein Erzeugnis eines solchen Tieres besitzt.

§ 6 Ordnungswidrigkeiten

Ordnungswidrig im Sinne des § 39 Abs. 2 Nr. 5 des Bundesjagdgesetzes handelt, wer vorsätzlich oder fahrlässig

1. entgegen § 2 Abs. 1 Satz 1 Nr. 3 ein dort genanntes Tier oder ein Teil oder ein Erzeugnis eines solchen Tieres sonst erwirbt, sonst verwendet, in den Verkehr bringt oder befördert oder die tatsächliche Gewalt über ein solches Tier, Teil oder Erzeugnis ausübt,
2. entgegen § 2 Absatz 2 Satz 2 dort bezeichnete Tiere an Dritte gegen Entgelt abgibt oder zu diesem Zweck befördert, hält oder anbietet,
3. entgegen § 3 Absatz 2 Nr. 1 Greife oder Falken hält,
4. einer Vorschrift des § 3 Absatz 2 Nr. 2, 3 oder 4 über die Haltung oder Kennzeichnung von Greifen oder Falken, über Anzeigepflichten oder über die Pflicht zur Rückgabe eines freigewordenen Kennzeichens zuwiderhandelt oder
5. einer Vorschrift des § 4 Abs. 1 Satz 1, Abs. 2 bis 5 über die Führung, Form, Aushändigung oder Aufbewahrung von Aufnahme- und Auslieferungsbüchern oder Belegen oder über die Kennzeichnung von Tieren oder Teilen von Tieren zuwiderhandelt.

§ 7 Berlin-Klausel

gegenstandslos

§ 8 Inkrafttreten

§ 3 Abs. 2 Nr. 3 und 4 und Abs. 3, § 4 sowie § 6, soweit er sich auf die genannten Vorschriften bezieht, treten am 1. April 1986 in Kraft; im Übrigen tritt diese Verordnung am Tage nach der Verkündung in Kraft. Gleichzeitig treten außer Kraft:
Nordrhein-Westfalen
die §§ 42 bis 44, 55 Abs. 2 Nr. 6 und 7 des Landesjagdgesetzes Nordrhein-Westfalen in der Fassung der Bekanntmachung vom 11. Juli 1978 (Gesetz- und Verordnungsblatt für das Land Nordrhein-Westfalen S. 318), zuletzt geändert durch Gesetz vom 19. März 1985 (Gesetz- und Verordnungsblatt für das Land Nordrhein-Westfalen S. 261).

Anlage 1
(zu § 2 Abs. 1)

Liste der von den Verboten erfassten Wildarten

Teil A (Besitz)

1. Haarwild

Wisent (*bison bonasus L.)*

2. Federwild

Auerwild (*Tetrao urogallus* L.)
Birkwild (*Lyrurus tetrix* L.)
Haselwild (*Tetrastes bonasia* L.)
Alpenschneehuhn (*Lagopus mutus* MONTIN)
Weißwangengans (*Branta leucopsis* BECHSTEIN)
Zwergsäger (*Mergus albellus* L.)
Schwarzkopfmöwe (*Larus melanocephalus* TEMMINCK)
Zwergmöwe (*Larus minutus* PALLAS)

Teil B (Handel)

1. Haarwild

Wisent (*bison bonasus L.)*

2. Federwild

Wachtel (*Coturnix coturnix* L.)
Auerwild (*Tetrao urogallus* L.)
Birkwild (*Lyrurus tetrix* L.)
Haselwild (*Tetrastes bonasia* L.)
Alpenschneehuhn (*Lagopus mutus* MONTIN)
Türkentaube (*Streptopelia decaocto* FRIVALDSKY)
Hohltaube (*Columba oenas* L.)
Höckerschwan (*Cygnus olor* GMELIN)
Kurzschnabelgans (*Anser brachyrhynchos* BAILLON)

Weißwangengans (*Branta leucopsis* BECHSTEIN)
Saatgans (*Anser fabalis* LATHAM)
Kanadagans (*Branta canadensis* L.)
Ringelgans (*Branta bernicla* L.)
Eiderente (*Somateria mollissima* L.)
Eisente (*Clangula hyemalis* L.)
Kolbenente (*Netta rufina* PALLAS)
Schellente (*Bucephala clangula* L.)
Schnatterente (*Anas strepera* L.)
Reiherente (*Aythya fuligula* L.)
Zwergsäger (*Mergus albellus* L.)
Gänsesäger (*Mergus merganser* L.)
Mittelsäger (*Mergus serrator* L.)
Blässhuhn (*Fulica atra* L.)
Schwarzkopfmöwe (*Larus melanocephalus* TEMMINCK)
Zwergmöwe (*Larus minutus* PALLAS)
Lachmöwe (*Larus ridibundus* L.)
Sturmmöwe (*Larus canus* L.)
Silbermöwe (*Larus argentatus* PONTOPPIDAN)
Mantelmöwe (*Larus marinus* L.)
Heringsmöwe (*Larus fuscus* L.)
Steppenmöve (*Larus cachinnans)*

Teil C (Besitz und Handel)

1. Haarwild

Wisent (*bison bonasus L.)*
Steinwild (*Capra ibex* L.)
Schneehase (*Lepus timidus* L.)
Murmeltier (*Marmota marmota* L.)
Seehund (*Phoca vitulina* L.)

2. Federwild

Rebhuhn (*Perdix perdix* L.)
Fasan (*Phasianus colchicus* L.)
Wachtel (*Coturnix coturnix* L.)
Auerwild (*Tetrao urogallus* L.)
Birkwild (*Lyrurus tetrix* L.)

Haselwild (*Tetrastes bonasia* L.)
Alpenschneehuhn (*Lagopus mutus* MONTIN)
Wildtruthuhn (*Meleagris gallopavo* L.)
Hohltaube (*Columba oenas* L.)
Ringeltaube (*Columba palumbus* L.)
Türkentaube (Streptopelia decaocto FRIVALDSKY)
Höckerschwan (*Cygnus olor* GMELIN)
Graugans (*Ansa ansa*)
Bläßgans (*Anser albifrons* SCOPOLI)
Saatgans (*Ansa fabalis* LATHAM)
Kurzschnabelgans (*Anser brachyrhynchos* BAILLON)
Weißwangengans (*Branta leucopsis* BECHSTEIN)
Kanadagans (*Branta canadensis* L.)
Stockente (*Anas platyrhynchos* L.)
Löffelente (*Anas clypeata* L.)
Schnatterente (*Anas strepera* L.)
Pfeifente (*Anas penelope* L.)
Krickente (*Anas crecca* L.)
Spießente (*Anas acuta* L.)
Kolbenente (*Netta rufina* PALLAS)
Bergente (*Aythya marila* L.)
Reiherente (*Aythya fuligula* L.)
Tafelente (*Aythya ferina* L.)
Schellente (*Bucephala clangula* L.)
Brandente (*Tadorna* L.)
Eisente (*Clangula hyemalis* L.)
Samtente (*Melanitta fusca* L.)
Trauerente (*Melanitta nigra* L.)
Eiderente (*Somateria mollissima* L.)
Mittelsäger (*Mergus serrator* L.)
Gänsesäger (*Mergus merganser* L.)
Zwergsäger (*Mergus albellus* L.)
Schwarzkopfmöwe (*Larus melanocephalus* TEMMINCK)
Zwergmöwe (*Larus minutus* PALLAS)
Dreizehenmöwe (*Rissa tridactyla* L.)
Haubentaucher (*Podiceps cristatus* L.)
Graureiher (*Ardea cinerea* L.)

Anlage 2
(zu § 2 Abs. 2 Satz 3 Nummer 1)

Liste der von bestimmten Verboten ausgenommenen Wildarten

Rebhuhn (*Perdix perdix* L.)
Fasan (*Phasianus colchicus* L.)
Ringeltaube (*Columba palumbus* L.)
Graugans (*Ansa ansa*)
Stockente (*Anas platyrhynchos* L.)
Pfeifente (*Anas penelope* L.)
Krickente (*Anas crecca* L.)
Spießente (*Anas acuta* L.)
Tafelente (*Aythya ferina* L.)
Blässhuhn (*Fulica atra* L.)

Anlage 3
(zu § 2 Abs. 2 Satz 3 Nummer 2)

Liste der von bestimmten Verboten ausgenommenen Wildarten bei Tätigkeiten nicht zu gewerbsmäßigen Zwecken

Bläßgans (*Anser albifrons* SCOPOLI)
Reiherente (*Aythya fuligula* L.)
Waldschnepfe (Scolopax rusticola L.)

Anlage 4
(zu § 3 Abs. 1)

Liste der Greife und Falken, deren Haltung beschränkt ist

Fischadler (*Pandion haliaeetus* L.)
Wespenbussard (*Pernis apivorus* L.)
Schwarzmilan (*Milvus migrans* BODDAERT)

Rotmilan (*Milvus milvus* L.)
Seeadler (*Haliaeetus albicilla* L.)
Rohrweihe (*Circus aeruginosus* L.)
Kornweihe (*Circus cyaneus* L.)
Wiesenweihe (*Circus pygargus* L.)
Sperber (*Accipiter nisus* L.)
Habicht (*Accipiter gentilis* L.)
Mäusebussard (*Buteo buteo* L.)
Rauhfußbussard (*Buteo lagopus* BRUENNICH)
Steinadler (*Aquila chrysaetos* L.)
Turmfalke (*Falco tinnunculus* L.)
Rotfußfalke (*Falco vespertinus* L.)
Merlin (*Falco columbarius* L.)
Baumfalke (*Falco subbuteo* L.)
Wanderfalke (*Falco peregrinus* TUNSTALL)

Anlage 5
(zu § 4 Abs. 1, § 5)

Liste der kennzeichnungspflichtigen Wildarten

1. Haarwild

Steinwild (*Capra ibex* L.)
Schneehase (*Lepus timidus* L.)
Murmeltier (*Marmota marmota* L.)
Seehund (*Phoca vitulina* L.)

2. Federwild

Wachtel (*Coturnix* L.)
Auerwild (*Tetrao urogallus* L.)
Birkwild (*Lyrurus tetrix* L.)
Rackelwild (*Lyrurus tetrix x Tetrao urogallus*)
Haselwild (*Tetrastes bonasia* L.)
Alpenschneehuhn (*Lagopus mutus* MONTIN)
Hohltaube (*Columba oenas* L.)
Kurzschnabelgans (*Ansa brachyrhynchos* BAILLON)
Weißwangengans (*Branta leucopsis* BECHSTEIN)

Löffelente (*Anas clypeata* L.)
Schnatterente (*Anas strepera* L.)
Kolbenente (*Netta rufina* PALLAS)
Schellente (*Bucephala clangula* L.)
Brandente (*Tadorna* L.)
Eisente (*Clangula hyemalis* L.)
Eiderente (*Somateria mollissima* L.)
Mittelsäger (*Mergus serrator* L.)
Gänsesäger (*Mergus merganser* L.)
Zwergsäger (*Mergus albellus* L.)
Schwarzkopfmöwe (*Larus melanocephalus* TEMMINCK)
Zwergmöwe (*Larus minutus* PALLAS)
Dreizehenmöwe (*Rissa tridactyla* L.)
Haubentaucher (*Podiceps cristatus* L.)
Graureiher (*Ardea cinerea* L.)
Kolkrabe (*Corvus corax* L.)

Anlage 6
(zu § 4 Abs. 1)

Aufnahme- und Auslieferungsbuch

Lfd. Nr.	Ein-gangstag	Bezeichnung der im Bestand vorhandenen oder übernommenen Sache nach Art, Zahl, ggf. Kennzeichen und ggf. Bezeichnung der zum Erwerb berechtigenden Dokumente	Name und genaue Anschrift des Einlieferers oder der sonstigen Bezugsquelle	Ab-gangstag	Name und genaue Anschrift des Empfängers oder Art des sonstigen Abganges

Landesjagdgesetz Nordrhein-Westfalen (LJG-NRW)

In der Fassung der Bekanntmachung vom 7. Dezember 1994 (GV. NRW. 1995 S. 2); berichtigt GV. NRW. 1997 S. 56, zuletzt geändert durch Artikel 1 des Gesetzes vom 26. Februar 2019 (GV. NRW. S. 131).

Inhaltsübersicht:

§ 1 Ablieferungspflicht von Kennzeichen
(Zu § 1 Abs. 6 BJG)

Wer bei der Ausübung der Jagd oder des Jagdschutzes bei erlegtem, gefangenem oder verendetem Wild Kennzeichen vorfindet, ist verpflichtet, die Kennzeichen bei der unteren Jagdbehörde unter Angabe von Zeit und Ort des Fundes unverzüglich abzuliefern.

§ 2 Tierarten
(Abweichung von § 2 Abs. 2 und § 22 Abs. 1 BJG)

Folgende Tierarten unterliegen im Lande Nordrhein-Westfalen, abweichend von § 2 Absatz 2 des Bundesjagdgesetzes in der Fassung der Bekanntmachung vom 29. September 1976 (BGBl. I S. 2849) in der jeweils geltenden Fassung dem Jagdrecht:

1. Haarwild:
   Rotwild (Cervus elaphus),
   Damwild (Dama dama),
   Sikawild (Cervus nippon),
   Rehwild (Capreolus capreolus),
   Muffelwild (Ovis ammon musimon)
   Schwarzwild (Sus scrofa),
   Feldhase (Lepus europaeus),
   Wildkaninchen (Oryctolagus cuniculus),
   Wildkatze (Felis silvestris),
   Fuchs (Vulpes vulpes),
   Steinmarder (Martes foina),
   Baummarder (Martes martes)
   Iltis (Mustela putorius),
   Hermelin (Mustela erminea),
   Mauswiesel (Mustela nivalis)
   Dachs (Meles meles),
   Fischotter (Lutra lutra)
   Waschbär (Procyon lotor),
   Marderhund (Nyctereutes procyonoides),
   Mink (Neovison vison);

2. Federwild:
   a) Arten nach § 2 Absatz 1 Nummer 2 des Bundesjagdgesetzes in der jeweils geltenden Fassung,
   b) Nilgans (Alopochen aegyptiacus),
   c) Rabenkrähe (Corvus corone) und
   d) Elster (Pica pica),

   sofern sie in Nordrhein-Westfalen nach der Roten Liste der Brutvogelarten Nordrhein-Westfalens[1] regelmäßig brüten.

---

1 Hrsg.: Nordrhein-Westfälische Ornitologengesellschaft und Landesamt für Natur, Umwelt und Verbraucherschutz 2017; 6. Fassung. Stand: Juni 2016.

§ 3 Abrundung der Jagdbezirke
(Zu § 5 BJG)

(1) Grundflächen, die für sich allein eine ordnungsgemäße Ausübung der Jagd nicht gestatten, stellen die Verbindung zur Bildung eines Jagdbezirkes nur her, wenn sie weniger als 400 m lang und an der schmalsten Stelle mindestens 200 m breit sind. Diese Vorschrift findet auf Grundflächen, die bei Inkrafttreten dieses Gesetzes die Verbindung zwischen zwei getrennt liegenden Gebieten eines Jagdbezirkes herstellen, keine Anwendung.

(2) Bei der Abrundung soll die Gesamtgröße der Jagdbezirke möglichst wenig verändert werden; Möglichkeiten eines Flächenausgleichs sind auszuschöpfen. Wird durch die Anlage einer Straße oder einer ähnlichen Einrichtung die ordnungsgemäße Jagdausübung auf einer Teilfläche eines Jagdbezirkes unmöglich oder wesentlich erschwert, so kann die Teilfläche einem anderen Jagdbezirk auch dann angegliedert werden, wenn hierdurch die Gesamtgröße der Jagdbezirke erheblich verändert wird. Erfordernisse einer ordnungsgemäßen Hege und Jagdausübung müssen gewährleistet sein. Abrundungen, durch die ein Jagdbezirk seine gesetzliche Mindestgröße verliert, sind unzulässig.

(3) Eine Abrundung von Jagdbezirken darf nur auf Antrag einer beteiligten Jagdgenossenschaft oder eines beteiligten Inhabers eines Jagdbezirkes vorgenommen werden. Grundflächen, die zu keinem Jagdbezirk gehören (Enklaven), können auch ohne Antrag von Amts wegen einem angrenzenden Jagdbezirk angegliedert werden. Die Jagdbehörden haben übereinstimmenden Anträgen der Beteiligten stattzugeben, soweit die Voraussetzungen für eine Abrundung vorliegen. In laufende Pachtverhältnisse darf nur mit Zustimmung der Vertragsteile eingegriffen werden. Vor der Ent-

scheidung über eine Abrundung sind die zuständigen Jagdbeiräte (§ 51) zu hören.

(4) Abrundungen von Jagdbezirken können auf Antrag eines Beteiligten aufgehoben oder geändert werden, soweit ihre Voraussetzungen nachträglich entfallen sind. Absatz 3 Sätze 4 und 5 finden Anwendung.

(5) Die untere Jagdbehörde entscheidet über die Abrundung der Jagdbezirke. Sind mehrere untere Jagdbehörden örtlich zuständig, so bestimmt die oberste Jagdbehörde die zuständige untere Jagdbehörde. Ist auch eine Behörde eines anderen Landes zuständig, so kann die Landesregierung mit der zuständigen Behörde des anderen Landes die gemeinsam zuständige Behörde vereinbaren.

§ 4 Befriedete Bezirke
(Zu § 6 BJG)

(1) Befriedete Bezirke sind:
a) Gebäude, die zum Aufenthalt von Menschen dienen, und Gebäude, die mit solchen Gebäuden räumlich zusammenhängen;
b) Hofräume und Hausgärten, die unmittelbar an eine Behausung anstoßen und durch irgendeine Umfriedung begrenzt oder sonst vollständig abgeschlossen sind;
c) Friedhöfe;
d) Wildgehege, soweit sie nicht jagdlichen Zwecken dienen;
e) Bundesautobahnen;
f) Kleingartenanlagen gemäß Bundeskleingartengesetz und Dauerkleingärten gemäß Baugesetzbuch.

(2) Grundflächen, die gegen das Ein- und Auswechseln von Wild – ausgenommen Federwild, Wildkaninchen und Raubwild – dauernd abgeschlossen sind, sowie öffentliche Anlagen können durch die untere Jagdbehörde ganz oder teilweise zu befriedeten Bezirken erklärt werden. Auf Grundflächen im Sinne des § 21 Abs. 4 findet Satz 1 keine Anwendung.

(3) Die untere Jagdbehörde kann auf Grundflächen, die zu keinem Jagdbezirk gehören, und in befriedeten Bezirken Grundstückseigentümern und Nutzungsberechtigten sowie deren Beauftragten eine beschränkte Ausübung der Jagd allgemein oder im Einzelfall gestatten. Die Genehmigung darf nur erteilt werden, wenn der Nachweis der Sachkunde der jagenden Person durch die bestandene Jäger- oder Falknerprüfung geführt wurde. Die Ausübung der Jagd mit Schusswaffen darf nur gestattet werden, wenn

eine ausreichende Jagdhaftpflichtversicherung (§ 17 Abs. 1 Nr. 4 BJG) nachgewiesen ist.

(4) In befriedeten Bezirken dürfen die im Sinne von Absatz 3 sachkundigen Eigentümer und Nutzungsberechtigten sowie deren sachkundige Beauftragte unter Beachtung der jagd- und tierschutzrechtlichen Vorschriften jederzeit Wildkaninchen fangen oder töten und sich aneignen. Für den Gebrauch von Schusswaffen ist eine Genehmigung nach Absatz 3 Satz 3 erforderlich.

(5) Krankgeschossenes oder aus sonstigen Gründen schwerkrankes Wild, das in Teile eines Jagdbezirks überwechselt, in denen die Jagd ruht oder in denen nur eine beschränkte Jagdausübung gestattet ist, oder sich dort befindet, darf auch dort nachgesucht und erlegt werden. Dies gilt nicht für Gebäude, die zum Aufenthalt von Menschen dienen.

§ 5 Eigenjagdbezirke
(Zu § 7 BJG)

(1) Ist eine Personenmehrheit oder eine juristische Person Eigentümer oder Nutznießer eines Eigenjagdbezirkes und wird die Jagd weder durch Verpachtung noch durch angestellte Jäger ausgeübt, so sind jagdausübungsberechtigt diejenigen, die von den Verfügungsberechtigten der unteren Jagdbehörde benannt werden. Die untere Jagdbehörde kann eine angemessene Frist setzen. Wird innerhalb der Frist keine geeignete Person benannt, so kann die untere Jagdbehörde die Anordnungen, die zur Ausübung und zum Schutze der Jagd erforderlich sind, auf Kosten der Eigentümer oder Nutznießer treffen. Die untere Jagdbehörde kann die Zahl der Personen, die gemäß Satz 1 benannt werden können, bei Jagdbezirken bis zu 300 ha auf zwei Personen und für jede weiteren vollen 150 ha auf je eine weitere Person beschränken.

(2) Der Eigentümer von Flächen, die an einen Eigenjagdbezirk angegliedert werden, hat gegen den Eigentümer oder Nutznießer des Eigenjagdbezirkes einen Anspruch auf eine dem Flächenanteil entsprechende angemessene Entschädigung. Als angemessene Entschädigung ist der Pachtpreis anzusehen, der für den gemeinschaftlichen Jagdbezirk der Gemeinde gezahlt wird, in der der Eigenjagdbezirk liegt, oder, wenn in einer Gemeinde mehrere gemeinschaftliche Jagdbezirke bestehen oder der Eigenjagdbezirk sich über mehrere Gemeinden erstreckt, der Durchschnittspachtpreis der an den Eigenjagdbezirk angrenzenden gemeinschaftlichen Jagdbezirke. Bei verpachteten Eigenjagdbezirken hat der Eigentümer einen An-

spruch auf eine dem Flächenanteil entsprechende angemessene Entschädigung in Höhe des Pachtpreises, wenn dieser höher ist als die nach Satz 2 zu zahlende Entschädigung.

(3) Die untere Jagdbehörde kann vollständig eingefriedete Grundflächen sowie an der Bundesgrenze liegende zusammenhängende Grundflächen von geringerem als 75 ha land-, forst- oder fischereiwirtschaftlich nutzbarem Raum zu Eigenjagdbezirken erklären, wenn dies aus Gründen der Jagdausübung oder der Jagdpflege geboten erscheint. Sie kann hierbei bestimmen, daß die Jagd in diesen Bezirken nur unter Beschränkungen ausgeübt werden darf. Als vollständig eingefriedet gelten solche Grundflächen, die gegen das Ein- und Auswechseln von Wild – ausgenommen Federwild, Wildkaninchen und Raubwild – dauernd umzäunt sind und keine Einsprünge besitzen.

§ 6 Zusammenlegung und Teilung gemeinschaftlicher Jagdbezirke

(Zu § 8 BJG)

(1) Zusammenhängende Grundflächen verschiedener Gemeinden, die im Übrigen zusammen den Erfordernissen eines gemeinschaftlichen Jagdbezirkes entsprechen, können auf Antrag zu einem gemeinschaftlichen Jagdbezirk zusammengelegt werden. Dem Antrag ist stattzugeben, wenn er von Grundstückseigentümern gestellt wird, die über mehr als die Hälfte der zusammenhängenden Grundflächen verfügen.

(2) Die Zusammenlegung benachbarter gemeinschaftlicher Jagdbezirke innerhalb einer Gemeinde zu einem neuen gemeinschaftlichen Jagdbezirk kann zugelassen werden, wenn sie von allen beteiligten Jagdgenossenschaften beschlossen worden ist.

(3) Die Teilung eines gemeinschaftlichen Jagdbezirkes in mehrere selbständige Jagdbezirke darf nur zugelassen werden, sofern die Jagdgenossenschaft sie beschlossen hat, jeder Teil die Mindestgröße von 300 ha hat und die Teilung den Erfordernissen der Hege und Jagdausübung entspricht.

(4) Mit der Zulassung der Zusammenlegung oder Teilung von gemeinschaftlichen Jagdbezirken ist die Rechtsnachfolge für die untergehenden Jagdgenossenschaften zu regeln, soweit sie sich nicht bereits aus den Satzungen ergibt.

(5) § 3 Abs. 3 Sätze 4 und 5 und § 3 Abs. 5 finden entsprechende Anwendung.

§ 7 Jagdgenossenschaft
(Zu § 9 BJG)

(1) Die Jagdgenossenschaft ist eine Körperschaft des öffentlichen Rechts.

(2) Die Jagdgenossenschaft hat eine Satzung aufzustellen. Die Satzung und Änderungen der Satzung bedürfen der Genehmigung durch die Aufsichtsbehörde. Die Jagdgenossenschaft hat die genehmigte Satzung öffentlich auszulegen; sie hat die Genehmigung sowie Ort und Zeit der Auslegung ortsüblich bekanntzumachen. Mit der Bekanntmachung wird die Satzung rechtsverbindlich.

(3) Die Satzung muss insbesondere festlegen
1. Name und Sitz der Jagdgenossenschaft,
2. das Gebiet der Jagdgenossenschaft,
3. die Voraussetzungen, unter denen Umlagen erhoben werden können, wobei der Festsetzungsbeschluss und der Haushaltsplan gleichzeitig in Kraft treten müssen,
4. unter Beachtung des Teils VI der Landeshaushaltsordnung Bestimmungen für das Haushaltswesen, die Wirtschafts-, Kassen- und Rechnungsführung sowie die Rechnungsprüfung,
5. die Aufgaben der Jagdgenossenschaftsversammlung und des Vorstandes,
6. die Form der Bekanntmachungen der Jagdgenossenschaft.

(4) Die Jagdgenossenschaft ist verpflichtet, ein Jagdkataster zu führen und fortzuschreiben. Aus dem Jagdkataster müssen mindestens die Jagdgenossen, die ihnen im gemeinschaftlichen Jagdbezirk gehörenden Grundstücke sowie deren Größe hervorgehen.

(5) Hat eine Jagdgenossenschaft nicht innerhalb eines Jahres nach ihrer Entstehung eine Satzung beschlossen, so setzt die Aufsichtsbehörde die Satzung fest. Absatz 2 Satz 3 gilt entsprechend.

(6) Der Jagdvorstand besteht aus einem Vorsitzenden und zwei Beisitzern.

(7) Der Jagdgenosse, der die Ausübung der Jagd von der Jagdgenossenschaft pachten möchte, oder seine Vertretung ist berechtigt, in der Jagdgenossenschaftsversammlung an den Abstimmungen über die Vergabe der Jagdpacht und über die Verlängerung eines Jagdpachtvertrages teilzunehmen. Als Vorstandsmitglied darf ein Jagdgenosse nicht an Verträgen mit sich selbst mitwirken.

(8) Gemeindevorstand im Sinne des § 9 Abs. 2 Satz 3 des Bundesjagdgesetzes ist der Rat der Gemeinde; § 41 Absatz 3 und 63 Absatz 1 der Gemeindeordnung für das Land Nordrhein-Westfalen gelten entsprechend. Gehören zu

einem gemeinschaftlichen Jagdbezirk Flächen verschiedener Gemeinden oder abgesonderter Gemarkungen, so nimmt der Rat der Gemeinde, in deren Gebiet der größte Flächenanteil des Jagdbezirkes liegt, im Benehmen mit den anderen beteiligten Gemeinden die Geschäfte wahr. Die Kosten der vorübergehenden Geschäftsführung trägt die Jagdgenossenschaft.

(9) Sind Grundflächen von mehr als fünf Eigentümern einem Eigenjagdbezirk angegliedert oder macht die angegliederte Fläche mindestens ein Drittel des Eigenjagdbezirkes aus, so bilden die Eigentümer der Flächen zur Vertretung ihrer Rechte, die sich aus der Angliederung ergeben, eine Genossenschaft (Angliederungsgenossenschaft). Auf die Angliederungsgenossenschaft finden Absatz 7 sowie die Vorschriften des § 9 des Bundesjagdgesetzes sinngemäß Anwendung. Die Absätze 1 bis 6 gelten für die Angliederungsgenossenschaft nicht.

§ 8 Hegegemeinschaften
(Zu § 10a BJG)

(1) Hegegemeinschaften dienen der jagdbezirksübergreifenden Bejagung und Hege von Wildarten nach einheitlichen Grundsätzen. Aufgabe der Hegegemeinschaften für Schalenwild ist es insbesondere, die Höhe des Wildbestandes zu ermitteln, gemeinsame Hegemaßnahmen durchzuführen, Abschusspläne, Fütterungsstandorte und Jagdmethodik aufeinander abzustimmen, auf die Erfüllung der Abschusspläne hinzuwirken und der unteren Jagdbehörde Abschussnachweise zu erbringen.

(2) Die Eigentümerinnen und Eigentümer von Eigenjagdbezirken im Gebiet der Hegegemeinschaft sowie die Jagdgenossenschaften der betroffenen Jagdbezirke sind berechtigt, je einen Vertreter mit beratender Stimme in die Hegegemeinschaft zu entsenden.

(3) Soweit es aus Gründen der Hege im Sinne des § 1 Absatz 2 des Bundesjagdgesetzes erforderlich ist, insbesondere in Verbreitungsgebieten (§ 22 Absatz 12), wirken die unteren Jagdbehörden auf die freiwillige Bildung von Hegegemeinschaften hin. Sind mehrere untere Jagdbehörden zuständig, so wird die zuständige Jagdbehörde von der obersten Jagdbehörde bestimmt.

(4) Ist die Bildung von Hegegemeinschaften für Schalenwild und vom Aussterben bedrohte Tierarten aus Gründen der Hege erforderlich und ist eine an alle betroffenen Jagdausübungsberechtigten gerichtete Aufforderung der unteren Jagdbehörde ohne Erfolg geblieben, können Hegegemeinschaften von Amts wegen gebildet werden.

(5) Das Ministerium wird ermächtigt, durch Rechtsverordnung die Bildung von Hegegemeinschaften (Absatz 4), insbesondere das Verfahren, die Zusammensetzung der Mitglieder, die Aufgaben, die räumliche Abgrenzung, die Organisationsvorgaben sowie die Erfordernisse der Satzung zu regeln.

(6) Die Hegegemeinschaft nach Absatz 4 untersteht der Aufsicht des Staates. § 47 findet entsprechende Anwendung.

(7) Eine Hegegemeinschaft hat sich eine Satzung zu geben. Die Satzung und ihre Änderung bedürfen der Genehmigung der unteren Jagdbehörde, es sei denn, die Satzung entspricht einer von der obersten Jagdbehörde erlassenen Mustersatzung; in diesem Falle ist sie der unteren Jagdbehörde anzuzeigen. Satzungen bestehender Hegegemeinschaften gelten fort, soweit sie der Mustersatzung entsprechen.

§ 9 Jagdpacht
(Zu § 11 Abs. 2 BJG, abweichend zu § 11 Abs. 4 BJG)

(1) Die untere Jagdbehörde kann auf Antrag eines Beteiligten im Einzelfalle genehmigen, daß bei Eigenjagdbezirken ein Teil von geringerer als der gesetzlichen Mindestgröße, bei gemeinschaftlichen Jagdbezirken ein Teil von weniger als 250 ha Größe an den Jagdausübungsberechtigten eines angrenzenden Jagdbezirkes verpachtet wird, wenn dies einer besseren Reviergestaltung dient und der verbleibende Teil von Eigenjagdbezirken die gesetzliche Mindestgröße, bei gemeinschaftlichen Jagdbezirken die Größe von 250 ha, nicht unterschreitet.

(2) In begründeten Fällen kann die Mindestpachtdauer nach § 11 Absatz 4 Satz 2 des Bundesjagdgesetzes, insbesondere wenn zu besorgen ist, dass ansonsten ein geeignetes Pachtverhältnis nicht zustande kommt oder dies aufgrund der besonderen Gefahrgeneigtheit des Jagdbezirkes gegenüber Wildschäden notwendig ist, bis auf fünf Jahre abgesenkt werden. Satz 1 wird nicht angewendet auf die Verlängerung eines laufenden Jagdpachtvertrages.

§ 10 Jagdpachtfähigkeit
(Zu § 11 Abs. 5 BJG)

Die untere Jagdbehörde kann im Einzelfalle zur Vermeidung unbilliger Härten Ausnahmen von der Vorschrift des § 11 Abs. 5 Satz 1 des Bundesjagdgesetzes zulassen.

§ 11 Mehrzahl von Jagdpächtern
(Zu §§ 11 bis 14 BJG)

(1) Die Zahl der Jagdpächter wird bei Jagdbezirken bis zu 300 ha auf zwei beschränkt. In größeren Jagdbezirken ist für jede weiteren vollen 150 ha je ein weiterer Pächter zulässig.

(2) Jagdpacht im Sinne der §§ 11 bis 14 des Bundesjagdgesetzes ist auch Weiterverpachtung und Unterverpachtung. In diesen Fällen findet Absatz 1 mit der Maßgabe Anwendung, daß die Zahl der jagdausübungsberechtigten Pächter die zulässige Zahl der Jagdpächter nicht übersteigen darf.

§ 12 Jagderlaubnis
(Zu § 11 Abs. 1 Satz 3 BJG)

(1) Der Jagdausübungsberechtigte kann einem Dritten (Jagdgast) eine entgeltliche oder eine unentgeltliche Jagderlaubnis erteilen.

(2) Ist ein Jagdbezirk von mehr als 300 ha an eine geringere als die nach § 11 Abs. 1 zulässige Zahl von Pächtern verpachtet, so ist der Pächter verpflichtet, für jede vollen jagdlich nutzbaren 150 ha, die eine jagdlich nutzbare Fläche von 300 ha übersteigen, eine Jagderlaubnis zu erteilen, die nach Inhalt und Umfang zwischen dem Pächter und dem Jagdgast zu vereinbaren ist. Ist ein Jagdbezirk an mehrere Personen verpachtet, obliegt die Verpflichtung den Pächtern gemeinsam.

(3) Die entgeltliche Erteilung einer Jagderlaubnis bedarf der Schriftform. Sie unterliegt den Bestimmungen der §§ 12 und 13 des Bundesjagdgesetzes. Derjenige, dem eine entgeltliche Jagderlaubnis erteilt wird, steht im Sinne des § 11 Abs. 1 dieses Gesetzes einem Jagdpächter gleich. Die Sätze 2 und 3 finden auf entgeltliche Erlaubnisse, die nur zum Einzelabschuss berechtigen, keine Anwendung.

(4) Die dem Pächter nach Absatz 2 obliegende Verpflichtung kann nicht dadurch erfüllt werden, daß eine entgeltliche oder unentgeltliche Jagderlaubnis Inhabern oder Nutznießern nicht verpachteter Eigenjagdbezirke und Personen erteilt wird, die bereits Jagdpächter oder Inhaber einer Jagderlaubnis sind.

(5) Die unentgeltliche Erteilung einer Jagderlaubnis unterliegt den Bestimmungen des Absatzes 3 Satz 1, wenn sie der Erfüllung der Verpflichtung nach Absatz 2 dient.

(6) Der Jagdgast ist nicht jagdausübungsberechtigt im Sinne des Jagdrechts.

(7) Der Jagdgast darf ohne Begleitung des Jagdausübungsberechtigten oder eines von diesem beauftragten Jagdschutzberechtigten die Jagd nur ausüben, wenn er eine schriftliche Jagderlaubnis (Jagderlaubnisschein) des Jagdausübungsberechtigten mit sich führt.

(8) Auf Verlangen des Pächters ist der Jagdgast verpflichtet, bei der Durchführung erforderlicher Hegemaßnahmen in angemessenem Umfang mitzuwirken.

(9) Die untere Jagdbehörde kann im Einzelfall aus Gründen der Hege die Befugnis oder Verpflichtung zur Erteilung einer Jagderlaubnis oder die sonstige Beteiligung anderer an der Jagd vorübergehend beschränken oder aussetzen.

§ 13 Eintragungen im Jagdschein
(Zu § 11 Abs. 7 BJG)

(1) Die Eintragungen nach § 11 Abs. 7 des Bundesjagdgesetzes werden von der unteren Jagdbehörde im Jagdschein vorgenommen.

(2) Inhaber von Eigenjagdbezirken, Jagdpächter und Inhaber entgeltlicher Jagderlaubnisse sind verpflichtet, der unteren Jagdbehörde beim Erwerb des Jagdscheines die Größe der Flächen anzugeben, auf denen ihnen die Ausübung des Jagdrechts zusteht. Die untere Jagdbehörde kann die Vorlage der Pacht- und Erlaubnisverträge oder sonstige Nachweise verlangen.

(3) Jagdpächter und Inhaber einer entgeltlichen Jagderlaubnis sind verpflichtet, der unteren Jagdbehörde innerhalb eines Monats nach Abschluss des Pacht- oder Erlaubnisvertrages unter Vorlage des Vertrages die Größe der Flächen mitzuteilen, auf denen ihnen die Ausübung des Jagdrechts zusteht.

(4) Hat der Inhaber eines oder mehrerer Eigenjagdbezirke Flächen zugepachtet, gilt Absatz 3 mit der Maßgabe, daß zusätzlich der Nachweis über die Verpachtung entsprechender Flächen des Eigenjagdbezirkes zu führen ist, es sei denn, die Gesamtfläche, auf der ihm die Ausübung des Jagdrechts zusteht, beträgt weniger als 1000 ha.

(5) Auf entgeltliche Erlaubnisverträge, die lediglich zu einer vorübergehenden Jagdausübung berechtigen (§ 12 Abs. 3 Satz 4), finden die Absätze 2 bis 4 keine Anwendung.

§ 14 Anzeige von Jagdpachtverträgen
(Zu § 12 BJG)

Jede Änderung eines Jagdpachtvertrages ist der unteren Jagdbehörde innerhalb eines Monats anzuzeigen. § 12 Abs. 1 bis 3 des Bundesjagdgesetzes findet Anwendung.

§ 15 Nichtigkeit von Jagdpachtverträgen und Jagderlaubnisverträgen

Ein Vertrag, der den Bestimmungen des § 11 Abs. 1 dieses Gesetzes nicht entspricht, ist nichtig.

§ 16 Tod des Jagdpächters

(1) Im Falle des Todes eines Jagdpächters haben die Erben der unteren Jagdbehörde die jagdausübungsberechtigten Erben unter Beachtung der Vorschrift des § 11 Abs. 1 zu benennen. Ist keiner der Erben jagdpachtfähig (§ 11 Abs. 5 des Bundesjagdgesetzes), so haben die Erben der unteren Jagdbehörde eine oder mehrere jagdpachtfähige Personen als Jagdausübungsberechtigte zu benennen.

(2) Die untere Jagdbehörde kann den Erben eine angemessene Frist zur Benennung der Jagdausübungsberechtigten setzen. Kommen die Erben der Aufforderung innerhalb der Frist nicht nach, so kann die untere Jagdbehörde die zur Ausübung und zum Schutze der Jagd erforderlichen Anordnungen auf Kosten der Erben treffen.

§ 17 Jagdschein, Jägerprüfung
(Zu § 15 BJG)

(1) Der Jagdschein wird als Jahresjagdschein mit einer Geltungsdauer von einem, zwei oder drei Jagdjahren oder als Tagesjagdschein mit einer Geltungsdauer von vierzehn aufeinander folgenden Tagen erteilt.

(2) Das Ministerium kann durch Rechtsverordnung nach Anhörung des zuständigen Ausschusses des Landtags eine Prüfungsordnung für die Jägerprüfung erlassen. In der Rechtsverordnung können insbesondere die Prüfungsgebiete im Einzelnen bestimmt sowie das Verfahren geregelt werden.

(3) Die untere Jagdbehörde kann Ausländerjagdscheine auch erteilen, wenn die Voraussetzungen des § 15 Abs. 5 Satz 1 des Bundesjagdgesetzes zwar nicht vorliegen, aber anzunehmen ist, daß der Bewerber ausreichende Kenntnisse des Jagdwesens besitzt.

(4) Die Absätze 1 bis 3 gelten für die Erteilung des Falknerjagdscheines und die Falknerprüfung entsprechend. Der Falknerjagdschein wird nach dem vom zuständigen Ministerium des Bundes bestimmten Muster für den Jagdschein erteilt. Er ist als Falknerjagdschein zu kennzeichnen.

§ 17a Gesellschaftsjagd
(Zu § 16 Abs. 3 BJG)

(1) Gesellschaftsjagden sind Jagden, an denen mehr als vier Personen jagdlich zusammenwirken.

(2) Bewegungsjagden sind alle Jagden, bei denen das Wild gezielt beunruhigt und den Schützen zugetrieben wird.

(3) Voraussetzung für die Teilnahme an einer Bewegungsjagd auf Schalenwild ist ein Schießübungsnachweis, der nicht älter als ein Jahr sein darf. Das zuständige Ministerium wird ermächtigt, durch Rechtsverordnung die Voraussetzungen und das Verfahren für den Nachweis der Schießfertigkeit nach Satz 1 zu regeln.

§ 18 Gemeinschaftshaftpflichtversicherung
(Zu § 17 Abs. 1 Nr. 4 BJG)

Der Abschluss von Gemeinschaftshaftpflichtversicherungen ohne Beteiligungszwang ist zulässig.

§ 19 Sachliche Verbote
(Ergänzend zu § 19 BJG)

(1) In Ergänzung des § 19 Absatz 1 des Bundesjagdgesetzes ist verboten:

1. mit Schrot oder Posten auf Schalenwild zu schießen; ausgenommen ist der Fangschuss;
2. die Jagd mit Vorderladerwaffen, Bolzen oder Pfeilen;

3. bei der Jagd Büchsenmunition (mit Ausnahme der Kalibergruppen bis 5,6 mm/.22') mit bleihaltigen Geschossen sowie bleihaltige Flintenlaufgeschosse zu verwenden;[2]
4. mit Bleischrot die Jagd an und über Gewässern auszuüben;
5. auf Rehwild und gestreifte Schwarzwildfrischlinge (noch nicht einjährige Stücke) mit Büchsenpatronen zu schießen, deren Auftreffenergie auf 100 m (E 100) weniger als 1 000 Joule beträgt;
6. Wild, ausgenommen Schwarzwild und Raubwild, zur Nachtzeit zu erlegen; als Nachtzeit gilt die Zeit von eineinhalb Stunden nach Sonnenuntergang bis eineinhalb Stunden vor Sonnenaufgang;
7. die Jagdausübung und das Errichten von Jagdeinrichtungen für die Ansitzjagd im Umkreis von 300 Metern von der Mitte von Wildquerungshilfen (Wildunterführungen und Wildgrünbrücken); von dem Verbot der Jagdausübung ausgenommen ist die Ausübung der Nachsuche;
8. die Baujagd auf Dachse im Naturbau auszuüben;
9. Wild von Ansitzen aus zu erlegen, die weniger als 75 m von der Grenze eines benachbarten Jagdbezirks entfernt sind; dieses Verbot gilt nicht, soweit die Jagdnachbarn eine abweichende schriftliche Vereinbarung getroffen haben;
10. zum Anlocken von Wild Tauben- oder Krähenkarussells zu verwenden, sofern keine Attrappen verwendet werden;
12. das Töten von Katzen.

(2) Die untere Jagdbehörde kann in Einzelfällen die Verbote des Absatzes 1 Nummer 6 bis 9 und des § 19 Absatz 1 des Bundesjagdgesetzes im Interesse der Volksgesundheit und der öffentlichen Sicherheit, im Interesse der Sicherheit der Luftfahrt, zur Abwendung erheblicher Wildschäden, zum Schutz der Pflanzen- und Tierwelt sowie zu Forschungs- und Versuchszwecken zeitweise einschränken. Sie entscheidet ferner über die staatliche Anerkennung eines Fachinstituts im Sinne des § 19 Absatz 3 des Bundesjagdgesetzes.

(3) Das Ministerium wird gemäß § 19 Absatz 2 des Bundesjagdgesetzes und aufgrund des Artikels 72 Absatz 3 Satz 1 Nummer 1 des Grundgesetzes ermächtigt, nach Anhörung des zuständigen Ausschusses des Landtags durch Rechtsverordnung die Verbote des Absatzes 1 und des § 19

---

2 Notifiziert gemäß der Richtlinie (EU) 2015/1535 des Europäischen Parlaments und des Rates vom 9. September 2015 über ein Informationsverfahren auf dem Gebiet der technischen Vorschriften und der Vorschriften für die Dienste der Informationsgesellschaft (ABl. L 241 vom 17.9.2015, S. 1).

Absatz 1 des Bundesjagdgesetzes zu erweitern oder aus besonderen Gründen einzuschränken.

(4) Das Ministerium wird ermächtigt, nach Anhörung des zuständigen Ausschusses des Landtags durch Rechtsverordnung die Verwendung bestimmter Fanggeräte, die den Anforderungen des § 19 Absatz 1 Nummer 9 des Bundesjagdgesetzes nicht genügen, zu verbieten und die Voraussetzungen und Methoden der Fallenjagd zu bestimmen.

§ 20 Örtliche Verbote
(Zu § 20 Abs. 2 BJG)

(1) Die Ausübung der Jagd in Naturschutzgebieten, FFH-Gebieten und Vogelschutzgebieten wird nach den Vorschriften des Bundes- und Landesnaturschutzgesetzes im Landschaftsplan oder in der ordnungsbehördlichen Verordnung geregelt. Die zuständige Stelle bedarf hierzu des Einvernehmens mit der zuständigen unteren Jagdbehörde. § 76 des Landesnaturschutzgesetzes in der Fassung vom 15. November 2016 ist entsprechend anzuwenden.

(2) Die oberste Jagdbehörde kann die Ausübung der Jagd in Wildschutzgebieten und in Nationalparken durch ordnungsbehördliche Verordnung regeln, die im Amtsblatt der zuständigen Bezirksregierung zu veröffentlichen ist.

(3) Führen jagdliche Beschränkungen des Eigentums, die sich auf Grund von Vorschriften dieses Gesetzes oder Rechtsvorschriften, die auf Grund dieses Gesetzes erlassen worden sind, im Einzelfall zu einer unzumutbaren Belastung, der nicht durch andere Maßnahmen, insbesondere durch die Gewährung einer Ausnahme oder Befreiung, abgeholfen werden kann, ist eine angemessene Entschädigung in Geld zu leisten.

§ 21 Jagdgatter
(Zu § 20 Abs. 2 BJG)

(1) Die erstmalige Eingatterung von Jagdbezirken und Teilen von Jagdbezirken zum Zwecke der Jagd und der Hege (Jagdgatter) ist verboten.

(2) Unbeschadet des Absatzes 1 kann die Eingatterung von Flächen bis zu 20 ha genehmigt werden, wenn das Gatter als Eingewöhnungsgatter, Paarungsgatter, Fanggatter oder Quarantänegatter der Erhaltung oder Ein-

bürgerung bestimmter Wildarten dient. Die Genehmigung darf nur erteilt werden, wenn

1. durch die Eingatterung weder der Naturhaushalt geschädigt noch das Landschaftsbild verunstaltet wird,
2. allgemeine und besondere Betretungsrechte durch die Eingatterung nicht unangemessen eingeschränkt werden,
3. die artgemäße und verhaltensgerechte Unterbringung sowie die fachkundige Betreuung des Wildes gewährleistet sind,
4. andere öffentliche Belange nicht entgegenstehen.

(3) Die Genehmigung darf nur befristet erteilt werden. Sie kann mit Nebenbestimmungen, insbesondere hinsichtlich der zulässigen Wilddichte, versehen werden.

(4) Für im Zeitpunkt des Inkrafttretens dieses Gesetzes vorhandene Jagdgatter können nachträglich Nebenbestimmungen zur Herstellung der Voraussetzungen nach Absatz 2 Nrn. 1 bis 4 sowie hinsichtlich der zulässigen Wilddichte erlassen werden.

(5) Die Pflicht zur Einholung von Genehmigungen, Erlaubnissen oder Bewilligungen nach anderen gesetzlichen Vorschriften bleibt unberührt.

(6) Zuständig für die Erteilung von Genehmigungen nach Absatz 2 sowie für nachträgliche Entscheidungen nach Absatz 4 ist die untere Jagdbehörde. Sie entscheidet im Einvernehmen mit der unteren Landschaftsbehörde.

(7) Der Abschuss von Schalenwild in Jagdgattern nach Absatz 4 ist durch besonderen Abschussplan zu regeln. Im Übrigen gelten für die Jagdausübung die Vorschriften dieses Gesetzes und des Bundesjagdgesetzes mit der Maßgabe, daß die Vorschriften des § 21 Abs. 2 des Bundesjagdgesetzes und des § 22 dieses Gesetzes auch für Schwarzwild gelten.

§ 22 Abschussregelung
(Zu § 21 BJG)

(1) Die oder der Jagdausübungsberechtigte hat der unteren Jagdbehörde abweichend von § 21 Absatz 2 des Bundesjagdgesetzes einen Abschussplan für Schalenwild (ausgenommen Schwarz- und Rehwild), zahlenmäßig getrennt nach Wildarten und Geschlecht, bei männlichem Schalenwild auch nach Klassen, einzureichen. Der Abschussplan ist jeweils zum 1. April des Jahres, in dem der bisherige Abschussplan ausläuft, einzureichen. § 21 Absatz 7 Satz 2 bleibt unberührt.

(2) Abweichend von Absatz 1 können Hegegemeinschaften für mehrere Jagdbezirke in ihrem Bereich oder Teilbereichen einen Gesamtabschussplan aufstellen und bei der unteren Jagdbehörde einreichen.

(3) Der Abschussplan wird mit einer Geltungsdauer von einem Jagdjahr bestätigt oder festgesetzt. In Nationalparks kann abweichend von Satz 1 ein Abschussplan mit einer Geltungsdauer von drei Jagdjahren bestätigt werden (Periodenabschussplan). Im Einzelfall kann die untere Jagdbehörde auf Antrag einer Hegegemeinschaft einen Periodenabschussplan bestätigen oder festsetzen.

(4) Ein Abschussplan, den die oder der Jagdausübungsberechtigte fristgerecht eingereicht hat, ist von der unteren Jagdbehörde nach Anhörung der Forstbehörde und im Benehmen mit dem Jagdbeirat (§ 51) zu bestätigen, wenn

a) der Abschussplan den jagdrechtlichen Vorschriften entspricht und das Ergebnis des Verbissgutachtens gemäß Absatz 5 berücksichtigt,
b) bei verpachteten Jagdbezirken der Abschussplan im Einvernehmen mit der Verpächterin oder dem Verpächter aufgestellt worden ist und
c) innerhalb der Hegegemeinschaften die Abschusspläne aufeinander abgestimmt oder nach Absatz 2 aufgestellt und der Abschussplan im Einvernehmen mit den Jagdvorständen der Jagdgenossenschaften und den Inhaberinnen und Inhabern der Eigenjagdbezirke aufgestellt worden ist sowie bei Jagdbezirken in Rotwildgebieten, unabhängig von deren Zugehörigkeit zu einer Hegegemeinschaft, der Rotwildsachverständige ins Benehmen gesetzt wurde.

(5) Zur Wahrung der berechtigten Ansprüche der Forstwirtschaft auf Schutz gegen Wildschäden hat die Forstbehörde in regelmäßigem Turnus von drei bis fünf Jahren ein Gutachten zum Einfluss des Schalenwildes auf die Verjüngung der Wälder (Verbissgutachten) zu erstellen.

(6) Liegen die Voraussetzungen nach Absatz 4 nicht vor oder ist insbesondere bereits eingetretenen oder zu erwartenden Wildschäden nicht hinreichend Rechnung getragen, so wird der Abschussplan durch die untere Jagdbehörde nach Anhörung der Forstbehörde im Benehmen mit dem Jagdbeirat festgesetzt. Die Festsetzung hat so zu erfolgen, dass eine nachhaltige Verringerung des Wildbestandes auf eine tragbare Wilddichte gewährleistet ist. Die Wild- und Wildschadensverhältnisse in benachbarten Jagdbezirken sind angemessen zu berücksichtigen.

(7) Die in bestätigten oder festgesetzten Abschussplänen für weibliches Schalenwild und für Kälber festgesetzten Abschüsse gelten als Mindestabschüsse; sie können bis zu 20 Prozent überschritten werden. Der Abschussplan für Muffelwild ist ein Mindestabschussplan. Der fristgerecht

eingereichte Abschussplan gilt für Schmaltiere und Schmalspießer in Höhe des bestätigten oder festgesetzten Abschusses des Vorjahres als genehmigt, wenn die untere Jagdbehörde am 1. Mai den Abschussplan nicht bestätigt oder festgesetzt hat.

(8) Die oder der Jagdausübungsberechtigte hat über den Abschuss des Wildes und über das Fallwild eine Streckenliste zu führen. Die Eintragungen in die Liste sind innerhalb eines Monats vorzunehmen. Die Streckenliste ist der unteren Jagdbehörde jederzeit auf Verlangen zur Einsicht vorzulegen. Die jährliche Jagdstrecke ist der unteren Jagdbehörde bis zum 15. April eines jeden Jahres anzuzeigen.

(9) Die oder der Jagdausübungsberechtigte hat der unteren Jagdbehörde schriftlich zum 15. November eines jeden Jahres eine Abschussmeldung über das erlegte Rotwild vorzulegen.

(10) Die oder der Jagdausübungsberechtigte ist ferner verpflichtet, der unteren Jagdbehörde das Geweih oder die Hörner und den Unterkiefer des erlegten männlichen Rot-, Dam-, Muffel- und Sikawildes und weiblichen Rotwildes, vom erlegten männlichen Muffelwild nur die Hörner, innerhalb einer Frist von zwei Jahren nach dem Abschuss auf Verlangen vorzulegen. An den Schädeln von Rot-, Dam- und Sikahirschen ist der Oberkiefer zu belassen. Die untere Jagdbehörde hat die Geweihe oder Hörner sowie Unterkiefer dauerhaft zu kennzeichnen. Die untere Jagdbehörde kann den Jagdausübungsberechtigten bestimmter Jagdbezirke nach Anhörung des Jagdbeirates aufgeben, den Nachweis über die Erfüllung des Abschussplans für Schalenwild (ausgenommen Reh- und Schwarzwild) durch Vorlage der erlegten Tierkörper oder Teilen davon innerhalb einer bestimmten Frist an bestimmten Stellen zu führen.

(11) Die untere Jagdbehörde kann anordnen, dass für das in ihrem Zuständigkeitsbereich im letzten Jahr zur Strecke gekommene Schalenwild das Geweih und der Unterkiefer des erlegten männlichen Rot-, Sika- und Damwildes, die Hörner des erlegten Muffelwildes und die Unterkiefer des erlegten weiblichen Rotwildes auf einer allgemeinen Hegeschau vorzuzeigen sind.

(12) Erfüllt die oder der Jagdausübungsberechtigte den Abschussplan für Schalenwild nicht, so kann die untere Jagdbehörde die Erfüllung des Abschussplans nach den Vorschriften des Verwaltungsvollstreckungsgesetzes für das Land Nordrhein-Westfalen durchsetzen. Wild, das unter Anwendung von Verwaltungszwang erlegt wird, ist gegen angemessenes Schussgeld der Jagdausübungsberechtigten oder dem Jagdausübungsberechtigten zu überlassen.

(13) Das Ministerium wird ermächtigt, nach Anhörung des zuständigen Ausschusses des Landtags durch Rechtsverordnung
1. Schalenwild in Klassen einzuteilen und Abschussanteile sowie Grundsätze für den Abschuss in den einzelnen Klassen festzulegen,
2. aus Gründen der Wildhege und zur Vermeidung übermäßiger Wildschäden Verbreitungsgebiete für Schalenwild (Verbreitungsgebiete und Freigebiete) und die zulässige Wilddichte festzulegen,
3. vorzuschreiben, dass für den Abschussplan, die Streckenliste, die jährliche Streckenmeldung und die Abschussmeldung für Rotwild bestimmte Muster oder Verfahren zu verwenden sind.

(14) § 3 Absatz 5 Satz 3 findet entsprechende Anwendung.

§ 23 Abschussverbot
(Zu § 21 Abs. 3 BJG)

Die untere Jagdbehörde kann den Abschuss von Wildarten, die in ihrem Bestand bedroht erscheinen, in bestimmten Jagdbezirken oder bestimmten Revieren für eine bestimmte Zeit durch Verfügung an den Jagdausübungsberechtigten gänzlich verbieten. Das Verbot kann wiederholt werden, solange die Voraussetzungen des Satzes 1 vorliegen.

§ 24 Jagd- und Schonzeiten
(Zu § 22 BJG)

(1) Das Ministerium wird ermächtigt, im Einvernehmen mit dem Landtag des Landes Nordrhein-Westfalen durch Rechtsverordnung
a) nach den in § 1 Absatz 2 des Bundesjagdgesetzes bestimmten Grundsätzen der Hege die Zeiten, in denen die Jagd auf Wild ausgeübt werden darf, abweichend von § 22 Absatz 1 Satz 3 des Bundesjagdgesetzes festzusetzen und
b) für Schwarzwild, Wildkaninchen, Fuchs, Ringeltaube und Rabenkrähe Ausnahmen von den Verboten des § 22 Absatz 4 Satz 1 des Bundesjagdgesetzes zuzulassen.

(2) Die untere Jagdbehörde kann die Schonzeiten für bestimmte Gebiete oder einzelne Jagdbezirke, insbesondere aus Gründen der Wildseuchenbekämpfung und Landeskultur, zur Beseitigung kranken oder kümmernden Wildes, zur Vermeidung von übermäßigen Wildschäden, zu wissenschaftlichen, Lehr- und Forschungszwecken, bei Störung des biologischen Gleichgewichts oder der Wildhege aufheben.

(3) Die untere Jagdbehörde kann in Einzelfällen
a) den Lebendfang von Wild, das nicht ganzjährig mit der Jagd zu verschonen ist, während der Schonzeit zulassen,
b) die Jagd auf Wild, für das eine Jagdzeit nicht festgesetzt ist, zu wissenschaftlichen, Lehr- und Forschungszwecken sowie zur Vermeidung übermäßiger Wildschäden zulassen,
c) das Ausnehmen oder Unfruchtbarmachen der Gelege von Federwild im Interesse der Volksgesundheit, im Interesse der Sicherheit der Luftfahrt, zur Vermeidung von übermäßigen Wildschäden, zum Schutz der Pflanzen- und Tierwelt, zu wissenschaftlichen, Lehr- und Forschungszwecken oder für Zwecke der Aufzucht mit Zustimmung des Jagdausübungsberechtigten gestatten, sofern es keine andere zufrieden stellende Lösung gibt.

(4) Die untere Jagdbehörde kann im Einzelfall den Abschuss von kümmerndem und krankem Wild über den Abschussplan hinaus oder während der Schonzeit genehmigen. Der Genehmigung bedarf es nicht, wenn im Einzelfall das sofortige Erlegen unerlässlich erscheint, um dem Wild vermeidbare Schmerzen oder Leiden zu ersparen oder die Ausbreitung von Seuchen zu verhindern. Der Jagdausübungsberechtigte hat den Abschuss der unteren Jagdbehörde unverzüglich mitzuteilen und ihr auf Verlangen das erlegte Wild vorzuzeigen.

(5) Für Federwild gilt dies nur nach Maßgabe der Artikel 7 bis 9 der Richtlinie 2009/147/EG des Europäischen Parlaments und des Rates vom 30. November 2009 über die Erhaltung der wildlebenden Vogelarten (ABl. EU Nr. L 20 vom 26.1.2010, S. 7) in der jeweils geltenden Fassung.

§ 25 Inhalt des Jagdschutzes
(Zu §§ 23, 28 Abs. 5 BJG)

(1) Der Jagdausübungsberechtigte ist verpflichtet, bei witterungs- oder katastrophenbedingtem Äsungsmangel, insbesondere bei vereister oder hoher Schneelage oder nach ausgedehnten Waldbränden (Notzeiten), für eine angemessene Wildfütterung zu sorgen.

(2) Unbeschadet des Absatzes 1 darf Schalenwild nur in der Zeit vom 15. Dezember bis zum 30. April gefüttert werden. Außerhalb dieser Zeit ist die Fütterung von Niederwild nur unter Benutzung von Fütterungseinrichtungen zulässig, die eine Futteraufnahme durch Schalenwild ausschließen. Zur Fütterung dürfen Küchenabfälle, Schlachtabfälle, Fische, Fischabfälle, Backwaren oder Südfrüchte nicht verwendet werden. Wildäcker gelten

nicht als Fütterung. Auf Schalenwild, das in Jagdgattern (§ 21 Abs. 4) gehalten wird, findet Satz 1 keine Anwendung.

(3) Das Ministerium wird ermächtigt, nach Anhörung des zuständigen Ausschusses des Landtags durch Rechtsverordnung im Interesse der Wildschadenverhütung, der Erhaltung eines gesunden Wildbestandes, der Abschusserfüllung, der Vermeidung ökologischer Beeinträchtigungen und zur Verhinderung von Missbräuchen Vorschriften über die Fütterung und Kirrung von Wild zu erlassen. Dabei kann es insbesondere Futter- und Kirrmittel sowie Fütterungs- und Kirrungseinrichtungen vorschreiben oder ausschließen und Beschränkungen über die Regelung in Absatz 2 hinaus festlegen. Ferner kann die Art der Ausbringung von Futter- und Kirrmitteln näher geregelt werden.

(4) Die zur Ausübung des Jagdschutzes berechtigten Personen sind befugt,

1. Personen, die in einem Jagdbezirk unberechtigt jagen oder eine sonstige Zuwiderhandlung gegen jagdrechtliche Vorschriften begehen oder außerhalb der zum allgemeinen Gebrauch bestimmten Wege zur Jagd ausgerüstet angetroffen werden, anzuhalten, ihre Person festzustellen und ihnen gefangenes und erlegtes Wild, Schuss- und sonstige Waffen, Jagd- und Fanggeräte, Hunde und Frettchen abzunehmen;
2. Hunde außerhalb der Einwirkung ihrer Führerin oder ihres Führers abzuschießen, wenn
   a) diese Wild töten oder erkennbar hetzen und in der Lage sind, das Wild zu beißen oder zu reißen,
   b) es sich um keine Blinden-, Behindertenbegleit-, Hirten-, Herdenschutz-, Jagd-, Polizei- oder Rettungshunde handelt, soweit sie als solche kenntlich sind und solange
   c) andere mildere und zumutbare Maßnahmen des Wildtierschutzes, insbesondere das Einfangen des Hundes, nicht erfolgversprechend sind.

(5) Der Jagdausübungsberechtigte ist verpflichtet, sich bei Ausübung des Jagdschutzes im Sinne von Absatz 4 auf Verlangen durch Vorzeigen eines Jagdschutzausweises auszuweisen, es sei denn, daß ihm dies aus Sicherheitsgründen nicht zugemutet werden kann. Der Jagdschutzausweis wird von der zuständigen unteren Jagdbehörde für die Dauer der Jagdausübungsberechtigung ausgestellt.

(6) Die Befugnis nach Absatz 4 Nr. 2 steht mit Erlaubnis des Jagdausübungsberechtigten auch dem Jagdgast zu. Übt dieser die Jagd ohne Begleitung des Jagdausübungsberechtigten aus, so gilt dies nur, wenn er

einen Erlaubnisschein des Jagdausübungsberechtigten mit sich führt, in dem die Befugnis nach Satz 1 eingetragen ist.

§ 26 Jagdschutzberechtigte
(Zu § 25 BJG)

(1) Der Jagdausübungsberechtigte kann zur Beaufsichtigung der Jagd volljährige, zuverlässige Personen, die Inhaber eines Jahresjagdscheins sind, als Jagdaufseher anstellen. Mehrere Jagdausübungsberechtigte können für ihre aneinandergrenzenden Jagdbezirke einen gemeinsamen Jagdaufseher bestellen; dieser soll Berufsjäger oder forstlich ausgebildet sein.

(2) Ein Jagdaufseher muss bestellt werden, wenn die untere Jagdbehörde dies verlangt. Das Verlangen ist nur zulässig, wenn ohne die Bestellung ein Jagdbezirk ohne gehörigen Schutz sein würde. Bei Jagdbezirken über 1000 ha muss der Jagdaufseher Berufsjäger oder forstlich ausgebildet sein. Bei verpachteten Staatsjagdbezirken entscheidet die untere Jagdbehörde im Benehmen mit der Forstbehörde.

(3) Die mit dem Jagdschutz beauftragten Dienstkräfte der Landesforstverwaltung, der Gemeinden, der Gemeindeverbände und der Landwirtschaftskammer sind bestätigte Jagdaufseher. Im Übrigen darf als Jagdaufseher nur bestätigt werden, wer geeignet und zuverlässig ist. Die Bestätigung bedarf der Zustimmung durch die Kreispolizeibehörde. Über die Bestätigung wird eine Bescheinigung erteilt, die der Jagdaufseher im Dienst bei sich zu tragen und bei dienstlichem Einschreiten auf Verlangen vorzuzeigen hat, es sei denn, daß ihm dies aus Sicherheitsgründen nicht zugemutet werden kann.

(4) Das Ministerium wird ermächtigt, nach Anhörung des zuständigen Ausschusses des Landtags durch Rechtsverordnung die öffentlichen Stellen zu bestimmen, denen der Jagdschutz obliegt.

§ 27 Jägernotweg

Wer die Jagd ausübt, aber den Weg zum Jagdbezirk nicht auf einem zum allgemeinen Gebrauch bestimmten Weg oder nur auf einem unzumutbaren Umweg nehmen kann, ist zum Betreten fremden Jagdbezirkes in Jagdausrüstung auch auf einem nicht zum allgemeinen Gebrauch bestimmten Weg befugt, der nötigenfalls von der unteren Jagdbehörde festgelegt wird (Jägernotweg). Bei Benutzung des Notweges dürfen Schusswaffen nur ungeladen, Hunde nur an der Leine, mitgeführt werden. Der Eigentümer des Grundstücks, über das der Notweg führt, hat Anspruch auf eine angemessene Anerkennungsgebühr.

§ 28 Jagdeinrichtungen

(1) Der Jagdausübungsberechtigte darf auf land- und forstwirtschaftlich genutzten Grundstücken besondere Anlagen wie Einrichtungen für die Ansitzjagd, Kunstbaue und Futterplätze nur mit Genehmigung des Grundeigentümers errichten; der Eigentümer ist zur Genehmigung verpflichtet, wenn ihm die Duldung der Anlage zugemutet werden kann und er eine angemessene Entschädigung erhält.

(2) Innerhalb von 75 m zur Grenze eines benachbarten Jagdbezirkes dürfen Einrichtungen für die Ansitzjagd nicht errichtet sowie Fütterungen und Kirrungen nicht angelegt werden. Zur Vermeidung übermäßiger Wildschäden kann die untere Jagdbehörde Ausnahmen zulassen. Die Sätze 1 und 2 gelten nicht, soweit die Jagdnachbarn eine abweichende schriftliche Vereinbarung getroffen haben.

§ 28a Verhinderung von vermeidbaren Schmerzen oder Leiden des Wildes

(1) Wer schwerkrankes verunfalltes Wild auffindet, darf dieses unabhängig von der Jagdzeit unverzüglich erlegen, um es vor vermeidbaren Leiden oder Schäden zu bewahren, wenn sie oder er Jagdscheininhaberin oder Jagdscheininhaber ist und die oder der Jagdausübungsberechtigte, in dessen Jagdbezirk das Wild erlegt werden soll, informiert wurde und insoweit keine Hilfe erlangt werden konnte oder die oder der Jagdausübungsberechtigte nicht erreicht werden konnte. Das Erlegen ist der oder dem Jagdausübungsberechtigten unverzüglich anzuzeigen und das Wild unverzüglich zu versorgen. Das Fortschaffen des Wildes ist nicht zulässig.

(2) Unbeschadet des Absatzes 1 ist derjenige, der ein Fahrzeug führt und damit Schalenwild verletzt oder getötet hat, verpflichtet, dies unverzüglich bei einer Polizeidienststelle anzuzeigen. Für jeden Jagdbezirk haben die Jagdausübungsberechtigten der zuständigen Polizeidienststelle mindestens eine zur Jagd befugte Person zu benennen. Die benannte Person hat bei Wildunfällen Benachrichtigungen entgegenzunehmen und die Pflichten der jagdausübungsberechtigten Person. Vorschriften über die Beseitigung von Verkehrsunfallwild auf öffentlichen Straßen bleiben unberührt.

§ 29 Wildfolge
(Zu § 22a BJG)

(1) Die Jagdausübungsberechtigten benachbarter Jagdbezirke oder benachbarter Teile von Jagdbezirken (§ 11 Abs. 2 BJG) sind verpflichtet, innerhalb von sechs Monaten nach Beginn der Jagdnachbarschaft schriftliche Vereinbarungen über die Wildfolge abzuschließen. Durch die Vereinbarung können die Verpflichtungen nach Absatz 2 Sätze 1 und 2 sowie nach Absatz 3 Satz 2 nicht aufgehoben werden. Bis zum Abschluss der Vereinbarung gelten für die Wildfolge die Absätze 2 bis 5.

(2) Tut sich krankgeschossenes Wild in Sichtweite von der Grenze im benachbarten Jagdbezirk nieder, ist es vom Jagdausübenden zu erlegen und zu versorgen. Die Pflicht zur Versorgung erstreckt sich auch auf krankgeschossenes Wild, das nach dem Überwechseln in Sichtweite von der Grenze im benachbarten Jagdbezirk verendet. Schusswaffen dürfen beim Überschreiten der Grenze nur zur Abgabe des Fangschusses mitgeführt werden. Das Fortschaffen des versorgten Schalenwildes ist nicht, das von sonstigem Wild ist zulässig. Das Erlegen ist dem Jagdausübungsberechtigten des benachbarten Jagdbezirkes oder dessen Vertreter unverzüglich anzuzeigen. Anderes Wild als Schalenwild ist der oder dem Jagdausübungsberechtigten des Jagdbezirks, in dem es zur Strecke gekommen ist, abzuliefern.

(3) Wechselt krankgeschossenes Wild in einen benachbarten Jagdbezirk, ohne sich in Sichtweite von der Grenze nieder zu tun, so hat der Jagdausübende den Anschuss und die Stelle des Überwechselns nach Möglichkeit in der Örtlichkeit kenntlich zu machen sowie das Überwechseln dem Jagdausübungsberechtigten des benachbarten Jagdbezirkes oder dessen Vertreter unverzüglich anzuzeigen; das gilt auch für auf Grund anderer Ursachen schwer krankes oder verletztes Wild. Die Jagdausübungsberechtigten der Jagdbezirke, die durch eine Nachsuche voraussichtlich berührt werden, sind nach Benachrichtigung verpflichtet, dem Führer eines brauchbaren Schweißhundes oder eines anderen brauchbaren Jagdhundes zur Nachsuche das Betreten ihrer Jagdbezirke unter Führung der Schusswaffe unverzüglich zu gestatten. Können die Jagdausübungsberechtigten nicht erreicht werden, so sind die Führer von Nachsuchenhunden der von der unteren Jagdbehörde anerkannten Schweißhundstationen berechtigt, die Nachsuche fortzuführen, das kranke oder verletzte Wild zu erlegen und zu versorgen. Gleiches gilt für Führerinnen oder Führer von brauchbaren Jagdhunden nach § 30, wenn anderes Wild als Schalenwild krankgeschossen in einen benachbarten Jagdbezirk wechselt. Das Fortschaffen von Schalenwild ist nicht zulässig, anderes Wild als Schalenwild

ist fortzuschaffen und abzuliefern. Das Erlegen ist dem Jagdausübungsberechtigten, in dessen Jagdbezirk das Wild zur Strecke gekommen ist, unverzüglich anzuzeigen. Der Jagdausübende, der ein Stück Schalenwild krankgeschossen hat, oder ausnahmsweise eine andere mit den Vorgängen vertraute Person, hat sich für die Nachsuche zur Verfügung zu stellen.

(4) Unbeschadet einer anderweitigen Vereinbarung gehören in den Fällen der Absätze 2 bis 3 Geweihe oder Gehörne beim Schalenwild und Eckzähne beim Schwarzwild der Erlegerin oder dem Erleger, das Wildbret der oder dem Jagdausübungsberechtigten, in dessen Jagdbezirk das Wild zur Strecke kommt. Nimmt derjenige, der das Wild so angeschweißt hat, daß es auf der Nachsuche zur Strecke kommt (Erleger), nicht an der Nachsuche teil oder gibt er die Nachsuche auf, so hat er kein Anrecht auf Geweih oder Gehörn beim Schalenwild und Eckzähne beim Schwarzwild. Wird die Nachsuche wegen der Dunkelheit abgebrochen, so gilt sie nicht als aufgegeben.

(5) Ist Wildfolge vereinbart worden, ohne daß Einzelheiten festgelegt worden sind, so finden die Absätze 2 bis 4 Anwendung. Das gleiche gilt, soweit keine abschließenden Vereinbarungen getroffen worden sind.

(6) In den Fällen der Absätze 2 und 3 wird das zur Strecke gekommene Schalenwild auf den Abschussplan des Jagdbezirkes angerechnet, in dem es krankgeschossen worden ist. Dies gilt unabhängig davon, welchem Jagdausübungsberechtigten nach Absatz 4 oder einer anderweitigen Vereinbarung über die Wildfolge die Geweihe, Gehörne oder Eckzähne beim Schwarzwild und das Wildbret zustehen.

§ 30 Jagdhunde

(1) Bei der Such- und Bewegungsjagd, bei der Jagd auf Schnepfen und Wasserwild sowie bei jeder Nachsuche sind brauchbare Jagdhunde zu verwenden.

(2) Werden Jagdhunde im Rahmen von Bewegungsjagden eingesetzt und überjagen sie die Reviergrenze (überjagende Hunde), stellt dies keine Störung der Jagdausübung dar, wenn die betroffenen Jagdbezirksinhaberinnen oder Jagdbezirksinhaber vor der Bewegungsjagd unterrichtet worden sind, zumutbare Maßnahmen gegen ein Überjagen getroffen wurden und in dem betreffenden Revier, in dem die Bewegungsjagd stattfindet, nicht mehr als drei Bewegungsjagden im Jagdjahr durchgeführt werden.

(3) Wird an lebendem Wasserwild ausgebildet und geprüft, dürfen
1.) flugfähige Stockenten eingesetzt werden und

2.) kurzzeitig (maximal 15 Minuten) flugunfähige Stockenten.
An anderem Wasserwild darf nicht ausgebildet werden.

(4) Bei der Ausbildung und Prüfung von Jagdhunden in Schliefenanlagen darf der Jagdhund auf der Duftspur eines lebenden Fuchses arbeiten. Die Ausbildung unmittelbar am lebenden Fuchs ist verboten.

(5) Die Ausbildung von Jagdhunden im Schwarzwildgatter dient der Auswahl und der Einarbeitung brauchbarer Jagdhunde für die Stöberarbeit auf Schwarzwild und stellt keine Abrichtung an einem anderen lebenden Tier im Sinn von § 3 Nummer 7 des Tierschutzgesetzes dar.

§ 31 Aussetzen von Wild
(Zu § 28 Abs. 3 und 4 BJG)

(1) Als fremd gelten Tierarten, die beim Inkrafttreten des Bundesjagdgesetzes im Geltungsbereich des Bundesjagdgesetzes freilebend nicht heimisch waren.

(2) Das Aussetzen fremder Tierarten und von Schalenwild in der freien Wildbahn ist nur mit schriftlicher Genehmigung der obersten Jagdbehörde zulässig. Die Genehmigung darf nur erteilt werden, wenn durch das Aussetzen eine Störung des biologischen Gleichgewichtes und eine Schädigung der Landeskultur sowie Gefahren für die öffentliche Sicherheit nicht zu befürchten sind.

(3) Das Aussetzen weiterer Tierarten in der freien Wildbahn zum Zwecke der Einbürgerung in Jagdbezirken ist nur mit schriftlicher Genehmigung der unteren Jagdbehörde zulässig. Die Genehmigung darf nur erteilt werden, wenn Interessen der Landeskultur nicht entgegenstehen, insbesondere unverhältnismäßig hohe Wildschäden nicht zu erwarten sind und die Forschungsstelle für Jagdkunde und Wildschadenverhütung ihr Einvernehmen erteilt hat.

(4) Die oder der Jagdausübungsberechtigte hat der unteren Jagdbehörde schriftlich bis eine Woche nach dem Aussetzen Art, Geschlecht und Anzahl des ausgesetzten heimischen Feder- oder Haarwildes (außer Schalenwild) anzuzeigen. Satz 1 gilt nicht für Fasanen, die aus verlassenen Gelegen des jeweiligen Jagdbezirks stammen und aufgezogen worden sind.

(5) Abweichend von § 19 Absatz 1 Nummer 18 des Bundesjagdgesetzes ist es verboten, Fasanen und Stockenten später als acht Wochen vor Beginn der Jagdausübung auf diese Wildarten auszusetzen.

(6) Die oder der Jagdausübungsberechtigte ist verpflichtet, verbotswidrig ausgesetztes Schalenwild unabhängig von den Schonzeiten unter Beachtung des § 22 Absatz 4 Satz 1 des Bundesjagdgesetzes unverzüglich zu erlegen. Kommt die oder der Jagdausübungsberechtigte dieser Verpflichtung nach Satz 1 nicht nach, so kann die untere Jagdbehörde für deren oder dessen Rechnung das verbotswidrig ausgesetzte Schalenwild erlegen lassen. Das erlegte Schalenwild ist gegen angemessenes Schussgeld der oder dem Jagdausübungsberechtigten zu überlassen.

§ 32 Schadensersatzpflicht

Das Ministerium wird ermächtigt, im Einvernehmen mit dem Landtag des Landes Nordrhein-Westfalen durch Rechtsverordnung die Wildschadensersatzpflicht auf Wildarten auszudehnen, die wie Schalenwild, Wildkaninchen oder Fasanen Grundstücke beschädigen.

§ 33 Schutzvorrichtungen
(Zu § 32 Abs. 2 BJG)

(1) Werden neben den im Jagdbezirk vorkommenden Hauptholzarten andere zur Anlage von Mischkulturen geeignete Holzarten in Forstkulturen eingebracht und sind übliche Schutzvorrichtungen nicht hergestellt worden, so sollen die Beteiligten im Pachtvertrag Vereinbarungen über die Abgeltung des Wildschadens oder die Beteiligung des Pächters an der Errichtung von üblichen Schutzvorrichtungen treffen. Als geeignete Holzarten im Sinne des Satzes 1 gelten: Buche, Eiche, Roteiche, Ahorn, Esche, Kiefer, Lärche, Fichte und Douglasie unter der Voraussetzung, daß der Anteil der eingebrachten anderen geeigneten Holzarten an der Gesamtfläche der Forstkultur mindestens 20 v. H. beträgt. Einigen sich die Beteiligten nicht, so ist der Wildschaden, der an Forstkulturen im Sinne der Sätze 1 und 2 an den Hauptholzarten und den anderen geeigneten Holzarten entsteht, zu ersetzen. Die Ersatzpflicht entfällt, wenn der Jagdausübungsberechtigte wenigstens drei Monate vor Beginn des neuen Jagdjahres die Materialkosten für die üblichen Schutzvorrichtungen übernommen hat.

(2) Das Ministerium wird ermächtigt, nach Anhörung des zuständigen Ausschusses des Landtags durch Rechtsverordnung zu bestimmen, welche Schutzvorrichtungen als üblich anzusehen sind.

§ 34 Anmeldung von Wild- und Jagdschäden
(Zu § 34 BJG)

(1) Zuständige Behörde für die Anmeldung von Wild- und Jagdschäden ist die Gemeinde, in deren Gebiet das Grundstück liegt, auf dem der Schaden entstanden ist. Die Anmeldung soll nach dem Muster der Anlage erfolgen.

(2) Ist die nach Absatz 1 zuständige Gemeinde Eigentümerin des beschädigten Grundstücks, so ist zuständige Behörde die Aufsichtsbehörde der Gemeinde.

§ 35 Vorverfahren
(Zu § 35 BJG)

(1) In Wild- und Jagdschadensachen kann der ordentliche Rechtsweg erst beschritten werden, wenn das Feststellungsverfahren (§§ 36 bis 41) durchgeführt ist.

(2) Ist die nach § 34 Abs. 1 zuständige Gemeinde als Inhaberin eines Eigenjagdbezirkes oder als Notvorstand einer ersatzpflichtigen Jagdgenossenschaft an dem Verfahren beteiligt oder ist der Wildschaden bei der Aufsichtsbehörde anzumelden (§ 34 Abs. 2), so bestimmt die Aufsichtsbehörde die für die Durchführung des Feststellungsverfahrens zuständige Gemeinde.

(3) Lehnt die Gemeinde die Durchführung des Feststellungsverfahrens ab, weil der geltend gemachte Schaden nicht fristgerecht angemeldet worden ist oder kein ersatzpflichtiger Wild- oder Jagdschaden ist, so ist dem Geschädigten ein begründeter Bescheid zu erteilen.

§ 36 Wildschadenschätzer

(1) Zur Abschätzung von Wild- und Jagdschäden bestellt die untere Jagdbehörde Wildschadenschätzer. Für jede Gemeinde sind mindestens ein Schätzer und ein Stellvertreter widerruflich für fünf Jahre zu bestellen.

(2) Die untere Jagdbehörde verpflichtet die Schätzer durch Handschlag, ihre Aufgabe unparteiisch und nach bestem Wissen und Gewissen zu erfüllen. Ist der Schätzer oder eine in gerader oder in der Seitenlinie 1. Grades mit ihm verwandte Person oder sein Ehegatte oder ihre eingetragene Lebenspartnerin oder sein Lebenspartner an einem Wildschadenverfahren beteiligt, so ist er von der Feststellung des Schadens ausgeschlossen.

(3) Zur Abschätzung von Wild- und Jagdschäden an Forstpflanzen bestellt die untere Jagdbehörde als Schätzer Forstsachverständige. Absatz 1 Satz 2 und Absatz 2 gelten entsprechend.

(4) Sind sowohl der zuständige Schätzer als auch sein Stellvertreter verhindert, an dem Feststellungsverfahren mitzuwirken, so kann die Gemeinde den für eine Nachbargemeinde bestellten Schätzer zuziehen.

§ 37 Termin am Schadensort

(1) Ist ein Wild- oder Jagdschaden rechtzeitig (§ 34 Bundesjagdgesetz) angemeldet, so beraumt die Gemeinde unverzüglich einen Termin am Schadensort an, um eine gütliche Einigung herbeizuführen. Die Beteiligten sind in der Ladung darauf hinzuweisen, daß im Falle des Nichterscheinens mit der Ermittlung des Schadens begonnen wird. Beteiligt sind die Geschädigten und die zum Schadenersatz Verpflichteten einschließlich der Jagdpächter, die einen Schaden ganz oder teilweise zu erstatten haben. Der Schätzer soll zu dem Termin geladen werden, wenn ein Beteiligter dies beantragt.

(2) Jeder Beteiligte kann in dem Termin beantragen, daß der Schaden in einem weiteren kurz vor der Ernte abzuhaltenden Termin festgestellt werden soll. Dem Antrag muss stattgegeben werden, wenn die Höhe des Schadens im Zeitpunkt des Termins noch nicht einwandfrei festgestellt werden kann. Die Ermittlung ist jedoch soweit durchzuführen, als dies zur endgültigen Feststellung des Schadens notwendig ist. Über die Verhandlung ist eine Niederschrift aufzunehmen.

§ 38 Gütliche Einigung

(1) Kommt in dem Termin am Schadensort eine gütliche Einigung zustande, so ist darüber eine Niederschrift aufzunehmen und von allen Beteiligten sowie dem Vertreter der Gemeinde zu unterzeichnen. Die Niederschrift muss die Art, die Höhe und den Zeitpunkt der Erstattung des Schadens enthalten und ist den Beteiligten zuzustellen.

(2) Aus der Niederschrift über die gütliche Einigung findet die Zwangsvollstreckung nach den Vorschriften der Zivilprozessordnung über die Vollstreckung von Urteilen in bürgerlichen Rechtsstreitigkeiten statt.

(3) Die vollstreckbare Ausfertigung wird von dem Urkundsbeamten der Geschäftsstelle des Amtsgerichts erteilt, in dessen Bezirk die Gemeinde

ihren Sitz hat. Dieses Amtsgericht tritt in den Fällen der §§ 731, 767 bis 770, 785, 786 und 791 der Zivilprozessordnung an die Stelle des Prozessgerichts.

§ 39 Schadensfeststellung

(1) Kommt eine Einigung nicht zustande, so ist der Schaden auf Antrag eines Beteiligten zu schätzen. Ist der Schätzer im Termin am Schadensort (§ 37) nicht anwesend, so ist ein neuer Termin anzuberaumen, zu dem auch der Schätzer zu laden ist. Der Schätzer stellt den entstandenen Schaden auf Grund der Verhandlungen fest. Er hat über die Schätzung ein schriftliches Gutachten abzugeben, das folgende Angaben enthalten muss:

1. die Bezeichnung und Kulturart des beschädigten Grundstücks,
2. die Wildart, die den Schaden verursacht hat,
3. den Umfang des Schadens nach Flächengröße und Anteil der beschädigten Fläche,
4. den Schadensbetrag.

(2) Auf Grund der Schätzung und unter Berücksichtigung des Ergebnisses der Verhandlung versucht die Gemeinde erneut eine gütliche Einigung der Beteiligten.

(3) Kommt eine gütliche Einigung zustande, so gilt § 38; andernfalls ist den Beteiligten eine Niederschrift über das Scheitern des Vorverfahrens mit einer Belehrung über die Frist für die Klageerhebung (§ 41) zuzustellen.

§ 40 Kosten des Vorverfahrens

(1) Kosten des Vorverfahrens sind nur die Vergütungen und Reisekosten des Schätzers sowie die Auslagen der Gemeinde. Die Beteiligten tragen die ihnen entstandenen Kosten selbst.

(2) Das Ministerium wird ermächtigt, durch Rechtsverordnung Bestimmungen über die Vergütungen und die erstattungsfähigen Reisekosten der Schätzer zu erlassen.

(3) Die Gemeinde setzt die Kosten des Vorverfahrens fest. Sie verteilt sie nach billigem Ermessen, falls hierüber eine gütliche Einigung nicht zustande gekommen ist. Die Kosten können auch festgesetzt und verteilt werden, wenn das Vorverfahren nicht zu Ende geführt worden ist.

(4) Findet ein gerichtliches Nachverfahren statt, so sind die Kosten des Vorverfahrens, die von einem Beteiligten aufgrund des Kostenfestsetzungsbescheides der Gemeinde gezahlt worden sind, erstattungsfähig im Sinne des § 91 der Zivilprozessordnung.

§ 41 Gerichtliches Nachverfahren

Ist in dem Vorverfahren eine gütliche Einigung nicht zustande gekommen, so kann der Geschädigte binnen einer Notfrist von zwei Wochen seit der Zustellung der Niederschrift, in der das Scheitern des Güteversuchs festgestellt worden ist, Klage erheben.

§ 42 *(entfallen)*

§ 43 *(entfallen)*

§ 44 *(entfallen)*

§ 45 Ermächtigungen
(Zu § 36 Abs. 2 BJG)

Das Ministerium wird ermächtigt, nach Anhörung des zuständigen Ausschusses des Landtags durch Rechtsverordnung Vorschriften zu erlassen über

a) die behördliche Überwachung des gewerbsmäßigen Ankaufs, Verkaufs und Tausches sowie der gewerbsmäßigen Verarbeitung von Wildbret und die behördliche Überwachung der Wildhandelsbücher,
b) das Aufnehmen, die Pflege und die Aufzucht verletzten oder kranken Wildes und dessen Verbleib, wobei die Vorschriften sich auch auf Eier oder sonstige Entwicklungsformen des Wildes, auf totes Wild, auf Teile des Wildes sowie auf die Nester und die aus Wild gewonnenen Erzeugnisse erstrecken können, soweit dies aus Gründen der Hege, zur Bekämpfung von Wilderei und Wildhehlerei, aus wissenschaftlichen Gründen oder zur Verhütung von Gesundheitsschäden durch Fallwild erforderlich ist.

§ 46 Jagdbehörden

(1) Oberste Jagdbehörde ist das Ministerium. Es führt die Sonderaufsicht über die unteren Jagdbehörden und ist zugleich oberste Sonderaufsichtsbehörde.

(2) Untere Jagdbehörde ist der Kreis oder die kreisfreie Stadt als Kreisordnungsbehörde.

§ 47 Aufsicht über die Jagdgenossenschaft

(1) Die Jagdgenossenschaft unterliegt der Aufsicht des Staates.

(2) Hat die Jagdgenossenschaft ihren Sitz im Gebiet eines Kreises, so ist Aufsichtsbehörde der Landrat als untere staatliche Verwaltungsbehörde, hat die Jagdgenossenschaft ihren Sitz im Gebiet einer kreisfreien Stadt, so ist Aufsichtsbehörde die kreisfreie Stadt.

(3) Oberste Aufsichtsbehörde ist das Ministerium.

(4) Die Aufsichtsbehörde ist zu der Genossenschaftsversammlung einzuladen und von dem Vorstand innerhalb einer Frist von einem Monat über Beschlüsse der Jagdgenossenschaft zu unterrichten. Die Aufsichtsbehörde kann den Vorsitzenden des Vorstandes der Jagdgenossenschaft anweisen, Beschlüsse der Jagdgenossenschaft, die das geltende Recht verletzen, zu beanstanden.

§ 48 Sachliche Zuständigkeit

Soweit im Bundesjagdgesetz, in diesem Gesetz und in Rechtsverordnungen auf Grund dieser Gesetze nichts anderes bestimmt ist, ist die untere Jagdbehörde zuständige Behörde.

§ 49 *(entfallen)*

§ 50 Auskunftspflicht

Die Jagdausübungsberechtigten sind nach Anhörung des Landesjagdbeirats (§ 51 Abs. 1) auf Verlangen der obersten Jagdbehörde verpflichtet, die ökologischen und jagdlichen Verhältnisse in ihren Jagdbezirken zu ermitteln und Angaben hierüber der obersten Jagdbehörde oder einer von ihr bestimmten Stelle zur wissenschaftlichen Auswertung zur Verfügung zu stellen.

§ 51 Jagdbeiräte
(Zu § 37 Abs. 1 BJG)

(1) Bei der obersten Jagdbehörde wird ein Jagdbeirat (Landesjagdbeirat) gebildet.
Der Landesjagdbeirat setzt sich zusammen aus
der oder dem Vorsitzenden,
fünf Jägerinnen oder Jägern,
vier Vertreterinnen oder Vertretern der Landwirtschaft,
einer Vertreterin oder einem Vertreter des Körperschaftswaldes,
einer Vertreterin oder einem Vertreter des Privatwaldes,
einer Vertreterin oder einem Vertreter des Staatswaldes,
einer Vertreterin oder einem Vertreter der Berufsjäger,
einer Vertreterin oder einem Vertreter der Jagdgenossenschaften,
einer Vertreterin oder einem Vertreter des Naturschutzes,
einer Vertreterin oder einem Vertreter der Jagdwissenschaft,
einer Vertreterin oder einem Vertreter der Falknerei,
einer Vertreterin oder einem Vertreter des Tierschutzes.
In den Landesjagdbeirat entsenden der Landesjagdverband Nordrhein-Westfalen e. V. vier Jägerinnen oder Jäger, der Ökologische Jagdverein Nordrhein – Westfalen e. V. eine Jägerin oder einen Jäger, der Rheinische Landwirtschaftsverband e. V. und der Westfälisch-Lippische Landwirtschaftsverband e. V. je zwei Vertreterinnen oder Vertreter der Landwirtschaft, der Waldbesitzerverband der Gemeinden, Gemeindeverbände und öffentlich-rechtlichen Körperschaften in Nordrhein-Westfalen e. V. eine Vertreterin oder einen Vertreter des Körperschaftswaldes, die nach Bundesnaturschutzgesetz anerkannten Verbände gemeinsam eine Vertreterin oder einen Vertreter des Naturschutzes, das Ministerium eine Vertreterin oder einen Vertreter des Staatswaldes und eine Vertreterin oder einen Vertreter der Jagdwissenschaft, der Landesverband der Berufsjäger Nordrhein-Westfalen e. V. eine Vertreterin oder einen Vertreter der Berufsjäger, der Rheinische Verband der Eigenjagdbesitzer und Jagdgenossenschaften e. V. und der Verband der Jagdgenossenschaften und Eigenjagden in Westfalen-Lippe e. V. gemeinsam eine Vertreterin oder einen Vertreter der Jagdgenossenschaften, der Waldbauernverband Nordrhein-Westfalen e. V. eine Vertreterin oder einen Vertreter des Privatwaldes, die im Land Nordrhein-Westfalen wirkenden Vereinigungen der Falkner eine Vertreterin oder einen Vertreter der Falknerei, der

Beirat für Tierschutz eine Vertreterin oder einen Vertreter des Tierschutzes. Für jedes Jagdbeiratsmitglied nach Satz 2 ist eine Stellvertreterin oder ein Stellvertreter zu benennen. Satz 3 gilt entsprechend für die Entsendung der Stellvertreterin oder des Stellvertreters. Es können nur Vertreterinnen oder Vertreter und Stellvertreterinnen oder Stellvertreter entsandt werden, die ihren Wohnsitz in Nordrhein-Westfalen haben.

(2) Den Vorsitz im Landesjagdbeirat führt ein Vertreter der obersten Jagdbehörde.

(3) Bei jeder unteren Jagdbehörde wird ein Jagdbeirat gebildet.
Der Jagdbeirat setzt sich zusammen aus

drei Jägern,
zwei Vertretern der Landwirtschaft,
zwei Vertretern der Forstwirtschaft,
einem Vertreter der Jagdgenossenschaften,
einem Vertreter des Naturschutzes,
einem Vertreter der Forstbehörde,
einer Vertreterin oder einem Vertreter des Tierschutzes,
dem Landrat des Kreises, der die Aufgaben der unteren Jagdbehörde wahrnimmt, oder dem Oberbürgermeister der kreisfreien Stadt, die die Aufgaben der unteren Jagdbehörde wahrnimmt.

In den Jagdbeirat entsenden der Landesjagdverband Nordrhein-Westfalen e. V. drei Jäger, der zuständige Landwirtschaftsverband zwei Vertreter der Landwirtschaft, die Verbände der Waldbesitzer je einen Vertreter der Forstwirtschaft, der Rheinische Verband der Eigenjagdbesitzer und Jagdgenossenschaften e. V. und der Verband der Jagdgenossenschaften und Eigenjagden in Westfalen-Lippe e. V. gemeinsam den Vertreter der Jagdgenossenschaften, die im Land Nordrhein-Westfalen anerkannten Naturschutzvereinigungen gemeinsam einen Vertreter des Naturschutzes, die Forstbehörde den Vertreter der Forstbehörde, und die nach § 3 des Gesetzes über das Verbandsklagerecht und Mitwirkungsrechte für Tierschutzvereine vom 25. Juni 2013 (GV. NRW. S. 416) anerkannten Vereine gemeinsam eine Vertreterin oder einen Vertreter des Tierschutzes.

(4) Der Jagdbeirat wählt aus seiner Mitte den Vorsitzenden und den stellvertretenden Vorsitzenden. Er wählt ferner aus seiner Mitte den Jagdberater und dessen Vertreter. Der Jagdberater und dessen Vertreter müssen in jagdlichen Angelegenheiten erfahren sein. Der Jagdberater oder dessen Vertreter können Vorsitzender oder stellvertretender Vorsitzender des Jagdbeirates sein.

(5) Die Jagdbeiräte und Jagdberater haben die Aufgabe, die Jagdbehörden zu beraten. Die Jagdbeiräte sind in allen grundsätzlichen Fragen zu hören.

(6) Die Mitglieder der Jagdbeiräte sind ehrenamtlich tätig. Sie werden für die Dauer von fünf Jahren entsandt, soweit sie nicht vor Ablauf der Frist ausscheiden oder abberufen werden. Eine erneute Entsendung nach Ablauf der Frist ist zulässig.

(7) Die Sitzungen der Jagdbeiräte nach Absatz 3 sind öffentlich; § 48 Absatz 2 Satz 2 bis 5 der Gemeindeordnung für das Land Nordrhein-Westfalen sowie § 33 Absatz 2 Satz 2 bis 5 der Kreisordnung für das Land Nordrhein-Westfalen finden entsprechende Anwendung.

§ 52 Vereinigung der Jäger
(Abweichung von § 37 Abs. 2 BJG)

(1) Weist eine Vereinigung von
a) Jägerinnen und Jägern, der fünf Prozent der Jagdscheininhaber im Land Nordrhein-Westfalen angehören, oder
b) Revierjägerinnen und Revierjägern als rechtsfähiger Verein nach, dass sie
1. nach ihrer Satzung schwerpunktmäßig das Jagdwesen fördert oder als gemeinnützig (§ 52 der Abgabenordnung) anerkannt ist und das Jagdwesen schwerpunktmäßig in ihrer praktischen Tätigkeit fördert,
2. im Zeitpunkt der Anerkennung mindestens fünf Jahre besteht und in diesem Zeitraum im Sinne der Nummer 1 tätig gewesen ist und
3. ihren Sitz in Nordrhein-Westfalen hat und sich der satzungsgemäße sowie praktische Tätigkeitsbereich auf das gesamte Gebiet des Landes erstreckt,

so ist sie von der obersten Jagdbehörde als Vereinigung der Jäger anzuerkennen.

(2) Die zuständige Behörde hat den Vereinigungen der Jäger Gelegenheit zur Stellungnahme zu geben, wenn ein Jagdschein nach § 17 Abs. 2 Nr. 4 des Bundesjagdgesetzes versagt werden kann oder nach § 18 in Verbindung mit § 17 Abs. 2 Nr. 4 des Bundesjagdgesetzes zu entziehen ist. Die Vereinigungen der Jäger können bei der zuständigen Behörde beantragen, daß ein Jagdschein wegen schweren oder wiederholten Verstoßes gegen die Grundsätze der Waidgerechtigkeit nicht erteilt oder entzogen werden soll.

§ 53 Forschungsstelle für Jagdkunde und Wildschadenverhütung

(1) Im Geschäftsbereich des Ministeriums wird die Forschungsstelle für Jagdkunde und Wildschadenverhütung (Forschungsstelle) als Fachbe-

reich beim Landesamt für Natur, Umwelt und Verbraucherschutz NRW geführt.

(2) Für Rotwildgebiete oder Teile von Rotwildgebieten bestellt die Forschungsstelle für Jagdkunde und Wildschadenverhütung Sachverständige für Rotwildfragen (Rotwildsachverständige). Diese sind ehrenamtlich tätig.

§ 54 Beirat bei der Forschungsstelle

(1) Bei der Forschungsstelle wird ein Beirat gebildet. Der Beirat hat die Aufgabe, die Forschungsstelle zu beraten. Er ist in allen grundsätzlichen Fragen zu hören.

(2) Der Beirat setzt sich zusammen aus
1. einem Vertreter der obersten Jagdbehörde als Vorsitzenden,
2. sechs Jägern, wovon einer hauptberuflicher Landwirt und einer Waldeigentümer sein muss,
3. zwei Vertretern des Naturschutzes,
4. einem Vertreter der Falknerei,
5. einer Vertreterin oder einem Vertreter der Berufsjägerinnen und Berufsjäger,
6. einer Vertreterin oder einem Vertreter des Tierschutzes.

(3) In den Beirat entsendet der Landesjagdverband Nordrhein-Westfalen e. V. fünf Jägerinnen oder Jäger, wovon eine Person hauptberuflich Land- oder Forstwirt sein muss. Der Ökologische Jagdverein Nordrhein- Westfalen e. V. entsendet eine Jägerin oder einen Jäger und der Landesverband der Berufsjäger Nordrhein- Westfalen e. V. entsendet eine Vertreterin oder einen Vertreter der Berufsjäger. Die übrigen Mitglieder werden vom Ministerium berufen. Es können nur Vertreterinnen oder Vertreter entsandt oder berufen werden, die ihren Wohnsitz in Nordrhein-Westfalen haben.

(4) Die Mitglieder des Beirates sind ehrenamtlich tätig. Die Amtsdauer beträgt vier Jahre, es sei denn, ein Mitglied scheidet vor Ablauf der Frist aus oder wird abberufen.

§ 55 Bußgeldvorschriften

(1) Ordnungswidrig handelt, wer
1. absichtlich das berechtigte Aufsuchen, Nachstellen, Erlegen oder Fangen von Wild behindert,

2. entgegen § 1 bei der Ausübung der Jagd oder des Jagdschutzes bei erlegtem, gefangenem oder verendetem Wild vorgefundene Kennzeichen nicht rechtzeitig bei der unteren Jagdbehörde unter Angabe von Zeit und Ort des Fundes abliefert,
3. entgegen § 12 Abs. 3 oder 5 die Erteilung einer entgeltlichen oder unentgeltlichen Jagderlaubnis der unteren Jagdbehörde nicht anzeigt,
4. entgegen § 12 Abs. 7 als Jagdgast ohne Begleitung des Jagdausübungsberechtigten oder eines von diesem beauftragten Jagdschutzberechtigten die Jagd ausübt, ohne den Jagderlaubnisschein mit sich zu führen,
5. entgegen § 12 Abs. 9 einer vollziehbaren Verfügung der unteren Jagdbehörde zuwiderhandelt,
6. entgegen § 13 Abs. 2 der unteren Jagdbehörde beim Erwerb des Jagdscheins die Größe der Fläche nicht richtig angibt,
7. entgegen § 13 Abs. 3 oder 4 der unteren Jagdbehörde nicht innerhalb eines Monats nach Abschluss des Pacht- oder Erlaubnisvertrages unter Vorlage des Vertrages die Größe der Fläche mitteilt, auf der ihm die Ausübung des Jagdrechts zusteht, oder nicht den Nachweis über die Verpachtung entsprechender Flächen des Eigenjagdbezirkes führt,
8. entgegen § 14 Satz 1 die Änderung eines Jagdpachtvertrages nicht innerhalb eines Monats der unteren Jagdbehörde anzeigt,
9. entgegen § 17a Absatz 3 an einer Bewegungsjagd teilnimmt, ohne über einen aktuellen Schießübungsnachweis zu verfügen,
10. den Vorschriften des § 19 Absatz 1 Nummer 2, 6, 8, 9 oder 10 zuwiderhandelt,
11. entgegen § 21 Abs. 1 Jagdbezirke oder Teile von Jagdbezirken eingattert,

11a. entgegen § 21 Abs. 7 Satz 2 oder § 22 Abs. 1 den Abschussplan nicht oder nicht rechtzeitig einreicht,

12. entgegen § 22 Absatz 10 oder 11 das Geweih oder die Hörner und den Unterkiefer des erlegten männlichen Rot-, Dam-, Muffel- und Sikawildes und weiblichen Rotwildes, vom erlegten männlichen Muffelwild nur die Hörner, auf Verlangen oder Anordnung nicht vorzeigt oder den Nachweis über die Erfüllung des Abschussplans nach Absatz 10 Satz 4 nicht führt,

12a. entgegen § 24 Abs. 4 Satz 3 beim sofortigen Erlegen von Wild den Abschuss der unteren Jagdbehörde nicht oder nicht unverzüglich mitteilt oder das Wild auf Verlangen nicht vorzeigt,

13. entgegen § 25 Abs. 2 Satz 1 Schalenwild außerhalb der dort genannten Zeiten füttert,

14. entgegen § 25 Abs. 2 Satz 2 bestimmte Fütterungseinrichtungen nicht benutzt,
15. entgegen § 25 Abs. 2 Satz 3 Küchenabfälle, Schlachtabfälle, Fische, Fischabfälle, Backwaren oder Südfrüchte verfüttert,
16. entgegen § 25 Abs. 4 Nr. 1 der Aufforderung eines Jagdschutzberechtigten, Angaben über die Person zu machen, nicht oder nicht richtig nachkommt,
17. entgegen § 28 Abs. 2 innerhalb von 75 m zur Grenze eines benachbarten Jagdbezirkes Einrichtungen für die Ansitzjagd errichtet oder Fütterungen oder Kirrungen anlegt, soweit nicht eine abweichende Vereinbarung getroffen worden ist,
18. entgegen § 30 Absatz 1 bei der Such- oder Bewegungsjagd, bei der Jagd auf Schnepfen oder Wasserwild oder bei der Nachsuche keine oder nicht brauchbare Jagdhunde verwendet,
19. entgegen § 30 Absatz 3 Jagdhunde an anderem lebenden Wasserwild als flugfähigen Stockenten oder kurzzeitig flugunfähigen Stockenten ausbildet,
20. entgegen § 30 Absatz 4 einen Jagdhund unmittelbar am lebenden Fuchs in einer Schliefenanlage ausbildet,
21. entgegen § 31 Absatz 2 oder 3 Wild ohne schriftliche Genehmigung in der freien Wildbahn aussetzt,
22. entgegen § 31 Absatz 4 eine Anzeige nicht oder nicht rechtzeitig erstattet.

(2) Ordnungswidrig handelt ferner, wer vorsätzlich oder fahrlässig
1. den Vorschriften des § 19 Absatz 1 Nummer 1, 3 bis 5, 7, 11 oder 12 zuwiderhandelt,
2. einem gemäß § 20 Absatz 1 Satz 1 in einem Landschaftsplan enthaltenen Gebot oder Verbot für die Ausübung der Jagd in Schutzgebieten zuwiderhandelt, sofern der Landschaftsplan für einen bestimmten Tatbestand auf diese Bußgeldvorschrift verweist,
3. entgegen § 22 Absatz 8 keine Streckenliste führt, die Eintragungen in die Streckenliste nicht richtig oder nicht rechtzeitig vornimmt, die Streckenliste der unteren Jagdbehörde auf Verlangen nicht zur Einsicht vorlegt oder die jährliche Jagdstrecke der unteren Jagdbehörde nicht rechtzeitig anzeigt,
4. entgegen § 22 Absatz 9 der unteren Jagdbehörde die Abschussmeldung über das erlegte Rotwild nicht oder nicht rechtzeitig vorlegt,

4a. entgegen § 28a Absatz 2 als Fahrzeugführerin oder Fahrzeugführer Wildunfälle mit Schalenwild nicht unverzüglich anzeigt,

5. entgegen § 29 Absatz 2 Satz 5 das Erlegen von Schalenwild im benachbarten Jagdbezirk nicht rechtzeitig anzeigt oder anderes Wild entgegen Satz 6 nicht abliefert,
6. entgegen § 29 Abs. 3 es unterlässt, das Überwechseln von krankgeschossenem Wild dem Jagdausübungsberechtigten des Nachbarbezirkes oder seinem Vertreter rechtzeitig anzuzeigen oder dem Führer eines brauchbaren Schweißhundes oder eines anderen brauchbaren Jagdhundes zur Nachsuche das Betreten von Jagdbezirken unter Führung der Schusswaffe nicht gestattet,
7. entgegen § 31 Absatz 5 Fasane und Stockenten später als acht Wochen vor Beginn der Jagdausübung aussetzt,
8. Hunde oder Katzen, die ihm gehören oder seiner Aufsicht unterstehen, in einem Jagdbezirk unbeaufsichtigt laufen lässt,
9. gegen eine auf Grund dieses Gesetzes erlassene Rechtsverordnung verstößt, sofern die Rechtsverordnung für einen bestimmten Tatbestand auf diese Bußgeldvorschrift verweist.

§ 56 Verwaltungsbehörde, Geldbuße, Verbot der Jagdausübung, Einziehung

(1) Verwaltungsbehörde im Sinne des § 36 Abs. 1 Nr. 1 des Gesetzes über die Ordnungswidrigkeiten ist die untere Jagdbehörde.

(2) Ordnungswidrigkeiten nach § 55 können mit einer Geldbuße bis zu 5000 Euro geahndet werden.

(3) Wird gegen jemanden wegen einer Ordnungswidrigkeit nach § 55, die er unter grober oder beharrlicher Verletzung der Pflichten bei der Jagdausübung begangen hat, eine Geldbuße festgesetzt, so kann ihm in der Entscheidung für die Dauer von einem Monat bis zu sechs Monaten verboten werden, die Jagd auszuüben.
§ 41a Abs. 2 bis 4 des Bundesjagdgesetzes findet Anwendung.

(4) Ist eine Ordnungswidrigkeit nach § 55 begangen worden, so können
1. Gegenstände, auf die sich die Ordnungswidrigkeit bezieht, und
2. Gegenstände, die zu ihrer Begehung oder Vorbereitung gebraucht worden oder bestimmt gewesen sind,

eingezogen werden. § 23 des Gesetzes über Ordnungswidrigkeiten ist anzuwenden.

§ 57 Gebühren, Jagdabgabe

(1) Die Erhebung von Gebühren richtet sich nach den gebührenrechtlichen Vorschriften des Landes Nordrhein-Westfalen.

§ 58 *(aufgehoben)*

§ 59 Übergangsbestimmungen

(1) Soweit im Zeitpunkt des Inkrafttretens des Bundesjagdgesetzes Abrundungen von Jagdbezirken bestanden, bleiben sie aufrechterhalten, bis sie durch Fristablauf enden oder durch Entscheidung der zuständigen Jagdbehörde (§ 3 Abs. 5) abgeändert oder aufgehoben werden.

(2) Vereinigungen der Jäger, welche die Voraussetzungen nach § 52 in der Fassung vom 26. Februar 2019 erfüllen, bleiben als solche anerkannt und bedürfen keines neuen Antrags auf Anerkennung. Gemäß § 52 in der Fassung vom 12. Mai 2015 (GV. NRW. S. 448) in Verbindung mit § 2 Absatz 4 der Landesjagdgesetzdurchführungsverordnung vom 12. Mai 2015 (GV. NRW. S. 448) bestellte Jägerprüfungsausschussmitglieder bleiben bis zum Ende ihrer vorgesehenen Bestellung Mitglied des Jägerprüfungsausschusses.

§ 60 Inkrafttreten

(Inkrafttreten der ursprünglichen Fassung des Gesetzes).

Verordnung über die Jagdzeiten (BJagdZeitV)

Vom 2. April 1977 (BGBl. I S. 531), zuletzt geändert durch Artikel 2 der Verordnung vom 7. März 2018 (BGBl. I S. 226).

Aufgrund des § 22 Abs. 1 Satz 1 des Bundesjagdgesetzes in der Fassung der Bekanntmachung vom 29. September 1976 (BGBl. I S. 2849) wird mit Zustimmung des Bundesrates verordnet:

§ 1

(1) Die Jagd darf ausgeübt werden auf

1.	Rotwild	
	Kälber	vom 1. August bis 28. Februar
	Schmalspießer	vom 1. Juni bis 28. Februar
	Schmaltiere	vom 1. Juni bis 31. Januar
	Hirsche und Alttiere	vom 1. August bis 31. Januar
2.	Dam- und Sikawild	
	Kälber	vom 1. September bis 28. Februar
	Schmalspießer	vom 1. Juli bis 28. Februar
	Schmaltiere	vom 1. Juli bis 31. Januar
	Hirsche und Alttiere	vom 1. September bis 31. Januar
3.	Rehwild	
	Kitze	vom 1. September bis 28. Februar
	Schmalrehe	vom 1. Mai bis 31. Januar
	Ricken	vom 1. September bis 31. Januar
	Böcke	vom 1. Mai bis 15. Oktober
4.	Gamswild	vom 1. August bis 15. Dezember
5.	Muffelwild	vom 1. August bis 31. Januar
6.	*(weggefallen)*	
7.	Feldhasen	vom 1. Oktober bis 15. Januar
8.	Stein- und Baummarder	vom 16. Oktober bis 28. Februar
9.	Iltisse	vom 1. August bis 28. Februar
10.	Hermeline	vom 1. August bis 28. Februar
11.	Mauswiesel	vom 1. August bis 28. Februar
12.	Dachse	vom 1. August bis 31. Oktober
13.	Rebhühner	vom 1. September bis 15. Dezember
14.	Fasanen	vom 1. Oktober bis 15. Januar
15.	Wildtruthähne	vom 15. März bis 15. Mai und vom 1. Oktober bis 15. Januar
16.	Wildtruthennen	vom 1. Oktober bis 15. Januar

17.	Ringel- und Türkentauben	vom 1. November bis 20. Februar
18.	Höckerschwäne	vom 1. November bis 20. Februar
19.	Graugänse	vom 1. August bis 31. August und vom 1. November bis 15. Januar
20.	Bläss-, Saat-, Ringel- und Kanadagänse	vom 1. November bis 15. Januar
21.	Stockenten	vom 1. September bis 15. Januar
22.	Pfeif-, Krick-, Spieß-, Berg-, Reiher-, Tafel-, Samt- und Trauerenten	vom 1. Oktober bis 15. Januar
23.	Waldschnepfen	vom 16. Oktober bis 15. Januar
24.	Blässhühner	vom 11. September bis 20. Februar
25.	Lach-, Sturm-, Silber-, Mantel- und Heringsmöwen	vom 1. Oktober bis 10. Februar

(2) Vorbehaltlich der Bestimmungen des § 22 Abs. 4 des Bundesjagdgesetzes darf die Jagd das ganze Jahr ausgeübt werden auf Schwarzwild, Wildkaninchen und Füchse.

(3) Die in Absatz 1 festgesetzten Jagdzeiten umfassen nur solche Zeiträume einschließlich Tageszeiten, in denen nach den örtlich gegebenen äußeren Umständen für einen Jäger die Gefahr der Verwechslung von Tierarten nicht besteht.

§ 2

Diese Verordnung tritt am Tage nach der Verkündung in Kraft. Gleichzeitig tritt die Verordnung über die Jagdzeiten vom 13. Juli 1967 (BGBl. I S. 723) außer Kraft.

Verordnung über die Jagdzeiten (Landesjagdzeitenverordnung – LJZeitVO)[3]

Vom 11. Juli 2019 (GV. NRW. S. 438), in Kraft getreten am 30. Juli 2019. Auf Grund des § 24 Absatz 1 des Landesjagdgesetzes Nordrhein-Westfalen in der Fassung der Bekanntmachung vom 7. Dezember 1994 (GV. NRW. 1995 S. 2, ber. 1997 S. 56), der zuletzt durch Artikel 1 des Gesetzes vom 12. Mai 2015 (GV. NRW. S. 448) geändert worden ist, verordnet das Ministerium für Klimaschutz, Umwelt, Landwirtschaft, Natur- und Verbraucherschutz im Einvernehmen mit dem Landtag des Landes Nordrhein-Westfalen:

§ 1 Jagdzeiten

(1) Die Jagd darf ausgeübt werden auf:

1.	Rotwild	vom 1. August bis 31. Januar
	Schmaltiere und Schmalspießer	vom 1. Mai bis 31. Mai
2.	Dam- und Sikawild	vom 1. August bis 31. Januar
	Schmaltiere und Schmalspießer	vom 1. Mai bis 31. Mai
3.	Rehwild	
	Kitze und Ricken	vom 1. September bis 31. Januar
	Schmalrehe	vom 1. Mai bis 31. Mai und vom 1. September bis 31. Januar
	Böcke	vom 1. Mai bis 31 Januar
4.	Muffelwild	vom 1. August bis 31. Januar
5.	Schwarzwild	vom 1. August bis 31. Januar
	Frischlinge (noch nicht einjährige Stücke)	Ganzjährig
6.	Feldhasen	vom 16. Oktober bis 31. Dezember
7.	Wildkaninchen	vom 16. Oktober bis 28. Februar
	Jungkaninchen	Ganzjährig
8.	Steinmarder	vom 16. Oktober bis 28. Februar
9.	Iltisse	vom 16. Oktober bis 28. Februar
10.	Hermeline	vom 1. September bis 28. Februar

3 Mit dieser Verordnung wird durch § 1 von § 22 Absatz 1 des Bundesjagdgesetzes abgewichen.

11.	Dachse	vom 1. September bis 31. Dezember
	Jungdachse	Ganzjährig
12.	Füchse	vom 16. Juli bis 28. Februar
	Jungfüchse	Ganzjährig
13.	Minke	vom 16. Oktober bis 28. Februar
14.	Waschbären	vom 1. August bis 28. Februar
	Jungwaschbären	Ganzjährig
15.	Marderhunde	vom 1. September bis 28. Februar
	Jungmarderhunde	Ganzjährig
16.	Rebhühner mit Ausnahme der Beschränkung nach § 2 Nummer 1	vom 1. September bis 15. Dezember
17.	Fasane	vom 16. Oktober bis 15. Januar
18.	Wildtruthähne	vom 16. März bis 30. April
19.	Ringeltauben	vom 1. November bis 20. Februar
20.	Höckerschwäne	vom 1. November bis 20. Februar
21.	Grau-, Kanada- und Nilgänse mit Ausnahme der Beschränkung nach § 2 Nummer 2	vom 16. Juli bis 31. Januar
	Juvenile Nilgänse Mit Ausnahme der Beschränkung nach § 2 Nummer 2	Ganzjährig
22.	Stockenten	vom 16. September bis 15. Januar
23.	Waldschnepfen	vom 16. Oktober bis 15. Januar
24.	Rabenkrähen	vom 1. August bis 10. März
25.	Elstern	vom 1. August bis 28. Februar.

(2) Soweit die Schonzeit für Wildkaninchen, Ringeltauben und Rabenkrähen zur Vermeidung übermäßiger Wildschäden von der unteren Jagdbehörde aufgehoben worden ist (§ 24 Absatz 2 des Landesjagdgesetzes Nordrhein-Westfalen in der Fassung der Bekanntmachung vom 7. Dezember 1994 (GV. NRW. 1995 S. 2, ber. 1997 S. 56), das zuletzt durch Artikel 1 des Gesetzes vom 26. Februar 2019 (GV. NRW. S. 131) geändert worden ist, ist die Jagd auch in den Setz- und Brutzeiten zulässig (§ 22 Absatz 4 Satz 2 des Bundesjagdgesetzes in der Fassung der Bekanntmachung vom 29. September 1976 (BGBl. I S. 2849), das zuletzt durch Artikel 2 des Gesetzes vom 14. November 2018 (BGBl. I S. 1850) geändert worden ist.

(3) Unbeschadet des Absatzes 1 Nummer 5 darf die Jagd auf Schwarzwild bis zum 31. Januar 2023 vorbehaltlich der Bestimmungen des § 22 Absatz 4 des Bundesjagdgesetzes das ganze Jahr ausgeübt werden.

§ 2 Schonzeiten

Unbeschadet der Zuständigkeit der unteren Jagdbehörde, die Schonzeit für bestimmte Gebiete oder einzelne Jagdbezirke nach § 24 Absatz 2 des Landesjagdgesetzes Nordrhein-Westfalen aufzuheben, sind folgende Tierarten von der Jagd zu verschonen:

1. Rebhühner bis zum 31. Dezember 2023,
2. Grau-, Kanada- und Nilgänse vom 15. Oktober bis 31. Januar innerhalb der Grenzlinien folgender Gebiete:
   a) Unterer Niederrhein
   Schnittpunkt Bahnlinie (außer Betrieb)/Staatsgrenze Bundesrepublik Deutschland/Königreich der Niederlande bei Kranenburg, Staatsgrenze bis B 8, B 8 bis B 220, B 220 bis Staatsgrenze, Staatsgrenze bis Gemeindegrenze Stadt Rees/Stadt Isselburg, Gemeindegrenze bis B 67, B 67 bis L 459, L 459 bis L 468, L 468 bis B 8, B 8 bis L 396, L 396 bis B 8, B 8 bis L 287, L 287 bis A 42, A 42 bis Bahnlinie, Bahnlinie bis Xanten, Bahnlinie (außer Betrieb) über Kleve, Kranenburg bis Staatsgrenze;
   b) Weseraue
   Schnittpunkt B 61/Landesgrenze Nordrhein-Westfalen/Niedersachsen, Landesgrenze bis Bahnlinie, Bahnlinie bis K 39, K 39 bis B 482, B 482 bis Wehr bei Lahde, Wehr, linkes Weserufer bis L 770, L770 bis B 61, B 61 bis Landesgrenze.

§ 3 Inkrafttreten, Außerkrafttreten

(1) Diese Verordnung tritt am Tag nach Inkrafttreten des Zweiten Gesetzes zur Änderung des Landesjagdgesetzes und zur Änderung anderer Vorschriften in Kraft.

(2) Mit Inkrafttreten dieser Verordnung tritt die Verordnung über die Jagdzeiten und die Jagdabgabe vom 31. März 2010 (GV. NRW. S. 237), die durch Artikel 3 des Gesetzes vom 1. April 2014 (GV. NRW. S. 254) geändert worden ist, außer Kraft.

Verordnung zur Durchführung des Landesjagdgesetzes (Landesjagdgesetzdurchführungsverordnung – DVO LJG-NRW)

Vom 31. März 2010 (GV. NRW S. 238), zuletzt geändert durch Artikel 2 des Gesetzes vom 26. Februar 2019 (GV. NRW. S. 131), in Kraft getreten am 13. März 2019.

Auf Grund der §§ 17 Absatz 2 und 4, 19 Absatz 2 und 5, 22 Absatz 12 Nummer 1, 25 Absatz 3, 33 Absatz 2, 40 Absatz 2 und 55 Absatz 2 des Landesjagdgesetzes Nordrhein-Westfalen in der Fassung der Bekanntmachung vom 7. Dezember 1994 (GV. NRW. 1995 S. 2, ber. 1997 S. 56), zuletzt geändert durch Gesetz vom 17. Dezember 2009 (GV. NRW. S. 871), wird nach Anhörung des zuständigen Ausschusses des Landtags verordnet:

Teil 1 **Jäger- und Falknerprüfung**

Kapitel 1 **Jägerprüfung**

§ 1 Zuständigkeit

Die Jägerprüfung ist bei der unteren Jagdbehörde abzulegen. Örtlich zuständig ist die untere Jagdbehörde, in deren Bezirk der Bewerber seinen gewöhnlichen Aufenthalt hat.

§ 2 Prüfungsausschuss

(1) Jede untere Jagdbehörde hat mindestens einen Prüfungsausschuss zu bilden.

(2) Der Prüfungsausschuss besteht aus:
1. einem Vertreter der unteren Jagdbehörde,
2. dem Jagdberater oder dessen Vertreter und
3. drei jagdpachtfähigen (§ 11 Absatz 5 Satz 1 Bundesjagdgesetz) -Jägern, von denen unter Berücksichtigung des Mitglieds nach Nummer 2 mindestens einer die Befähigung für den mittleren, gehobenen oder

höheren Forstdienst haben muss. An diese Stelle kann ein Berufsjäger treten.

(3) Für jedes Mitglied des Prüfungsausschusses ist ein Vertreter zu bestellen.

(4) Die Mitglieder des Prüfungsausschusses nach Absatz 2 Nummer 1 und 3 und deren Stellvertretung werden von der unteren Jagdbehörde auf die Dauer von fünf Jahren bestellt. Die untere Jagdbehörde entscheidet über die Bestellungen der Mitglieder nach Absatz 2 Nummer 3 nach pflichtgemäßem Ermessen unter Berücksichtigung der notwendigen fachlichen Qualifikation. Diese kann beispielsweise durch die Teilnahme an Fortbildungen nachgewiesen werden. Dem Prüfungsausschuss darf niemand angehören, der bei der Ausbildung von zu prüfenden Personen, die dem Prüfungsausschuss zugewiesen sind, mitgewirkt hat. Die Prüfenden teilen der unteren Jagdbehörde nach Bekanntwerden der zugewiesenen zu prüfenden Personen das Vorliegen eines solchen Sachverhalts mit.

(5) Die untere Jagdbehörde kann die Bestellung eines Mitgliedes oder stellvertretenden Mitgliedes nach Absatz 2 Nummer 3 aus wichtigem Grund widerrufen.

(6) Der Prüfungsausschuss wählt aus seiner Mitte mit Stimmenmehrheit den Vorsitzenden und dessen Vertreter. Ergibt sich auch bei einer Wiederholung der Wahl Stimmengleichheit, so bestimmt die untere Jagdbehörde den Vorsitzenden und dessen Vertreter.

(7) Der Prüfungsausschuss ist beschlussfähig, wenn der Vorsitzende oder dessen Vertreter, der Vertreter der unteren Jagdbehörde und mindestens zwei weitere Mitglieder oder deren Vertreter anwesend sind.

§ 3 Prüfungsgebiete, Prüfungsverfahren

(1) Die Prüfung besteht aus einem schriftlichen Teil, einer Schießprüfung und einem mündlich-praktischen Teil. Der schriftliche Teil muss den anderen Prüfungsteilen vorausgehen.

(2) Die Prüfung umfasst im schriftlichen und im mündlich-praktischen Teil folgende Sachgebiete:

1. Kenntnis der Tierarten, Wildbiologie, Wildhege, Naturschutz;
2. Jagdbetrieb, waidgerechte Jagdausübung, Sicherheitsbestimmungen, Jagdhundewesen, Behandlung des erlegten Wildes, Wildkrankheiten, Grundzüge des Land- und Waldbaues, Wildschadenverhütung;

3. Waffentechnik, Führung von Jagd- und Faustfeuerwaffen (insbesondere sichere Handhabung, Gebrauch und Pflege der Jagd- und Faustfeuerwaffen);
4. Jagdrecht, Grundsätze und wichtige Einzelbestimmungen des Waffenrechts, des Tierschutzrechts, des Naturschutz- und Landschaftspflegerechts.

(3) Der Prüfungstermin für den schriftlichen Teil der Prüfung ist am Montag der letzten vollständigen Kalenderwoche im April eines jeden Jahres um 15 Uhr mit Ausnahme der Jahre, in denen dieser Montag ein Feiertag ist. In diesen Jahren ist der Prüfungstermin für den schriftlichen Teil der Prüfung am Mittwoch der letzten vollständigen Kalenderwoche im April um 15 Uhr. Die unteren Jagdbehörden setzen die Prüfungstermine für die Schießprüfung und den mündlich-praktischen Teil der Prüfung fest und machen diese Termine zusammen mit dem Termin für die schriftliche Prüfung drei Monate vorher unter Angabe des Ortes der Prüfung ortsüblich bekannt.

(4) Die Prüfung ist grundsätzlich nicht öffentlich. Vertreter der obersten Jagdbehörde und bevollmächtigte Vertreter der Vereinigungen der Jäger können bei der Prüfung anwesend sein. Der Vorsitzende kann beim mündlich-praktischen Teil der Prüfung in begründeten Fällen Zuhörer zulassen.

(5) Über den wesentlichen Hergang der Prüfung ist von dem Vertreter der unteren Jagdbehörde eine Niederschrift zu fertigen, die von den Mitgliedern des Prüfungsausschusses zu unterzeichnen ist. Die Niederschrift ist von der unteren Jagdbehörde aufzubewahren.

(6) Die untere Jagdbehörde hat die Prüfungsteilnehmer für die Dauer der Prüfung gegen Haftpflicht und Unfall ausreichend zu versichern.

§ 4 Zulassung

(1) Ein Antrag auf Zulassung zur Prüfung ist spätestens zwei Monate vor dem Termin für den schriftlichen Teil der Prüfung bei der unteren Jagdbehörde einzureichen. Dem Antrag sind beizufügen:
1. ein Nachweis über die Einzahlung der Prüfungsgebühr;
2. ein Nachweis einer Vereinigung der Jäger oder einer ihrer satzungsgemäßen Untergliederungen über die sichere Handhabung und das Schießen mit einer Kurzwaffe mit einem Mindestkaliber von 9 Millimetern. Der Nachweis darf nicht älter als ein Jahr sein;
3. ein Nachweis über die Teilnahme an einer vom zuständigen Veterinäramt anerkannten Schulung zur Kundigen Person nach Anhang III Abschnitt IV Kapitel I Nummer 4 der Verordnung (EG) Nummer 853/2004.

4. ein amtliches Führungszeugnis, das nicht älter als sechs Monate sein darf.

Die untere Jagdbehörde kann im Einzelfall verlangen, dass ein amtsärztliches Gesundheitszeugnis beigebracht wird.

(2) Zur Prüfung dürfen von der unteren Jagdbehörde nicht zugelassen werden:
1. Bewerber, die bei Beginn der Prüfung das 15. Lebensjahr nicht vollendet haben;
2. Bewerber, denen nach § 17 Absatz 1 Nummer 2 und Satz 2 des Bundesjagdgesetzes der Jagdschein versagt werden muss. Dies gilt nicht für Bewerber, die eine eingeschränkte Jägerprüfung zur Erlangung eines Falknerjagdscheins ablegen wollen.

(3) Die Entscheidung über den Antrag auf Zulassung zur Prüfung ist dem Bewerber rechtzeitig vor dem Termin für den schriftlichen Teil der Prüfung bekanntzugeben. Bewerber, die zur Prüfung nicht zugelassen werden, erhalten einen Bescheid.

§ 5 Schriftliche Prüfung

(1) Beim schriftlichen Teil der Prüfung sind aus den Sachgebieten des § 3 Absatz 2 Nummer 1 bis 4 je 25 Fragen anhand eines Fragebogens den Bewerbern zur schriftlichen Beantwortung vorzulegen. Der Fragebogen ist so zu gestalten, dass die Beantwortung der Fragen durch Ankreuzen vorgegebener Antworten möglich ist.

(2) Der Fragebogen wird für jeden Prüfungstermin von der obersten Jagdbehörde landeseinheitlich erstellt. Die Fragen sind dem unter www.jaegerpruefungsfragen.nrw.de veröffentlichten Fragenkatalog zu entnehmen.

(3) Die oberste Jagdbehörde übersendet den Fragebogen in ausreichender Zahl mit einer Musterlösung den unteren Jagdbehörden in einem verschlossenen Umschlag. Der Umschlag darf erst bei Beginn des schriftlichen Teils der Prüfung von der Aufsicht in Gegenwart der Bewerber geöffnet werden.

(4) Der schriftliche Teil der Prüfung, der längstens zwei Stunden dauern soll, findet unter Aufsicht von mindestens zwei von dem Vorsitzenden bestimmten Mitgliedern des Ausschusses statt.

(5) Die vom Prüfungsausschuss bewerteten Fragebögen sind der Niederschrift über die Prüfung beizufügen.

§ 6 Schießprüfung

(1) Die Schießprüfung, bei der mindestens zwei von dem Vorsitzenden bestimmte Mitglieder des Prüfungsausschusses anwesend sein müssen, besteht aus:
1. Büchsenschießen,
2. Flintenschießen.

(2) Beim Büchsenschießen sind fünf Schüsse sitzend aufgelegt aus einer Entfernung zwischen 90 und 110 m auf die Rehbockscheibe Nummer 1 des Deutschen Jagdschutz-Verbandes abzugeben. Des Weiteren sind fünf Schüsse stehend freihändig aus einer Entfernung zwischen 48 und 62 m auf die flüchtige Überläuferscheibe Nummer 5 oder Nummer 6 des Deutschen Jagdschutz-Verbandes abzugeben.

(3) Beim Flintenschießen sind nach Festlegung durch den Prüfungsausschuss zehn bewegliche Ziele (Wurftauben-Skeet oder Wurftauben-Trap oder Kipphase) aus jagdlicher Gewehrhaltung zu beschießen. Doppelschüsse sind zugelassen. Die oberste Jagdbehörde kann nach Anhörung der Vereinigungen der Jäger zulassen, dass das Flintenschießen abweichend von Satz 1 in einer anderen Form mit vergleichbarer Schwierigkeit (z. B. auf elektronisch simulierte bewegliche Ziele) durchgeführt wird, und die Mindestleistung entsprechend den Anforderungen nach § 8 Absatz 4 Nummer 2 festlegen. Es sind
a) beim Skeetschießen je zwei Tauben von den Ständen 1, 3, 4, 5 und 7 aus zu beschießen, wobei jeweils die erste Taube vom hohen Turm und die zweite Taube vom niedrigen Turm geworfen wird;
b) beim Trapschießen die Tauben in wechselnder Höhe und Seitenrichtung zu werfen;
c) Kipphasen aus einer Entfernung von 25 bis 35 m zu beschießen.

(4) Bei der Schießprüfung dürfen eigene Jagdwaffen mit beliebiger Visierung und Optik benutzt werden. Für das Büchsenschießen sind alle für Schalenwild zugelassenen Patronen, für das Flintenschießen die Kaliber 20, 16 und 12 zugelassen.

(5) Die Schießprüfung kann von den anwesenden Mitgliedern des Prüfungsausschusses beendet werden, sobald die Mindestleistungen nach § 8 Absatz 4 erbracht sind oder feststeht, dass die Mindestleistung nicht mehr erreicht werden kann.

(6) Die Ergebnisse der Schießprüfung sind in eine Schießliste einzutragen, die von den anwesenden Mitgliedern des Prüfungsausschusses zu unterzeichnen ist. Die Schießliste ist der Niederschrift über die Prüfung beizufügen.

§ 7 Mündlich-praktische Prüfung

(1) Beim mündlich-praktischen Teil der Prüfung sind Fragen aus den Sachgebieten des § 3 Absatz 2 Nummer 1 bis 4 zu stellen.

(2) Die Bewerber sollen in Gruppen von höchstens 3 Personen geprüft werden. Der mündlich-praktische Teil der Prüfung soll in der Regel je oder Bewerber nicht länger als 30 Minuten dauern.

§ 8 Bewertung der Leistungen

(1) Die Leistungen der Bewerber sind in jedem Sachgebiet mit „bestanden" oder „nicht bestanden" zu bewerten.

(2) Der schriftliche Teil der Prüfung ist bestanden, wenn entweder in jedem Sachgebiet mindestens 14 Fragen oder insgesamt mindestens 70 Fragen, darunter 14 Fragen aus dem Sachgebiet des § 3 Absatz 2 Nummer 1, richtig und vollständig beantwortet sind.

(3) Die Schießprüfung ist bestanden, wenn
1. beim Büchsenschießen auf die Rehbockscheibe mindestens vierzig Ringe,
2. beim Büchsenschießen auf die flüchtige Überläuferscheibe mindestens zwei Treffer in den Ringen erzielt und
3. beim Flintenschießen mindestens drei Wurftauben oder fünf Kipphasen getroffen worden sind.

Hat der Bewerber die geforderten Schießleistungen insgesamt oder in Teilen nicht erbracht, ist ihm die einmalige Wiederholung der gesamten Schießprüfung oder der nicht erfüllten Teile am gleichen Tage zu ermöglichen. Die beim ersten Durchgang erzielten Treffer bleiben unberücksichtigt.

(4) Der mündlich-praktische Teil der Prüfung ist bestanden, wenn die Leistungen in drei Sachgebieten, darunter in den Sachgebieten des § 3 Absatz 2 Nummer 1 und 3, mit „bestanden" bewertet worden sind. Der Prüfungsausschuss entscheidet in geheimer Beratung über das Prüfungsergebnis in den einzelnen Sachgebieten. Bei Stimmengleichheit ist die Leistung in dem jeweiligen Sachgebiet mit „bestanden" zu bewerten.

§ 9 Prüfungsergebnis

(1) Ist der schriftliche Teil der Prüfung nicht bestanden, so hat die untere Jagdbehörde den Bewerber von der weiteren Teilnahme an der Prüfung auszuschließen.

(2) Ein Bewerber kann durch die untere Jagdbehörde nach Anhörung des Prüfungsausschusses von der weiteren Teilnahme ausgeschlossen werden, wenn er einen Täuschungsversuch begeht oder bei der Schießprüfung die Waffe unvorsichtig handhabt.

(3) Wird ein Bewerber von der weiteren Teilnahme an der Prüfung nach den Absätzen 1 und 2 ausgeschlossen, gilt die Prüfung als nicht bestanden.

(4) Die Prüfung ist insgesamt bestanden, wenn der Bewerber den schriftlichen Teil, die Schießprüfung und den mündlich-praktischen Teil bestanden hat.

§ 10 Nachprüfung

(1) Bewerbern, die die Schießprüfung (auch nach Wiederholung gemäß § 8 Absatz 4 Satz 2) und den mündlich-praktischen Teil der Prüfung oder einen der beiden Teile nicht bestanden haben, ist auf Antrag Gelegenheit zu geben, an einer von der unteren Jagdbehörde festzulegenden einmaligen Nachprüfung teilzunehmen. Der Bewerber wird nur in dem Prüfungsteil geprüft, den er nicht bestanden hat. Die Nachprüfung kann frühestens drei Monate nach Feststellung des Nichtbestehens der Jägerprüfung durchgeführt werden.

(2) Für das Verfahren und die Durchführung der Nachprüfung gelten die Vorschriften für die Jägerprüfung sinngemäß.

§ 11 Sondervorschriften für die Jägerprüfung zur Erlangung eines Falknerjagdscheins

(1) Wird die Jägerprüfung lediglich zur Erlangung eines Falknerjagdscheins abgelegt, entfällt abweichend von § 3 Absatz 1 die Schießprüfung.

(2) Im schriftlichen und im mündlich-praktischen Teil der Prüfung werden keine Fragen aus dem Sachgebiet des § 3 Absatz 2 Nummer 3 gestellt. Im Sachgebiet des § 3 Absatz 2 Nummer 2 entfallen Fragen zu Sicherheitsbestimmungen in Bezug auf Jagdwaffen, im Sachgebiet des § 3 Absatz 2 Nummer 4 entfallen Fragen zum Waffenrecht.

(3) Der schriftliche Teil der Prüfung ist abweichend von § 8 Absatz 3 bestanden, wenn in jedem zu prüfenden Sachgebiet 14 oder insgesamt 55 Fragen, darunter 14 Fragen aus dem Sachgebiet des § 3 Absatz 2 Nummer 1, richtig und vollständig beantwortet sind.

(4) Der mündlich-praktische Teil der Prüfung ist abweichend von § 8 Absatz 5 bestanden, wenn die Leistungen in zwei Sachgebieten mit bestanden bewertet worden sind.

(5) Auf dem nach bestandener Prüfung zu erteilenden Prüfungszeugnis ist zu vermerken, dass die Prüfung nur zum Nachweis der Voraussetzungen für den Erwerb eines Falknerjagdscheins dient.

Kapitel 2 **Falknerprüfung**

§ 12 Zuständigkeit

Die Falknerprüfung ist beim Landesamt für Natur, Umwelt und Verbraucherschutz (Landesamt) abzulegen.

§ 13 Prüfungsausschuss

(1) Das Landesamt bildet mindestens einen Prüfungsausschuss.

(2) Der Prüfungsausschuss besteht aus
1. drei Vertretern der Falknerei,
2. einem Vertreter der Jägerschaft und
3. einem Vertreter der Vogelkunde.

(3) Für jedes Mitglied des Prüfungsausschusses ist ein Stellvertreter zu bestellen.

(4) Die Mitglieder des Prüfungsausschusses und deren Stellvertretung werden vom Landesamt auf die Dauer von fünf Jahren bestellt. Die Bestellung der Mitglieder und stellvertretenden Mitglieder nach Absatz 2 Nummer 1 und 2 erfolgt nach Anhörung der im Land Nordrhein-Westfalen wirkenden Verbände der Falknerei, des Mitglieds und stellvertretenden Mitglieds nach Absatz 2 Nummer 3 nach Anhörung der im Land Nordrhein-Westfalen wirkenden Verbände für Vogelkunde. Die im Absatz 2 Nummer 1 und 2 genannten Mitglieder des Prüfungsausschusses müssen auf dem Gebiet der Falknerei erfahren sein und mindestens fünf Jahre die Falknerei ausgebübt haben; das im Absatz 2 Nummer 2 genannte Mitglied muss jagdpachtfähig sein. Dem Prüfungsausschuss darf niemand angehören, der bei der Ausbildung von zu prüfenden Personen, die dem Prüfungsausschuss zugewiesen sind, mitgewirkt hat. Die Prüfenden teilen

dem Landesamt nach Bekanntwerden der zugewiesenen zu prüfenden Personen das Vorliegen eines solchen Sachverhalts mit.

(5) Der Prüfungsausschuss wählt aus seiner Mitte mit Stimmenmehrheit den Vorsitzenden und dessen Vertreter. Die Vorsitzende soll dem Personenkreis nach Absatz 2 Nummer 1 angehören.

(6) Der Prüfungsausschuss ist beschlussfähig, wenn der Vorsitzende oder sein Vertreter und mindestens drei weitere Mitglieder oder deren Vertreter anwesend sind.

(7) Das Landesamt kann die Bestellung eines Mitglieds oder stellvertretenden Mitglieds des Prüfungsausschusses aus wichtigem Grund widerrufen. Absatz 4 Satz 2 findet entsprechende Anwendung.

§ 14 Prüfungsgebiete, Prüfungsverfahren

(1) Die Prüfung besteht aus einem mündlichen und einem praktischen Teil. Der mündliche Teil muss dem praktischen Teil vorausgehen. Die Prüfung umfasst im mündlichen Teil folgende Sachgebiete:

1. Kenntnis der Greifvögel, insbesondere ihrer Lebensverhältnisse und -bedingungen einschließlich ihrer Gefährdung und der Gefährdungsursachen;
2. Haltung, Pflege und Abtragen von Beizvögeln;
3. Ausübung der Beizjagd einschließlich der Haltung und Führung von Hunden für die Beizjagd;
4. Rechtsgrundlagen der Falknerei, Greifvogelschutz einschließlich der Beschaffung und des Inverkehrbringens von Greifvögeln.

(2) Die Prüfung im praktischen Teil umfasst Fragen der Haltung von Greifvögeln und der Ausübung der Beizjagd (insbesondere Handhabung von Falknereigerät, Anfertigung von Geschüh und Anlegen der Lederfesselung).

(3) Das Landesamt setzt die Prüfungstermine im Einvernehmen mit dem Vorsitzenden des Prüfungsausschusses nach Bedarf fest und gibt sie mindestens drei Monate vorher unter der Angabe der Prüfungsorte in den Amtsblättern der Bezirksregierungen bekannt.

(4) Die Prüfung ist grundsätzlich nicht öffentlich. Vertreter der obersten Jagdbehörde und des Landesamtes können bei der Prüfung anwesend sein. Der Vorsitzende des Prüfungsausschusses kann in begründeten Fällen Zuhörer zulassen.

(5) Über den wesentlichen Hergang der Prüfung ist eine Niederschrift zu fertigen, die von allen Mitgliedern des Prüfungsausschusses zu unterzeichnen ist. Die Niederschrift ist bei dem Landesamt aufzubewahren.

(6) Die Bewerber sollen in Gruppen von höchstens fünf Personen geprüft werden. Der mündliche Teil der Prüfung soll in der Regel je Bewerber nicht länger als 20 Minuten dauern.

(7) Das Landesamt hat die Prüfungsteilnehmer für die Dauer der Prüfung gegen Haftpflicht und Unfall ausreichend zu versichern.

§ 15 Zulassung

(1) Ein Antrag auf Zulassung zur Prüfung ist spätestens sechs Wochen vor dem Termin beim Landesamt einzureichen.

(2) Dem Antrag sind beizufügen:
1. ein amtliches Führungszeugnis, das nicht älter als sechs Monate sein darf und
2. der Nachweis über die nach § 11 Absatz 5 oder § 19 Absatz 2 bestandene Jägerprüfung.

Das Landesamt kann im Einzelfall verlangen, dass ein amtsärztliches Gesundheitszeugnis beigebracht wird.

(3) Zu der Prüfung dürfen vom Landesamt nicht zugelassen werden:
1. Bewerber, die bei Beginn der Prüfung das 15. Lebensjahr nicht vollendet haben,
2. Bewerber, denen nach § 17 Absatz 1 Nummer 2 des Bundesjagdgesetzes der Jagdschein versagt werden muss.

(4) Die Entscheidung über den Antrag auf Zulassung zu der Prüfung ist dem Bewerber rechtzeitig vor dem Termin für die mündliche Prüfung bekannt zu geben. Bewerber, die zur Prüfung nicht zugelassen werden, erhalten einen schriftlichen Bescheid.

§ 16 Bewertung der Leistung

(1) Die Leistungen der Bewerber sind in jedem Prüfungsteil mit „bestanden“ oder „nicht bestanden“ zu bewerten. Im mündlichen Teil der Prüfung sind die Leistungen in jedem Sachgebiet (§ 14 Absatz 1) gesondert zu bewerten.

(2) Der mündliche Teil der Prüfung ist bestanden, wenn die Leistungen in drei Sachgebieten, darunter im Sachgebiet des § 14 Absatz 1 Nummer 1, mit „bestanden" bewertet worden sind.

(3) Der Prüfungsausschuss entscheidet in geheimer Beratung über das Prüfungsergebnis. Bei Stimmengleichheit ist die Leistung mit „bestanden" zu bewerten.

§ 17 Prüfungsergebnis

(1) Ein Bewerber kann durch das Landesamt nach Anhörung des Prüfungsausschusses von der weiteren Teilnahme an der Prüfung ausgeschlossen werden, wenn er einen Täuschungsversuch begeht.

(2) Wird ein Bewerber von der weiteren Teilnahme an der Prüfung ausgeschlossen, gilt die Prüfung als nicht bestanden.

(3) Die Prüfung ist bestanden, wenn der Bewerber den mündlichen und den praktischen Teil der Prüfung bestanden hat.

§ 18 Nachprüfung

(1) Bewerbern, die einen der beiden Teile der Prüfung nicht bestanden haben, ist auf Antrag Gelegenheit zu geben, an einer von der oberen Jagdbehörde festzulegenden einmaligen Nachprüfung teilzunehmen. Der Bewerber wird nur in dem Prüfungsteil geprüft, den er nicht bestanden hat. Die Nachprüfung kann frühestens drei Monate nach Feststellung des Nichtbestehens der Falknerprüfung durchgeführt werden.

(2) Für das Verfahren und die Durchführung der Nachprüfung gelten die Vorschriften für die Falknerprüfung sinngemäß.

Kapitel 3 **Gemeinsame Prüfungsbestimmungen**

§ 19 Prüfungsentscheidung

(1) Die zuständige Jagdbehörde entscheidet aufgrund der Prüfungsergebnisse, ob die Prüfung insgesamt (§ 9 Absatz 4 oder § 17 Absatz 3) bestanden ist.

(2) Wer die Prüfung bestanden hat, erhält ein Prüfungszeugnis.

(3) Wer die Prüfung nicht bestanden hat oder für wen die Prüfung als nicht bestanden gilt (§ 9 Absatz 3 oder § 17 Absatz 2), erhält einen Bescheid.

§ 20 Entschädigung der Mitglieder der Prüfungsausschüsse

Die Mitglieder der Prüfungsausschüsse nach § 2 Absatz 2 Nummer 2 und 3 und § 13 Absatz 2 und 3 sind ehrenamtlich tätig.

Teil 2 Regelung der Jagdausübung

Kapitel 1 Klasseneinteilung für Schalenwild

§ 21 Klasseneinteilung, Abschussgrundsätze

(1) Schalenwild wird zur Erhaltung einer artgerechten Altersstruktur in Klassen eingeteilt.

(2) Die bei normalem Altersaufbau geltenden Abschussanteile und die Kriterien für den Abschuss ergeben sich aus der Anlage 1. Wird der normale Altersaufbau durch Fallwild oder Fehlabschüsse beeinträchtigt, so ist diese Beeinträchtigung in den Folgejahren bei der Abschussplanung auszugleichen.

§§ 22 bis 26 *(weggefallen)*

Kapitel 2 Bejagung, Fütterung und Kirrung von Wild

§ 27 Verbote

(1) Verboten ist,

1. Schalenwild außer Schwarzwild an Lockfütterungen (Kirrungen) zu erlegen,

2. Schalenwild in einem Umkreis von 300 Metern von Fütterungen zu erlegen.

(2) Über die Beschränkungen des § 25 Absatz 2 Sätze 1 und 4 LJG-NRW hinaus ist verboten,
1. Schalenwild außer Schwarzwild durch Ausbringen von Futter- oder Kirrmitteln anzulocken (kirren),
2. Schwarzwild zu füttern, außer nach Feststellung einer Notzeit durch die Forschungsstelle für Jagdkunde und Wildschadenverhütung und Genehmigung durch die zuständige Veterinärbehörde,
3. Schwarzwild in anderer Weise als in § 28 dieser Verordnung festgelegt zu kirren oder zu füttern,
4. Rehwild außerhalb von Notzeiten zu füttern; hiervon ausgenommen ist die Gewöhnungsfütterung mit kräuterreichem Grasheu,
5. Futter- oder Kirrmittel in Gewässer einzubringen oder in Uferbereichen auszubringen,
6. zur Fütterung von Schalenwild außer Schwarzwild andere Futtermittel als Heu oder Anwelksilage zu verwenden,
7. Stoffe mit pharmakologischer Wirkung oder Futtermittelzusatzstoffe an Wild zu verabreichen, soweit dies nicht behördlich angeordnet, veranlasst oder genehmigt worden ist; hiervon ausgenommen sind Stoffe, die ausschließlich als Silierhilfe eingesetzt werden,
8. tierisches Protein sowie Mischfuttermittel, die dieses enthalten, an Wild zu verfüttern oder als Kirrmittel einzusetzen, hiervon ausgenommen sind für Nicht-Wiederkäuer
   a) Insekten sowie Protein von verarbeiteten Insekten
   b) Hühnereier und
   c) soweit kein Anzeichen für das Vorliegen einer auf Mensch oder Tier übertragbaren Krankheit besteht, im betreffenden Jagdbezirk aufgefundenes Fallwild oder Aufbrüche von Wild (mit Ausnahme von Schwarzwild), welches im betreffenden Jagdbezirk zur Strecke gekommen ist, und Körper oder Körperteile von Nutria und Bisam,
9. Wildäcker (landwirtschaftlich bearbeitete Flächen mit jährlicher Neubestellung) im Wald anzulegen.

§ 28 Kirrung und Fütterung von Schwarzwild

(1) Die Kirrung von Schwarzwild ist nur zulässig, wenn
1. im Jagdbezirk oder -revier nicht mehr als eine Kirrstelle je angefangene 100 Hektar bejagbarer Fläche angelegt wird,

2. keine Fütterungs- oder Kirreinrichtungen verwendet werden,
3. als Kirrmittel ausschließlich Getreide einschließlich Mais ausgebracht wird,
4. die Menge des Kirrmittels zu jedem Zeitpunkt nicht mehr als einen Liter je Kirrstelle beträgt,
5. das Ausbringen des Kirrmittels von Hand erfolgt,
6. das Kirrmittel in den Boden eingebracht oder mit bodenständigem Material so abgedeckt wird, dass die Aufnahme durch anderes Schalenwild ausgeschlossen ist, und
7. die Kirrstellen der unteren Jagdbehörde unter Beifügung eines Lageplanes im Maßstab von 1:5000 oder 1:10000 oder im WGS 84 Koordinatensystem nach Längen- und Breitengrad jeweils in Grad und Bogenminuten mit 3 Dezimalstellen vorher angezeigt worden sind.

(2) Die Fütterung von Schwarzwild in Notzeiten nach § 27 Absatz 2 Nummer 2 dieser Verordnung ist nur zulässig, wenn die Futteraufnahme durch anderes Schalenwild ausgeschlossen ist. § 25 Absatz 2 Satz 2LJG-NRW bleibt unberührt.

(3) Die oberste Jagdbehörde kann aus Gründen der Wildseuchenbekämpfung für bestimmte Gebiete oder einzelne Jagdbezirke Ausnahmen von Absatz 1 Nummer 1 zulassen oder die Kirrung einschränken.

§ 29 Fangjagdqualifikation

Die Jagd mit Fanggeräten darf nur von Revierjägern, Jagdaufsehern oder von Personen ausgeübt werden, die an einem vom zuständigen Ministerium anerkannten Ausbildungslehrgang für die Fangjagd teilgenommen haben.

Kapitel 3 Verwendung von Fanggeräten und Voraussetzungen und Methoden der Fallenjagd

§ 30 Verbotene Fanggeräte

Über das Verbot des § 19 Absatz 1 Nummer 9 des Bundesjagdgesetzes hinaus sind verboten:

1. Totschlagfallen,
2. Wippbrettkastenfallen, die nicht die in § 31 Abs. 2 genannten Mindestmaße aufweisen.

§ 31 Fallen für den Lebendfang

(1) Fallen für den Lebendfang müssen so beschaffen sein, dass sie
1. für den Einzelfang bestimmt sind,
2. vermeidbare Verletzungen des gefangenen Tieres ausschließen und
3. dem gefangenen Tier einen ausreichend großen Freiraum bieten.

(2) Wippbrettkastenfallen müssen eine Mindestlänge von 80 cm, eine Mindestbreite von 10 cm und eine Mindesthöhe von 15 cm (Innenmaße) aufweisen. Wippbrettkastenfallen für das Hermelin müssen mit einer Gewichtstarierung versehen sein, durch die der Fang von Mauswieseln und Mäusen verhindert wird.

§ 32 Fangmethoden

(1) Fallen für den Lebendfang müssen
a) so gebaut sein oder verblendet werden, dass dem gefangenen Tier die Sicht nach außen verwehrt wird,
b) dauerhaft und jederzeit sichtbar so gekennzeichnet sein, dass ihr Besitzer feststellbar ist und
c) mit einem elektronischen Fangmeldesystem mit der Funktion einer Statusmeldung ausgestattet sein, soweit keine kommunikationstechnischen Gründe entgegenstehen (Funkloch). Die Statusmeldung muss zwei Mal täglich morgens und abends auf das Empfangsgerät übermittelt werden.

(2) Wer Fallen für den Lebendfang verwendet hat dies vorher der unteren Jagdbehörde anzuzeigen, in deren Bezirk sie eingesetzt werden sollen. Die Anzeige muss folgende Angaben enthalten:
1. Anzahl und Art der Fallen,
2. Kennzeichen der Fallen,
3. Einsatzort (Jagdrevier) und Verwendungszeitraum.

Bei Änderungen der angezeigten Verhältnisse ist entsprechend zu verfahren.

(3) Beim Einsatz von Fallen für den Lebendfang sind die Köder so abzudecken, dass der Fang von auf Sicht jagenden Beutegreifern ausgeschlossen ist.

(4) Fallen für den Lebendfang sind täglich morgens und abends zu kontrollieren. Dies gilt nicht für Fallen mit Fangmeldesystem gemäß Absatz 1. Tiere aus Lebendfangfallen mit elektronischem Fangmeldesystem sind unverzüglich nach Eingang der Fangmeldung zu entnehmen.

§ 33 Beseitigung verbotswidriger Fütterungen, Kirrungen und Fallen

(1) Die oder der Jagdausübungsberechtigte ist verpflichtet, verbotswidrige Fütterungen, Kirrungen oder Fallen unverzüglich zu beseitigen.

(2) Kommt die oder der Jagdausübungsberechtigte der Verpflichtung nach Absatz 1 nicht nach, so kann die untere Jagdbehörde die erforderlichen Maßnahmen nach dem Ordnungsbehördengesetz anordnen.

Kapitel 4 **Schießübungsnachweis**

§ 34 Schießübungsnachweis

(1) Für die Teilnahme an Bewegungsjagden ist von der Jagdleitung ein Schießübungsnachweis zu verlangen. Hierfür ist alternativ vorzulegen:
1. Ein Übungsnachweis. Es ist das Muster der Anlage 2 zu verwenden.
2. Eine vergleichbare Bescheinigung aus einem anderen Bundesland oder Staat.

(2) Für den Schießübungsnachweis nach Abs. 1 Nr. 1 sind folgende Bedingungen zu erfüllen:
1. Es sind auf dem Schießstand
   a) drei Schüsse stehend freihändig aus einer Entfernung zwischen 48 und 62 m auf die flüchtige Überläuferscheibe Nr. 5 oder Nr. 6 des Deutschen Jagdschutz-Verbandes (laufender Keiler),
   b) drei Schüsse auf den laufenden Keiler angehalten auf der Schneisenmitte, stehend, freihändig und
   c) drei Schüsse auf den laufenden Keiler angehalten auf der Schneisenmitte, sitzend

   abzugeben oder
2. es sind im Schießkino
   a) drei Schüsse stehend, freihändig auf flüchtiges Schwarzwild,

b) drei Schüsse stehend, freihändig auf ein stehendes Stück Schwarzwild und
c) drei Schüsse sitzend auf ein stehendes Stück Schwarzwild.
Schießsimulationen erfüllen nicht die Bedingungen des Satzes 1.

(3) Die Übung ist mit einem für Schwarzwild zugelassenen Kaliber gemäß § 19 Absatz 1 Nummer 2 Buchstabe b durchzuführen.

Kapitel 5 **Ausnahmegenehmigungen, Bußgeldvorschriften**

§ 35 Ausnahmen

Die untere Jagdbehörde kann
1. Ausnahmen von den Verboten des § 27 Absatz 1 und 2 zulassen, soweit dies aus Gründen der Wildhege, zur Vermeidung von übermäßigen Wildschäden oder zu wissenschaftlichen Zwecken, Lehr- und Forschungszwecken erforderlich ist. Sie bedarf hierzu des Einvernehmens mit der Forschungsstelle für Jagdkunde und Wildschadenverhütung;
2. im Einzelfall Ausnahmen von den Verboten und Geboten der §§ 30 bis 32 zulassen, soweit dies aus Gründen der Wildhege, zum Schutz vor Wildseuchen oder zu wissenschaftlichen Zwecken, Lehr- und Forschungszwecken erforderlich ist und Gefährdungen Dritter auszuschließen sind.

§ 36 Ordnungswidrigkeiten

Ordnungswidrig im Sinne des § 55 Absatz 2 Nummer 8 LJG-NRW handelt, wer vorsätzlich oder fahrlässig
1. einem Verbot des § 27 zuwiderhandelt,
2. entgegen § 28 Absatz 1 Nummer 7 die Kirrstellen der unteren Jagdbehörde nicht anzeigt,
3. entgegen § 29 die Jagd mit Fallen ausübt, ohne den erforderlichen Nachweis einer Fangjagdqualifikation zu besitzen,
4. entgegen § 30 verbotene Fanggeräte verwendet,
5. entgegen § 31 Absatz 1 Fallen für den Lebendfang verwendet, die die dort genannten Voraussetzungen nicht erfüllen,
6. entgegen § 32 Absatz 2 die Lebendfangfallen der unteren Jagdbehörde nicht anzeigt,

7. entgegen § 32 Absatz 3 Köder nicht oder nicht ordnungsgemäß abdeckt,
8. entgegen § 32 Absatz 4 Fallen nicht kontrolliert oder Tiere nicht unverzüglich entnimmt,
9. entgegen § 33 Abs. 1 verbotswidrige Fütterungen, Kirrungen oder Fallen nicht beseitigt.

Teil 3 **Wild- und Jagdschaden**

§ 37 Schutzvorrichtungen

Als übliche Schutzvorrichtungen, die unter gewöhnlichen Umständen zur Abwendung von Wildschäden ausreichen (§ 32 Absatz 2 Bundesjagdgesetz), sind außer anderen üblichen geeigneten Mitteln wilddichte Zäune gegen
1. Rot-, Dam-, Sika- und Muffelwild in Höhe von 1,80 m,
2. Rehwild in Höhe von 1,50 m,
3. Schwarzwild und Kaninchen in Höhe von 1,20 m über der Erde und 0,30 m in der Erde anzusehen.

§ 38 Vergütung der Wildschadenschätzer

Die Wildschadenschätzerinnen und Wildschadenschätzer erhalten eine Vergütung in entsprechender Anwendung der für Sachverständige geltenden Bestimmungen des Justizvergütungs- und Entschädigungsgesetzes (JVEG), wobei das Honorar nach § 9 Abs. 1 JVEG nach der Honorargruppe 1 bemessen und ab der zweiten Stunde halbiert wird. Reisekosten werden nach den für Beamte der Reisekostenstufe B geltenden Vorschriften des Reisekostenrechts des Landes ersetzt.

Teil 4 **Verbreitungsgebiete für Rotwild, Sikawild und Damwild**

§ 39 Hege von Rotwild, Sikawild und Damwild

Aus Gründen der Wildhege und zur Vermeidung übermäßiger Wildschäden darf Rotwild, Sikawild und Damwild außerhalb von Jagdgattern (§ 21 des

Landesjagdgesetzes Nordrhein-Westfalen) nur in den in § 41 Abs. 1–3 festgelegten Verbreitungsgebieten gehegt werden.

§ 40 Begriffsbestimmungen

(1) Verbreitungsgebiete sind Gebiete, in denen sich Rotwild, Sikawild oder Damwild aufgrund der vorhandenen Lebensbedingungen dauernd, nur zeitweise oder in geringer Zahl aufhält.

(2) Freigebiete sind Grundflächen, die zu keinem Verbreitungsgebiet gehören.

§ 41 Verbreitungsgebiete

(1) Als Verbreitungsgebiete für Rotwild (Rotwildgebiete) werden festgelegt:

1. Nordeifel
2. Königsforst – Wahner Heide
3. Nutscheid
4. Ebbegebirge
5. Siegerland – Wittgenstein – Hochsauerland
6. Arnsberger Wald – Brilon – Büren
7. Eggengebirge – Teutoburger Wald – Senne
8. Minden
9. Dämmerwald – Herrlichkeit Lembeck
10. Reichswald Kleve.

(2) Als Verbreitungsgebiete für Sikawild (Sikawildgebiete) werden festgelegt:

1. Arnsberger Wald
2. Beverungen.

(3) Als Verbreitungsgebiete für Damwild (Damwildgebiete) werden festgelegt:

1. Knechtsteder Wald
2. Sophienhöhe
3. Königsdorfer Wald
4. Kottenforst
5. Engelskirchen
6. Gummersbach
7. Herscheid
8. Olpe-Freudenberg
9. Büren-Brenken

10. Senne-Teutoburger Wald
11. Brakel
12. Blomberg-Schieder
13. Barntrup
14. Mindener Wald
15. Minden-Schaumburger Wald
16. Borgholzhausen
17. Teutoburger Wald
18. Ladbergen-Ostbevern
19. Emsdetten
20. Ochtrup
21. Hohe Mark-Davert
22. Haltern-Haard.

(4) Die Abgrenzung der Verbreitungsgebiete ergibt sich aus den in der Anlage 3 enthaltenen Grenzbeschreibungen. Die **Anlage 3** ist Bestandteil dieser Verordnung.

(5) Karten der Bewirtschaftungsbezirke im Maßstab 1:50.000 können bei den unteren Jagdbehörden eingesehen werden.

§ 42 Wilddichte

In den Verbreitungsgebieten ist die Wilddichte so zu regeln, dass das Wild in einer artgemäßen Dichte erhalten bleibt und übermäßige Wildschäden vermieden werden.

§ 43 Bejagung in den Freigebieten

Abweichend von § 21 Absatz 2 Satz 1 des Bundesjagdgesetzes darf Schalenwild im Freigebiet ohne Abschussplan erlegt werden. Abschussplanung und Abschussdurchführung sind darauf auszurichten, dass vorhandene Stücke von Rot-, Sika- oder Damwild innerhalb der Jagdzeit erlegt werden.

§ 44 Ausnahmen

(1) Die untere Jagdbehörde kann im Einvernehmen mit der Forschungsstelle für Jagdkunde und Wildschadenverhütung im Einzelfall zulassen, dass

1. abweichend von § 39 Rotwild, Sikawild und Damwild auch außerhalb der in § 41 festgelegten Verbreitungsgebiete gehegt werden darf, wenn eine Ausbreitung des Vorkommens auf Grund der Örtlichkeit nicht zu erwarten ist und übermäßige Wildschäden sowie ökologische Beeinträchtigungen ausgeschlossen werden können,
2. abweichend von § 43 Satz 2 Rothirsche sowie Damhirsche der Klassen I und II erlegt werden dürfen, sofern dies zur Vermeidung übermäßiger Wildschäden oder ökologischer Beeinträchtigungen erforderlich ist.

(2) Die untere Jagdbehörde kann im Einvernehmen mit der Forschungsstelle für Jagdkunde und Wildschadenverhütung im Einzelfall anordnen, dass abweichend von § 43 Satz 1 Sikahirsche der Klassen I, II oder III aus Gründen der Wildhege, insbesondere zur Erhaltung der Sozialstruktur, nicht erlegt werden dürfen.

Teil 5 **Schlussvorschriften**

§ 45 Gleichstellungsklausel

Soweit personenbezogene Bezeichnungen im Maskulinum stehen, wird diese Form verallgemeinernd verwendet und bezieht sich auf beide Geschlechter.

§ 46 Inkrafttreten

(1) Diese Verordnung tritt vorbehaltlich des Absatzes 2 am Tag nach der Verkündung in Kraft.

(2) § 41 Absatz 2 Nummer 1 tritt am 31. März 2019 in Kraft.

Verwaltungsvorschrift zum Landesjagdgesetz Nordrhein-Westfalen (VV-LJG-NRW)

RdErl. d. Ministeriums für Umwelt, Raumordnung und Landwirtschaft – III B 6 – 70-10-00.01 v. 24.1.2000

Zur Durchführung des Landesjagdgesetzes Nordrhein-Westfalen (LJG-NRW) in der Fassung der Bekanntmachung vom 7. Dezember 1994 (GV. NRW. 1995 S. 2), das zuletzt durch Gesetz vom 1. April 2014 (GV. NRW. S. 254) geändert worden ist, wird Folgendes bestimmt:

1 Zu § 17 Absatz 3 LJG-NRW

Nach § 17 Absatz 3 LJG-NRW kann die untere Jagdbehörde Ausländerjagdscheine auch erteilen, wenn die Voraussetzungen des § 15 Absatz 5 Satz 1 des Bundesjagdgesetzes (BJG) zwar nicht vorliegen, aber anzunehmen ist, dass der Bewerber ausreichende Kenntnisse des Jagdwesens besitzt.

Hat ein Ausländer bisher keinen deutschen Jahresjagdschein besessen, so darf ihm ein Jahresjagdschein nur ausgestellt werden, wenn er eine Jägerprüfung nach § 15 Absatz 5 BJG oder eine gleichwertige Prüfung bestanden hat. Als gleichwertige Jägerprüfungen werden anerkannt:

- Jägerprüfung der Niederlande seit 1. Januar 1978,
- Jägerprüfung Luxemburgs seit 25. Mai 1972,
- Jägerprüfung Frankreichs seit Mai 1976, soweit zusätzlich ein Nachweis einer Landesvereinigung der Jäger oder einer ihrer satzungsgemäßen Untergliederungen über Schießleistungen erbracht wird, die mindestens den Anforderungen der §§ 6 und 8 DVO LJG-NRW entsprechen,
- Jägerprüfungen Österreichs,
- Jägerprüfungen der Schweiz: Kantone Aargau, Basel-Land, Bern, Genf, Graubünden, Neuchatel, Schaffhausen, St. Gallen, Solothurn, Valais, Vaud, Zürich, Zug, Freiburg, Luzern, Obwalden, Thurgau, Glarus, Schwyz, Nidwalden seit dem 16. Januar 1978,
- Jägerprüfung der Autonomen Provinz Bozen – Südtirol (Italien),
- Jägerprüfung der Autonomen Provinz Trient (Italien) seit 9.12.1991,
- Jägerprüfung Schwedens seit 1. Januar 1985,
- Jägerprüfung Polens, soweit zusätzlich die Berechtigung zur Selektion des Edelwildes erworben wurde,
- Jägerprüfung des Jagdverbandes der Britischen Streitkräfte in Deutschland,

- Jägerprüfung des Jagdkomitees der Belgischen Streitkräfte in Deutschland,
- Jägerprüfung bzw. Höhere Jägerprüfung der ehemaligen Tschechoslowakei seit dem 1. Januar 1960,
- Jägerprüfung Ungarns,
- Jägerprüfung Bulgariens, soweit zusätzlich die Berechtigung zum Selektionsabschuss von Hochwild erworben wurde,
- Jägerprüfung Kroatiens, soweit zusätzlich die Schießprüfung erfolgreich abgelegt wurde,
- Jägerprüfungen Belgiens seit 1998, Jägerprüfung der Flämischen Region seit 1995,
- Jägerprüfung Norwegens seit 1. April 1986, soweit zusätzlich die Schießprüfung für die Jagd auf Elche, Hirsche und Rentiere erfolgreich abgeschlossen wurde,
- Jägerprüfung Dänemarks mit Büchsenprüfung.

Weitere Jägerprüfungen dürfen nur mit Zustimmung der obersten Jagdbehörde anerkannt werden.

Ein Tagesjagdschein ist zu erteilen, wenn anzunehmen ist, dass der Antragsteller ausreichende Kenntnisse des Jagdwesens besitzt. Ausreichende Kenntnisse sind anzunehmen, wenn der Antragsteller einen von dem Heimatstaat ausgestellten Jagdschein vorlegt oder den Nachweis über eine dort bestandene Jägerprüfung führt.

Ausländerjagdscheine sind mit dem Zusatz „Ausländer-" zu kennzeichnen. Der Zusatz entfällt, wenn der Ausländer die deutsche Jägerprüfung abgelegt hat. Für Ausländerjagdscheine gilt § 17 Absatz 1 LJG-NRW uneingeschränkt.

Deutsche Staatsangehörige, die eine weitere Staatsbürgerschaft besitzen, sind ausschließlich als Deutsche zu behandeln. Staatenlose sind keine deutschen Staatsbürger und somit rechtlich Ausländer. Wenn ein Ausländer eingebürgert wird, der vorher einen Ausländerjagdschein aufgrund des § 15 Absatz 6 BJG besessen hat, kann er einen regulären Jagdschein erst erhalten, nachdem er eine deutsche Jägerprüfung bestanden hat.

2 Zu § 22 Absatz 7 LJG-NRW

Nach § 22 Absatz 7 Satz 4 LJG-NRW haben die Jagdausübungsberechtigten die jährliche Jagdstrecke bis zum 15. April eines jeden Jahres der unteren Jagdbehörde anzuzeigen. Diese meldet der obersten Jagdbehörde das für ihren Zuständigkeitsbereich zusammengefasste Streckenergebnis bis zum 31. Juli desselben Jahres. Die oberste Jagdbehörde gibt die Streckenstatistik für das Land Nordrhein-Westfalen mit einer gutachtlichen Stellungnahme der Forschungsstelle für Jagdkunde und Wildschadenverhütung bis zum 30. September desselben Jahres bekannt.

3 Zu § 22 Absatz 10 LJG-NRW

Nach § 22 Absatz 10 LJG-NRW kann die untere Jagdbehörde anordnen, dass der Kopfschmuck und der Unterkiefer des innerhalb ihres Zuständigkeitsbereiches im letzten Jahr erlegten männlichen Schalenwildes auf einer allgemeinen Hegeschau vorzuzeigen sind.
Hegeschauen dürfen sich nicht darauf beschränken, Kopfschmuck und Unterkiefer des erlegten männlichen Schalenwildes vorzuzeigen und zu bewerten. Ziel einer Hegeschau im Sinne von § 22 Absatz 10 LJG-NRW ist die Beurteilung der gesamten Wildpopulation einschließlich ihrer Beziehung zum Lebensraum. Durch die Aufnahme statistischer Daten über die Höhe des Wildbestandes, das Geschlechterverhältnis, den Altersaufbau und die Wildschadenssituation soll eine Grundlage für die Abschussplanung geschaffen werden. Außerdem bietet eine jährliche Hegeschau die Chance zur Diskussion zwischen Jägern, Waldbesitzern, Forstleuten sowie den beteiligten Behörden und kann so zur Lösung von Wald/Wild-Problemen beitragen.
Anordnungen nach § 22 Absatz 10 LJG-NRW sind nur dann zu treffen, wenn sichergestellt ist, dass es sich um eine Hegeschau im o. a. Sinne handelt.

4 Zu § 25 Absatz 5 LJG-NRW

Nach § 25 Absatz 5 LJG-NRW ist der Jagdausübungsberechtigte verpflichtet, sich bei Ausübung des Jagdschutzes im Sinne von § 25 Absatz 4 LJG-NRW auf Verlangen durch Vorzeigen eines Jagdschutzausweises auszuweisen, es sei denn, dass ihm dies aus Sicherheitsgründen nicht zugemutet werden kann. Für den Jagdschutzausweis, der von der zuständigen unteren Jagdbehörde auf Antrag für die Dauer der Jagdausübungsberechtigung auszustellen ist, wird das Muster der Anlage 1im Format DIN A 6 bekannt gegeben.

5 Zu § 26 Absatz 2 LJG-NRW

Nach § 26 Absatz 2 LJG-NRW muss bei Jagdbezirken über 1.000 ha der Jagdaufseher Berufsjäger oder forstlich ausgebildet sein. Berufsjäger im

Sinne dieser Vorschrift sind Personen, die bis zum 31.7.1982 nach der Berufsjägerausbildung des Deutschen Jagdschutz-Verbandes e. V. oder der Landesverordnung zur Ausführung des Bayerischen Jagdgesetzes oder seit dem 1.8.1982 nach der Verordnung über die Berufsausbildung zum Revierjäger/zur Revierjägerin (Revierjäger-Ausbildungs-Verordnung – RevjAusbV) vom 18. Mai 2010 (BGBl. I S. 631) ausgebildet und erfolgreich geprüft worden sind.
Forstlich ausgebildet ist, wer die Laufbahnprüfung für den mittleren, gehobenen oder höheren Forstdienst bestanden hat.

6 Zu § 30 LJG-NRW

Nach § 30 LJG-NRW sind bei der Such-, Drück- und Treibjagd, bei jeder Jagdart auf Schnepfen und Wasserwild sowie bei jeder Nachsuche auf Schalenwild brauchbare Jagdhunde zu verwenden. Ein Jagdhund ist brauchbar, wenn er die von ihm zu erwartende Leistung erbringt. Die untere Jagdbehörde kann, ggf. durch Hinzuziehung von Sachverständigen, prüfen, ob ein Jagdhund brauchbar ist. Die Kreisgruppen der Landesvereinigung der Jäger führen im Zusammenwirken mit den Mitgliedsvereinen des Jagdgebrauchshundverbandes (JGHV) Brauchbarkeitsprüfungen durch. Es kann davon ausgegangen werden, dass eine Überprüfung der Brauchbarkeit grundsätzlich nicht erforderlich ist, wenn ein Jagdhund an einer solchen Prüfung oder an einer gleichwertigen Prüfung nach den Prüfungsordnungen des JGHV, der dem JGHV angeschlossenen Zuchtvereine oder anderer Landesjagdverbände erfolgreich teilgenommen hat.

7 Zu § 57 Absatz 2 LJG-NRW

Über die zu entrichtende Gebühr und die Jagdabgabe ist dem Antragsteller ein schriftlicher Bescheid zu erteilen. Die Jagdabgaben sind von den unteren Jagdbehörden für Rechnung des Landes zu vereinnahmen und quartalsweise gleichzeitig zu den u. g. Terminen der Meldung in voller Höhe im Titelbuch des Einzelplans 10 – Kap. 10 261 Titel 099 00 – zu verbuchen. Die unteren Jagdbehörden stellen die Überweisung der Jagdabgabe entsprechend der Zahl der erteilten Jagdscheine/Falknerjagdscheine unabhängig vom tatsächlichen Zahlungseingang über ihr Kassensystem sicher. Die unteren Jagdbehörden teilen dem Landesamt für Umwelt, Naturschutz und Verbraucherschutz des Landes Nordrhein-Westfalen quartalsweise zum 15.01., 15.04., 15.07. und 15.10. die Anzahl der

erteilten Jagdscheine/Falknerjagdscheine und die dafür fälligen Jagdabgaben nach dem Muster gemäß Anlage 2 mit.
Jugendjagdscheine werden für das Jagdjahr, in dem der Inhaber volljährig wird, zunächst mit einer Geltungsdauer bis zum Eintritt der Volljährigkeit erteilt. Wird anschließend die Verlängerung als vollgültiger Jahresjagdschein beantragt, so ist für diese Umschreibung lediglich der Differenzbetrag zwischen der schon entrichteten und der vollen Jagdabgabe zu erheben.
Die Jagdabgabe kann nur in besonderen Härtefällen entsprechend § 227 AO und § 59 Abs. 1 Nr. 3 LHO unter Beachtung der VV zu § 59 LHO mit schriftlicher Zustimmung des Landesamtes für Umwelt, Naturschutz und Verbraucherschutz des Landes Nordrhein-Westfalen ermäßigt oder erlassen werden; entsprechendes gilt für die Erstattung. Wird ein erteilter Jagdschein ausgehändigt, ohne das die fällige Jagdabgabe entrichtet worden ist, und erweist sich diese als uneinbringlich, so haftet die untere Jagdbehörde dem Land gegenüber für die ausgefallene Einnahme.

8

Der RdErl. d. Ministeriums für Ernährung, Landwirtschaft und Forsten v. 1.12.1964 (SMBl. NRW. 7920) wird aufgehoben.

Verordnung über die Jagdabgabe (Jagdabgabeverordnung – JAbgVO)

Aufgehoben durch Artikel 3 des Gesetzes vom 26. Februar 2019 (GV. NRW. S. 131)

Richtlinien über die Gewährung von Zuwendungen aus den Mitteln der Jagdabgabe

Gegenstandslos durch Wegfall der Jagdabgabe seit dem 13. März 2019

Durchführung der Jägerprüfung

RdErl. d. Ministeriums für Klimaschutz, Umwelt, Landwirtschaft, Natur- und Verbraucherschutz vom 29.12.2010 (MBl. NRW. 2011, S. 35)

Zur Anwendung der §§ 1 bis 11, 19 und 20 der Landesjagdgesetzdurchführungsverordnung – DVO LJG-NRW – vom 31. März 2010 (GV. NRW. S. 238) und zur Durchführung der Jägerprüfung gebe ich folgende Hinweise:
Soweit personenbezogene Bezeichnungen im Maskulinum stehen, wird diese Form verallgemeinernd verwendet und bezieht sich auf beide Geschlechter.

1 Prüfungsvorbereitung

Eine eingehende Vorbereitung auf die Jägerprüfung ist vor allem wegen der mit dem jagdlichen Schießen verbundenen Gefahren, nicht zuletzt auch im Interesse der Prüflinge, wertvoll und wünschenswert. Ich bitte deshalb, auf die Vorbereitungslehrgänge, die im Auftrag der Landesvereinigung der Jäger oder von sonstigen erfahrenen und zuverlässigen Jägern durchgeführt werden, in geeigneter Weise hinzuweisen.

2 Verfahrensfragen

2.1 Die örtliche Zuständigkeit für die Ablegung der Jägerprüfung richtet sich ausschließlich nach dem gewöhnlichen Aufenthalt der Bewerber im Sinne des § 3 Absatz 1 Nr. 3 a) VwVfG NRW in der jeweils aktuellen Fassung. Dieser wird in der Regel mit dem melderechtlichen Wohnsitz übereinstimmen, kann aber auch von diesem abweichen (z. B. Internatsschüler, Studenten, Wehrpflichtige). Ich bitte jedoch zu beachten, dass eine Berufstätigkeit an einem anderen Ort als dem Wohnort für sich allein dort keinen gewöhnlichen Aufenthalt begründet.

2.2 Als ausreichend ist eine Versicherung der Prüfungsteilnehmer gegen Haftpflichtschäden entsprechend § 17 Absatz 1 Nr. 4 BJG sowie gegen Unfall mit einer Mindestdeckungssumme von 15.000 Euro für den Todesfall sowie von 150.000 Euro für den Invaliditätsfall anzusehen.

3 Prüfungsausschuss

3.1 Nach § 2 Absatz 4 Satz 2 DVO LJG-NRW werden die Mitglieder und die stellvertretenden Mitglieder nach § 2 Absatz 2 Nr. 3 DVO LJG-NRW auf Vorschlag der Landesvereinigung der Jäger bestellt. Durch dieses Vorschlagsrecht der Landesvereinigung der Jäger wird das Bestellungsermessen der Bestellungsbehörde insoweit eingeschränkt, als von dem Vorschlag nur dann abgewichen werden darf, wenn gegen die vorgeschlagene Person aus der Sicht der Bestellungsbehörde sachliche Bedenken bestehen, sie als Prüferin oder Prüfer zu bestellen. In einem solchen Fall sind die Bedenken der Landesvereinigung der Jäger mitzuteilen. Sie ist gleichzeitig aufzufordern, einen anderen Vorschlag zu unterbreiten, wenn sie nicht bereits mehr Personen vorgeschlagen hat, als zu bestellen sind.

3.2 Nach § 20 Absatz 1 Satz 1 Nr. 6 VwVfG NRW darf in einem Verwaltungsverfahren für eine Behörde nicht tätig werden, wer außerhalb seiner amtlichen Eigenschaft in der Angelegenheit ein Gutachten abzugeben hat oder sonst tätig geworden ist. Im Sinne dieser Vorschrift ist auch „sonst tätig geworden", wer die Bewerber um die Jägerprüfung auf die Prüfung vorbereitet hat. Hiernach dürfen Ausbilder und Prüfer der jeweiligen Bewerber nicht identisch sein. Dies ist sowohl beim Vorschlag durch die Landesvereinigung der Jäger als auch bei der Bestellung des Prüfungsausschusses zu beachten.

4 Prüfungsgebiete

4.1 Die in § 3 Absatz 2 DVO LJG-NRW genannten Sachgebiete sind sowohl beim schriftlichen als auch beim mündlich-praktischen Teil der Prüfung jeweils getrennt zu behandeln. Dieser Trennung kommt im Hinblick auf die Prüfungsentscheidungen nach § 8 Absatz 2 und 4 DVO LJG-NRW besondere Bedeutung zu. Im mündlich-praktischen Teil der Prüfung ist das jeweils zu prüfende Sachgebiet vorher bekannt zu geben. Die Aufteilung eines Sachgebietes auf mehrere Prüfer ist zulässig.

4.2 Im Sachgebiet des § 3 Absatz 2 Nr. 2 DVO LJG-NRW sind lediglich allgemeine Grundzüge des Land- und Waldbaues zum Gegenstand der Prüfung zu machen. Dabei ist darauf zu achten, dass Fragen aus diesem Bereich in jedem Falle einen jagdlichen oder jagdrechtlichen Bezug haben.

4.3 Das Sachgebiet des § 3 Absatz 2 Nr. 3 DVO LJG-NRW erfasst alle Fragen im Zusammenhang mit dem Gebrauch und der Führung von Jagd- und Faustfeuerwaffen sowie alle insoweit einschlägigen Sicherheitsbestimmungen. Ausgenommen sind lediglich Fragen waffenrechtlicher Art, die beim Sachgebiet Nr. 4 zu prüfen sind. Der Begriff „Sicherheitsbestimmungen" im Sachgebiet Nr. 2 umfasst weitergehend sämtliche beim eigentlichen Jagdbetrieb zu beachtende Bestimmungen, und zwar sowohl in Bezug auf Jagd- und Faustfeuerwaffen als auch auf sonstige Erfordernisse, insbesondere die Beachtung der Vorschriften für Sicherheit und Gesundheitsschutz (VSG), 4.4 Unfallverhütungsvorschrift Jagd, der Landwirtschaftlichen Berufsgenossenschaft sowie allgemeiner Verkehrssicherungspflichten.

5 Zulassung

Als Landesvereinigung der Jäger hat der Landesjagdverband Nordrhein-Westfalen e. V. die Anforderungen gemäß § 4 Absatz 1 Nr. 2 DVO LJG-NRW in einer Richtlinie geregelt und ein Formular für den Nachweis herausgegeben. Satzungsgemäße Untergliederungen des Landesjagdverbandes sind die Kreisjägerschaften und die Hegeringe.

6 Schießprüfung

6.1 Zur Gewährleistung einer einheitlichen Prüfung beim Büchsenschießen gemäß § 6 Absatz 2 DVO LJG-NRW ist sicherzustellen, dass die Schüsse sitzend aufgelegt auf die Rehbockscheibe von einem sogenannten Drückjagdbock in den Abmessungen der Anlage 1 abgegeben werden. Als Gewehrunterlage sind nur Kopfbedeckung, Jacke oder Mantel erlaubt. Das Aufstützen oder Anlehnen der Arme ist zulässig. Die Schüsse stehend freihändig auf dic flüchtige Überläuferscheibe sind aus jagdlicher Gewehrhaltung (kein Voranschlag) abzugeben.

6.2 Nach § 6 Absatz 3 Satz 1 DVO LJG-NRW legt der Prüfungsausschuss fest, ob bei der Prüfung Wurftauben-Skeet, Wurftauben-Trap, Kipphasen oder Ziele gemäß § 6 Absatz 3 Satz 3 DVO LJG-NRW zu beschießen sind. Bei dieser Festlegung ist nach Möglichkeit die Art der Vorbereitung der Bewerberinnen und Bewerber zu berücksichtigen. Die Stellen oder Personen, die sich mit der Ausbildung der Bewerberinnen und Bewerber befassen, sind mindestens vier Monate vor Durchführung der Schießprüfung über das zu beschießende Ziel zu informieren.

6.3 Nach § 6 Absatz 4 Satz 2 DVO LJG-NRW sind für das Büchsenschießen alle für Schalenwild zugelassenen Patronen zugelassen. Daraus folgt, dass das Schießen auf die flüchtige Überläuferscheibe auch mit Patronen durchgeführt werden darf, die für Rehwild zugelassen sind.

6.4 Es bestehen keine Bedenken, Behinderten, die unter Berücksichtigung von § 17 Absatz 1 Nr. 2 BJG zur Prüfung zugelassen worden sind, eine der Behinderung angemessene Erleichterung bei der Durchführung der Schießprüfung zu gewähren. Dies gilt jedoch nicht hinsichtlich der geforderten Trefferzahl.

7 Mündlich-praktische Prüfung

7.1 Die Prüfungszeit soll in der Regel je Bewerberin oder Bewerber nicht länger als 30 Minuten dauern. Diese Regelung schließt es einerseits nicht aus, die Prüfungszeit bei erkennbar gut vorbereiteten Bewerberinnen und Bewerbern zu verkürzen, eröffnet andererseits aber auch die Möglichkeit, sie angemessen zu verlängern, wenn die Regelprüfzeit für eine abschließende Beurteilung nicht ausreicht. Auch bei Bewerberinnen und Bewerbern, die sprachlich beeinträchtigt sind oder deren Ausdrucksfähigkeit weniger gut ausgeprägt ist, kommt eine Verlängerung in Betracht.

7.2 Bei der mündlich-praktischen Prüfung darf aus Sicherheitsgründen (Verwechselungsgefahr) keine scharfe Munition verwendet werden. Die Prüfung, insbesondere die der Handhabung von Waffen, ist mit sogenannten Exerzierpatronen durchzuführen. Diese Patronen entsprechen in ihren Abmessungen scharfen Patronen, enthalten aber kein Treibladungsmittel und kein scharfes Zündhütchen. Da im Handel Exerzierpatronen der unterschiedlichen Kaliber nicht angeboten werden, hat sich die Deutsche Versuchs- und Prüf-Anstalt für Jagd- und Sportwaffen (DEVA) e. V. bereit erklärt, auf Anforderung den Prüfungskommissionen Exerzierpatronen gegen Kostenerstattung zur Verfügung zu stellen. Veränderungen an Munition dürfen nur von Personen durchgeführt werden, die eine Erlaubnis nach § 21 WaffG (z. B. Büchsenmachermeister), § 7 SprengG oder § 27 SprengG (Wiederlader) haben, da es sich um Umgang mit explosionsgefährlichen Stoffen (Gewinnung von Treibladungspulver) handelt.

7.3 Wird der mündlich-praktische Teil der Prüfung ganz oder teilweise in der freien Natur abgehalten, so müssen die Prüfungsvoraussetzungen auch insoweit für alle Bewerberinnen und Bewerber gleich sein. Es ist in diesem Fall unzulässig, bei einem Teil der Bewerberinnen und Bewerber, etwa aus Gründen schlechter Witterung, auf die Prüfung in der freien Natur zu verzichten.

7.4 Über das Prüfungsergebnis in den einzelnen Sachgebieten entscheidet der Prüfungsausschuss in geheimer Beratung (§ 8 Absatz 4 DVO LJG-NRW). Eine solche Entscheidung setzt voraus, dass alle Prüfenden in jedem Sachgebiet und bei jeder einzelnen Bewerberin oder jedem einzelnen Bewerber Gelegenheit haben, sich über die jagdlichen Kenntnisse und Fähigkeiten ein eigenes Urteil zu bilden. Eine gleichzeitige Prüfung von Bewerberinnen oder Bewerbern einer Prüfungsgruppe in verschiedenen Sachgebieten oder an verschiedenen Orten von verschiedenen Prüfenden steht der notwendigen Unmittelbarkeit der Urteilsbildung entgegen und ist damit unzulässig. In diesem Zusammenhang ist zu beachten, dass nach § 7 Absatz 2 DVO LJG-NRW die Bewerberinnen und Bewerber in Gruppen geprüft werden sollen. Bei Gruppenprüfungen ist die Einzelprüfung jedenfalls dann ein Regelverstoß, wenn eine Gruppenprüfung noch möglich ist.

8 Eingeschränkte Jägerprüfung

8.1 Will ein Bewerber zum Nachweis der Voraussetzungen für die erste Erteilung eines Falknerjagdscheines lediglich die eingeschränkte Jägerprüfung nach § 11 DVO LJG-NRW ablegen, muss er dies beim Antrag auf Zulassung zur Prüfung (§ 4 DVO LJG-NRW) angeben.

8.2 Ein Wechsel von der nicht eingeschränkten zur eingeschränkten Jägerprüfung während der laufenden Jägerprüfung ist ebenso unzulässig wie die Anmeldung oder Zulassung zu beiden Prüfungen.

8.3 Die eingeschränkte Jägerprüfung besteht lediglich aus einem schriftlichen Teil und einem mündlich-praktischen Teil. Die sich aus § 11 DVO LJG-NRW ergebenden Einschränkungen sind bei beiden Prüfungsteilen zu beachten. Für den schriftlichen Teil der Prüfung wird unter Beachtung der notwendigen Einschränkungen ein besonderer Fragebogen verwendet, der dem allgemeinen Fragebogen weitgehend anzugleichen ist.

8.4 Hat ein Bewerber um die nicht eingeschränkte Jägerprüfung diese Prüfung lediglich deshalb nicht bestanden, weil die Leistungen im Sachgebiet des § 3 Absatz 2 Nr. 3 DVO LJG-NRW mit „nicht bestanden“ bewertet worden sind (§ 8 Absatz 4 Satz 1 DVO LJG-NRW), darf ihm nicht das Bestehen der eingeschränkten Jägerprüfung bescheinigt und ein entsprechendes Prüfungszeugnis ausgehändigt werden. Die eingeschränkte und die nicht eingeschränkte Jägerprüfung sind trotz der in einigen Bereichen weitgehend übereinstimmenden Sachvoraussetzungen als besondere und voneinander unabhängige Prüfungen anzusehen.

9 Prüfungszeugnis

Für das Zeugnis über die bestandene Jägerprüfung wird das Muster gemäß § 19 Absatz 2 DVO LJG-NRW als Anlage 2 bekannt gemacht.
Für das Zeugnis über die bestandene Falknerprüfung wird das Muster gemäß § 19 Absatz 2 DVO LJG-NRW als Anlage 3 bekannt gemacht.

10 Inkrafttreten, Außerkrafttreten

Dieser RdErl. tritt am Tag nach seiner Veröffentlichung in Kraft. Gleichzeitig treten der RdErl. des Ministeriums für Umwelt, Raumordnung und Landwirtschaft vom 14.1.1997 (MBl. NRW. S. 129) und der RdErl. des Ministeriums für Umwelt, Raumordnung und Landwirtschaft vom 17.2.1997 (MBl. NRW. S. 308) außer Kraft.

Bestätigung von Jagdaufsehern

RdErl. d. Ministeriums für Umwelt Raumordnung und Landwirtschaft – 1 A 1 – 62.30.60/111 B 6 – 71-28-00.00 v. 27.10.1992; zuletzt geändert durch RdErl. v. 1.12.2015 (MBl. NRW. S. 816)

1. Nach § 26 Absatz 3 des Landesjagdgesetzes Nordrhein-Westfalen (LJG-NRW) in der Fassung der Bekanntmachung vom 7. Dezember 1994 (GV. NRW. 1995 S. 2), in der jeweils geltenden Fassung sind die mit dem Jagdschutz beauftragten Forstbeamten des Staates, der Gemeinden, der Gemeindeverbände und der Landwirtschaftskammern bestätigte Jagdaufseher. Im Übrigen darf als Jagdaufseher nur bestätigt werden, wer geeignet und zuverlässig ist. Die Bestätigung bedarf der Zustimmung durch die Polizeibehörde, in deren Zuständigkeitsbereich der Jagdaufseher als Vollzugsdienstkraft tätig werden soll.
2. Nach § 25 Absatz 2 des Bundesjagdgesetzes in der Fassung der Bekanntmachung vom 29. September 1976 (BGBl. I S. 2849), in der jeweils geltenden Fassung, haben die bestätigten Jagdaufseher innerhalb ihres Dienstbezirks in Angelegenheiten des Jagdschutzes die Rechte und Pflichten der Polizeibeamten und sind Hilfsbeamte der Staatsanwaltschaft, sofern sie Berufsjäger oder forstlich ausgebildet sind.
3. Bestätigte Jagdaufseher sind Vollzugsdienstkräfte nach § 68 Absatz 1 Nummer 17 des Verwaltungsvollstreckungsgesetzes für das Land Nordrhein-Westfalen (VwVG NRW) in der Fassung der Bekanntmachung vom 19. Februar 2003 (GV. NRW. S. 156/ SGV. NRW. 2010) in der jeweils geltenden Fassung, und damit in rechtmäßiger Ausübung öffentlicher Gewalt zur Anwendung von unmittelbarem Zwang befugt. Der Gebrauch von Schusswaffen ist dabei jedoch untersagt (§ 74 VwVG NRW).
4. Die sachgemäße Erfüllung der bestätigten Jagdaufsehern obliegenden Aufgaben und die rechtmäßige Ausübung der ihnen eingeräumten Befugnisse erfordern hinreichende Kenntnisse nicht nur des Jagdwesens, sondern auch der einschlägigen sonstigen Rechtsvorschriften. Aus diesem Grunde macht das LJG-NRW die Bestätigung nicht nur von der persönlichen Zuverlässigkeit, sondern auch von der fachlichen Eignung abhängig. Darüber hinaus muss der bestätigte Jagdaufseher jagdlich erfahren sein.
5. Die fachliche Eignung kann als gegeben angesehen werden, wenn Prüfungszeugnisse des Landesjagdverbandes NRW über die erfolgreiche Teilnahme an einem Jagdschutzlehrgang und an einem Fangjagdlehrgang vorgelegt und die Jagdpachtfähigkeit nachgewiesen werden.

6. Künftig ist die erstmalige Bestätigung im Regelfall von diesen Nachweisen abhängig zu machen. Werden diese Nachweise nicht erbracht und kann nicht festgestellt werden, dass der Jagdaufseher, insbesondere aufgrund seiner Ausbildung, seiner sonstigen Vorbildung, seiner beruflichen oder außerberuflichen Tätigkeiten, fachlich geeignet ist, ist die Bestellung zu versagen. Der Nachweis über das Bestehen der Jägerprüfung oder der Falknerprüfung reicht allein für eine Bestätigung nicht aus.
7. Der bestätigte Jagdaufseher ist im Interesse der ordnungsgemäßen Erfüllung seiner Aufgaben verpflichtet, sich regelmäßig fortzubilden. Diese Fortbildung muss sich auf alle Aufgabenbereiche, insbesondere auf die Rechtsbereiche, erstrecken. Soweit nicht die Bestätigungsbehörde selbst Fortbildungsveranstaltungen durchführt, ist der bestätigte Jagdaufseher verpflichtet, jeweils im Abstand von fünf Jahren nachzuweisen, dass er an einer entsprechenden Fortbildungsveranstaltung des Landesjagdverbandes NRW oder einer anderen geeigneten Stelle teilgenommen hat. Der Nachweis ist durch eine Teilnahmebestätigung zu führen. Liegt die letzte Bestätigung mehr als fünf Jahre zurück, so ist der Fortbildungsnachweis spätestens ein Jahr nach Inkrafttreten dieses Runderlasses zu erbringen. Wird der Nachweis nicht erbracht, ist die Bestätigung, soweit rechtlich zulässig, zu widerrufen. Ist ein Widerruf nicht zulässig, ist eine erneute Bestätigung erst zulässig, wenn ein Fortbildungsnachweis erbracht wird. Es wird empfohlen, die Bestätigung auf fünf Jahre zu befristen und erst bei Vorlage eines Fortbildungsnachweises eine erneute Bestätigung auszusprechen.
8. Über die Bestätigung als Jagdaufseher ist gem. § 26 Absatz 3 Satz 4 LJG-NRW von der unteren Jagdbehörde eine Bescheinigung zu erteilen, die der Jagdaufseher im Dienst bei sich zu tragen und bei dienstlichem Einschreiten auf Verlangen vorzuzeigen hat, es sei denn, dass ihm dies aus Sicherheitsgründen nicht zugemutet werden kann. Als Vollzugsdienstkraft hat der bestätigte Jagdaufseher gem. § 68 Absatz 2 VwVG NRW einen behördlichen Ausweis bei sich zu führen und diesen, von den angeführten Ausnahmefällen abgesehen, bei der Anwendung unmittelbaren Zwanges auf Verlangen vorzuzeigen. Für diesen Ausweis, der gleichzeitig auch als Bescheinigung im Sinne des § 26 Absatz 3 Satz 4 LJG-NRW gilt, wird das Muster der Anlage 1 im Format DIN A 6 bekannt gegeben.
9. Der Dienstausweis für bestätigte Jagdaufseher gilt nur in Verbindung mit einem bei der Ausübung des Jagdschutzes sichtbar zu tragenden Dienstabzeichen für bestätigte Jagdaufseher, dessen Kontrollzahl in den Ausweis einzutragen ist. Das Dienstabzeichen besteht aus einem

rechteckigen Metallschild in Größe von 4 x 5,5 cm mit eingeprägter Kontrollzahl gemäß Muster der Anlage 2. Die Dienstabzeichen werden von der unteren Jagdbehörde dem bestätigten Jagdaufseher ausgehändigt; sie sind nach Erlöschen der Jagdschutzberechtigung von der ausgebenden Behörde einzuziehen. Dienstabzeichen, die in anderer Ausführung ausgestellt worden sind, bleiben bis zu ihrer Einziehung gültig. Die Verteilung der Dienstabzeichen erfolgt durch die oberste Jagdbehörde auf Anforderung durch die unteren Jagdbehörden als ausgebende Behörde. Über die Verteilung und Ausgabe der Dienstabzeichen sind bei den Jagdbehörden Listen zu führen. Der Verlust eines Abzeichens ist von dessen Inhaber unverzüglich der ausgebenden Behörde anzuzeigen.

Allgemeine Verwaltungsgebührenordnung (AVerwGebO NRW)

vom 03. Juli 2001, Stand 1. März 2019

Tarifstelle 8 (Teil III) von 8.3 bis 8.3.5.11 (Reihenfolge der Darstellung: Tarifstelle/Gegenstand/Gebühr Euro)

8.3 Jagdangelegenheiten

8.3.1 Jägerprüfung, Falknerprüfung

8.3.1.1 Jägerprüfung
Gebühr: Euro 220
Dient der Jägerprüfung nur zum Nachweis der Voraussetzungen zum Erwerb eines Falknerjagdscheins, beträgt die Gebühr 50 v. H. der Gebühr nach Tarifstelle 8.3.1.1.
Anmerkung:
Die bei der Durchführung der Jägerprüfung entstandenen Auslagen sind in die Prüfungsgebühr einbezogen.

8.3.1.1.1 Nachprüfung je Prüfungsteil
Gebühr: Euro 80

8.3.1.2 Falknerprüfung
Gebühr: Euro 120
Anmerkung:
Die bei der Durchführung der Falknerprüfung entstandenen Auslagen sind in die Prüfungsgebühr einbezogen.

8.3.1.2.1 Nachprüfung je Prüfungsteil
Gebühr: Euro 50

8.3.1.3 Zulassung zur Jäger- oder Falknerprüfung oder zur Nachprüfung
Gebühr: Euro 30

8.3.2 Entscheidung über Jagdscheine

8.3.2.1 Jahresjagdscheine

8.3.2.1.1 Ein-Jahresjagdschein
Gebühr: Euro 35

8.3.2.1.2 Zwei-Jahresjagdschein
Gebühr: Euro 50

8.3.2.1.3 Drei-Jahresjagdschein
Gebühr: Euro 65

8.3.2.2 Jahresjagdscheine für Jugendliche

8.3.2.2.1 Ein-Jahresjagdschein
Gebühr: Euro 20

8.3.2.2.2 Zwei-Jahresjagdschein
Gebühr: Euro 30

8.3.2.2.3 Drei-Jahresjagdschein
Gebühr: Euro 35

8.3.2.3 Tagesjagdscheine

8.3.2.3.1 Tagesjagdschein
Gebühr: Euro 15

8.3.2.3.2 Tagesjagdschein für Jugendliche
Gebühr: Euro 15

8.3.2.4 Falknerjagdscheine

8.3.2.4.1 Ein-Jahresfalknerjagdschein
Gebühr: Euro 20

8.3.2.4.2 Zwei-Jahresfalknerjagdschein
Gebühr: Euro 30

8.3.2.4.3 Drei-Jahresfalknerjagdschein
Gebühr: Euro 35

8.3.2.5 Falknerjagdscheine für Jugendliche

8.3.2.5.1 Ein-Jahresfalknerjagdschein
Gebühr: Euro 15

8.3.2.5.2 Zwei-Jahresfalknerjagdschein
Gebühr: Euro 20

8.3.2.5.3 Drei-Jahresfalknerjagdschein
Gebühr: Euro 25

8.3.2.6 Tagesfalknerjagdscheine

8.3.2.6.1 Tagesfalknerjagdschein
Gebühr: Euro 15

8.3.2.6.2 Tagesfalknerjagdschein für Jugendliche
Gebühr: Euro 15

8.3.2.7 Jagdscheindoppel
Gebühr: Euro 30

8.3.2.8 Zweitschrift Jägerprüfungszeugnis und Bestätigung über bestandene Jägerprüfung
Gebühr: Euro 35

8.3.2.9 Umschreibungen

8.3.2.9.1 Umschreibung eines Jugendjahresjagdscheins für ein Jahr in einen Ein-Jahresjagdschein
Gebühr: Euro 15

8.3.2.9.2 Umschreibung eines Jugendjahresjagdscheins für ein Jahr in einen Zwei-Jahresjagdschein
Gebühr: Euro 30

8.3.2.9.3 Umschreibung eines Jugendjahresjagdscheins für ein Jahr in einen Drei-Jahresjagdschein
Gebühr: Euro 45

8.3.2.9.4 Umschreibung eines Jugendjahresjagdscheins für zwei Jahre in einen Ein-Jahresjagdschein
Gebühr: Euro 15

8.3.2.9.5 Umschreibung eines Jugendjahresjagdscheins für zwei Jahre in einen Zwei-Jahresjagdschein
Gebühr: Euro 20

8.3.2.9.6 Umschreibung eines Jugendjahresjagdscheins für zwei Jahre in einen Drei-Jahresjagdschein
Gebühr: Euro 35

8.3.2.9.7 Umschreibung eines Jugendjahresjagdscheins für drei Jahre in einen Ein-Jahresjagdschein
Gebühr: Euro 15

8.3.2.9.8 Umschreibung eines Jugendjahresjagdscheins für drei Jahre in einen Zwei-Jahresjagdschein
Gebühr: Euro 15

8.3.2.9.9 Umschreibung eines Jugendjahresjagdscheins für drei Jahre in einen Drei-Jahresjagdschein
Gebühr: Euro 30

8.3.2.9.10 Umschreibung eines Jugendfalknerjahresjagdscheins für ein Jahr in einen Ein-Jahresfalknerjagdschein
Gebühr: Euro 15

8.3.2.9.11 Umschreibung eines Jugendfalknerjahresjagdscheins für ein Jahr in einen Zwei-Jahresfalknerjagdschein
Gebühr: Euro 15

8.3.2.9.12 Umschreibung eines Jugendfalknerjahresjagdscheins für ein Jahr in einen Drei-Jahresfalknerjagdschein
Gebühr: Euro 20

8.3.2.9.13 Umschreibung eines Jugendfalknerjahresjagdscheins für zwei Jahre in einen Ein-Jahresfalknerjagdschein
Gebühr: Euro 15

8.3.2.9.14 Umschreibung eines Jugendfalknerjahresjagdscheins für zwei Jahre in einen Zwei-Jahresfalknerjagdschein
Gebühr: Euro 15

8.3.2.9.15 Umschreibung eines Jugendjahresfalknerjagdscheins für zwei Jahre in einen Drei-Jahresfalknerjagdschein
Gebühr: Euro 15

8.3.2.9.16 Umschreibung eines Jugendfalknerjahresjagdscheins für drei Jahre in einen Ein-Jahresfalknerjagdschein
Gebühr: Euro 15

8.3.2.9.17 Umschreibung eines Jugendfalknerjahresjagdscheins für drei Jahre in einen Zwei-Jahresfalknerjagdschein
Gebühr: Euro 15

8.3.2.9.18 Umschreibung eines Jugendfalknerjagdscheins für drei Jahre in einen Drei-Jahresfalknerjagdschein
Gebühr: Euro 15

8.3.2.10 Einziehung und Versagung eines Jagdscheins
Gebühr: Euro 50 bis 150

8.3.3 Jagdbezirke

8.3.3.1 Abrundung von Jagdbezirken
Gebühr: Euro 55 bis 300

8.3.3.2 Erklärung von Grundflächen zu Eigenjagdbezirken
Gebühr: Euro 115 bis 200

8.3.3.3 Genehmigung der Zusammenlegung und Teilung gemeinschaftlicher Jagdbezirke
Gebühr: Euro 115

8.3.3.4 Genehmigung der Verpachtung eines Teiles eines Jagdbezirkes (§ 9 Landesjagdgesetz – LJG-NRW)
Gebühr: Euro 55

8.3.3.5 Erklärung von Grundflächen zu befriedeten Bezirken (§ 4 Landesjagdgesetz – LJG-NRW)
Gebühr: Euro 30 bis 115

8.3.3.6 Überprüfung/Beanstandung eines Jagdpachtvertrages nach § 12 Absatz 1 bis 3 BJG
Gebühr: Euro 30

8.3.3.7 Erklärung von Grundflächen zu befriedeten Bezirken aus ethischen Gründen (§ 6a Bundesjagdgesetz – BJG)
Gebühr: Je nach Zeitaufwand. Je angefangene Stunde sind für die Berechnung die vom für Inneres zuständigen Ministerium veröffentlichten, jeweils gültigen Stundensätze (Richtwerte) zugrunde zu legen; jedoch in Abhängigkeit von der Grundfläche höchstens
Gebührenklasse 1: bis 2,0 ha, Gebühr bis Euro 200
Gebührenklasse 2: über 2,0 ha bis 10,0 ha, Gebühr bis Euro 600
Gebührenklasse 3: über 10,0 ha, Gebühr bis Euro 1.000

8.3.4 Jagdausübung

8.3.4.1 Ausnahmegenehmigungen zum Schießen aus Kraftfahrzeugen
Gebühr: Euro 50

8.3.4.2 Erlaubnis zur beschränkten Jagdausübung in befriedeten Bezirken
Gebühr: Euro 30 bis 115

8.3.4.3 Genehmigung zum Gebrauch von Schusswaffen in befriedeten Bezirken
Gebühr: Euro 20 bis 50

8.3.4.4 Entscheidung über Ausnahmegenehmigungen aufgrund des § 24 Absatz 2 LJG-NRW (Schonzeitaufhebungen)
Gebühr: Euro 60

8.3.4.5 Entscheidungen über sonstige Ausnahmegenehmigungen aufgrund des § 24 Abs. 3 LJG-NRW
Gebühr: Euro 30 -70
(Genehmigungen zu wissenschaftlichen Zwecken, zu Lehr- und Forschungszwecken sind gebührenfrei)

8.3.4.6 Entscheidung über die Genehmigung von Ausnahmen von sachlichen Verboten (§ 19 BJG und § 19 LJG-NRW)
Gebühr: Euro 30 bis 115

8.3.4.7 Entscheidung über die Genehmigung von Ausnahmen nach den §§ 35 und 44 Absatz 1 der Landesjagdgesetzdurchführungsverordnung vom 31. März 2010 (GV. NRW. S. 238) in der jeweils geltenden Fassung (DVO LJG-NRW)
Gebühr: Euro 55

8.3.5 Sonstiges

8.3.5.1 Bestätigung eines Jagdaufsehers
Gebühr: Euro 50

8.3.5.2 Verlängerung der Bestätigung eines Jagdaufsehers
Gebühr: Euro 15

8.3.5.3 Festlegung eines Jägernotweges
Gebühr: Euro 30

8.3.5.4 Zulassung einer Ausnahme von der Erfordernis der Jagdpachtfähigkeit
Gebühr: Euro 55

8.3.5.5 Zulassung der Eingatterung von kleineren Grundflächen zur Erhaltung des Jagdbetriebes
Gebühr: Euro 55

8.3.5.6 Genehmigung zum Aussetzen fremder Tierarten und von Schalenwild in der freien Wildbahn (§ 28 Absatz 3 und 4 BJG, § 31 Absatz 2 LJG-NRW)
Gebühr: Euro 55 bis 170

8.3.5.7 Genehmigung zum Aussetzen von Tierarten in der freien Wildbahn zum Zwecke der Einbürgerung in Jagdbezirken (§ 28 Absatz 4 BJG, § 31 Absatz 3 LJG-NRW) und heimischen Feder- oder Haarwildes (außer Schalenwild) in der freien Wildbahn zum Zwecke der Bestandsstützung, Besatzstützung oder Wiederansiedlung in Jagdbezirken (§ 28 Absatz 4 BJG, § 31 Absatz 4 LJG-NRW)
Gebühr: Euro 55 bis 170

8.3.5.8 Ausnahmegenehmigungen nach § 2 Abs. 5 und § 3 Abs. 4 Bundeswildschutzverordnung
Gebühr: Euro 55 bis 170

8.3.5.9 Ausstellung eines Jagdschutzausweises für Jagdausübungsberechtigte
Gebühr: Euro 30

8.3.5.10 Entscheidung über die Anerkennung als Fachinstitut nach § 19 Abs. 3 BJG
Gebühr: Euro 170

8.3.5.11 Ausstellung einer Jagdpachtfähigkeitsbescheinigung
Gebühr: Euro 15

Rahmensatzung für die Jagdgenossenschaften nach dem Landesjagdgesetz (LJG-NRW)

RdErl. d. Minister für Ernährung, Landwirtschaft und Forsten vom 14. Dezember 1979 (MBl. NW. 1980 S. 72), zuletzt geändert durch Erl. vom 26. April 1988 (MBl. NW. S. 757)

Jagdgenossenschaften sind als Körperschaften des öffentlichen Rechts (§ 7 Abs. 1 LJG-NW) landesunmittelbare juristische Personen des öffentlichen Rechts. Daher unterliegen sie nach Maßgabe des Teiles VI der Landeshaushaltsordnung (LHO) den haushaltsrechtlichen Vorschriften des Landes, soweit nicht durch Gesetz oder auf Grund eines Gesetzes etwas anderes bestimmt ist (§ 105 LHO). § 7 LJG-NW gibt den Jagdgenossenschaften die Möglichkeit, ihre gesamte Haushalts- und Wirtschaftsführung durch Satzung nach den Grundsätzen der §§ 106 ff. LHO auszurichten und zu regeln, ohne aber gleichzeitig an die dort vorgesehenen Genehmigungspflichten gebunden zu sein.

Die nachstehende Rahmensatzung enthält Bestimmungen für das Haushaltswesen, die Wirtschafts-, Kassen- und Rechnungsführung wie die Rechnungsprüfung unter Beachtung des Teiles VI LHO. Die Befreiung von den im Teil VI LHO vorgesehenen Genehmigungspflichten (§§ 108 Satz 1 und 2, 109 Abs. 3 Satz 2 LHO) tritt jedoch nur ein, wenn die Jagdgenossenschaft hinsichtlich der haushaltsrechtlichen Regelungen nicht von der Rahmensatzung abweicht.

Mit Rücksicht auf die sonst erforderlichen Genehmigungen durch den Finanzminister und mein Haus (§ 108 LHO) bitte ich darauf hinzuwirken, dass die in der Rahmensatzung vorgesehenen haushaltsrechtlichen Regelungen in die Satzungen der Jagdgenossenschaften Eingang finden.

Im Übrigen soll die Rahmensatzung als Richtlinie für die aufsichtsbehördliche Genehmigung der Satzungen, die von den Jagdgenossenschaften vorgelegt werden, dienen. Gemäß Artikel II des Gesetzes zur Änderung des Landesjagdgesetzes Nordrhein-Westfalen vom 27. Juni 1978 (GV. NW. S. 274) haben die Jagdgenossenschaften ihre Satzungen bis zum 11. Juli 1980 dem § 7 LJG-NW in der Fassung der Bekanntmachung vom 11. Juli 1978 anzupassen.

Die Versammlung der Mitglieder der Jagdgenossenschaften des gemeinschaftlichen Jagdbezirks .... hat am .... folgende Satzung beschlossen:

§ 1 Name und Sitz der Jagdgenossenschaft

Die Jagdgenossenschaft des gemeinschaftlichen Jagdbezirks .... ist gemäß § 7 Abs. 1 LJG-NW eine Körperschaft des öffentlichen Rechts. Sie führt den Namen „Jagdgenossenschaft ....“ und hat ihren Sitz in ....

§ 2 Gemeinschaftlicher Jagdbezirk

(1) Der gemeinschaftliche Jagdbezirk umfasst gemäß § 8 Abs. 1 Bundesjagdgesetz (BJG) mit Ausnahme der Eigenjagdbezirke alle Grundflächen

- der Stadt/Gemeinde
  ....
- der abgesonderten Gemarkung
  ....
- gemäß dem von der unteren Jagdbehörde genehmigten Teilungsbeschluss der Jagdgenossenschaft
  ....

die Gemarkung(en)

....

der Stadt/der Gemeinde

....

zuzüglich der von der zuständigen Jagdbehörde angegliederten und abzüglich der abgetrennten Grundflächen.

(2) Der gemeinschaftliche Jagdbezirk wird begrenzt durch

....

....

(Grenzbeschreibung)

....

§ 3 Gebiet der Jagdgenossenschaft

Das Gebiet der Jagdgenossenschaft umfasst die jagdlich nutzbaren Grundflächen des gemeinschaftlichen Jagdbezirks, deren Eigentümer der Jagdgenossenschaft als Mitglieder angehören.

§ 4 Mitglieder der Jagdgenossenschaft

(1) Mitglieder der Jagdgenossenschaft (Jagdgenossen) sind die Eigentümer der Grundflächen, die das Gebiet der Jagdgenossenschaft bilden.

Eigentümer von Grundflächen des gemeinschaftlichen Jagdbezirks, auf denen die Jagd ruht oder aus anderen Gründen nicht ausgeübt werden darf, gehören gemäß § 9 Abs. 1 BJG insoweit der Jagdgenossenschaft nicht an.

(2) Die Jagdgenossenschaft führt ein Jagdkataster, in dem die Eigentümer der zum Gebiet der Jagdgenossenschaft gehörenden Grundflächen und deren Größen ausgewiesen werden. Das Jagdkataster ist fortzuführen; durch Eigentumswechsel eingetretene Änderungen hat der Erwerber dem Jagdvorstand nachzuweisen. Das Jagdkataster liegt für die Jagdgenossen und deren schriftlich bevollmächtigte Vertreter zur Einsicht in .... bei .... offen.

§ 5 Aufgaben der Jagdgenossenschaft

(1) Die Jagdgenossenschaft verwaltet nach Maßgabe des geltenden Rechts unter eigener Verantwortung nach den Grundsätzen der Wirtschaftlichkeit und unter Berücksichtigung der jagdlichen Belange alle Angelegenheiten, die sich aus dem Jagdrecht der ihr angehörigen Jagdgenossen ergeben.

(2) Ihr obliegt nach Maßgabe des § 29 Abs. 1 BJG der Ersatz des Wildschadens, der an den zum gemeinschaftlichen Jagdbezirk gehörenden Grundstücken entsteht.

§ 6 Organe der Jagdgenossenschaft

Die Organe der Jagdgenossenschaft sind
1. die Genossenschaftsversammlung und
2. Der Jagdvorstand.

§ 7 Genossenschaftsversammlung

Zur Teilnahme an der Genossenschaftsversammlung sind die Mitglieder der Jagdgenossenschaft berechtigt. Sie können sich durch ihre gesetzlichen Vertreter oder nach Maßgabe des § 10 Abs. 4 dieser Satzung durch Bevollmächtigte vertreten lassen. Die Vollmacht ist schriftlich zu erteilen und dem Jagdvorsteher zu Beginn der Versammlung vorzulegen.

§ 8 Zuständigkeit der Genossenschaftsversammlung

(1) Die Genossenschaftsversammlung beschließt die Satzung und deren Änderung.
Sie wählt
a) den Vorsitzenden des Jagdvorstandes (Jagdvorsteher) und seine Stellvertreter;
b) zwei Beisitzer und deren Stellvertreter;
c) einen Schriftführer und dessen Stellvertreter;
d) einen Kassenführer und dessen Stellvertreter;
e) zwei Rechnungsprüfer und deren Stellvertreter.

(2) Die Genossenschaftsversammlung beschließt weiterhin über
a) den Haushaltsplan;
b) die Entlastung des Vorstandes und des Kassenführers;
c) die Antragstellung zur Abrundung, Zusammenlegung und Teilung des gemeinschaftlichen Jagdbezirks;
d) die Art der Jagdnutzung des gemeinschaftlichen Jagdbezirks;
e) das Verfahren und die Bedingungen für den Abschluss von Jagdpachtverträgen;
f) die Erteilung des Zuschlags bei der Jagdverpachtung;
g) die Änderung und Verlängerung laufender Jagdpachtverträge;
h) die Zustimmung zur Weiter- und Unterverpachtung des gemeinschaftlichen Jagdbezirks und zur Erteilung von entgeltlichen Jagderlaubnisscheinen;
i) den Zeitpunkt der Ausschüttung des Reinertrages aus der Jagdnutzung;
j) die Bildung von Rücklagen und deren Verwendung;
k) die Erhebung von Umlagen zum Ausgleich des Haushaltsplanes;
l) die Beanstandung von Beschlüssen durch den Jagdvorstand;
m) die Zustimmung zu Dringlichkeitsentscheidungen des Jagdvorstandes gemäß § 12 Abs. 5 dieser Satzung;
n) die Festsetzung von Aufwandsentschädigungen für die Mitglieder des Jagdvorstandes, den Schriftführer, den Kassenführer und die Rechnungsprüfer;
o) den Abschluss einer Amtshaftpflichtversicherung für die Jagdgenossenschaft und ihre Funktionsträger.

(3) Regelungen im Sinne des Absatzes 2 Buchstabe c), d), e), f), g), h), i) und o) können im Einzelfall durch Beschluss auf den Jagdvorstand übertragen werden.

(4) Die Genossenschaftsversammlung kann den Jagdvorstand ermächtigen, die Führung der Kassengeschäfte vertraglich

- der Stadt-/Gemeindekasse

  ....

- dem/der (z. B. Wirtschaftsunternehmen)

  ....

- einem Geschäftsführer, der gleichzeitig Schriftführer sein kann, zu übertragen.

Mit der Wirksamkeit des Vertrages entfällt die Wahl eines Kassenführers und dessen Stellvertreters. Die Aufgaben eines bereits gewählten Kassenführers und dessen Stellvertreters entfallen mit der Wirksamkeit der Übertragung.

(5) Die Rechnungsprüfung kann aufgrund eines Beschlusses der Genossenschaftsversammlung

- dem Rechnungsprüfungsamt der Stadt/Gemeinde

  ....

- einem zugelassenen Wirtschaftsprüfungsunternehmen

  ....

übertragen werden; in diesem Falle entfällt die Wahl der Rechnungsprüfer und ihrer Stellvertreter. Die Aufgaben bereits gewählter Rechnungsprüfer und ihrer Stellvertreter entfallen mit der Übertragung.

(6) In den Fällen der Absätze 4 und 5 gelten die Grundsätze der §§ 12 Abs. 3 und 14 Abs. 3 entsprechend.

§ 9 Durchführung der Genossenschaftsversammlung

(1) Die Genossenschaftsversammlung soll vom Jagdvorsteher einmal im Jahr einberufen werden. Der Jagdvorsteher muss die Genossenschaftsversammlung auch einberufen, wenn mindestens ein Viertel aller Jagdgenossen die Einberufung bei ihm schriftlich unter Angabe der auf die Tagesordnung zu setzenden Angelegenheiten beantragt. Wird der Haushaltsplan für mehrere Jahre aufgestellt (§ 14 Abs. 1), genügt die Einberufung einer Genossenschaftsversammlung während dieses Zeitraumes.

(2) Die Genossenschaftsversammlung soll am Sitz der Jagdgenossenschaft stattfinden. Sie ist öffentlich, soweit nicht durch Beschluss die Öffentlichkeit für die Beratung bestimmter Angelegenheiten ausgeschlossen wird.

(3) Die Einladung zur Genossenschaftsversammlung ergeht durch amtliche Bekanntmachung (§ 16 Abs. 2). Sie muss mindestens drei Wochen vorher

erfolgen und Angaben über den Ort und den Zeitpunkt der Versammlung sowie die Tagesordnung enthalten.

(4) Den Vorsitz in der Genossenschaftsversammlung führt der Jagdvorsteher. Für die Abwicklung bestimmter Angelegenheiten, insbesondere zur Leitung einer öffentlichen Versteigerung, kann ein anderer Versammlungsleiter bestellt werden.

(5) Unter dem Tagesordnungspunkt „Verschiedenes" können Beschlüsse nach § 8 Abs. 1 bis 4 nicht gefasst werden.

(6) Zu der Genossenschaftsversammlung ist die Aufsichtsbehörde rechtzeitig schriftlich einzuladen.

§ 10 Beschlussfassung der Jagdgenossenschaft

(1) Beschlüsse der Jagdgenossenschaft bedürfen gemäß § 9 Abs. 3 BJG sowohl der Mehrheit der anwesenden und vertretenen Jagdgenossen als auch der Mehrheit der bei der Beschlussfassung vertretenen Grundfläche.

(2) Beschlüsse der Jagdgenossenschaft werden durch öffentliche Abstimmung gefasst. Die Genossenschaftsversammlung kann auf Antrag von mindestens 3 Jagdgenossen, die zusammen mindestens ein Zehntel der Gesamtfläche des Gebietes der Jagdgenossenschaft vertreten müssen, zu einzelnen Tagesordnungspunkten eine schriftliche Abstimmung beschließen; das gilt nicht für Beschlüsse über die Verwendung des Reinertrages der Jagdnutzung nach § 10 Abs. 3 BJG. Über die Einzelheiten der schriftlichen Abstimmung ist von den Mitgliedern des Jagdvorstandes und den Stimmzählern Verschwiegenheit zu wahren; die Unterlagen sind vom Jagdvorstand mindestens ein Jahr lang, im Falle der Beanstandung oder Anfechtung des Beschlusses für die Dauer des Verfahrens aufzubewahren.

(3) Jeder Jagdgenosse hat eine Stimme. Miteigentümer und Gesamthandseigentümer eines zum Gebiet der Jagdgenossenschaft gehörenden Grundstücks können ihr Stimmrecht nur einheitlich ausüben; sie haben dem Jagdvorstand schriftlich einen Bevollmächtigten zu benennen.

(4) Ein bevollmächtigter Vertreter darf höchstens
- einen Jagdgenossen
- drei Jagdgenossen
- fünf Jagdgenossen

vertreten. Die von einem Bevollmächtigten vertretene Grundfläche darf einschließlich seiner eigenen Grundfläche ein Drittel der Gesamtfläche des Gebiets der Jagdgenossenschaft nicht überschreiten.

(5) Ein Jagdgenosse oder ein Bevollmächtigter ist von der Mitwirkung an der Abstimmung entsprechend § 34 BGB ausgeschlossen, kann sich nicht vertreten lassen und auch keinen anderen vertreten, wenn sich die Beschlussfassung auf den Abschluss eines Rechtsgeschäfts oder auf einen Rechtsstreit zwischen der Jagdgenossenschaft und ihm selbst bezieht.

(6) Über die Beschlüsse der Jagdgenossenschaft ist eine Niederschrift zu fertigen. Aus ihr muss auch hervorgehen, wie viele Jagdgenossen anwesend waren und welche Grundfläche von ihnen vertreten wurde. Die Niederschrift ist vom Jagdvorsteher und vom Schriftführer zu unterzeichnen und der nächsten Genossenschaftsversammlung zur Billigung vorzulegen. Die Aufsichtsbehörde ist innerhalb eines Monats über die Beschlüsse der Jagdgenossenschaft zu unterrichten.

§ 11 Vorstand der Jagdgenossenschaft

(1) Der Jagdvorstand besteht gemäß § 7 Abs. 5 LJG-NW aus dem Jagdvorsteher und zwei Beisitzern. Die Mitglieder des Jagdvorstandes werden im Falle der Verhinderung durch ihre Stellvertreter vertreten.

(2) Wählbar für den Jagdvorstand ist
- jeder Jagdgenosse, der volljährig und geschäftsfähig ist; ist eine Personengemeinschaft oder eine juristische Person Mitglied der Jagdgemeinschaft, so sind auch deren gesetzliche Vertreterwählbar;
- jede volljährige und geschäftsfähige Person.

(3) Der Jagdvorstand wird für eine Amtszeit von vier Geschäftsjahren gewählt. Die Amtszeit beginnt mit dem auf die Wahl folgenden Geschäftsjahr, es sei denn, dass im Zeitpunkt der Wahl kein gewählter Jagdvorstand vorhanden ist; in diesem Falle beginnt sie mit der Wahl und verlängert sich um die Zeit von der Wahl bis zum Beginn des nächsten Geschäftsjahres. Die Amtszeit verlängert sich bis zur Wahl eines neuen Jagdvorstandes um höchstens drei Monate, sofern innerhalb der letzten drei Monate mindestens eine Genossenschaftsversammlung stattgefunden hat und es in dieser nicht zur Wahl eines neuen Jagdvorstandes gekommen ist.

(4) Der Schriftführer und der Kassenführer werden für die gleiche Amtszeit von vier Geschäftsjahren gewählt wie der Jagdvorstand; Absatz 3 Sätze 2 und 3 finden entsprechend Anwendung.

(5) Endet die Amtszeit eines Mitgliedes des Jagdvorstandes vorzeitig durch Tod, Rücktritt oder Verlust der Wählbarkeit, so rückt der für ihn gewählte Stellvertreter als Ersatzmitglied in den Jagdvorstand nach; in diesem Falle ist für den Rest der Amtszeit in der nächsten Genossenschafts-

versammlung ein neuer Stellvertreter zu wählen. In gleicher Weise ist eine Ersatzwahl vorzunehmen, wenn ein stellvertretendes Mitglied des Jagdvorstandes oder ein anderer Funktionsträger vorzeitig ausscheidet.

§ 12 Vertretung der Jagdgenossenschaft

(1) Der Jagdvorstand vertritt die Jagdgenossenschaft gemäß § 9 Abs. 2 BJG gerichtlich und außergerichtlich. Er verwaltet die Angelegenheiten der Jagdgenossenschaft und ist hierbei an die Beschlüsse der Genossenschaftsversammlung gebunden. Bei der Abgabe rechtsgeschäftlicher Erklärungen müssen unbeschadet der Regelung in Absatz 4 Satz 2 alle Mitglieder des Jagdvorstandes gemeinschaftlich handeln.

(2) Der Jagdvorstand hat die Beschlüsse der Genossenschaftsversammlung vorzubereiten und durchzuführen. Insbesondere obliegt ihm

a) die Feststellung und Ausführung des Haushaltsplans;
b) die Anfertigung der Jahresrechnung;
c) die Überwachung der Schrift- und Kassenführung;
d) die Verteilung der Erträge an die einzelnen Jagdgenossen;
e) die Feststellung der Umlagen der einzelnen Mitglieder.

(3) Ein Mitglied des Jagdvorstandes darf bei Angelegenheiten der Jagdgenossenschaft nicht beratend oder entscheidend mitwirken, wenn die Entscheidung ihm selbst, seinem Ehegatten, seinen Verwandten bis zum dritten oder Verschwägerten bis zum zweiten Grade oder einer von ihm kraft Gesetzes oder rechtsgeschäftlicher Vollmacht vertretenen Person einen unmittelbaren Vorteil oder Nachteil bringen kann.

(4) In Angelegenheiten, die an sich der Beschlussfassung durch die Genossenschaftsversammlung unterliegen, entscheidet der Jagdvorstand, falls die Erledigung keinen Aufschub duldet. In Fällen äußerster Dringlichkeit kann der Jagdvorsteher zusammen mit einem Beisitzer entscheiden.

(5) Zu Entscheidungen gemäß Absatz 4 hat der Jagdvorsteher unverzüglich die Zustimmung der Genossenschaftsversammlung einzuholen. Diese kann die Dringlichkeitsentscheidung aufheben, soweit nicht schon Rechte Dritter entstanden sind.

(6) Solange die Jagdgenossenschaft keinen vollständigen Jagdvorstand gewählt hat, werden die Geschäfte des Jagdvorstandes nach Maßgabe des § 9 Abs. 2 BJG in Verbindung mit § 7 Abs. 6 LJG-NW vom Rat der Stadt/Gemeinde .... wahrgenommen. Die Kosten der vorübergehenden Geschäftsführung trägt die Jagdgenossenschaft.

(7) Die Mitglieder des Jagdvorstandes sind ehrenamtlich tätig.

§ 13 Sitzungen des Jagdvorstandes

(1) Der Jagdvorstand tritt auf Einladung des Jagdvorstehers nach Bedarf, mindestens aber einmal halbjährlich zusammen. Er muss einberufen werden, wenn ein Mitglied des Jagdvorstandes dies schriftlich beantragt.

(2) Der Jagdvorstand ist beschlussfähig, wenn alle Mitglieder anwesend oder vertreten sind. Der Jagdvorstand entscheidet mit der Mehrheit der Stimmen seiner Mitglieder; Stimmenthaltung ist nicht zulässig.

(3) Die stellvertretenden Mitglieder können an den Sitzungen des Jagdvorstandes beratend teilnehmen; sie sind zu den Sitzungen einzuladen.

(4) Die Sitzungen des Jagdvorstandes sind nicht öffentlich. Der Schriftführer und der Kassenführer sollen an den Sitzungen teilnehmen; sie sind zu den Sitzungen einzuladen.

(5) Der Jagdvorstand kann Beschlüsse der Jagdgenossenschaft, die das geltende Recht verletzen, innerhalb einer Woche beanstanden. Ist ein Beschluss beanstandet worden, so ist innerhalb eines Monats nach der Beanstandung eine Genossenschaftsversammlung durchzuführen.

(6) Über die Beschlüsse des Jagdvorstandes ist eine Niederschrift zu fertigen und von den Teilnehmern der Sitzung zu unterzeichnen. Die Aufsichtsbehörde ist innerhalb eines Monats über die Beschlüsse des Jagdvorstandes zu unterrichten.

(7) Der Jagdvorstand kann sich eine Geschäftsordnung geben.

§ 14 Haushalts-, Kassen- und Rechnungswesen

(1) Die Jagdgenossenschaft stellt für jedes Geschäftsjahr einen Haushaltsplan auf, soweit nicht die Genossenschaftsversammlung einen anderen Zeitraum bestimmt. Der Zeitraum darf 4 Jahre und die Amtszeit des jeweiligen Jagdvorstandes nicht überschreiten. Der Haushaltsplan muss die voraussichtlichen Einnahmen und Ausgaben enthalten und ausgeglichen sein. Soweit notwendig, ist ein Nachtragshaushalt zu erstellen und zu beschließen.

(2) Zum Ende des Geschäftsjahres ist eine Jahresrechnung zu erstellen, die den Rechnungsprüfern zur Prüfung und der Genossenschaftsversammlung zur Entlastung des Vorstandes und des Kassenführers vorzulegen ist.
Gilt der Haushaltsplan für mehrere Jahre, sind Rechnungslegung und Rechnungsprüfung spätestens mit der Entlastung des Jagdvorstandes zum Ende seiner Amtszeit – auch bei Wiederwahl – durchzuführen.

(3) Die Rechnungsprüfer werden jeweils im Voraus für ein Geschäftsjahr bestellt; einmalige Wiederwahl ist zulässig. Rechnungsprüfer kann nicht sein, wer dem Jagdvorstand als Mitglied oder Stellvertreter angehört oder ein anderes Amt für die Jagdgenossenschaft innehat oder wer zu einem Funktionsträger in einer Beziehung der in § 12 Abs. 3 bezeichneten Art steht.

(4) Im Übrigen finden für das Haushalts-, Kassen- und Rechnungswesen einschließlich der Rechnungsprüfung die für die Gemeinden des Landes Nordrhein-Westfalen geltenden Vorschriften entsprechende Anwendung.

(5) Beim Verlust der Eigenschaft als rechtsfähige Körperschaft des öffentlichen Rechts ist das bewegliche und unbewegliche Vermögen der Jagdgenossenschaft

- zu liquidieren und entsprechend § 10 Abs. 3 des Bundesjagdgesetzes auf die Mitglieder zu verteilen,
- der Stadt/Gemeinde .... zweckgebunden für Maßnahmen der Jagdpflege und des Biotopschutzes zu übertragen,
- der Stiftung Wildtier- und Biotopschutz Nordrhein-Westfalen e. V. zur Verwendung für satzungsgemäße Zwecke zu übertragen.

§ 15 Kassenverwaltung, Geschäfts- und -Wirtschaftsführung

(1) Geschäftsjahr der Jagdgenossenschaft ist das Jagdjahr im Sinne des § 11 Abs. 4 BJG.

(2) Für die Kassengeschäfte gelten folgende Grundsätze:

a) Die Annahme- und Auszahlungsanordnungen der Jagdgenossenschaft sind vom Jagdvorsteher und einem Beisitzer zu unterzeichnen.
b) Für den Nachweis der Einnahmen und Ausgaben in zeitlicher und sachlicher Reihenfolge und nach der im Haushaltsplan vorgegebenen Gliederung wird vom Kassenführer ein Kassenbuch geführt. Alle Buchungen sind zu belegen. Die Belege sind nach Geschäftsjahr und Buchungsstelle getrennt zu ordnen. Das Kassenbuch dient zusammen mit den entsprechenden Belegen als Rechnungslegungsbuch. Diese Unterlagen sind mindestens 10 Jahre aufzubewahren.
c) Der Kassenführer hat dafür zu sorgen, dass die Einnahmen der Jagdgenossenschaft rechtzeitig eingehen und die Ausgaben ordnungsgemäß geleistet werden. Außenstände sind durch ihn anzumahnen und nach ergebnislosem Verlauf der hier gesetzten Zahlungsfrist dem Jagdvorsteher zur zwangsweisen Beitreibung zu melden.

d) Der Barbestand der Kasse ist möglichst gering zu halten. Entbehrliche Barbestände sind unverzüglich bei einem Kreditinstitut mündelsicher und verzinslich anzulegen.
e) Kassenfehlbeträge sind vom Kassenführer zu ersetzen; der Ersatz ist im Kassenbuch festzuhalten. Kassenüberschüsse sind als „sonstige Einnahmen“ zu buchen.

(3) Kassenführer oder dessen Stellvertreter kann nicht sein, wer zur Unterschrift von Kassenanordnungen befugt ist.

(4) Die Einnahmen der Jagdgenossenschaft sind, soweit sie nicht zur Erfüllung der Aufgaben der Genossenschaft oder nach Maßgabe des Haushaltsplanes zur Bildung von Rücklagen oder zu anderen Zwecken zu verwenden sind, an die Mitglieder auszuschütten. Sie sind bis zu ihrer Verwendung verzinslich anzulegen. Durch den Beschluss über die Bildung von Rücklagen oder die anderweitige Verwendung der Einnahmen wird der Anspruch des Jagdgenossen, der dem Beschluss nicht zugestimmt hat, auf Auszahlung seines Anteils am Reinertrag der Jagdnutzung gemäß § 10 Abs. 2 BJG nicht berührt.

(5) Von den Mitgliedern der Jagdgenossenschaft dürfen Umlagen nur erhoben werden, wenn und soweit dies zum Ausgleich des Haushaltsplanes unabweisbar notwendig ist.

§ 16 Bekanntmachungen der Jagdgenossenschaft

(1) Die Satzung und Änderungen der Satzung sind mit der Genehmigung der Aufsichtsbehörde für die Dauer von zwei Wochen im Rathaus der Stadt/Gemeinde .... öffentlich auszulegen.
Die Genehmigung sowie Zeit und Ort der Auslegung sind
- entsprechend § ... der Hauptsatzung der Stadt/Gemeinde .... durch Veröffentlichung in .... bekanntzumachen.

(2) Sonstige Bekanntmachungen der Jagdgenossenschaft, insbesondere der Einladung zur Genossenschaftsversammlung, des jährlichen Haushaltsplanes, der Beschlüsse über die Festsetzung von Umlagen und der Beschlüsse über die Verwendung des Reinertrages der Jagdnutzung nach § 10 Abs. 3 des Bundesjagdgesetzes
- sind entsprechend Absatz 1 Satz 2 zu veröffentlichen,
- sind den Mitgliedern der Jagdgenossenschaft oder deren Zustellungsbevollmächtigten schriftlich mitzuteilen,

- sind in dem/der .... (z B. Lokalanzeiger, Stadtnachrichten, Wochenspiegel, Haushaltskurier oder vergleichbares lokales Informationsblatt, das regelmäßig an alle Haushalte verteilt wird) .... zu veröffentlichen.

(3) Auswärtige Jagdgenossen sind
- verpflichtet, dem Jagdvorstand einen am Sitz der Jagdgenossenschaft wohnenden Zustellungsbevollmächtigten zu benennen;
- über die Bekanntmachungen der Jagdgenossenschaften einzeln schriftlich zu unterrichten.

§ 17 Inkrafttreten und Übergangsbestimmungen

(1) Diese Satzung wird gemäß § 7 Abs. 2 LJG-NW mit der Bekanntmachung ihrer Genehmigung und ihrer öffentlichen Auslegung rechtsverbindlich.

(2) Mit dem Inkrafttreten dieser Satzung tritt gleichzeitig die bisherige Satzung vom .... in der Fassung der Änderungen vom .... außer Kraft.

(3) Die Amtszeit des beim Inkrafttreten dieser Satzung amtierenden Jagdvorstandes, der in der Genossenschaftsversammlung vom .... gewählt wurde, endet mit dem 31. März 20...; § 11 Abs. 3 Satz 3 findet entsprechende Anwendung.

(4) Der erste Haushaltsplan nach § 8 Abs. 2 Buchstabe a) ist für das Geschäftsjahr 1981/82 aufzustellen; die erste Rechnungsprüfung nach den Vorschriften dieser Satzung ist für das Geschäftsjahr 1980/81 vorzunehmen.

Genehmigungsverfügung

Die vorstehende Satzung der Jagdgenossenschaft

....

vom

....

wird von mir gemäß § 7 Abs. 2 LJG-NW genehmigt.

....

(Ort/Datum)

....

(Der Oberkreis-/Oberstadtdirektor des Kreises/der Stadt ....)

Bekanntmachungsanordnung

Die vorstehende Genehmigung wird gemäß § 7 Abs. 2 LJG-NW in Verbindung mit § 16 Abs. 1 der Satzung vom .... öffentlich bekanntgemacht.

Die genehmigte Satzung liegt in der Zeit vom ....
bis .... im
Rathaus der Stadt/Gemeinde .... öffentlich aus.

....
(Ort/Datum)
Der Jagdvorstand:

....
(Vorsitzender)

....
(Beisitzer) (Beisitzer)

Musterjagdpachtvertrag

Jagdpachtvertrag

☐ über den gemeinschaftlichen Jagdbezirk ☐ über den Eigenjagdbezirk ☐ über den Teilbezirk

Bezeichnung

Nr. des Jagdbezirkes

☐ als Hochwildrevier ☐ als Niederwildrevier

VERPÄCHTER/IN

☐ Zwischen der Jagdgenossenschaft ☐ Zwischen dem Eigenjagdbesitzer

☐ vertreten durch (Familienname, Vorname, Anschrift)

und

PÄCHTER/IN

Familienname, Vorname, Anschrift
1.
Mitglied des LJV in

Familienname, Vorname, Anschrift
2.
Mitglied des LJV in

Familienname, Vorname, Anschrift
3.
Mitglied des LJV in

☐ vertreten durch (Familienname, Vorname, Anschrift)

wird im Wege ☐ der öffentlichen Ausbietung ☐ der Pachtverlängerung ☐ der freihändigen Verpachtung
(nachdem die Auslegung der Vertragsbedingungen im nebenstehenden Zeitraum — vom (Datum) — bis (Datum)

erfolgt und Einspruch dagegen ☐ nicht erhoben ☐ zurückgewiesen worden ist)

folgender Pachtvertrag geschlossen:

§ 1 Jagdverpachtung

(1) Die Verpächterin/Der Verpächter verpachtet der Pächterin/dem Pachter die gesamte Jagdnutzung auf den zum

☐ gemeinschaftlichen Jagdbezirk ☐ Eigenjagdbezirk ☐ Teilbezirk

Bezeichnung

gehörigen Grundstücken, soweit sie nicht durch § 2 dieses Vertrages von der Verpachtung ausgeschlossen sind, ohne Gewähr für die Größe und Ergiebigkeit der Jagd.

(2) Die Pächterin/Pächterinnen/Der Pächter/Die Pächter ist/sind verpflichtet, das Jagdrecht und den Jagdschutz auszuüben.

(3) Flächen, die nicht zum Jagdbezirk gehören, aber irrtümlich mitverpachtet wurden, gelten als nicht mitverpachtet; Flächen, die irrtümlich bei der Verpachtung ausgeschlossen sind, treten zu dem Jagdbezirk hinzu.

(4) Die Pächterin/Die Pächterinnen/Der Pächter/Die Pächter können den Vertrag mit halbjähriger Frist auf das Ende des Pachtjahres kündigen, wenn der Jagdbezirk um mehr als ein Fünftel größer oder kleiner geworden ist.

00/862/0000/27 W. Kohlhammer (05100) Deutscher Gemeindeverlag GmbH www.kohlhammer.de Bestell-Fax: (01 80) 5 10 66 02 E-Mail: dgv@kohlhammer.de

§ 2 Revierbeschreibung, verpachtete Flächen

(1) Der verpachtete Jagdbezirk wird durch den als Anlage beigefügten Lageplan beschrieben. Der Lageplan ist Bestandteil dieses Vertrages.

(2) Von der Verpachtung bleiben ausgeschlossen (z. B. befriedete Flächen)

(3) Verpachtet ist somit die Jagdnutzung auf einer Fläche von etwa ________ ha

Gemäß § 11 Abs. 3 BJagdG entfallen davon anteilig auf

Familienname, Vorname, Anschrift			
1.	ha	☐	als Pächterin/Pächter
2.	ha	☐	als Unterpächterin/Unterpächter
3.	ha	☐	als Mitpächterin/Mitpächter
4.	ha	☐	als Inhaberin/Inhaber einer entgeltlichen oder ständigen Jagderlaubnis

(4) Die Jagd auf nachstehenden Flächen ist folgenden Beschränkungen unterworfen

§ 3 Abrundung

(1) Infolge Abrundung oder anderweitiger Grenzziehung treten folgende Flächen ab nebenstehendem Termin zum Jagdbezirk hinzu — Datum

(2) Infolge Abrundung oder anderweitiger Grenzziehung scheiden folgende Flächen ab nebenstehendem Termin aus dem Jagdbezirk aus — Datum

(3) Die Pacht ☐ erhöht ☐ ermäßigt sich dementsprechend.

Das der Pächterin/dem Pächter in § 1 gewährte Kündigungsrecht steht ihr/ihm in diesem Falle nicht zu.

§ 4 Pachtdauer

(1) Die Pachtzeit läuft vom (Datum) ________ bis (Datum) ________

Sie wird festgesetzt auf ________ Jahre.

(2) Das Pachtjahr beginnt am 1. April und endet am 31. März eines jeden Kalenderjahres.

§ 5 Pacht

(1) Die Pacht wird festgesetzt auf ________ EUR jährlich

in Worten

Sie ist jährlich im Voraus bis zum dritten Werktag eines jeden Pachtjahres, erstmals spätestens zwei Wochen nach bestandskräftiger Beendigung des Anzeigeverfahrens von der Pächterin/vom Pächter/von den Pächterinnen/Pächtern

☐ porto- und kostenfrei zu entrichten an

Kreditinstitut	Kontonummer	Bankleitzahl

(2) Mehrere Pächter haften als Gesamtschuldner für die sich aus diesem Vertrage ergebenden Verpflichtungen. Dies gilt auch dann, wenn Zuwiderhandlungen von Beauftragten, Unterpächtern oder Jagdgästen begangen worden sind. Bei Überschreitungen des Fälligkeitstages gelten Verzugszinsen in Höhe von jährlich 3 v. H. über dem bei Eintritt des Verzugs geltenden Diskontsatzes der Deutschen Bundesbank als vereinbart. Die Geltendmachung weiterer Verzugsschäden wird davon nicht berührt.
(3) Ist die Pachtzeit nicht auf volle Jahre festgesetzt, so ist für die vor dem ersten Jagd-Pachtjahr liegende Zeit die Pacht auf volle Monate nach oben abgerundet zu errechnen und alsbald nach Abschluss des Vertrages zu zahlen.

§ 6 Jagderlaubnisscheine, Unter- und Weiterverpachtung

(1) Die Erteilung von (entgeltlichen und unentgeltlichen) Jagderlaubnisscheinen ist nur mit Zustimmung der Verpächterin/des Verpächters zulässig. Die Pächterin/Der Pächter darf höchstens [Anzahl: ____] unentgeltliche Jagderlaubnisscheine ausgeben; hierbei zählt der für einen bestätigten Jagdaufseher erteilte Jagderlaubnisschein nicht mit.
Die Jagderlaubnisscheine sind nach den Bestimmungen des Landesjagdgesetzes in Verbindung mit § 12 des Bundesjagdgesetzes von der Jagdpächterin/vom Jagdpächter der unteren Jagdaufsichtsbehörde anzuzeigen.
Die Ausgabe der Jagderlaubnisscheine erfolgt vorbehaltlich einer etwaigen Beanstandung der unteren Jagdbehörde. Sie erlöschen nach Maßgabe der landesrechtlichen Bestimmungen.
(2) Alle Jagderlaubnisscheine sind von sämtlichen Pächtern und - in verpachteten Jagdbezirken - von der Verpächterin/von dem Verpächter zu unterzeichnen.

(3) Die Unterverpachtung ist
☐ ausgeschlossen.
☐ nur mit Zustimmung der Verpächterin/des Verpächters und vorbehaltlich einer etwaigen Beanstandung durch die untere Jagdbehörde zulässig.

(4) Zuwiderhandlungen gegen die Vereinbarungen in den Absätzen 1 bis 3 berechtigen die Verpächterin/den Verpächter nach einmaliger Abmahnung im Falle der Wiederholung zur sofortigen Kündigung des Vertrages.

§ 7 Freilaufende Hunde

Die Verpächterin/Der Verpächter ist verpflichtet, mit allen ihr/ihm gesetzlich zu Gebote stehenden Mitteln zu verhindern, dass Hundebesitzer ihre Hunde im Jagdbezirk frei laufen lassen.

§ 8 Wildschadenersatz

Die Pächterin/Der Pächter ist zum Wildschadenersatz
☐ nicht verpflichtet.
☐ in dem nach dem Bundesjagdgesetz und den landesrechtlichen Ausführungsvorschriften dazu bestimmten Umfange verpflichtet.
☐ entsprechend der im § 9 getroffenen Vereinbarung verpflichtet.

§ 9 Zusätzliche Vereinbarungen

§ 10 Kündigung

(1) Die Verpächterin/Der Verpächter kann den Pachtvertrag vor Ablauf der Pachtzeit fristlos kündigen, wenn

a) die Pächterin/der Pächter wegen Jagdvergehens gemäß §§ 292, 293 des Strafgesetzbuches oder gemäß § 38 Absatz 1 des Bundesjagdgesetzes rechtskräftig verurteilt ist,

b) die Pächterin/der Pächter wiederholt oder gröblich gesetzlichen oder vertraglichen Bestimmungen über die Ausübung der Jagd zuwiderhandelt,

c) die Pächterin/der Pächter mit der Bezahlung der Pacht nach vorheriger Zahlungsaufforderung länger als drei Monate in Verzug ist.

(2) Die Verpächterin/Der Verpächter kann den Pachtvertrag mit halbjähriger Frist zum Ende des Pachtjahres kündigen, wenn die Pächterin/der Pächter mit der Erfüllung einer rechtskräftig festgestellten Verpflichtung zum Ersatz des Wildschadens auf einem zum Jagdbezirk gehörenden Grundstück einschließlich der getrennten aber noch nicht eingeernteten Erzeugnisse länger als drei Monate im Verzug ist.

(3) Im Falle einer Kündigung aufgrund von Absatz 1 oder Absatz 2 hat die Pächterin/der Pächter die Kosten der erneuten Verpachtung zu tragen; im Falle des Absatzes 1 gilt außerdem für die Verpflichtung der Pächterin/des Pächters zur Weiterzahlung der Pacht § 13 des Bundesjagdgesetzes entsprechend.

(4) Im Falle der Insolvenz finden die §§ 108 bis 109 der Insolvenzordnung entsprechend Anwendung.

§ 11 Ausscheiden einer Mitpächterin/eines Mitpächters

(1) Sind am Pachtvertrag, der aufgrund gesetzlicher oder vorstehender Bestimmungen im Verhältnis zu einer Pächterin/einem Pächter gekündigt oder erloschen ist, mehrere Mitpächter beteiligt, so kann die Verpächterin/der Verpächter den Pachtvertrag auch den übrigen Mitpächtern auf den Zeitpunkt kündigen, an dem die Verpflichtung der ausgeschiedenen Mitpächterin/des ausgeschiedenen Mitpächters spätestens erlischt. Die Verpächterin/Der Verpächter muss unverzüglich kündigen, nachdem der Vertrag im Verhältnis zu der ausgeschiedenen Mitpächterin/dem ausgeschiedenen Mitpächter gekündigt oder erloschen ist.

(2) Macht die Verpächterin/der Verpächter von dem ihr/ihm nach Absatz 1 zustehenden Kündigungsrecht keinen Gebrauch, so sind die verbleibenden Mitpächter berechtigt, in die Rechte und Pflichten der ausgeschiedenen Mitpächterin/des ausgeschiedenen Mitpächters einzutreten.

(3) Üben die verbleibenden Mitpächter das Eintrittsrecht nicht aus, so mindert sich ihre vertragliche Haftung entsprechend dem Anteil der ausgeschiedenen Mitpächterin/des ausgeschiedenen Mitpächters. In diesem Fall kann die Verpächterin/der Verpächter den Anteil der ausgeschiedenen Mitpächterin/des ausgeschiedenen Mitpächters einem neuen Mitpächter übertragen.

§ 12 Salvatorische Klausel/Gesetzliche Bestimmungen

(1) Sollten einzelne Bestimmungen dieses Vertrages rechtsunwirksam sein, so wird der Bestand des Vertrages im übrigen hiervon nicht berührt. Die Vertragsparteien verpflichten sich für diesen Fall, unwirksame Bestimmungen ihrem Sinn entsprechend durch rechtswirksame zu ersetzen.

(2) Im Übrigen richtet sich der Vertrag nach den gesetzlichen Vorschriften.

Ort, Datum	Ort, Datum
Unterschrift der Verpächterin/des Verpächters	Unterschrift der Pächterin/des Pächters
	Unterschrift der Pächterin/des Pächters
	Unterschrift der Pächterin/des Pächters

Anzeige des Vertrages

Vorstehender Vertrag ist gemäß § 12 Absatz 1 des Bundesjagdgesetzes angezeigt worden.

Beanstandungen

☐ werden nicht erhoben. ☐ werden laut Anlage erhoben. ☐ Bitte beachten Sie die Hinweise in der Anlage.

Ort, Datum	Im Auftrag

Gesetz zur Erhaltung des Waldes und zur Förderung der Forstwirtschaft (BWaldG)

Vom 2. Mai 1975 (BGBl. I S. 1037), zuletzt geändert durch Art. 1 des Gesetzes vom 17. Januar 2017 (BGBl. I S. 75) – Auszug –

Erstes Kapitel: **Allgemeine Vorschriften**

§ 1 Gesetzeszweck

Zweck dieses Gesetzes ist insbesondere,

1. den Wald wegen seines wirtschaftlichen Nutzens (Nutzfunktion) und wegen seiner Bedeutung für die Umwelt, insbesondere für die dauernde Leistungsfähigkeit des Naturhaushaltes, das Klima, den Wasserhaushalt, die Reinhaltung der Luft, die Bodenfruchtbarkeit, das Landschaftsbild, die Agrar- und Infrastruktur und die Erholung der Bevölkerung (Schutz- und Erholungsfunktion) zu erhalten, erforderlichenfalls zu mehren und seine ordnungsgemäße Bewirtschaftung nachhaltig zu sichern,
2. die Forstwirtschaft zu fördern und
3. einen Ausgleich zwischen dem Interesse der Allgemeinheit und den Belangen der Waldbesitzer herbeizuführen.

§ 2 Wald

(1) Wald im Sinne dieses Gesetzes ist jede mit Forstpflanzen bestockte Grundfläche. Als Wald gelten auch kahl geschlagene oder verlichtete Grundflächen, Waldwege, Waldeinteilungs- und Sicherungsstreifen, Waldblößen und Lichtungen, Waldwiesen, Wildäsungsplätze, Holzlagerplätze sowie weitere mit dem Wald verbundene und ihm dienende Flächen.

(2) Kein Wald im Sinne dieses Gesetzes sind

1. Grundflächen auf denen Baumarten mit dem Ziel baldiger Holzentnahme angepflanzt werden und deren Bestände eine Umtriebszeit von nicht länger als 20 Jahre haben (Kurzumtriebsplantagen),
2. Flächen mit Baumbestand, die gleichzeitig dem Anbau landwirtschaftlicher Produkte dienen (agroforstliche Nutzung),

3. mit Forstpflanzen bestockte Flächen, die am 6. August 2010 in dem in § 3 Satz 1 der InVeKoS-Verordnung vom 3. Dezember 2004 (BGBl. I S. 3194), die zuletzt durch Artikel 2 der Verordnung vom 7. Mai 2010 (eBAnz AT51 2010 V1) geändert worden ist, bezeichneten Flächenidentifizierungssystem als landwirtschaftliche Fläche erfasst sind, solange deren landwirtschaftliche Nutzung andauert und
4. in der Flur oder im bebauten Gebiet gelegene kleinere Flächen, die mit einzelnen Baumgruppen, Baumreihen oder mit Hecken bestockt sind oder als Baumschulen verwendet werden.

(3) Die Länder können andere Grundflächen dem Wald zurechnen und Weihnachtsbaum- und Schmuckreisigkulturen sowie zum Wohnbereich gehörende Parkanlagen vom Waldbegriff ausnehmen.

§ 3 Waldeigentumsarten

(1) Staatswald im Sinne dieses Gesetzes ist Wald, der im Alleineigentum des Bundes oder eines Landes oder einer Anstalt oder Stiftung des öffentlichen Rechts steht, sowie Wald im Miteigentum eines Landes, soweit er nach landesrechtlichen Vorschriften als Staatswald angesehen wird.

(2) Körperschaftswald im Sinne dieses Gesetzes ist Wald, der im Alleineigentum der Gemeinden, der Gemeindeverbände, der Zweckverbände sowie sonstiger Körperschaften des öffentlichen Rechts steht; ausgenommen ist der Wald von Religionsgemeinschaften und deren Einrichtungen, sowie von Realverbänden, Hauberggenossenschaften, Markgenossenschaften, Gehöferschaften und ähnlichen Gemeinschaften (Gemeinschaftsforsten), soweit er nicht nach landesrechtlichen Vorschriften als Körperschaftswald angesehen wird.

(3) Privatwald im Sinne dieses Gesetzes ist Wald, der weder Staatswald noch Körperschaftswald ist.

§ 4 Waldbesitzer

Waldbesitzer im Sinne dieses Gesetzes sind der Waldeigentümer und der Nutzungsberechtigte, sofern dieser unmittelbarer Besitzer des Waldes ist.

§ 13 Erholungswald

(1) Wald kann zu Erholungswald erklärt werden, wenn es das Wohl der Allgemeinheit erfordert, Waldflächen für Zwecke der Erholung zu schützen, zu pflegen oder zu gestalten.

(2) Das Nähere regeln die Länder. Sie können insbesondere Vorschriften erlassen über

1. die Bewirtschaftung des Waldes nach Art und Umfang;
2. die Beschränkung der Jagdausübung zum Schutze der Waldbesucher;
3. die Verpflichtung der Waldbesitzer, den Bau, die Errichtung und die Unterhaltung von Wegen, Bänken, Schutzhütten und ähnlichen Anlagen oder Einrichtungen und die Beseitigung von störenden Anlagen oder Einrichtungen zu dulden;
4. das Verhalten der Waldbesucher.

§ 14 Betreten des Waldes

(1) Das Betreten des Waldes zum Zwecke der Erholung ist gestattet. Das Radfahren, das Fahren mit Krankenfahrstühlen und das Reiten im Walde ist nur auf Straßen und Wegen gestattet. Die Benutzung geschieht auf eigene Gefahr. Dies gilt insbesondere für waldtypische Gefahren.

(2) Die Länder regeln die Einzelheiten. Sie können das Betreten des Waldes aus wichtigem Grund, insbesondere des Forstschutzes, der Wald- oder Wildbewirtschaftung, zum Schutze der Waldbesucher oder zur Vermeidung erheblicher Schäden oder zur Wahrung anderer schutzwürdiger Interessen des Waldbesitzers, einschränken und andere Benutzungsarten ganz oder teilweise dem Betreten gleichstellen.

Forstgesetz für das Land Nordrhein-Westfalen (Landesforstgesetz – LFoG)

in der Fassung der Bekanntmachung vom 24. April 1980 (GV. NRW. S. 546), zuletzt geändert durch Art. 4 des Gesetzes vom 26. Februar 2019 (GV. NRW. S. 131) – Auszug –

§ 1 Wald
(zu § 2 Bundeswaldgesetz)

(1) Als Wald gelten auch Wallhecken und mit Forstpflanzen bestandene Windschutzstreifen und -anlagen.

(2) Wald im Sinne dieses Gesetzes sind nicht
1. Weihnachtsbaum- und Schmuckreisigkulturen und
2. zu Wohnbereichen gehörende Parkanlagen.

...

§ 1a Nachhaltige Forstwirtschaft

Kennzeichen nachhaltiger Forstwirtschaft ist, dass die Betreuung von Waldflächen und ihre Nutzung in einer Art und Weise erfolgt, dass die biologische Vielfalt, die Produktivität, die Verjüngungsfähigkeit, die Vitalität und die Fähigkeit, gegenwärtig und in Zukunft wichtige ökologische, wirtschaftliche und soziale Funktionen zu erfüllen, erhalten bleibt und anderen Ökosystemen kein Schaden zugefügt wird.

§ 1b Ordnungsgemäße Forstwirtschaft

Kennzeichen ordnungsgemäßer Forstwirtschaft sind insbesondere:
1. Langfristigkeit der forstlichen Produktion;
2. Sicherung nachhaltiger Holzproduktion und Erhaltung der Waldökosysteme als Lebensraum einer artenreichen Pflanzen- und Tierwelt (durch Hinwirken auf gesunde, stabile und vielfältige Wälder);
3. Vermeidung großzügiger Kahlhiebe;
4. Wahl standortgerechter Baumarten unter Verwendung geeigneten Saat- und Pflanzgutes und Ausnutzung der Naturverjüngung bei Erhaltung der genetischen Vielfalt;

5. bedarfsgerechte Walderschließung unter größtmöglicher Schonung von Landschaft, Boden und Bestand;
6. pflegliches Vorgehen, insbesondere bei Verjüngungsmaßnahmen, Holznutzung und Holztransport;
7. Anwendung von bestands- und bodenschonenden Techniken;
8. standortangepasster Einsatz von Pflanzennährstoffen zur Erhaltung oder Verbesserung der Bodenfruchtbarkeit;
9. weitgehender Verzicht auf Planzenschutzmittel, Nutzung der Möglichkeiten des integrierten Pflanzenschutzes;
10. Hinwirken auf Wilddichten, die den Waldbeständen und ihrer Verjüngung angepasst sind, sowie Maßnahmen zur Wildschadensverhütung;
11. ausreichender Umfang von Alt- und Totholzanteilen zur Sicherung der Lebensräume wildlebender Tiere, Pflanzen und sonstiger Organismen.

§ 2 Betreten des Waldes
(zu § 14 Bundeswaldgesetz)

(1) Das Betreten des Waldes zum Zwecke der Erholung ist auf eigene Gefahr gestattet, soweit sich nicht aus den Bestimmungen dieses Gesetzes oder aus anderen Rechtsvorschriften Abweichungen ergeben.
Das Betreten des Waldes geschieht insbesondere im Hinblick auf natur- und waldtypische Gefahren auf eigene Gefahr. Zu den natur- und waldtypischen Gefahren zählen vornehmlich solche, die von lebenden und toten Bäumen, sonstigem Aufwuchs oder natürlichem Bodenzustand ausgehen oder aus der ordnungsgemäßen Bewirtschaftung des Waldes entstehen.

(2) Absatz 1 gilt sinngemäß auch für das Radfahren, ausgenommen die Benutzung motorgetriebener Fahrzeuge, und das Fahren mit Krankenfahrstühlen auf Straßen und festen Wegen.

(3) Wer den Wald betritt, hat sich so zu verhalten, dass die Lebensgemeinschaft Wald und die Bewirtschaftung des Waldes nicht gestört, der Wald nicht gefährdet, beschädigt oder verunreinigt sowie andere schutzwürdige Interessen der Waldbesitzer und die Erholung anderer nicht unzumutbar beeinträchtigt werden. Im Wald dürfen Hunde außerhalb von Wegen nur angeleint geführt werden, dies gilt nicht für Jagdhunde im Rahmen jagdlicher Tätigkeiten sowie für Polizeihunde.

(4) Organisierte Veranstaltungen im Wald sind der Forstbehörde vor Beginn der beabsichtigten Maßnahme rechtzeitig anzuzeigen, sofern sie nicht mit geringer Teilnehmerzahl zum Zwecke der Umweltbildung durchgeführt werden. Die Forstbehörde kann die Veranstaltung von bestimmten

Auflagen abhängig machen oder verbieten, wenn zu erwarten ist, dass durch die Veranstaltung eine Gefahr für den Wald, seine Funktionen oder die dem Wald und seinen Funktionen dienenden Einrichtungen besteht.

§ 3 Betretungsverbote
(zu § 14 Bundeswaldgesetz)

(1) Verboten ist das
a) Betreten von Forstkulturen, Forstdickungen, Saatkämpen und Pflanzgärten,
b) Betreten ordnungsgemäß als gesperrt gekennzeichneter Waldflächen,
c) Betreten von Waldflächen, während auf ihnen Holz eingeschlagen oder aufbereitet wird,
d) Betreten von forstwirtschaftlichen, jagdlichen, imkerlichen und teichwirtschaftlichen Einrichtungen im Wald und
e) Fahren im Wald mit Ausnahme des Radfahrens und des Fahrens mit Krankenfahrstühlen auf Straßen und festen Wegen sowie das Zelten und das Abstellen von Wohnwagen und Kraftfahrzeugen im Wald, soweit hierfür nicht eine besondere Befugnis vorliegt. Verboten ist ferner das Reiten im Wald, soweit es nicht nach den Bestimmungen des Landesnaturschutzgesetzes vom 21. Juli 2000 (GV. NRW. S. 568), das durch Artikel 1 des Gesetzes vom 15. November 2016 (GV. NRW. S. 934) neu gefasst worden ist, gestattet ist oder hierfür nicht eine besondere Befugnis vorliegt, der Verbote nach anderen Rechtsvorschriften nicht entgegenstehen.

(2) Zum Schutz von Forstkulturen, Saatkämpen und Pflanzgärten sind Eingatterungen zulässig; bei Flächen von mehr als 10 ha Größe bedarf es der vorherigen Genehmigung durch die Forstbehörde. Für die Genehmigung, die Kennzeichnung der eingegatterten Flächen und die Beseitigung ungenehmigter Eingatterungen gelten die Vorschriften über das Sperren von Waldflächen (§ 4 Abs. 2 bis 5).

(3) Eingatterungen aus waldfremden Materialien sind mit dem Wegfall des Schutzzweckes von dem Waldbesitzer unverzüglich zu entfernen. Wird dieser Verpflichtung nicht nachgekommen, gilt § 4 Absatz 5 entsprechend.

§ 4 Sperren von Waldflächen
(zu § 14 Bundeswaldgesetz)

(1) Der Waldbesitzer kann den Zutritt zu bestimmten Waldflächen tatsächlich ausschließen, untersagen oder zeitlich beschränken (Sperren von Waldflächen). Er bedarf hierzu der vorherigen Genehmigung durch die Forstbehörde.

(2) Die Genehmigung ist zu erteilen, wenn die Waldfläche nur für eine bestimmte Frist gesperrt werden soll und die Sperrung aus wichtigen Gründen des Forstschutzes, der Waldbewirtschaftung, der Wildhege oder der Jagdausübung erforderlich ist. Die Genehmigung kann widerrufen oder eingeschränkt werden, soweit ihre Voraussetzungen entfallen sind.

(3) Ohne dass die Voraussetzungen des Absatzes 2 Satz 1 vorliegen, kann die Genehmigung widerruflich erteilt werden, wenn hierfür ein wichtiger Grund vorliegt und das Sperren unter Berücksichtigung der Interessen der Allgemeinheit vertretbar ist.

(4) Gesperrte Waldflächen sind durch Schilder kenntlich zu machen, deren Muster vom Ministerium für Umwelt und Naturschutz, Raumordnung und Landwirtschaft im Gesetz- und Verordnungsblatt für das Land Nordrhein-Westfalen bekanntgegeben wird.

(5) Ist eine Waldfläche ohne Genehmigung gesperrt, so kann die Forstbehörde die Beseitigung der Sperrung anordnen.

§ 5 Zeitweilige Beschränkung des Betretungsrechtes
(zu § 14 Bundeswaldgesetz)

(1) Aus Gründen der Waldbrandverhütung kann die Forstbehörde nach Anhörung der beteiligten Kreise und kreisfreien Städte durch ordnungsbehördliche Verordnung für bestimmte Waldgebiete zeitweilig

a) das Betreten, das Radfahren, das Fahren mit Krankenfahrstühlen und das Reiten ausschließen oder
b) das Betreten auf die Wege beschränken und
c) die besonderen Befugnisse der Waldbesitzer nach § 3 in dem notwendigen Umfang einschränken.

(2) Zum Schutz der wildlebenden Tiere und aus Gründen der Jagdausübung kann das Betreten zeitweilig für die Zeit zwischen 17 und 8 Uhr auf die Wege beschränkt werden, wenn das Waldgebiet

1. durch den Erholungsverkehr stark in Anspruch genommen wird und
2. durch Wege und andere Einrichtungen für den Erholungsverkehr hinreichend aufgeschlossen ist.

Absatz 1 findet entsprechende Anwendung.

§ 6 Schadenbeseitigung

(1) Entstehen durch den Erholungsverkehr im Wald sowie an Forst- und Jagdeinrichtungen Schäden mit Ausnahme von Brandschäden, so sollen

diese auf Antrag des Waldbesitzers durch die Forstbehörde beseitigt werden; werden erhebliche Schäden nachgewiesen, deren Beseitigung nach Art des Schadens nicht möglich ist, so soll in diesen Einzelfällen ein angemessener Ausgleich in Geld gewährt werden.

(2) Die Bestimmungen dieses Paragraphen gelten nicht für Wald im Sinne der §§ 31, 32 und 37 sowie für Wald im Eigentum des Bundes.

§ 47 Waldgefährdung durch Feuer

(1) Im Wald oder in einem Abstand von weniger als einhundert Meter vom Waldrand ist außerhalb einer von der Forstbehörde errichteten oder genehmigten und entsprechend gekennzeichneten Anlage das Anzünden oder Unterhalten eines Feuers oder die Benutzung eines Grillgerätes sowie das Lagern von leichtentzündlichen Stoffen nicht zulässig. Die Forstbehörde kann auf Antrag eine Befreiung von dem Verbot erteilen.

(2) Absatz 1 Seite 1 gilt nicht für
1. den Waldbesitzer und die Personen, die im Wald oder auf den angrenzenden Grundstücken beschäftigt werden,
2. Personen, die auf Grund sonstiger Vorschriften zulässige oder behördlich angeordnete oder genehmigte Maßnahmen durchführen und
3. die zur Jagdausübung Berechtigten sowie die Imker während der Ausübung ihrer Tätigkeit.

(3) Im Wald darf in der Zeit vom 1. März bis 31. Oktober nicht geraucht werden. Dies gilt nicht für den in Absatz 2 genannten Personenkreis.

§ 49 Schutzwald, Naturwaldzellen
(zu § 12 Bundeswaldgesetz)

(1) Wald kann durch ordnungsbehördliche Verordnung der höheren Forstbehörde auf Antrag oder von Amts wegen nach Anhörung des Verursachers, der betroffenen Waldbesitzer und der Begünstigten im Benehmen mit der Bezirksplanungsbehörde und der höheren Naturschutzbehörde zu Schutzwald erklärt werden, wenn es zur Abwehr oder zur Verhütung von Gefahren, von schwerwiegenden Nachteilen oder erheblichen Belästigungen für die Allgemeinheit notwendig ist, bestimmte forstliche Maßnahmen durchzuführen oder zu unterlassen.

(2) Die Erklärung zu Schutzwald kommt insbesondere in Betracht zum Schutz gegen schädliche Umwelteinwirkungen im Sinne des Bundesimmis-

sionsschutzgesetzes, Erosion durch Wasser und Wind, Austrocknung, schädliches Abfließen von Niederschlagswasser, Vernässung, Überflutung, Uferabbruch und Schneeverwehung oder aus Gründen des Bodenschutzes. Zu Schutzwald kann auch Wald erklärt werden, in dem ein bestimmter Bestandsaufbau durch forstliche Maßnahmen zu erhalten oder zu erneuern ist.

(3) In der ordnungsbehördlichen Verordnung sind die betroffenen Waldflächen und die durchzuführenden oder zu unterlassenden forstlichen Maßnahmen anzugeben.

(4) Ein Kahlhieb oder eine diesem in der Wirkung gleichkommende Lichthauung bedarf im Schutzwald der Genehmigung der Forstbehörde. Die Genehmigung kann mit Nebenbestimmungen verbunden werden, soweit dies zur Erhaltung der Funktionen des Waldes erforderlich ist und keine wesentliche Beeinträchtigung der Schutzwirkung damit verbunden ist.

(5) In Naturwaldzellen wird der Waldbestand sich selbst überlassen. Bewirtschaftungsmaßnahmen sind nicht erlaubt; anfallendes Holz darf nicht entnommen werden. Außerdem sind alle Handlungen verboten, die zu einer Zerstörung, Beschädigung oder Veränderung des geschützten Gebietes oder seiner Bestandteile oder zu einer nachhaltigen Störung führen können. Die Forstbehörde kann Bekämpfungsmaßnahmen zulassen oder anordnen, wenn Forstschädlinge oder Naturereignisse angrenzende Wälder erheblich gefährden. Die Anlage von Fußwegen ist zulässig. Für die Erklärung von Wald zur Naturwaldzelle gilt Absatz 1 sinngemäß.

(6) Kann das mit der Erklärung zu Schutzwald erstrebte Ziel durch vertragliche Vereinbarungen mit den betroffenen Waldbesitzern erreicht werden, so darf eine ordnungsbehördliche Verordnung nach Absatz 1 nicht erlassen werden.

§ 50 Erholungswald
(zu § 13 Bundeswaldgesetz)

(1) Wald kann durch ordnungsbehördliche Verordnung der höheren Forstbehörde auf Antrag oder von Amts wegen nach Anhörung der betroffenen Waldbesitzer und Jagdausübungsberechtigten im Benehmen mit der Bezirksplanungsbehörde und der höheren Naturschutzbehörde und unter Beachtung der Ziele und Erfordernisse der Raumordnung und Landesplanung zu Erholungswald erklärt werden, wenn es das Wohl der Allgemeinheit erfordert, Waldflächen für Zwecke der Erholung zu schützen, zu pflegen oder zu gestalten. Die ordnungsbehördliche Verordnung muss geändert oder ergänzt werden, wenn sich die ihr zugrundeliegenden Ziele und Erfordernisse der Raumordnung und Landesplanung geändert haben.

(2) Privatwald soll nur dann zu Erholungswald erklärt werden, wenn Staatswald und Gemeindewald zur Sicherung des Erholungsbedürfnisses nicht ausreichen oder wegen ihrer Lage oder Beschaffenheit nicht oder nur geringfügig für die Erholung in Anspruch genommen werden können.

(3) Die Erklärung zu Erholungswald kommt insbesondere in Betracht für Waldflächen in Verdichtungsräumen und solche Waldflächen, die in der Nähe von Städten, Heilbädern, Kur- und Erholungsorten liegen.

(4) In der ordnungsbehördlichen Verordnung sind die betroffenen Waldflächen und die durchzuführenden, zu duldenden oder zu unterlassenden Maßnahmen anzugeben. Dazu gehören insbesondere Vorschriften über
1. die Bewirtschaftung des Waldes nach Art und Umfang,
2. die Beschränkung der Jagdausübung zum Schutz der Waldbesucher,
3. die Verpflichtung der Waldbesitzer, den Bau, die Errichtung und die Unterhaltung von Wegen, Bänken, Schutzhütten und ähnlichen Anlagen oder Einrichtungen und die Beseitigung von störenden Anlagen oder Einrichtungen zu dulden und
4. das Verhalten der Waldbesucher.

(5) Kann das mit der Erklärung zu Erholungswald erstrebte Ziel durch vertragliche Vereinbarungen mit den betroffenen Waldbesitzern und Jagdausübungsberechtigten erreicht werden, so darf eine ordnungsbehördliche Verordnung nach Absatz 1 nicht erlassen werden.

§ 51 Entschädigung, Vorteilsausgleich

(1) Kommt die durch die Versagung der Umwandlungsgenehmigung bedingte Fortführung der forstlichen Nutzung einer Enteignung gleich, so ist die Fläche auf Verlangen des Waldbesitzers vom Land zum Verkehrswert zu übernehmen.

(2) Kommt die Versagung der Genehmigung zur Erstaufforstung einer Enteignung gleich, so ist vom Land eine angemessene Entschädigung zu leisten.

(3) Im Falle der Erklärung zu Schutz- oder Erholungswald oder zur Naturwaldzelle sind die Waldbesitzer und sonstigen Nutzungsberechtigten für Nachteile, die ihnen durch die Anordnung oder Untersagung bestimmter Maßnahmen gegenüber der uneingeschränkten forstlichen Bewirtschaftung ihrer Grundstücke entstehen, vom Land zu entschädigen.

(4) Entschädigungen nach den Absätzen 2 und 3 sind in Geld zu leisten. § 42 Abs. 1 Ordnungsbehördengesetz findet entsprechende Anwendung.

(5) Die Verpflichtungen nach den Absätzen 1 bis 3 können anstelle des Landes ganz oder teilweise von einer Gemeinde, einem Gemeindeverband, einer sonstigen juristischen Person oder einer natürlichen Person erfüllt werden. Erklären eine Gemeinde, ein Gemeindeverband, eine sonstige juristische oder eine natürliche Person, dass sie dem Land obliegende Verpflichtungen erfüllen werden (Erfüllungsübernahme), so steht dem Land der Rückgriff gegen den Erfüllungsübernehmer zu. Wird Wald im überwiegenden Interesse einer Gemeinde, eines Gemeindeverbandes, einer sonstigen juristischen oder einer natürlichen Person zu Schutz- oder zu Erholungswald erklärt, so ist die Entschädigung von diesen zu leisten.

(6) Im Falle der Erklärung zu Schutzwald ist der Entschädigungspflichtige berechtigt, von den Verursachern und den Begünstigten Ersatz bis zur Höhe ihrer Vorteile zu verlangen.

§ 55 Landesforstverwaltung

(1) Forstbehörden sind die oberste Forstbehörde und der Landesbetrieb Wald und Holz, dem die Aufgaben der Höheren Forstbehörde und der Unteren Forstbehörden übertragen sind.

(2) Oberste Forstbehörde ist das Ministerium für Umwelt und Naturschutz, Landwirtschaft und Verbraucherschutz (Ministerium). Dieses führt die Aufsicht über den Landesbetrieb Wald und Holz.

(3) Der Landesbetrieb Wald und Holz ist als Landesbetrieb nach § 14 LOG organisiert. Er unterhält Außenstellen, die die Bezeichnung „Forstamt" führen können.

§ 60 Aufgaben

(1)...(5)

(6) Die Dienstkräfte und Beauftragten der Forstbehörden sind berechtigt, zur Wahrnehmung ihrer gesetzlich zugewiesenen Aufgaben nach diesem Gesetz oder anderen Vorschriften Grundstücke zu betreten und die erforderlichen Aufgaben auf diesen Grundstücken durchzuführen.

§ 70 Bußgeldvorschriften

(1) Ordnungswidrig handelt, wer

1. entgegen § 2 Abs. 3 Satz 2 im Wald außerhalb von Wegen Hunde nicht angeleint mitführt,

1a. entgegen § 2 Abs. 2 auf nicht festen Wegen oder abseits von Wegen Rad fährt,
1b. entgegen § 2 Abs. 3 den Wald beschädigt oder die Erholung anderer unzumutbar beeinträchtigt,
1c. entgegen § 2 Abs. 4 organisierte Veranstaltungen im Wald der Forstbehörde nicht rechtzeitig anzeigt,
2. entgegen § 3 Abs. 1 eine dort bezeichnete Fläche oder Einrichtung betritt oder im Wald fährt, zeltet oder Wohnwagen oder Kraftfahrzeuge abstellt,
2a. entgegen § 3 Abs. 1 Satz 2 im Wald reitet,
2b. entgegen § 3 Abs. 3 Eingatterungen mit Wegfall des Schutzzweckes nicht unverzüglich entfernt,
3. eine Waldfläche ohne die nach § 4 Abs. 1 Satz 2 erforderliche Genehmigung sperrt,
3a. entgegen § 6a Abs. 1 Abfälle zur Beseitigung im Wald fortwirft oder außerhalb der dafür vorgesehenen Anlagen oder Einrichtungen behandelt, lagert oder ablagert,
3b. entgegen § 6a Abs. 2 Satz 1 die Verwertung von Abfällen im Wald der Forstbehörde vor Beginn der beabsichtigten Maßnahme nicht rechtzeitig anzeigt,
3c. entgegen § 6b forstwirtschaftliche Wegebaumaßnahmen vor Beginn der Forstbehörde nicht anzeigt,

(2) Ordnungswidrig handelt, wer vorsätzlich oder fahrlässig
1. *(aufgehoben)*
2. entgegen § 47 Abs. 1 im Wald oder in einem Abstand von weniger als einhundert Meter vom Waldrand außerhalb einer von der Forstbehörde errichteten oder genehmigten und entsprechend gekennzeichneten Anlage Feuer anzündet oder unterhält, ein Grillgerät benutzt oder leicht entzündliche Stoffe lagert, sofern nicht eine Befreiung von dem Verbot erteilt wurde,
3. entgegen § 47 Abs. 3 Satz 1 in der Zeit vom 1. März bis 31. Oktober im Wald raucht,
4. ein im Wald von ihm oder auf seine Veranlassung angezündetes Feuer unbeaufsichtigt lässt,
5. Im Wald brennende oder glimmende Gegenstände fallen lässt, fortwirft oder unvorsichtig handhabt,
6. es im Wald unterlässt, Tore von Wild- und Kulturgattern oder andere zur Sperrung von Wegen oder Zugängen zu eingefriedeten Grundstücken dienende Einrichtungen, die er geöffnet hat, zu schließen.

(3) Die Ordnungswidrigkeit kann mit einer Geldbuße bis zu fünfundzwanzigtausend Euro geahndet werden.

(4) Verwaltungsbehörden im Sinne des § 36 Abs. 1 Nr. 1 des Gesetzes über Ordnungswidrigkeiten sind die unteren Forstbehörden.

Verwaltungsvollstreckungsgesetz für das Land Nordrhein-Westfalen (VwVG-NRW)

In der Fassung der Bekanntmachung vom 19. Februar 2003 (GV. NRW. S. 156, 818) zuletzt geändert durch Art. 1 des Gesetzes vom 08. Juli 2016 (GV. NRW. S. 557)

Anwendung unmittelbaren Zwanges

§ 66 Zulässigkeit des unmittelbaren Zwanges

(1) Unmittelbarer Zwang kann von Vollzugsdienstkräften in rechtmäßiger Ausübung öffentlicher Gewalt angewendet werden,

1. soweit die Anwendung gesetzlich zugelassen ist;
2. zur Ausführung von Vollzugs-, Vollstreckungs- und Sicherungsmaßnahmen der Gerichte und Staatsanwaltschaften;
3. zur Durchführung von Vollstreckungs-, Aufsichts-, Pflege- oder Erziehungsaufgaben gegenüber Personen, deren Unterbringung in einer Heil- und Pflegeanstalt, einer Entziehungsanstalt für Suchtkranke oder in einer abgeschlossenen Krankenanstalt oder in einem abgeschlossenen Teil einer Krankenanstalt angeordnet ist.

(2) Gesetzliche Vorschriften, nach denen unmittelbarer Zwang nur unter Beachtung weiterer Erfordernisse ausgeübt werden darf, bleiben unberührt.

§ 67 Begriffsbestimmungen, zugelassene Waffen

(1) Unmittelbarer Zwang ist die Einwirkung auf Personen oder Sachen durch körperliche Gewalt, ihre Hilfsmittel und durch Waffen.

(2) Körperliche Gewalt ist jede unmittelbare körperliche Einwirkung auf Personen oder Sachen.

(3) Hilfsmittel der körperlichen Gewalt sind insbesondere Fesseln, technische Sperren, Diensthunde, Dienstfahrzeuge, Reiz- und Betäubungsstoffe.

(4) Als Waffen sind Schlagstock, Pistole und Revolver zugelassen.

§ 68 Vollzugsdienstkräfte

(1) Vollzugsdienstkräfte im Sinne dieses Gesetzes sind:

4. die beamteten Tierärzte und an ihre Stelle tretende andere approbierte Tierärzte im Sinne des § 2 des Tierseuchengesetzes (TierSG) in der Fassung der Bekanntmachung vom 20. Dezember 1995 (BGBl. I S. 2038) in der jeweils geltenden Fassung,
8. die nach dem Lebensmittel- und Bedarfsgegenständegesetz in der Fassung der Bekanntmachung vom 9. September 1997 (BGBl. I S. 2296) in der jeweils geltenden Fassung zuständigen Sachverständigen sowie Lebensmittelkontrolleure im Sinne des § 41 Abs. 2 des Lebensmittel- und Bedarfsgegenständegesetzes und der Lebensmittelkontrolleur-Verordnung vom 16. Juni 1977 (BGBl. I S. 1002) in der jeweils geltenden Fassung,
10. die Fleischkontrolleure im Sinne des § 22b des Fleischhygienegesetzes in der Fassung der Bekanntmachung vom 8. Juli 1993 (BGBl. I S. 1189) in der jeweils geltenden Fassung,
11. die beim Feuerwehreinsatz, bei der Hilfeleistung bei öffentlichen Notständen und bei der Abwehr von Großschadensereignissen dienstlich tätigen Personen sowie die in ihrem Auftrag handelnden Personen nach den §§ 27, 34 und 44 des Gesetzes über den Brandschutz, die Hilfeleistung und den Katastrophenschutz vom 17. Dezember 2015 (GV. NRW. S. 886) in der jeweils geltenden Fassung,
13. die mit Vollzugs-, Vollstreckungs- und Sicherungsmaßnahmen beauftragten Personen der Gerichte und Staatsanwaltschaften, jedoch nicht die Gerichtsvollzieher und die Vollziehungsbeamten der Justiz,
14. die Personen, die der Dienstgewalt von Behörden des Landes, der Gemeinden und Gemeindeverbände sowie sonstiger der Aufsicht des Landes unterliegender Körperschaften und Anstalten des öffentlichen Rechts unterstehen, soweit sie kraft Gesetzes Hilfsbeamte der Staatsanwaltschaft sind oder soweit sie nach den §§ 1 und 2 der Verordnung über die Hilfsbeamten der Staatsanwaltschaft vom 30. April 1996 (GV. NRW. S. 180) in der jeweils geltenden Fassung zu Hilfsbeamten der Staatsanwaltschaft bestellt sind und als solche handeln,
16. die Fischereiaufseher im Sinne des § 54 des Landesfischereigesetzes (LFischG) in der Fassung der Bekanntmachung vom 22. Juni 1994 (GV. NRW. S. 516, ber. S. 864) in der jeweils geltenden Fassung,
17. die bestätigten Jagdaufseher im Sinne des § 25 des Bundesjagdgesetzes in der Fassung der Bekanntmachung vom 29. September 1976 (BGBl. I S. 2849) in der jeweils geltenden Fassung; die Jagdaus-

übungsberechtigten sind hinsichtlich des Jagdschutzes den Vollzugsdienstkräften gleichgestellt,

18. die mit dem Forstschutz beauftragten Vollzugsdienstkräfte im Sinne des § 53 des Landesforstgesetzes (LFoG) in der Fassung der Bekanntmachung vom 24. April 1980 (GV. NRW. S. 546) in der jeweils geltenden Fassung,
19. … .

(2) Vollzugsdienstkräfte müssen einen behördlichen Ausweis bei sich führen. Sie müssen den Ausweis bei Anwendung unmittelbaren Zwanges auf Verlangen vorzeigen. Das gilt nicht, wenn

a) die Umstände es nicht zulassen oder
b) unmittelbarer Zwang innerhalb der Dienstgebäude der Gerichte und Staatsanwaltschaften oder innerhalb der in § 66 Abs. 1 Nr. 3 genannten Anstalten ausgeübt wird.

(3) Die Landesregierung wird ermächtigt, durch Rechtsverordnung das Verzeichnis der Vollzugsdienstkräfte zu ändern und zu ergänzen, soweit das durch bundesgesetzliche Regelungen erforderlich wird.

(4) Die Dienstkräfte der Vollzugsbehörden sind nicht berechtigt, bei der Durchführung unmittelbaren Zwanges ohne besondere gesetzliche Ermächtigung Waffengewalt anzuwenden.

§ 72 Hilfeleistung für Verletzte

Wird unmittelbarer Zwang angewendet, ist Verletzten, soweit es nötig ist und die Lage es zulässt, Beistand zu leisten und ärztliche Hilfe zu verschaffen.

§ 73 Fesselung von Personen

Eine Person, die nach diesem Gesetz oder anderen Rechtsvorschriften festgehalten wird, kann gefesselt werden, wenn Tatsachen die Annahme rechtfertigen, dass sie

1. Vollzugsdienstkräfte oder Dritte angreifen, Widerstand leisten oder Sachen von nicht geringem Wert beschädigen wird,
2. fliehen wird oder befreit werden soll oder
3. sich töten oder verletzen wird.

§ 74 Zum Schusswaffengebrauch berechtigte Vollzugsdienstkräfte

Bei der Anwendung unmittelbaren Zwangs ist der Gebrauch von Schusswaffen nur den in § 68 Abs. 1 Nr. 13 bezeichneten Dienstkräften der Gerichte und Staatsanwaltschaften gestattet. Die Vorschriften des Polizeigesetzes über den Schusswaffengebrauch (§§ 61, 63 bis 65 PolG NRW) finden entsprechend Anwendung.

§ 75 Notwehr und Notstand

Die Vorschriften über Notwehr und Notstand bleiben unberührt.

Gesetz über die Sonn- und Feiertage (Feiertagsgesetz NRW)

in der Fassung der Bekanntmachung vom 23. April 1989 (GV. NRW. S. 222), zuletzt geändert durch Gesetz vom 20. Dezember 1994 (GV. NW. S. 1114) – Auszug

§ 1 Allgemeines

(1) Die Sonntage und die Feiertage werden nach Maßgabe dieses Gesetzes geschützt.

(2) Der Feiertagsschutz gilt von Mitternacht bis Mitternacht, soweit im Einzelnen nicht etwas Abweichendes bestimmt ist.

§ 2 Feiertage

(1) Feiertage sind:

1. der Neujahrstag,
2. der Karfreitag,
3. der Ostermontag,
4. der 1. Mai als Tag des Bekenntnisses zu Freiheit und Frieden, sozialer Gerechtigkeit, Völkerversöhnung und Menschenwürde,
5. der Christi-Himmelfahrtstag,
6. der Pfingstmontag,
7. der Fronleichnamstag (Donnerstag nach dem Sonntag Trinitatis),
8. der 3. Oktober als Tag der Deutschen Einheit,
9. der Allerheiligentag (1. November),
10. der 1. Weihnachtstag,
11. der 2. Weihnachtstag.

(2) Gedenk- und Trauertage sind:

1. der Volkstrauertag (zweiter Sonntag vor dem 1. Advent),
2. Der Totensonntag (letzter Sonntag vor dem 1. Advent).

§ 3 Arbeitsverbote

An Sonn- und Feiertagen sind alle öffentlich bemerkbaren Arbeiten verboten, die geeignet sind, die äußere Ruhe des Tages zu stören, sofern sie nicht besonders erlaubt sind. Bei erlaubten Arbeiten sind unnötige Störungen und Geräusche zu vermeiden. Verboten sind auch Treib-, Lapp- und Hetzjagden.

§ 10 Ausnahmen von Verboten

(1) Beim Vorliegen eines dringenden Bedürfnisses können Ausnahmen von den Verboten der §§ 3 und 5 bis 7 zugelassen werden, sofern damit keine erhebliche Beeinträchtigung des Sonn- und Feiertagsschutzes verbunden ist. Die Ausnahmegenehmigung kann auf Dauer unter dem Vorbehalt des Widerrufs erteilt werden. Bei Veranstaltungen von Märkten und gewerblichen Ausstellungen ist eine erhebliche Beeinträchtigung dann nicht anzunehmen, wenn sie nicht auch unterhaltenden Charakter hat. Das gleiche gilt für sportliche und ähnliche Veranstaltungen, soweit sie in geschlossenen Räumen stattfinden.

(2) Zuständig für die Erteilung einer Ausnahmegenehmigung ist in den Fällen der §§ 3 und 5 die Aufsichtsbehörde nach § 7 des Ordnungsbehördengesetzes, in den Fällen der §§ 6 und 7 der Regierungspräsident.

§ 11 Bußgeldvorschriften

(1) Ordnungswidrig handelt, wer

1. entgegen § 3 Satz 1 an Sonn- und Feiertagen öffentlich bemerkbare Arbeiten ausführt, die geeignet sind, die äußere Ruhe des Tages zu stören, oder entgegen § 3 Satz 2 bei erlaubten Arbeiten (§ 4) vermeidbare Störungen oder Geräusche verursacht;
2. entgegen § 3 Satz 3 an Sonn- und Feiertagen Treib-, Lapp- oder Hetzjagden veranstaltet;

(2) Die Ordnungswidrigkeit kann mit einer Geldbuße geahndet werden.

(3) Verwaltungsbehörde im Sinne des § 36 Abs. 1 Nr. 1 des Gesetzes über Ordnungswidrigkeiten ist die örtliche Ordnungsbehörde.

Waffengesetz (WaffG)

Vom 11. Oktober 2002 (BGBl. I S. 3970, 4592; 2003 I S. 1957), das zuletzt durch Art. 1 des Gesetzes vom 30. Juni 2017 (BGBl. I S. 2133) geändert worden ist. – Auszug –

§ 1 Gegenstand und Zweck des Gesetzes, Begriffsbestimmungen

(1) Dieses Gesetz regelt den Umgang mit Waffen oder Munition unter Berücksichtigung der Belange der öffentlichen Sicherheit und Ordnung.

(2) Waffen sind
1. Schusswaffen oder ihnen gleichgestellte Gegenstände und
2. tragbare Gegenstände,
   a) die ihrem Wesen nach dazu bestimmt sind, die Angriffs- oder Abwehrfähigkeit von Menschen zu beseitigen oder herabzusetzen, insbesondere Hieb- und Stoßwaffen;
   b) die, ohne dazu bestimmt zu sein, insbesondere wegen ihrer Beschaffenheit, Handhabung oder Wirkungsweise geeignet sind, die Angriffs- oder Abwehrfähigkeit von Menschen zu beseitigen oder herabzusetzen, und die in diesem Gesetz genannt sind.

(3) Umgang mit einer Waffe oder Munition hat, wer diese erwirbt, besitzt, überlässt, führt, verbringt, mitnimmt, damit schießt, herstellt, bearbeitet, instand setzt oder damit Handel treibt.

(4) Die Begriffe der Waffen und Munition sowie die Einstufung von Gegenständen nach Absatz 2 Nr. 2 Buchstabe b als Waffen, die Begriffe der Arten des Umgangs und sonstige waffenrechtliche Begriffe sind in der Anlage 1 (Begriffsbestimmungen) zu diesem Gesetz näher geregelt.

§ 2 Grundsätze des Umgangs mit Waffen oder Munition, Waffenliste

(1) Der Umgang mit Waffen oder Munition ist nur Personen gestattet, die das achtzehnte Lebensjahr vollendet haben.

(2) Der Umgang mit Waffen oder Munition, die in der Anlage 2 (Waffenliste) Abschnitt 2 zu diesem Gesetz genannt sind, bedarf der Erlaubnis.

(3) Der Umgang mit Waffen oder Munition, die in der Anlage 2 Abschnitt 1 zu diesem Gesetz genannt sind, ist verboten.

(4) Waffen oder Munition, mit denen der Umgang ganz oder teilweise von der Erlaubnispflicht oder von einem Verbot ausgenommen ist, sind in der Anlage 2 Abschnitt 1 und 2 genannt. Ferner sind in der Anlage 2 Abschnitt 3 die Waffen und Munition genannt, auf die dieses Gesetz ganz oder teilweise nicht anzuwenden ist.

(5) Bestehen Zweifel darüber, ob ein Gegenstand von diesem Gesetz erfasst wird oder wie er nach Maßgabe der Begriffsbestimmungen in Anlage 1 Abschnitt 1 und 3 und der Anlage 2 einzustufen ist, so entscheidet auf Antrag die zuständige Behörde. Antragsberechtigt sind
1. Hersteller, Importeure, Erwerber oder Besitzer des Gegenstandes, soweit sie ein berechtigtes Interesse an der Entscheidung nach Satz 1 glaubhaft machen können,
2. die zuständigen Behörden des Bundes und der Länder.

Die nach Landesrecht zuständigen Behörden sind vor der Entscheidung zu hören. Die Entscheidung ist für den Geltungsbereich dieses Gesetzes allgemein verbindlich. Sie ist im Bundesanzeiger bekannt zu machen.

§ 3 Umgang mit Waffen oder Munition durch Kinder und Jugendliche

(1) Jugendliche dürfen im Rahmen eines Ausbildungs- oder Arbeitsverhältnisses abweichend von § 2 Abs. 1 unter Aufsicht eines weisungsbefugten Waffenberechtigten mit Waffen oder Munition umgehen.

(2) Jugendliche dürfen abweichend von § 2 Abs. 1 Umgang mit geprüften Reizstoffsprühgeräten haben.

(3) Die zuständige Behörde kann für Kinder und Jugendliche allgemein oder für den Einzelfall Ausnahmen von Alterserfordernissen zulassen, wenn besondere Gründe vorliegen und öffentliche Interessen nicht entgegenstehen.

§ 4 Voraussetzungen für eine Erlaubnis

(1) Eine Erlaubnis setzt voraus, dass der Antragsteller
1. das achtzehnte Lebensjahr vollendet hat (§ 2 Abs. 1),
2. die erforderliche Zuverlässigkeit (§ 5) und persönliche Eignung (§ 6) besitzt,
3. die erforderliche Sachkunde nachgewiesen hat (§ 7),
4. ein Bedürfnis nachgewiesen hat (§ 8) und

5. bei der Beantragung eines Waffenscheins oder einer Schießerlaubnis eine Versicherung gegen Haftpflicht in Höhe von einer Million Euro – pauschal für Personen- und Sachschäden – nachweist.

(2) Die Erlaubnis zum Erwerb, Besitz, Führen oder Schießen kann versagt werden, wenn der Antragsteller seinen gewöhnlichen Aufenthalt nicht seit mindestens fünf Jahren im Geltungsbereich dieses Gesetzes hat.

(3) Die zuständige Behörde hat die Inhaber von waffenrechtlichen Erlaubnissen in regelmäßigen Abständen, mindestens jedoch nach Ablauf von drei Jahren, erneut auf ihre Zuverlässigkeit und ihre persönliche Eignung zu prüfen sowie in den Fällen des Absatzes 1 Nr. 5 sich das Vorliegen einer Versicherung gegen Haftpflicht nachweisen zu lassen.

(4) Die zuständige Behörde hat drei Jahre nach Erteilung der ersten waffenrechtlichen Erlaubnis das Fortbestehen des Bedürfnisses zu prüfen. Dies kann im Rahmen der Prüfung nach Absatz 3 erfolgen.
Die zuständige Behörde kann auch nach Ablauf des in Satz 1 genannten Zeitraums das Fortbestehen des Bedürfnisses prüfen.

§ 5 Zuverlässigkeit

(1) Die erforderliche Zuverlässigkeit besitzen Personen nicht,
1. die rechtskräftig verurteilt worden sind
   a) wegen eines Verbrechens oder
   b) wegen sonstiger vorsätzlicher Straftaten zu einer Freiheitsstrafe von mindestens einem Jahr, wenn seit dem Eintritt der Rechtskraft der letzten Verurteilung zehn Jahre noch nicht verstrichen sind,
2. bei denen Tatsachen die Annahme rechtfertigen, dass sie
   a) Waffen oder Munition missbräuchlich oder leichtfertig verwenden werden,
   b) mit Waffen oder Munition nicht vorsichtig oder sachgemäß umgehen oder diese Gegenstände nicht sorgfältig verwahren werden,
   c) Waffen oder Munition Personen überlassen werden, die zur Ausübung der tatsächlichen Gewalt über diese Gegenstände nicht berechtigt sind.

(2) Die erforderliche Zuverlässigkeit besitzen in der Regel Personen nicht,
1. a) die wegen einer vorsätzlichen Straftat,
   b) die wegen einer fahrlässigen Straftat im Zusammenhang mit dem Umgang mit Waffen, Munition oder explosionsgefährlichen Stoffen oder wegen einer fahrlässigen gemeingefährlichen Straftat,

c) die wegen einer Straftat nach dem Waffengesetz, dem Gesetz über die Kontrolle von Kriegswaffen, dem Sprengstoffgesetz oder dem Bundesjagdgesetz

zu einer Freiheitsstrafe, Jugendstrafe, Geldstrafe von mindestens 60 Tagessätzen oder mindestens zweimal zu einer geringeren Geldstrafe rechtskräftig verurteilt worden sind oder bei denen die Verhängung von Jugendstrafe ausgesetzt worden ist, wenn seit dem Eintritt der Rechtskraft der letzten Verurteilung fünf Jahre noch nicht verstrichen sind,

2. die Mitglied
   a) in einem Verein, der nach dem Vereinsgesetz als Organisation unanfechtbar verboten wurde oder der einem unanfechtbaren Betätigungsverbot nach dem Vereinsgesetz unterliegt, oder
   b) in einer Partei, deren Verfassungswidrigkeit das Bundesverfassungsgericht nach § 46 des Bundesverfassungsgerichtsgesetzes festgestellt hat,

   waren, wenn seit der Beendigung der Mitgliedschaft zehn Jahre noch nicht verstrichen sind,
3. bei denen Tatsachen die Annahme rechtfertigen, dass sie einzeln oder als Mitglied einer Vereinigung Bestrebungen verfolgen oder unterstützen oder in den letzten fünf Jahren verfolgt oder unterstützt haben, die
   a) gegen die verfassungsmäßige Ordnung oder
   b) gegen den Gedanken der Völkerverständigung, insbesondere gegen das friedliche Zusammenleben der Völker, gerichtet sind, oder
   c) durch Anwendung von Gewalt oder darauf gerichtete Vorbereitungshandlungen auswärtige Belange der Bundesrepublik Deutschland gefährden,
4. die innerhalb der letzten fünf Jahre mehr als einmal wegen Gewalttätigkeit mit richterlicher Genehmigung in polizeilichem Präventivgewahrsam waren,
5. wiederholt oder gröblich gegen die Vorschriften eines der in Nummer 1 Buchstabe c genannten Gesetze verstoßen haben.

(3) In die Frist nach Absatz 1 Nr. 1 oder Absatz 2 Nr. 1 nicht eingerechnet wird die Zeit, in welcher der Betroffene auf behördliche oder richterliche Anordnung in einer Anstalt verwahrt worden ist.

(4) Ist ein Verfahren wegen Straftaten im Sinne des Absatzes 1 Nr. 1 oder des Absatzes 2 Nr. 1 noch nicht abgeschlossen, so kann die zuständige Behörde die Entscheidung über den Antrag auf Erteilung einer waffenrechtlichen Erlaubnis bis zum rechtskräftigen Abschluss des Verfahrens aussetzen.

(5) Die zuständige Behörde hat im Rahmen der Zuverlässigkeitsprüfung folgende Erkundigungen einzuholen:
1. die unbeschränkte Auskunft aus dem Bundeszentralregister;
2. die Auskunft aus dem zentralen staatsanwaltschaftlichen Verfahrensregister hinsichtlich der in Absatz 2 Nr. 1 genannten Straftaten;
3. die Stellungnahme der örtlichen Polizeidienststelle, ob Tatsachen bekannt sind, die Bedenken gegen die Zuverlässigkeit begründen; die örtliche Polizeidienststelle schließt in ihre Stellungnahme das Ergebnis der von ihr vorzunehmenden Prüfung nach Absatz 2 Nr. 4 ein.

Die nach Satz 1 Nr. 2 erhobenen personenbezogenen Daten dürfen nur für den Zweck der waffenrechtlichen Zuverlässigkeitsprüfung verwendet werden.

§ 6 Persönliche Eignung

(1) Die erforderliche persönliche Eignung besitzen Personen nicht, wenn Tatsachen die Annahme rechtfertigen, dass sie
1. geschäftsunfähig sind,
2. abhängig von Alkohol oder anderen berauschenden Mitteln, psychisch krank oder debil sind oder
3. auf Grund in der Person liegender Umstände mit Waffen oder Munition nicht vorsichtig oder sachgemäß umgehen oder diese Gegenstände nicht sorgfältig verwahren können oder dass die konkrete Gefahr einer Fremd- oder Selbstgefährdung besteht.

Die erforderliche persönliche Eignung besitzen in der Regel Personen nicht, wenn Tatsachen die Annahme rechtfertigen, dass sie in ihrer Geschäftsfähigkeit beschränkt sind. Die zuständige Behörde soll die Stellungnahme der örtlichen Polizeidienststelle einholen. Der persönlichen Eignung können auch im Erziehungsregister eingetragene Entscheidungen oder Anordnungen nach § 60 Abs. 1 Nr. 1 bis 7 des Bundeszentralregistergesetzes entgegenstehen.

(2) Sind Tatsachen bekannt, die Bedenken gegen die persönliche Eignung nach Absatz 1 begründen, oder bestehen begründete Zweifel an vom Antragsteller beigebrachten Bescheinigungen, so hat die zuständige Behörde dem Betroffenen auf seine Kosten die Vorlage eines amts- oder fachärztlichen oder fachpsychologischen Zeugnisses über die geistige oder körperliche Eignung aufzugeben.

(3) Personen, die noch nicht das fünfundzwanzigste Lebensjahr vollendet haben, haben für die erstmalige Erteilung einer Erlaubnis zum Erwerb und Besitz einer Schusswaffe auf eigene Kosten ein amts- oder fachärztliches

oder fachpsychologisches Zeugnis über die geistige Eignung vorzulegen. Satz 1 gilt nicht für den Erwerb und Besitz von Schusswaffen im Sinne von § 14 Abs. 1 Satz 2.

(4) Das Bundesministerium des Innern wird ermächtigt, durch Rechtsverordnung mit Zustimmung des Bundesrates Vorschriften über das Verfahren zur Erstellung, über die Vorlage und die Anerkennung der in den Absätzen 2 und 3 genannten Gutachten bei den zuständigen Behörden zu erlassen.

§ 7 Sachkunde

(1) Den Nachweis der Sachkunde hat erbracht, wer eine Prüfung vor der dafür bestimmten Stelle bestanden hat oder seine Sachkunde durch eine Tätigkeit oder Ausbildung nachweist.

(2) Das Bundesministerium des Innern wird ermächtigt, durch Rechtsverordnung mit Zustimmung des Bundesrates Vorschriften über die Anforderungen an die waffentechnischen und waffenrechtlichen Kenntnisse, über die Prüfung und das Prüfungsverfahren einschließlich der Errichtung von Prüfungsausschüssen sowie über den anderweitigen Nachweis der Sachkunde zu erlassen.

§ 8 Bedürfnis, allgemeine Grundsätze

Der Nachweis eines Bedürfnisses ist erbracht, wenn gegenüber den Belangen der öffentlichen Sicherheit oder Ordnung

1. besonders anzuerkennende persönliche oder wirtschaftliche Interessen, vor allem als Jäger, Sportschütze, Brauchtumsschütze, Waffen- oder Munitionssammler, Waffen- oder Munitionssachverständiger, gefährdete Person, als Waffenhersteller oder -händler oder als Bewachungsunternehmer, und
2. die Geeignetheit und Erforderlichkeit der Waffen oder Munition für den beantragten Zweck

glaubhaft gemacht sind.

§ 9 Inhaltliche Beschränkungen, Nebenbestimmungen und Anordnungen

(1) Eine Erlaubnis nach diesem Gesetz kann zur Abwehr von Gefahren für die öffentliche Sicherheit oder Ordnung inhaltlich beschränkt werden, ins-

besondere um Leben und Gesundheit von Menschen gegen die aus dem Umgang mit Schusswaffen oder Munition entstehenden Gefahren und erheblichen Nachteile zu schützen.

(2) Zu den in Absatz 1 genannten Zwecken können Erlaubnisse befristet oder mit Auflagen verbunden werden. Auflagen können nachträglich aufgenommen, geändert und ergänzt werden.

(3) Gegenüber Personen, die die Waffenherstellung oder den Waffenhandel nach Anlage 2 Abschnitt 2 Unterabschnitt 2 Nr. 4 bis 6 oder eine Schießstätte nach § 27 Abs. 2 ohne Erlaubnis betreiben dürfen, können Anordnungen zu den in Absatz 1 genannten Zwecken getroffen werden.

§ 10 Erteilung von Erlaubnissen zum Erwerb, Besitz, Führen und Schießen

(1) Die Erlaubnis zum Erwerb und Besitz von Waffen wird durch eine Waffenbesitzkarte oder durch Eintragung in eine bereits vorhandene Waffenbesitzkarte erteilt. Für die Erteilung einer Erlaubnis für Schusswaffen sind Art, Anzahl und Kaliber der Schusswaffen anzugeben. Die Erlaubnis zum Erwerb einer Waffe gilt für die Dauer eines Jahres, die Erlaubnis zum Besitz wird in der Regel unbefristet erteilt.

(1a) Wer eine Waffe aufgrund einer Erlaubnis nach Absatz 1 Satz 1 erwirbt, hat binnen zwei Wochen der zuständigen Behörde unter Benennung von Name und Anschrift des Überlassenden den Erwerb schriftlich oder elektronisch anzuzeigen und seine Waffenbesitzkarte zur Eintragung des Erwerbs vorzulegen.

(2) Eine Waffenbesitzkarte über Schusswaffen, die mehrere Personen besitzen, kann auf diese Personen ausgestellt werden. Eine Waffenbesitzkarte kann auch einem schießsportlichen Verein oder einer jagdlichen Vereinigung als juristischer Person erteilt werden. Sie ist mit der Auflage zu verbinden, dass der Verein der Behörde vor Inbesitznahme von Vereinswaffen unbeschadet des Vorliegens der Voraussetzung des § 4 Abs. 1 Nr. 5 eine verantwortliche Person zu benennen hat, für die die Voraussetzungen nach § 4 Abs. 1 Nr. 1 bis 3 nachgewiesen sind; diese benannte Person muss nicht vertretungsberechtigtes Organ des Vereins sein. Scheidet die benannte verantwortliche Person aus dem Verein aus oder liegen in ihrer Person nicht mehr alle Voraussetzungen nach § 4 Abs. 1 Nr. 1 bis 3 vor, so ist der Verein verpflichtet, dies unverzüglich der zuständigen Behörde mitzuteilen. Benennt der Verein nicht innerhalb von zwei Wochen eine neue verantwortliche Person, für die die Voraussetzungen nach § 4

Abs. 1 Nr. 1 bis 3 nachgewiesen werden, so ist die dem Verein erteilte Waffenbesitzerlaubnis zu widerrufen und die Waffenbesitzkarte zurückzugeben.

(3) Die Erlaubnis zum Erwerb und Besitz von Munition wird durch Eintragung in eine Waffenbesitzkarte für die darin eingetragenen Schusswaffen erteilt. In den übrigen Fällen wird die Erlaubnis durch einen Munitionserwerbsschein für eine bestimmte Munitionsart erteilt; sie ist für den Erwerb der Munition auf die Dauer von sechs Jahren zu befristen und gilt für den Besitz der Munition unbefristet. Die Erlaubnis zum nicht gewerblichen Laden von Munition im Sinne des Sprengstoffgesetzes gilt auch als Erlaubnis zum Erwerb und Besitz dieser Munition. Nach Ablauf der Gültigkeit des Erlaubnisdokuments gilt die Erlaubnis für den Besitz dieser Munition für die Dauer von sechs Monaten fort.

(4) Die Erlaubnis zum Führen einer Waffe wird durch einen Waffenschein erteilt. Eine Erlaubnis nach Satz 1 zum Führen von Schusswaffen wird für bestimmte Schusswaffen auf höchstens drei Jahre erteilt; die Geltungsdauer kann zweimal um höchstens je drei Jahre verlängert werden, sie ist kürzer zu bemessen, wenn nur ein vorübergehendes Bedürfnis nachgewiesen wird. Der Geltungsbereich des Waffenscheins ist auf bestimmte Anlässe oder Gebiete zu beschränken, wenn ein darüber hinausgehendes Bedürfnis nicht nachgewiesen wird. Die Voraussetzungen für die Erteilung einer Erlaubnis zum Führen von Schreckschuss-, Reizstoff- und Signalwaffen sind in der Anlage 2 Abschnitt 2 Unterabschnitt 3 Nr. 2 und 2.1 genannt (Kleiner Waffenschein).

(5) Die Erlaubnis zum Schießen mit einer Schusswaffe wird durch einen Erlaubnisschein erteilt.

§ 12 Ausnahmen von den Erlaubnispflichten

(1) Einer Erlaubnis zum Erwerb und Besitz einer Waffe bedarf nicht, wer diese

1. als Inhaber einer Waffenbesitzkarte von einem Berechtigten
   a) lediglich vorübergehend, höchstens aber für einen Monat für einen von seinem Bedürfnis umfassten Zweck oder im Zusammenhang damit, oder
   b) vorübergehend zum Zwecke der sicheren Verwahrung oder der Beförderung

   erwirbt;
2. vorübergehend von einem Berechtigten zur gewerbsmäßigen Beförderung, zur gewerbsmäßigen Lagerung oder zur gewerbsmäßigen Aus-

führung von Verschönerungen oder ähnlicher Arbeiten an der Waffe erwirbt;
3. von einem oder für einen Berechtigten erwirbt, wenn und solange er
   a) auf Grund eines Arbeits- oder Ausbildungsverhältnisses,
   b) als Beauftragter oder Mitglied einer jagdlichen oder schießsportlichen Vereinigung, einer anderen sportlichen Vereinigung zur Abgabe von Startschüssen oder einer zur Brauchtumspflege Waffen tragenden Vereinigung,
   c) als Beauftragter einer in § 55 Abs. 1 Satz 1 bezeichneten Stelle,
   d) als Charterer von seegehenden Schiffen zur Abgabe von Seenotsignalen

   den Besitz über die Waffe nur nach den Weisungen des Berechtigten ausüben darf;
4. von einem anderen,
   a) dem er die Waffe vorübergehend überlassen hat, ohne dass es hierfür der Eintragung in die Erlaubnisurkunde bedurfte, oder
   b) nach dem Abhandenkommen

   wieder erwirbt;
5. auf einer Schießstätte (§ 27) lediglich vorübergehend zum Schießen auf dieser Schießstätte erwirbt;
6. auf einer Reise in den oder durch den Geltungsbereich des Gesetzes nach § 32 berechtigt mitnimmt.

(2) Einer Erlaubnis zum Erwerb und Besitz von Munition bedarf nicht, wer diese
1. unter den Voraussetzungen des Absatzes 1 Nr. 1 bis 4 erwirbt;
2. unter den Voraussetzungen des Absatzes 1 Nr. 5 zum sofortigen Verbrauch lediglich auf dieser Schießstätte (§ 27) erwirbt;
3. auf einer Reise in den oder durch den Geltungsbereich des Gesetzes nach § 32 berechtigt mitnimmt.

(3) Einer Erlaubnis zum Führen von Waffen bedarf nicht, wer
1. diese mit Zustimmung eines anderen in dessen Wohnung, Geschäftsräumen oder befriedetem Besitztum oder dessen Schießstätte in einem von seinem Bedürfnis umfassten Zweck oder im Zusammenhang damit führt;
2. diese nicht schussbereit und nicht zugriffsbereit von einem Ort zu einem anderen Ort befördert, sofern der Transport der Waffe zu einem von seinem Bedürfnis umfassten Zweck oder im Zusammenhang damit erfolgt;

3. eine Langwaffe nicht schussbereit den Regeln entsprechend als Teilnehmer an genehmigten Sportwettkämpfen auf festgelegten Wegstrecken führt;
4. eine Signalwaffe beim Bergsteigen, als verantwortlicher Führer eines Wasserfahrzeugs auf diesem Fahrzeug oder bei Not- und Rettungsübungen führt;
5. eine Schreckschuss- oder eine Signalwaffe zur Abgabe von Start- oder Beendigungszeichen bei Sportveranstaltungen führt, wenn optische oder akustische Signalgebung erforderlich ist;
6. in Fällen der vorübergehenden Aufbewahrung von Waffen außerhalb der Wohnung diesen ein wesentliches Teil entnimmt und mit sich führt; mehrere mitgeführte wesentliche Teile dürfen nicht zu einer schussfähigen Waffe zusammengefügt werden können.

(4) Einer Erlaubnis zum Schießen mit einer Schusswaffe bedarf nicht, wer auf einer Schießstätte (§ 27) schießt. Das Schießen außerhalb von Schießstätten ist darüber hinaus ohne Schießerlaubnis nur zulässig

1. durch den Inhaber des Hausrechts oder mit dessen Zustimmung im befriedeten Besitztum
   a) mit Schusswaffen, deren Geschossen eine Bewegungsenergie von nicht mehr als 7,5 Joule (J) erteilt wird oder deren Bauart nach § 7 des Beschussgesetzes zugelassen ist, sofern die Geschosse das Besitztum nicht verlassen können,
   b) mit Schusswaffen, aus denen nur Kartuschenmunition verschossen werden kann,
2. durch Personen, die den Regeln entsprechend als Teilnehmer an genehmigten Sportwettkämpfen nach Absatz 3 Nr. 3 mit einer Langwaffe an Schießständen schießen,
3. mit Schusswaffen, aus denen nur Kartuschenmunition verschossen werden kann,
   a) durch Mitwirkende an Theateraufführungen und diesen gleich zu achtenden Vorführungen,
   b) zum Vertreiben von Vögeln in landwirtschaftlichen Betrieben,
4. mit Signalwaffen bei Not- und Rettungsübungen,
5. mit Schreckschuss- oder mit Signalwaffen zur Abgabe von Start- oder Beendigungszeichen im Auftrag der Veranstalter bei Sportveranstaltungen, wenn optische oder akustische Signalgebung erforderlich ist.

(5) Die zuständige Behörde kann im Einzelfall weitere Ausnahmen von den Erlaubnispflichten zulassen, wenn besondere Gründe vorliegen und Belange der öffentlichen Sicherheit und Ordnung nicht entgegenstehen.

§ 13 Erwerb und Besitz von Schusswaffen und Munition durch Jäger, Führen und Schießen zu Jagdzwecken

(1) Ein Bedürfnis für den Erwerb und Besitz von Schusswaffen und der dafür bestimmten Munition wird bei Personen anerkannt, die Inhaber eines gültigen Jagdscheines im Sinne von § 15 Abs. 1 Satz 1 des Bundesjagdgesetzes sind (Jäger), wenn

1. glaubhaft gemacht wird, dass sie die Schusswaffen und die Munition zur Jagdausübung oder zum Training im jagdlichen Schießen einschließlich jagdlicher Schießwettkämpfe benötigen und
2. die zu erwerbende Schusswaffe und Munition nach dem Bundesjagdgesetz in der zum Zeitpunkt des Erwerbs geltenden Fassung nicht verboten ist (Jagdwaffen und -munition).

(2) Für Jäger gilt § 6 Abs. 3 Satz 1 nicht. Bei Jägern, die Inhaber eines Jahresjagdscheines im Sinne von § 15 Abs. 2 in Verbindung mit Abs. 1 Satz 1 des Bundesjagdgesetzes sind, erfolgt keine Prüfung der Voraussetzungen des Absatzes 1 Nr. 1 sowie des § 4 Abs. 1 Nr. 4 für den Erwerb und Besitz von Langwaffen und zwei Kurzwaffen, sofern die Voraussetzungen des Absatzes 1 Nr. 2 vorliegen.

(3) Inhaber eines gültigen Jahresjagdscheines im Sinne des § 15 Abs. 2 in Verbindung mit Abs. 1 Satz 1 des Bundesjagdgesetzes bedürfen zum Erwerb von Langwaffen nach Absatz 1 Nr. 2 keiner Erlaubnis. Der Jagdscheininhaber nach Satz 1 hat binnen zwei Wochen

1. der zuständigen Behörde unter Benennung von Name und Anschrift des Überlassenden den Erwerb schriftlich anzuzeigen und
2. bei der zuständigen Behörde die Ausstellung einer Waffenbesitzkarte oder die Eintragung des Erwerbs in eine bereits erteilte Waffenbesitzkarte zu beantragen.

(4) Für den Erwerb und vorübergehenden Besitz gemäß § 12 Abs. 1 Nr. 1 von Langwaffen nach Absatz 1 Nr. 2 steht ein Jagdschein im Sinne von § 15 Abs. 1 Satz 1 des Bundesjagdgesetzes einer Waffenbesitzkarte gleich.

(5) Jäger bedürfen für den Erwerb und Besitz von Munition für Langwaffen nach Absatz 1 Nr. 2 keiner Erlaubnis, sofern sie nicht nach dem Bundesjagdgesetz in der jeweiligen Fassung verboten ist.

(6) Ein Jäger darf Jagdwaffen zur befugten Jagdausübung einschließlich des Ein- und Anschießens im Revier, zur Ausbildung von Jagdhunden im Revier, zum Jagdschutz oder zum Forstschutz ohne Erlaubnis führen und mit ihnen schießen; er darf auch im Zusammenhang mit diesen Tätigkeiten die Jagdwaffen nicht schussbereit ohne Erlaubnis führen. Der befugten

Jagdausübung gleichgestellt ist der Abschuss von Tieren, die dem Naturschutzrecht unterliegen, wenn die naturschutzrechtliche Ausnahme oder Befreiung die Tötung durch einen Jagdscheininhaber vorsieht.

(7) Inhabern eines Jugendjagdscheines im Sinne von § 16 des Bundesjagdgesetzes wird eine Erlaubnis zum Erwerb und Besitz von Schusswaffen und der dafür bestimmten Munition nicht erteilt. Sie dürfen Schusswaffen und die dafür bestimmte Munition nur für die Dauer der Ausübung der Jagd oder des Trainings im jagdlichen Schießen einschließlich jagdlicher Schießwettkämpfe ohne Erlaubnis erwerben, besitzen, die Schusswaffen führen und damit schießen; sie dürfen auch im Zusammenhang mit diesen Tätigkeiten die Jagdwaffen nicht schussbereit ohne Erlaubnis führen.

(8) Personen in der Ausbildung zum Jäger dürfen nicht schussbereite Jagdwaffen in der Ausbildung ohne Erlaubnis unter Aufsicht eines Ausbilders erwerben, besitzen und führen, wenn sie das vierzehnte Lebensjahr vollendet haben und der Sorgeberechtigte und der Ausbildungsleiter ihr Einverständnis in einer schriftlichen oder elektronischen Berechtigungsbescheinigung erklärt haben. Die Person hat in der Ausbildung die Berechtigungsbescheinigung mit sich zu führen.

§ 20 Erwerb und Besitz von Schusswaffen durch Erwerber infolge Erbfalls

(1) Der Erbe hat binnen eines Monats nach der Annahme der Erbschaft oder dem Ablauf der für die Ausschlagung der Erbschaft vorgeschriebenen Frist die Ausstellung einer Waffenbesitzkarte für die zum Nachlass gehörenden erlaubnispflichtigen Schusswaffen oder ihre Eintragung in eine bereits ausgestellte Waffenbesitzkarte zu beantragen; für den Vermächtnisnehmer oder durch Auflage Begünstigten beginnt diese Frist mit dem Erwerb der Schusswaffen.

(2) Dem Erwerber infolge eines Erbfalls ist die gemäß Absatz 1 beantragte Erlaubnis abweichend von § 4 Abs. 1 zu erteilen, wenn der Erblasser berechtigter Besitzer war und der Antragsteller zuverlässig und persönlich geeignet ist.

(3) Für erlaubnispflichtige Schusswaffen und erlaubnispflichtige Munition, für die der Erwerber infolge eines Erbfalles ein Bedürfnis nach § 8 oder §§ 13 ff. geltend machen kann, sind die Vorschriften des § 4 Abs. 1 Nr. 1 bis 3 und des § 8 und der §§ 13 bis 18 anzuwenden. Kann kein Bedürfnis geltend gemacht werden, sind Schusswaffen durch ein dem Stand der Technik entsprechendes Blockiersystem zu sichern und ist erlaubnispflich-

tige Munition binnen angemessener Frist unbrauchbar zu machen oder einem Berechtigten zu überlassen. Einer Sicherung durch ein Blockiersystem bedarf es nicht, wenn der Erwerber der Erbwaffe bereits aufgrund eines Bedürfnisses nach § 8 oder §§ 13 ff. berechtigter Besitzer einer erlaubnispflichtigen Schusswaffe ist. Für den Transport der Schusswaffe im Zusammenhang mit dem Einbau des Blockiersystems gilt § 12 Abs. 3 Nr. 2 entsprechend.

(4) Das Bundesministerium des Innern erstellt nach Anhörung eines Kreises von Vertretern der Wissenschaft, der Betroffenen, der beteiligten Wirtschaft und der für das Waffenrecht zuständigen obersten Landesbehörden dem Stand der Sicherheitstechnik entsprechende Regeln (Technische Richtlinie – Blockiersysteme für Erbwaffen) für ein Blockiersystem nach Absatz 3 Satz 2 sowie für dessen Zulassungsverfahren und veröffentlicht diese im Bundesanzeiger. Die Prüfung der Konformität und die Zulassung neu entwickelter Blockiersysteme gemäß der Technischen Richtlinie erfolgt durch die Physikalisch-Technische Bundesanstalt.

(5) Der Einbau und die Entsperrung von Blockiersystemen darf nur durch hierin eingewiesene Inhaber einer Waffenherstellungserlaubnis oder einer Waffenhandelserlaubnis nach § 21 Abs. 1 oder durch deren hierzu bevollmächtigten Mitarbeiter erfolgen. Die vorübergehende Entsperrung aus besonderem Anlass ist möglich. Die Zeitpunkte aller Einbauten und Entsperrungen sind schriftlich festzuhalten. § 39 Abs. 1 Satz 1 gilt entsprechend.

(6) In der Waffenbesitzkarte ist von der Waffenbehörde einzutragen, dass die Schusswaffe mit einem Blockiersystem gesichert wurde.

(7) Die Waffenbehörde hat auf Antrag Ausnahmen von der Verpflichtung, alle Erbwaffen mit einem dem Stand der Sicherheitstechnik entsprechenden Blockiersystem zu sichern, zuzulassen, wenn oder so lange für eine oder mehrere Erbwaffen ein entsprechendes Blockiersystem noch nicht vorhanden ist. Eine Ausnahme kann auch für Erbwaffen erteilt werden, die Bestandteil einer kulturhistorisch bedeutsamen Sammlung gemäß § 17 sind oder werden sollen.

§ 27 Schießstätten, Schießen durch Minderjährige auf Schießstätten

(1) Wer eine ortsfeste oder ortsveränderliche Anlage, die ausschließlich oder neben anderen Zwecken dem Schießsport oder sonstigen Schießübungen mit Schusswaffen, der Erprobung von Schusswaffen oder dem Schießen mit Schusswaffen zur Belustigung dient (Schießstätte), betreiben

oder in ihrer Beschaffenheit oder in der Art ihrer Benutzung wesentlich ändern will, bedarf der Erlaubnis der zuständigen Behörde. Die Erlaubnis darf nur erteilt werden, wenn der Antragsteller die erforderliche Zuverlässigkeit (§ 5) und persönliche Eignung (§ 6) besitzt und eine Versicherung gegen Haftpflicht in Höhe von mindestens einer Million Euro – pauschal für Personen- und Sachschäden – sowie gegen Unfall für aus dem Betrieb der Schießstätte resultierende Schädigungen von bei der Organisation der Schießstätte mitwirkenden Personen in Höhe von mindestens 10000 Euro für den Todesfall und mindestens 100000 Euro für den Invaliditätsfall bei einem im Geltungsbereich dieses Gesetzes zum Geschäftsbetrieb befugten Versicherungsunternehmen nachweist. § 10 Abs. 2 Satz 2 bis 5 gilt entsprechend. Abweichend von Satz zwei richtet sich die Haftpflichtversicherung für Schießgeschäfte, die der Schaustellerhaftpflichtverordnung unterliegen, nach § 1 Abs. 2 Nr. 2 dieser Verordnung. Bei ortsveränderlichen Schießstätten ist eine einmalige Erlaubnis vor der erstmaligen Aufstellung ausreichend. Der Inhaber einer Erlaubnis nach Satz 5 hat die Aufnahme und Beendigung des Betriebs der Schießstätte der örtlich zuständigen Behörde zwei Wochen vorher schriftlich oder elektronisch anzuzeigen.

(5) Personen in der Ausbildung zum Jäger dürfen in der Ausbildung ohne Erlaubnis mit Jagdwaffen schießen, wenn sie das vierzehnte Lebensjahr vollendet haben und der Sorgeberechtigte und der Ausbildungsleiter ihr Einverständnis in einer schriftlichen oder elektronischen Berechtigungsbescheinigung erklärt haben. Die Person hat in der Ausbildung die Berechtigungsbescheinigung mit sich zu führen.

§ 34 Überlassen von Waffen oder Munition, Prüfung der Erwerbsberechtigung, Anzeigepflicht

(1) Waffen oder Munition dürfen nur berechtigten Personen überlassen werden. Die Berechtigung muss offensichtlich sein oder nachgewiesen werden. Werden sie zur gewerbsmäßigen Beförderung überlassen, müssen die ordnungsgemäße Beförderung sichergestellt und Vorkehrungen gegen ein Abhandenkommen getroffen sein. Munition darf gewerbsmäßig nur in verschlossenen Packungen überlassen werden; dies gilt nicht im Falle des Überlassens auf Schießstätten gemäß § 12 Abs. 2 Nr. 2 oder soweit einzelne Stücke von Munitionssammlern erworben werden. Wer Waffen oder Munition einem anderen lediglich zur gewerbsmäßigen Beförderung (§ 12 Abs. 1 Nr. 2, Abs. 2 Nr. 1) an einen Dritten übergibt, überlässt sie dem Dritten.

(2) Der Inhaber einer Erlaubnis nach § 21 Abs. 1 Satz 1, der einem anderen auf Grund einer Erlaubnis nach § 10 Abs. 1 oder einer gleichgestellten anderen Erlaubnis zum Erwerb und Besitz eine Schusswaffe überlässt, hat in die Waffenbesitzkarte unverzüglich Herstellerzeichen oder Marke und – wenn gegeben – die Herstellungsnummer der Waffe, ferner den Tag des Überlassens und die Bezeichnung und den Sitz des Betriebs dauerhaft einzutragen und das Überlassen binnen zwei Wochen der zuständigen Behörde schriftlich oder elektronisch anzuzeigen. Überlässt sonst jemand einem anderen eine Schusswaffe, zu deren Erwerb es einer Erlaubnis bedarf, so hat er dies binnen zwei Wochen der zuständigen Behörde schriftlich oder elektronisch anzuzeigen und ihr, sofern ihm eine Waffenbesitzkarte oder ein Europäischer Feuerwaffenpass erteilt worden ist, diese zur Berichtigung vorzulegen; dies gilt nicht in den Fällen des § 12 Abs. 1 oder beim Überlassen an einen Erlaubnisinhaber nach § 21 Abs. 1 S. 1 zum Zweck der Verwahrung, der Reparatur oder des Kommissionsverkaufs. In der Anzeige nach den Sätzen 1 und 2 sind anzugeben Name, Vorname, Geburtsdatum, Geburtsort und Wohnanschrift des Erwerbers, sowie Art und Gültigkeitsdauer der Erwerbs- und Besitzberechtigung. Bei Nachweis der Erwerbs- und Besitzerlaubnis durch eine Waffenbesitzkarte sind darüber hinaus deren Nummer und ausstellende Behörde anzugeben. Bei Überlassung an einen Erlaubnisinhaber nach § 21 Abs. 1 Satz 1 sind in der Anzeige lediglich der Name der Firma und die Anschrift der Niederlassung anzugeben.

(3) Die Absätze 1 und 2 gelten nicht für denjenigen, der Schusswaffen oder Munition einem anderen, der sie außerhalb des Geltungsbereichs des Gesetzes erwirbt, insbesondere im Versandwege unter eigenem Namen überlässt. Die Vorschriften des § 31 bleiben unberührt.

(4) Wer Personen, die ihren gewöhnlichen Aufenthalt in einem anderen Mitgliedstaat der Europäischen Union haben, eine Schusswaffe nach Anlage 1 Abschnitt 3[4] (Kategorien B und C) oder Munition für eine solche überlässt, hat dies unverzüglich dem Bundesverwaltungsamt schriftlich anzuzeigen; dies gilt nicht in den Fällen des § 12 Abs. 1 Nr. 1 und 5.

(5) Wer erlaubnispflichtige Feuerwaffen nach Anlage 1 Abschnitt 1 Unterabschnitt 1 Nr. 2, ausgenommen Einzellader-Langwaffen mit nur glattem Lauf oder glatten Läufen, und deren wesentliche Teile, Schalldämpfer und tragbare Gegenstände nach Anlage 1 Abschnitt 1 Unterabschnitt 1 Nr. 1.2.1 einem anderen, der seinen gewöhnlichen Aufenthalt in einem Mitgliedstaat des Übereinkommens vom 28. Juni 1978 über die Kontrolle des

---

4 Anlage 1 Abschnitt 3 wird hier nicht abgedruckt.

Erwerbs und Besitzes von Schusswaffen durch Einzelpersonen (BGBl. II 1980 S. 953) hat, überlässt, dorthin versendet oder ohne Wechsel des Besitzers endgültig dorthin verbringt, hat dies unverzüglich dem Bundesverwaltungsamt schriftlich anzuzeigen. Dies gilt nicht

1. für das Überlassen und Versenden der in Satz 1 bezeichneten Gegenstände an staatliche Stellen in einem dieser Staaten und in den Fällen, in denen Unternehmen Schusswaffen zur Durchführung von Kooperationsvereinbarungen zwischen Staaten oder staatlichen Stellen überlassen werden, sofern durch Vorlage einer Bescheinigung von Behörden des Empfangsstaates nachgewiesen wird, dass diesen Behörden der Erwerb bekannt ist, oder
2. soweit Anzeigepflichten nach Absatz 4 oder nach § 31 Abs. 2 Satz 3 bestehen.

(6) Das Bundesministerium des Innern wird ermächtigt, durch Rechtsverordnung mit Zustimmung des Bundesrates zur Abwehr von Gefahren für Leben und Gesundheit von Menschen zu bestimmen, dass in den in den Absätzen 2, 4 und 5 bezeichneten Anzeigen weitere Angaben zu machen oder den Anzeigen weitere Unterlagen beizufügen sind.

§ 35 Werbung, Hinweispflichten, Handelsverbote

(1) Wer Waffen oder Munition zum Kauf oder Tausch in Anzeigen oder Werbeschriften anbietet, hat bei den nachstehenden Waffenarten auf das Erfordernis der Erwerbsberechtigung jeweils wie folgt hinzuweisen:

1. bei erlaubnispflichtigen Schusswaffen und erlaubnispflichtiger Munition: Abgabe nur an Inhaber einer Erwerbserlaubnis,
2. bei nicht erlaubnispflichtigen Schusswaffen und nicht erlaubnispflichtiger Munition sowie sonstigen Waffen: Abgabe nur an Personen mit vollendetem achtzehnten Lebensjahr,
3. bei verbotenen Waffen: Abgabe nur an Inhaber einer Ausnahmegenehmigung,

sowie seinen Namen, seine Anschrift und gegebenenfalls seine eingetragene Marke bekannt zu geben. Anzeigen und Werbeschriften nach Satz 1 dürfen nur veröffentlicht werden, wenn sie den Namen und die Anschrift des Anbieters sowie die von ihm je nach Waffenart mitzuteilenden Hinweise enthalten. Satz 2 gilt nicht für die Bekanntgabe der Personalien des nicht gewerblichen Anbieters, wenn dieser der Bekanntgabe widerspricht. Derjenige, der die Anzeige oder Werbeschrift veröffentlicht, ist im Falle des Satzes 3 gegenüber der zuständigen Behörde verpflichtet, die Urkunden über den Geschäftsvorgang ein Jahr lang aufzubewahren und dieser auf Verlangen Einsicht zu gewähren.

(3) Der Vertrieb und das Überlassen von Schusswaffen, Munition, Hieb- oder Stoßwaffen ist verboten:
1. im Reisegewerbe, ausgenommen in den Fällen des § 55b Abs. 1 der Gewerbeordnung,
2. auf festgesetzten Veranstaltungen im Sinne des Titels IV der Gewerbeordnung (Messen, Ausstellungen, Märkte), ausgenommen die Entgegennahme von Bestellungen auf Messen und Ausstellungen,
3. auf Volksfesten, Schützenfesten, Märkten, Sammlertreffen oder ähnlichen öffentlichen Veranstaltungen, ausgenommen das Überlassen der benötigten Schusswaffen oder Munition in einer Schießstätte sowie von Munition, die Teil einer Sammlung (§ 17 Abs. 1) oder für eine solche bestimmt ist.

Die zuständige Behörde kann Ausnahmen von den Verboten für ihren Bezirk zulassen, wenn öffentliche Interessen nicht entgegenstehen.

§ 36 Aufbewahren von Waffen oder Munition

(1) Wer Waffen oder Munition besitzt, hat die erforderlichen Vorkehrungen zu treffen, um zu verhindern, dass diese Gegenstände abhanden kommen oder Dritte sie unbefugt an sich nehmen.

(2) *(weggefallen)*

(3) Wer erlaubnispflichtige Schusswaffen, Munition oder verbotene Waffen besitzt oder die Erteilung einer Erlaubnis zum Besitz beantragt hat, hat der zuständigen Behörde die zur sicheren Aufbewahrung getroffenen oder vorgesehenen Maßnahmen nachzuweisen. Besitzer von erlaubnispflichtigen Schusswaffen, Munition oder verbotenen Waffen haben außerdem der Behörde zur Überprüfung der Pflichten aus Absatz 1 in Verbindung mit einer Rechtsverordnung nach Absatz 5 Zutritt zu den Räumen zu gestatten, in denen die Waffen und die Munition aufbewahrt werden. Wohnräume dürfen gegen den Willen des Inhabers nur zur Verhütung dringender Gefahren für die öffentliche Sicherheit betreten werden; das Grundrecht der Unverletztlichkeit der Wohnung (Artikel 13 des Grundgesetzes) wird insoweit eingeschränkt.

(4) Die in einer Rechtsverordnung nach Absatz 5 festgelegten Anforderungen an die Aufbewahrung von Schusswaffen und Munition gelten nicht bei Aufrechterhaltung der bis zum 6. Juli 2017 erfolgten Nutzung von Sicherheitsbehältnissen, die den Anforderungen des § 36 Abs. 2 Satz 1 2. Halb-

satz und Satz 2 in der Fassung des Gesetzes vom 11. Oktober 2002 (BGBl. I S. 3970, 4592; 2003 I S. 1957), das zuletzt durch Artikel 6 Absatz 34 des Gesetzes vom 13. April 2017 (BGBl. I S. 872) geändert worden ist, entsprechen oder die von der zuständigen Behörde als gleichwertig anerkannt wurden. Diese Sicherheitsbehältnisse können nach Maßgabe des § 36 Abs. 1 und 2 in der Fassung des Gesetzes vom 11. Oktober 2002 (BGBl. I S. 3970, 4592; 2003 I S. 1957), das zuletzt durch Artikel 6 Abs. 34 des Gesetzes vom 13. April 2017 (BGBl. I S. 872) geändert worden ist, sowie des § 13 der Allgemeinen Waffengesetz-Verordnung vom 27. Oktober 2003 (BGBl. I S. 2123), die zuletzt durch Artikel 108 des Gesetzes vom 29. März 2017 (BGBl. I S. 626) geändert worden ist,

1. vom bisherigen Besitzer weitergenutzt werden sowie
2. für die Dauer der gemeinschaftlichen Aufbewahrung auch von berechtigten Personen mitgenutzt werden, die mit dem bisherigen Besitzer nach Nummer 1 in häuslicher Gemeinschaft leben.

Die Berechtigung zur Nutzung nach Satz 2 Nummer 2 bleibt über den Tod des bisherigen Besitzers hinaus für eine berechtigte Person nach Satz 2 Nr. 2 bestehen, wenn sie infolge des Erbfalls Eigentümer des Sicherheitsbehältnisses wird; die berechtigte Person wird in diesem Fall nichtberechtigter Besitzer im Sinne des Satzes 2 Nummer 1. In den Fällen der Sätze 1 bis 3 finden § 53 Absatz 1 Nummer 19 und § 52a in der Fassung des Gesetzes vom 11. Oktober 2002 (BGBl. I S. 3970, 4592; 2003 I S. 1957), das zuletzt durch Artikel 6 Absatz 34 des Gesetzes vom 13. April 2017 (BGBl. I S. 872) geändert worden ist, und § 34 Nummer 12 der Allgemeinen Waffengesetz-Verordnung vom 27. Oktober 2003 (BGBl. I S. 2123), die zuletzt durch Artikel 108 des Gesetzes vom 29. März 2017 (BGBl. I S. 626) geändert worden ist, weiterhin Anwendung.

(5) Das Bundesministerium des Innern wird ermächtigt, nach Anhörung der beteiligten Kreise durch Rechtsverordnung mit Zustimmung des Bundesrates unter Berücksichtigung des Standes der Technik, der Art und Zahl der Waffen, der Munition oder der Örtlichkeit die Anforderungen an die Aufbewahrung oder an die Sicherung der Waffe festzulegen. Dabei können

1. Anforderungen an technische Sicherungssysteme zur Verhinderung einer unberechtigten Wegnahme oder Nutzung von Schusswaffen
2. die Nachrüstung oder der Austausch vorhandener Sicherungssysteme,
3. die Ausstattung der Schusswaffe mit mechanischen, elektronischen oder biometrischen Sicherungssystemen

festgelegt werden.

(6) Ist im Einzelfall, insbesondere wegen der Art und Zahl der aufzubewahrenden Waffen oder Munition oder wegen des Ortes der Aufbewahrung, ein höherer Sicherheitsstandard erforderlich, hat die zuständige Behörde die notwendigen Ergänzungen anzuordnen und zu deren Umsetzung eine angemessene Frist zu setzen.

§ 37 Anzeigepflichten

(1) Wer Waffen oder Munition, deren Erwerb der Erlaubnis bedarf,
1. beim Tode eines Waffenbesitzers, als Finder oder in ähnlicher Weise,
2. als Insolvenzverwalter, Zwangsverwalter, Gerichtsvollzieher oder in ähnlicher Weise

in Besitz nimmt, hat dies der zuständigen Behörde unverzüglich anzuzeigen. Die zuständige Behörde kann die Waffen und die Munition sicherstellen oder anordnen, dass sie binnen angemessener Frist unbrauchbar gemacht oder einem Berechtigten überlassen werden und dies der zuständigen Behörde nachgewiesen wird. Nach fruchtlosem Ablauf der Frist kann die zuständige Behörde die Waffen oder Munition einziehen. Ein Erlös aus der Verwertung steht dem nach bürgerlichem Recht bisher Berechtigten zu.

(2) Sind jemandem Waffen oder Munition, deren Erwerb der Erlaubnis bedarf, oder Erlaubnisurkunden abhanden gekommen, so hat er dies der zuständigen Behörde unverzüglich anzuzeigen und, soweit noch vorhanden, die Waffenbesitzkarte und den Europäischen Feuerwaffenpass zur Berichtigung vorzulegen. Die örtliche Behörde unterrichtet zum Zwecke polizeilicher Ermittlungen die örtliche Polizeidienststelle über das Abhandenkommen.

(3) Wird eine Schusswaffe, zu deren Erwerb es einer Erlaubnis bedarf, oder eine verbotene Schusswaffe nach Anlage 2 Abschnitt 1 Nr. 1.2 nach den Anforderungen der Anlage 1 Abschnitt 1 Unterabschnitt 1 Nr. 1.4 unbrauchbar gemacht oder zerstört, so hat der Besitzer dies der zuständigen Behörde binnen zweier Wochen schriftlich oder elektronisch anzuzeigen und ihr auf Verlangen den Gegenstand vorzulegen. Dabei hat er seine Personalien sowie Art, Kaliber, Herstellerzeichen oder Marke und – sofern vorhanden – die Herstellungsnummer der Schusswaffe anzugeben.

(4) Inhaber waffenrechtlicher Erlaubnisse und Bescheinigungen sind verpflichtet, bei ihrem Wegzug ins Ausland ihre neue Anschrift der zuletzt für sie zuständigen Waffenbehörde mitzuteilen.

§ 38 Ausweispflichten

(1) Wer eine Waffe führt, muss folgende Dokumente mit sich führen:
1. seinen Personalausweis oder Pass und
   a) wenn es einer Erlaubnis zum Erwerb bedarf, die Waffenbesitzkarte oder, wenn es einer Erlaubnis zum Führen bedarf, den Waffenschein,
   g) im Falle der vorübergehenden Berechtigung zum Erwerb oder zum Führen auf Grund des § 12 Abs. 1 Nr. 1 und 2 oder § 28 Abs. 4 einen Beleg, aus dem der Name des Überlassers, des Besitzberechtigten und das Datum der Überlassung hervorgeht, oder
   h) im Falle des Schießens mit einer Schießerlaubnis nach § 10 Abs. 5 diese, und
2. in den Fällen des § 13 Abs. 6 den Jagdschein.

In den Fällen des § 13 Abs. 3 und § 14 Abs. 4 Satz 2 genügt an Stelle der Waffenbesitzkarte ein schriftlicher Nachweis darüber, dass die Antragsfrist noch nicht verstrichen oder ein Antrag gestellt worden ist. Satz 1 gilt nicht in Fällen des § 12 Abs. 3 Nr. 1.

(2) Die nach Absatz 1 Satz 1 und 2 mitzuführenden Dokumente sind Polizeibeamten oder sonst zur Personenkontrolle Befugten auf Verlangen zur Prüfung auszuhändigen.

§ 39 Auskunfts- und Vorzeigepflicht, Nachschau

(1) Wer Waffenherstellung, Waffenhandel oder eine Schießstätte betreibt, eine Schießstätte benutzt oder in ihr die Aufsicht führt, ein Bewachungsunternehmen betreibt, Veranstaltungen zur Ausbildung im Verteidigungsschießen durchführt oder sonst den Besitz über Waffen oder Munition ausübt, hat der zuständigen Behörde auf Verlangen oder, sofern dieses Gesetz einen Zeitpunkt vorschreibt, zu diesem Zeitpunkt die für die Durchführung dieses Gesetzes erforderlichen Auskünfte zu erteilen; eine entsprechende Pflicht gilt ferner für Personen, gegenüber denen ein Verbot nach § 41 Abs. 1 oder 2 ausgesprochen wurde. Sie können die Auskunft auf solche Fragen verweigern, deren Beantwortung sie selbst oder einen der in § 383 Abs. 1 Nr. 1 bis 3 der Zivilprozessordnung bezeichneten Angehörigen der Gefahr strafrechtlicher Verfolgung oder eines Verfahrens nach dem Gesetz über Ordnungswidrigkeiten aussetzen würde. Darüber hinaus hat der Inhaber der Erlaubnis die Einhaltung von Auflagen nachzuweisen.

(3) Aus begründetem Anlass kann die zuständige Behörde anordnen, dass der Besitzer von

1. Waffen oder Munition, deren Erwerb der Erlaubnis bedarf, oder
2. in Anlage 2 Abschnitt 1 bezeichneten verbotenen Waffen

ihr diese sowie Erlaubnisscheine oder Ausnahmebescheinigungen binnen angemessener, von ihr zu bestimmender Frist zur Prüfung vorlegt.

§ 40 Verbotene Waffen

(3) Inhaber einer jagdrechtlichen Erlaubnis und Angehörige von leder- oder pelzverarbeitenden Berufen dürfen abweichend von § 2 Abs. 3 Umgang mit Faustmessern nach Anlage 2 Abschnitt 1 Nr. 1.4.2 haben, sofern sie diese Messer zur Ausübung ihrer Tätigkeit benötigen.

(5) Wer eine in Anlage 2 Abschnitt 1 bezeichnete Waffe als Erbe, Finder oder in ähnlicher Weise in Besitz nimmt, hat dies der zuständigen Behörde unverzüglich anzuzeigen. Die zuständige Behörde kann die Waffen oder Munition sicherstellen oder anordnen, dass innerhalb einer angemessenen Frist die Waffen oder Munition unbrauchbar gemacht, von Verbotsmerkmalen befreit oder einem nach diesem Gesetz Berechtigten überlassen werden, oder dass der Erwerber einen Antrag nach Absatz 4 stellt. Das Verbot des Umgangs mit Waffen oder Munition wird nicht wirksam, solange die Frist läuft oder eine ablehnende Entscheidung nach Absatz 3 dem Antragsteller noch nicht bekannt gegeben worden ist.

§ 42 Verbot des Führens von Waffen bei öffentlichen Veranstaltungen

(1) Wer an öffentlichen Vergnügungen, Volksfesten, Sportveranstaltungen, Messen, Ausstellungen, Märkten oder ähnlichen öffentlichen Veranstaltungen teilnimmt, darf keine Waffen im Sinne des § 1 Abs. 2 führen. Dies gilt auch, wenn für die Teilnahme ein Eintrittsgeld zu entrichten ist, sowie für Theater-, Kino- und Diskothekenbesuche und für Tanzveranstaltungen.

§ 42a Verbot des Führens von Anscheinswaffen und bestimmten tragbaren Gegenständen

(1) Es ist verboten
1. Anscheinswaffen,
2. Hieb- und Stoßwaffen nach Anlage 1 Abschnitt 1 Unterabschnitt 2 Nr. 1.1 oder

3. Messer mit einhändig feststellbarer Klinge (Einhandmesser) oder feststehende Messer mit einer Klingenlänge über 12 cm

zu führen.

(2) Absatz 1 gilt nicht

1. für die Verwendung bei Foto-, Film- oder Fernsehaufnahmen oder Theateraufführungen,
2. für den Transport in einem verschlossenen Behältnis,
3. für das Führen der Gegenstände nach Absatz 1 Nr. 2 und 3, sofern ein berechtigtes Interesse vorliegt.

Weitergehende Regelungen bleiben unberührt.

(3) Ein berechtigtes Interesse nach Absatz 2 Nr. 3 liegt insbesondere vor, wenn das Führen der Gegenstände im Zusammenhang mit der Berufsausübung erfolgt, der Brauchtumspflege, dem Sport oder einem allgemein anerkannten Zweck dient.

§ 43a Nationales Waffenregister

Bis zum 31. Dezember 2012 ist ein Nationales Waffenregister zu errichten, in dem bundesweit insbesondere Schusswaffen, deren Erwerb und Besitz der Erlaubnis bedürfen, sowie Daten von Erwerbern, Besitzern und Überlassern dieser Schusswaffen elektronisch auswertbar zu erfassen und auf aktuellem Stand zu halten sind.

§ 45 Rücknahme und Widerruf

(1) Eine Erlaubnis nach diesem Gesetz ist zurückzunehmen, wenn nachträglich bekannt wird, dass die Erlaubnis hätte versagt werden müssen.

(2) Eine Erlaubnis nach diesem Gesetz ist zu widerrufen, wenn nachträglich Tatsachen eintreten, die zur Versagung hätten führen müssen. Eine Erlaubnis nach diesem Gesetz kann auch widerrufen werden, wenn inhaltliche Beschränkungen nicht beachtet werden.

(3) Bei einer Erlaubnis kann abweichend von Absatz 2 Satz 1 im Falle eines vorübergehenden Wegfalls des Bedürfnisses, aus besonderen Gründen auch in Fällen des endgültigen Wegfalls des Bedürfnisses, von einem Widerruf abgesehen werden. Satz 1 gilt nicht, sofern es sich um eine Erlaubnis zum Führen einer Waffe handelt.

(4) Verweigert ein Betroffener im Falle der Überprüfung des weiteren Vorliegens von in diesem Gesetz oder in einer auf Grund dieses Gesetzes

erlassenen Rechtsverordnung vorgeschriebenen Tatbestandsvoraussetzungen, bei deren Wegfall ein Grund zur Rücknahme oder zum Widerruf einer Erlaubnis oder Ausnahmebewilligung gegeben wäre, seine Mitwirkung, so kann die Behörde deren Wegfall vermuten. Der Betroffene ist darauf hinzuweisen.

(5) Widerspruch und Anfechtungsklage gegen Maßnahmen nach Absatz 1 und Absatz 2 Satz 1 haben keine aufschiebende Wirkung, sofern die Erlaubnis wegen des Nichtvorliegens oder Entfallens der Voraussetzungen nach § 4 Absatz 1 Nummer 2 zurückgenommen oder widerrufen wird.

§ 46 Weitere Maßnahmen

(1) Werden Erlaubnisse nach diesem Gesetz zurückgenommen oder widerrufen, so hat der Inhaber alle Ausfertigungen der Erlaubnisurkunde der zuständigen Behörde unverzüglich zurückzugeben. Das Gleiche gilt, wenn die Erlaubnis erloschen ist.

(2) Hat jemand auf Grund einer Erlaubnis, die zurückgenommen, widerrufen oder erloschen ist, Waffen oder Munition erworben oder befugt besessen, und besitzt er sie noch, so kann die zuständige Behörde anordnen, dass er binnen angemessener Frist die Waffen oder Munition dauerhaft unbrauchbar macht oder einem Berechtigten überlässt und den Nachweis darüber gegenüber der Behörde führt. Nach fruchtlosem Ablauf der Frist kann die zuständige Behörde die Waffen oder Munition sicherstellen.

(3) Besitzt jemand ohne die erforderliche Erlaubnis oder entgegen einem vollziehbaren Verbot nach § 41 Abs. 1 oder 2 eine Waffe oder Munition, so kann die zuständige Behörde anordnen, dass er binnen angemessener Frist
1. die Waffe oder Munition dauerhaft unbrauchbar macht oder einem Berechtigten überlässt oder
2. im Fall einer verbotenen Waffe oder Munition die Verbotsmerkmale beseitigt und
3. den Nachweis darüber gegenüber der Behörde führt.

Nach fruchtlosem Ablauf der Frist kann die zuständige Behörde die Waffe oder Munition sicherstellen.

(4) Die zuständige Behörde kann Erlaubnisurkunden sowie die in Absatz 2 und 3 bezeichneten Waffen oder Munition sofort sicherstellen
1. in Fällen eines vollziehbaren Verbots nach § 41 Abs. 1 oder 2 oder
2. soweit Tatsachen die Annahme rechtfertigen, dass die Waffen oder Munition missbräuchlich verwendet oder von einem Nichtberechtigten erworben werden sollen.

Zu diesem Zweck sind die Beauftragten der zuständigen Behörde berechtigt, die Wohnung des Betroffenen zu betreten und diese nach Urkunden, Waffen oder Munition zu durchsuchen; Durchsuchungen dürfen nur durch den Richter, bei Gefahr im Verzug auch durch die zuständige Behörde angeordnet werden; das Grundrecht der Unverletzlichkeit der Wohnung (Artikel 13 des Grundgesetzes) wird insoweit eingeschränkt. Widerspruch und Anfechtungsklage haben keine aufschiebende Wirkung.

(5) Sofern der bisherige Inhaber nicht innerhalb eines Monats nach Sicherstellung einen empfangsbereiten Berechtigten benennt oder im Fall der Sicherstellung verbotener Waffen oder Munition nicht in dieser Frist eine Ausnahmezulassung nach § 40 Abs. 4 beantragt, kann die zuständige Behörde die sichergestellten Waffen oder Munition einziehen und verwerten oder vernichten. Dieselben Befugnisse besitzt die zuständige Behörde im Fall der unanfechtbaren Versagung einer für verbotene Waffen oder Munition vor oder rechtzeitig nach der Sicherstellung beantragten Ausnahmezulassung nach § 40 Abs. 4. Der Erlös aus einer Verwertung der Waffen oder Munition steht nach Abzug der Kosten der Sicherstellung, Verwahrung und Verwertung dem nach bürgerlichem Recht bisher Berechtigten zu.

§ 51 Strafvorschriften

(1) Mit Freiheitsstrafe von einem Jahr bis zu fünf Jahren wird bestraft, wer entgegen § 2 Abs. 1 oder 3, jeweils in Verbindung mit Anlage 2 Abschnitt 1 Nr. 1.2.1, eine dort genannte Schusswaffe zum Verschießen von Patronenmunition nach Anlage 1 Abschnitt 1 Unterabschnitt 3 Nr. 1.1 erwirbt, besitzt, überlässt, führt, verbringt, mitnimmt, herstellt, bearbeitet, instand setzt oder damit Handel treibt.

(2) In besonders schweren Fällen ist die Strafe Freiheitsstrafe von einem Jahr bis zu zehn Jahren. Ein besonders schwerer Fall liegt in der Regel vor, wenn der Täter gewerbsmäßig oder als Mitglied einer Bande, die sich zur fortgesetzten Begehung solcher Straftaten verbunden hat, unter Mitwirkung eines anderen Bandenmitgliedes handelt.

(3) In minder schweren Fällen ist die Strafe Freiheitsstrafe bis zu drei Jahren oder Geldstrafe.

(4) Handelt der Täter fahrlässig, so ist die Strafe Freiheitsstrafe bis zu zwei Jahren oder Geldstrafe.

§ 52 Strafvorschriften

(1) Mit Freiheitsstrafe von sechs Monaten bis zu fünf Jahren wird bestraft, wer

1. entgegen § 2 Abs. 1 oder 3, jeweils in Verbindung mit Anlage 2 Abschnitt 1 Nr. 1.1 oder 1.3.4, eine dort genannte Schusswaffe oder einen dort genannten Gegenstand erwirbt, besitzt, überlässt, führt, verbringt, mitnimmt, herstellt, bearbeitet, instand setzt oder damit Handel treibt,
2. ohne Erlaubnis nach
   a) § 2 Abs. 2 in Verbindung mit Anlage 2 Abschnitt 2 Unterabschnitt 1 Satz 1 eine Schusswaffe oder Munition erwirbt, um sie entgegen § 34 Abs. 1 Satz 1 einem Nichtberechtigten zu überlassen,
   b) § 2 Abs. 2 in Verbindung mit Anlage 2 Abschnitt 2 Unterabschnitt 1 Satz 1 eine halbautomatische Kurzwaffe zum Verschießen von Patronenmunition nach Anlage 1 Abschnitt 1 Unterabschnitt 3 Nr. 1.1 erwirbt, besitzt, oder führt,
   c) § 2 Abs. 2 in Verbindung mit Anlage 2 Abschnitt 2 Unterabschnitt 1 Satz 1 in Verbindung mit § 21 Abs. 1 Satz 1 oder § 21a eine Schusswaffe oder Munition herstellt, bearbeitet, instand setzt oder damit Handel treibt,
   d) § 2 Abs. 2 in Verbindung mit Anlage 2 Abschnitt 2 Unterabschnitt 1 Satz 1 in Verbindung mit § 29 Abs. 1, § 30 Abs. 1 Satz 1, § 32 Abs. 1 Satz 1 eine Schusswaffe oder Munition in den oder durch den Geltungsbereich dieses Gesetzes verbringt oder mitnimmt,
3. entgegen § 35 Abs. 3 Satz 1 eine Schusswaffe, Munition oder eine Hieb- oder Stoßwaffe im Reisegewerbe oder auf einer dort genannten Veranstaltung vertreibt oder anderen überlässt oder
4. entgegen § 40 Abs. 1 zur Herstellung eines dort genannten Gegenstandes anleitet oder auffordert.

(2) Der Versuch ist strafbar.

(3) Mit Freiheitsstrafe bis zu drei Jahren oder mit Geldstrafe wird bestraft, wer

1. entgegen § 2 Abs. 1 oder 3, jeweils in Verbindung mit Anlage 2 Abschnitt 1 Nr. 1.2.2 bis 1.2.5, 1.3.1 bis 1.3.3, 1.3.5 bis 1.3.8, 1.4.1 Satz 1, Nr. 1.4.2 bis 1.4.4 oder 1.5.3 bis 1.5.7, einen dort genannten Gegenstand erwirbt, besitzt, überlässt, führt, verbringt, mitnimmt, herstellt, bearbeitet, instand setzt oder damit Handel treibt,
2. ohne Erlaubnis nach § 2 Abs. 2 in Verbindung mit Anlage 2 Abschnitt 2 Unterabschnitt 1 Satz 1
   a) eine Schusswaffe erwirbt, besitzt oder führt, oder

b) Munition erwirbt oder besitzt,

wenn die Tat nicht in Absatz 1 Nr. 2 Buchstabe a oder b mit Strafe bedroht ist,

3. ohne Erlaubnis nach § 2 Abs. 2 in Verbindung mit Anlage 2 Abschnitt 2 Unterabschnitt 1 Satz 1 in Verbindung mit § 26 Abs. 1 Satz 1 eine Schusswaffe herstellt, bearbeitet oder instand setzt,
4. ohne Erlaubnis nach § 2 Abs. 2 in Verbindung mit Anlage 2 Abschnitt 2 Unterabschnitt 1 Satz 1 in Verbindung mit
   a) § 31 Abs. 1 eine dort genannte Schusswaffe oder Munition in einen anderen Mitgliedstaat verbringt, oder
   b) § 32 Abs. 1a Satz 1 eine dort genannte Schusswaffe oder Munition in einen anderen Mitgliedstaat mitnimmt,
5. entgegen § 28 Abs. 2 Satz 1 eine Schusswaffe führt,
6. entgegen § 28 Abs. 3 Satz 2 eine Schusswaffe oder Munition überlässt,
7. entgegen § 34 Abs. 1 Satz 1 eine erlaubnispflichtige Schusswaffe oder erlaubnispflichtige Munition einem Nichtberechtigten überlasst,

7a. entgegen § 36 Abs. 1 Satz 1 in Verbindung mit einer Rechtsverordnung nach § 36 Absatz 5 Satz 1 eine dort genannte Vorkehrung für eine Schusswaffe nicht, nicht richtig oder nicht rechtzeitig trifft und dadurch die Gefahr verursacht, dass eine Schusswaffe oder Munition abhanden kommt oder darauf unbefugt zugegriffen wird,

8. einer vollziehbaren Anordnung nach § 41 Abs. 1 Satz 1 oder Abs. 2 zuwiderhandelt,
9. entgegen § 42 Abs. 1 eine Waffe führt oder
10. entgegen § 57 Abs. 5 Satz 1 den Besitz über eine Schusswaffe oder Munition ausübt.

(4) Handelt der Täter in den Fällen des Absatzes 1 Nr. 1, 2 Buchstabe b, c oder d, oder Nr. 3 oder des Absatzes 3 fahrlässig, so ist die Strafe bei den bezeichneten Taten nach Absatz 1 Freiheitsstrafe bis zu zwei Jahren oder Geldstrafe, bei Taten nach Absatz 3 Freiheitsstrafe bis zu einem Jahr oder Geldstrafe.

(5) In besonders schweren Fällen des Absatzes 1 Nr. 1 ist die Strafe Freiheitsstrafe von einem Jahr bis zu zehn Jahren. Ein besonders schwerer Fall liegt in der Regel vor, wenn der Täter gewerbsmäßig oder als Mitglied einer Bande, die sich zur fortgesetzten Begehung solcher Straftaten verbunden hat, unter Mitwirkung eines anderen Bandenmitgliedes handelt.

(6) In minder schweren Fällen des Absatzes 1 ist die Strafe Freiheitsstrafe bis zu drei Jahren oder Geldstrafe.

§ 52a Strafvorschriften *(weggefallen)*

§ 53 Bußgeldvorschriften

(1) Ordnungswidrig handelt, wer vorsätzlich oder fahrlässig

1. entgegen § 2 Abs. 1 eine nicht erlaubnispflichtige Waffe oder nicht erlaubnispflichtige Munition erwirbt oder besitzt,
2. *(weggefallen)*
3. ohne Erlaubnis nach § 2 Abs. 2 in Verbindung mit Abs. 4, dieser in Verbindung mit Anlage 2 Abschnitt 2 Unterabschnitt 1 Satz 1, mit einer Schusswaffe schießt,
4. einer vollziehbaren Auflage nach § 9 Abs. 2 Satz 1, § 10 Abs. 2 Satz 3, § 17 Abs. 2 Satz 2, § 18 Abs. 2 Satz 2 oder § 28a Abs. 1 Satz 3 oder einer vollziehbaren Anordnung nach § 9 Abs. 3, § 36 Abs. 3 Satz 1 oder Abs. 6, § 37 Abs. 1 Satz 2, § 39 Abs. 3, § 40 Abs. 5 Satz 2 oder § 46 Abs. 2 Satz 1 oder Abs. 3 Satz 1 zuwiderhandelt,
5. entgegen § 10 Abs. 1a, § 21 Abs. 6 Satz 1 und 4, § 24 Abs. 5, § 27 Abs. 1 Satz 6, Abs. 2 Satz 2, § 31 Abs. 2 Satz 3, § 34 Abs. 2 Satz 1 oder Satz 2, Abs. 4 oder Abs. 5 Satz 1, § 37 Abs. 1 Satz 1, Abs. 2 Satz 1 oder Abs. 3 Satz 1 oder § 40 Abs. 5 Satz 1 eine Anzeige nicht, nicht richtig, nicht vollständig, nicht in der vorgeschriebenen Weise oder nicht rechtzeitig erstattet,
6. entgegen § 10 Abs. 2 Satz 4 oder § 37 Absatz 4 eine Mitteilung nicht, nicht richtig, nicht vollständig oder nicht rechtzeitig macht,
7. entgegen § 13 Abs. 3 Satz 2, § 14 Abs. 4 Satz 2 oder § 20 Abs. 1 die Ausstellung einer Waffenbesitzkarte oder die Eintragung der Waffe in eine bereits erteilte Waffenbesitzkarte nicht beantragt oder entgegen § 34 Abs. 2 Satz 2 1. Halbsatz die Waffenbesitzkarte oder den Europäischen Feuerwaffenpass nicht oder nicht rechtzeitig vorlegt,

14. entgegen § 27 Abs. 5 Satz 2 eine Bescheinigung nicht mitführt,
15. entgegen § 33 Abs. 1 Satz 1 eine Schusswaffe oder Munition nicht anmeldet oder nicht oder nicht rechtzeitig vorführt,
16. entgegen § 34 Abs. 1 Satz 1 eine nicht erlaubnispflichtige Waffe oder nicht erlaubnispflichtige Munition einem Nichtberechtigten überlässt,
17. entgegen § 35 Abs. 1 Satz 4 die Urkunden nicht aufbewahrt oder nicht, nicht vollständig oder nicht rechtzeitig Einsicht gewährt,
18. entgegen § 35 Abs. 2 einen Hinweis nicht, nicht richtig, nicht vollständig oder nicht rechtzeitig gibt oder die Erfüllung einer dort genannten Pflicht nicht, nicht richtig, nicht vollständig oder nicht rechtzeitig protokolliert,

19. *(weggefallen)*
20. entgegen § 38 Satz 1 oder Absatz 2 eine dort genannte Urkunde nicht mit sich führt oder nicht oder nicht rechtzeitig aushändigt,
21. entgegen § 39 Abs. 1 Satz 1 eine Auskunft nicht, nicht richtig, nicht vollständig oder nicht rechtzeitig erteilt,
21a. entgegen § 42a Abs. 1 eine Anscheinswaffe, eine dort genannte Hieb- oder Stoßwaffe oder ein dort genanntes Messer führt,
22. entgegen § 46 Abs. 1 Satz 1, auch in Verbindung mit Satz 2, eine Aufzeichnung oder Erlaubnisurkunde nicht oder nicht rechtzeitig zurückgibt oder
23. einer Rechtsverordnung nach § 15a Abs. 4, § 25 Abs. 1 Nr. 1 Buchstabe b, § 27 Abs. 7, § 36 Abs. 5 oder § 47 oder einer vollziehbaren Anordnung auf Grund einer solchen Rechtsverordnung zuwiderhandelt, soweit die Rechtsverordnung für einen bestimmten Tatbestand auf diese Bußgeldvorschrift verweist.

(1a) …

(2) Die Ordnungswidrigkeit kann mit einer Geldbuße bis zu zehntausend Euro geahndet werden.

(3) Verwaltungsbehörden im Sinne des § 36 Abs. 1 Nr. 1 des Gesetzes über Ordnungswidrigkeiten sind,
1. in den Fällen des Absatz 1, soweit dieses Gesetz von der Physikalisch-Technischen Bundesanstalt, dem Bundesverwaltungsamt oder dem Bundeskriminalamt ausgeführt wird, die für die Erteilung von Erlaubnissen nach § 21 Abs. 1 zuständigen Behörden,
2. in den Fällen des Absatzes 1a die Hauptzollämter.

§ 54 Einziehung

(1) Ist eine Straftat nach den §§ 51, 52 Abs. 1, 2 oder 3 Nr. 1, 2 oder 3 oder Abs. 5 begangen worden, so werden Gegenstände
1. auf die sich diese Straftat bezieht oder
2. die durch sie hervorgebracht oder zu ihrer Begehung oder Vorbereitung gebraucht worden oder bestimmt gewesen sind,

eingezogen.

(2) Ist eine sonstige Straftat nach § 52 oder eine Ordnungswidrigkeit nach § 53 begangen worden, so können in Absatz 1 bezeichnete Gegenstände eingezogen werden.

(3) § 74a des Strafgesetzbuches und § 23 des Gesetzes über Ordnungswidrigkeiten sind anzuwenden.

(4) Als Maßnahme im Sinne des § 74f Abs. 1 Satz 3 des Strafgesetzbuches kommt auch die Anweisung in Betracht, binnen einer angemessenen Frist eine Entscheidung der zuständigen Behörde über die Erteilung einer Erlaubnis nach § 10 vorzulegen oder die Gegenstände einem Berechtigten zu überlassen.

§ 58 Altbesitz

(1) Soweit nicht nachfolgend Abweichendes bestimmt wird, gelten Erlaubnisse im Sinne des Waffengesetzes in der Fassung der Bekanntmachung vom 8. März 1976 (BGBl. I S. 432), zuletzt geändert durch Gesetz vom 21. November 1996 (BGBl. I S. 1779), fort. Erlaubnisse zum Erwerb von Munition berechtigen auch zu deren Besitz. Hat jemand berechtigt Munition vor dem Inkrafttreten dieses Gesetzes erworben, für die auf Grund dieses Gesetzes eine Erlaubnis erforderlich ist, und übt er über diese bei Inkrafttreten dieses Gesetzes noch den Besitz aus, so hat er diese Munition bis zum 31. August 2003 der zuständigen Behörde schriftlich anzumelden. Die Anmeldung muss die Personalien des Besitzers sowie die Munitionsarten enthalten. Die nachgewiesene fristgerechte Anmeldung gilt als Erlaubnis zum Besitz.

(2) Eine auf Grund des Waffengesetzes in der Fassung der Bekanntmachung vom 8. März 1976 (BGBl. I S. 432) erteilte waffenrechtliche Erlaubnis für Kriegsschusswaffen tritt am ersten Tag des sechsten auf das Inkrafttreten dieses Gesetzes folgenden Monats außer Kraft.

(3) Ist über einen vor Inkrafttreten dieses Gesetzes gestellten Antrag auf Erteilung einer Erlaubnis nach § 7 des Waffengesetzes in der Fassung der Bekanntmachung vom 8. März 1976 (BGBl. I S. 432) noch nicht entschieden worden, findet für die Entscheidung über den Antrag § 21 dieses Gesetzes Anwendung.

(4) Bescheinigungen nach § 6 Abs. 2 des Waffengesetzes in der Fassung der Bekanntmachung vom 8. März 1976 (BGBl. I S. 432) gelten im bisherigen Umfang als Bescheinigungen nach § 55 Abs. 2 dieses Gesetzes.

(5) Ausnahmebewilligungen nach § 37 Abs. 3 und § 57 Abs. 7 des Waffengesetzes in der Fassung der Bekanntmachung vom 8. März 1976 (BGBl. I S. 432) gelten in dem bisherigen Umfang als Ausnahmebewilligungen nach § 40 Abs. 4 dieses Gesetzes.

(6) Die nach § 40 Abs. 1 des Waffengesetzes in der Fassung der Bekanntmachung vom 8. März 1976 (BGBl. I S. 432) ausgesprochenen Verbote gelten in dem bisherigen Umfang als Verbote nach § 41 dieses Gesetzes.

(7) Besitzt eine Person am 6. Juli 2017 ein Geschoss, das nicht dem bis zum 5. Juli 2017 geltenden Verbot der Anlage 2 Abschnitt 1 Nr. 1.5.4. un-

terfiel, so wird das Verbot nach Anlage 2 Abschnitt 1 Nr. 1.5.4 gegenüber dieser Person nicht wirksam, wenn

1. sie bis zum 1. Juli 2018 einen Antrag nach § 40 Abs. 4 stellt und
2. ihr daraufhin eine Erlaubnis nach § 40 Abs. 4 erteilt wird.

§ 46 Abs. 3 Satz 2 und Abs. 5 findet entsprechend Anwendung.

(8) Wer eine am 6. Juli 2017 unerlaubt besessene Waffe oder unerlaubt besessene Munition bis zum 1. Juli 2018 der zuständigen Behörde oder einer Polizeidienststelle übergibt, wird nicht wegen unerlaubten Erwerbs, unerlaubten Besitzes, unerlaubten Führens auf dem direkten Weg zur Übergabe an die zuständige Behörde oder Polizeidienststelle oder wegen unerlaubten Verbringens bestraft. Satz 1 gilt nicht, wenn

1. vor der Unbrauchbarmachung, Überlassung oder Übergabe dem bisherigen Besitzer der Waffe die Einleitung des Straf- oder Bußgeldverfahrens wegen der Tat bekannt gegeben worden ist oder
2. der Verstoß im Zeitpunkt der Unbrauchbarmachung, Überlassung oder Übergabe ganz oder zum Teil bereits entdeckt war und der bisherige Besitzer dies wusste oder bei verständiger Würdigung der Sachlage damit rechnen musste.

(9) Besitzt eine Person, die noch nicht das fünfundzwanzigste Lebensjahr vollendet hat, am 1. April 2003 mit einer Erlaubnis auf Grund des Waffengesetzes in der Fassung der Bekanntmachung vom 8. März 1976 (BGBl. I S. 432) eine Schusswaffe, so hat sie binnen eines Jahres auf eigene Kosten der zuständigen Behörde ein amts- oder fachärztliches oder fachpsychologisches Zeugnis über die geistige Eignung nach § 6 Abs. 3 vorzulegen. Satz 1 gilt nicht für den Erwerb und Besitz von Schusswaffen im Sinne von § 14 Abs. 1 Satz 2 und in den Fällen des § 13 Abs. 2 Satz 1.

(10) Die Erlaubnispflicht für Schusswaffen im Sinne der Anlage 2 Abschnitt 2 Unterabschnitt 1 Satz 3 gilt für Schusswaffen, die vor dem 1. April 2008 erworben wurden, erst ab dem 1. Oktober 2008.

(11) Hat jemand am 1. April 2008 eine bislang nicht nach Anlage 2 Abschnitt 1 Nummer 1.2.1.2 dieses Gesetzes verbotene Waffe besessen, so wird dieses Verbot nicht wirksam, wenn er bis zum 1. Oktober 2008 diese Waffe unbrauchbar macht, einem Berechtigten überlässt oder der zuständigen Behörde oder einer Polizeidienststelle überlässt oder einen Antrag nach § 40 Abs. 4 dieses Gesetzes stellt. § 46 Abs. 3 Satz 2 und Abs. 5 findet entsprechend Anwendung.

(12) Besitzt der Inhaber einer Waffenbesitzkarte am 1. April 2008 erlaubnisfrei erworbene Teile von Schusswaffen im Sinne der Anlage 2 Abschnitt 2 Unterabschnitt 2 Nr. 2, so sind diese Teile bis zum 1. Oktober 2008 in die Waffenbesitzkarte einzutragen.

Anlage 1
(zu § 1 Abs. 4)

Begriffsbestimmungen

Abschnitt 1: **Waffen- und munitionstechnische Begriffe, Einstufung von Gegenständen**

Unterabschnitt 1: **Schusswaffen**

1. Schusswaffen im Sinne des § 1 Abs. 2 Nr. 1

1.1 Schusswaffen
Schusswaffen sind Gegenstände, die zum Angriff oder zur Verteidigung, zur Signalgebung, zur Jagd, zur Distanzinjektion, zur Markierung, zum Sport oder zum Spiel bestimmt sind und bei denen Geschosse durch einen Lauf getrieben werden.

1.2 Gleichgestellte Gegenstände
Den Schusswaffen stehen gleich tragbare Gegenstände.

1.2.1 die zum Abschießen von Munition für die in Nummer 1.1 genannten Zwecke bestimmt sind,

1.2.2 bei denen bestimmungsgemäß feste Körper gezielt verschossen werden, deren Antriebsenergie durch Muskelkraft eingebracht und durch eine Sperrvorrichtung gespeichert werden kann (z. B. Armbrüste). Dies gilt nicht für feste Körper, die mit elastischen Geschossspitzen (z. B. Saughaft aus Gummi) versehen sind, bei denen eine maximale Bewegungsenergie der Geschossspitzen je Flächeneinheit von 0,16 J/cm^2 nicht überschritten wird.

1.3 Wesentliche Teile von Schusswaffen, Schalldämpfer
Wesentliche Teile von Schusswaffen und Schalldämpfer stehen, soweit in diesem Gesetz nichts anderes bestimmt ist, den Schusswaffen gleich, für die sie bestimmt sind. Dies gilt auch dann, wenn sie mit anderen Gegenständen verbunden sind und die Gebrauchsfähigkeit als Waffenteil nicht beeinträchtigt ist oder mit allgemein gebräuchlichen Werkzeugen wieder hergestellt werden kann. Teile von Kriegswaffen im Sinne des Gesetzes über die Kontrolle von Kriegswaffen in der Fassung der Bekanntmachung vom 22. November 1990 (BGBl. I S. 2506), zuletzt geändert durch Artikel 24 der Verordnung vom 31. Oktober 2006 (BGBl. I S. 2407), die nicht vom Gesetz über die Kontrolle von Kriegswaffen erfasst und nachstehend als wesentliche Teile aufgeführt sind, sowie Schalldämpfer zu derartigen Waffen werden von diesem Gesetz erfasst.

Wesentliche Teile sind

1.3.1 der Lauf oder Gaslauf, der Verschluss sowie das Patronen- oder Kartuschenlager, wenn diese nicht bereits Bestandteil des Laufes sind; der Lauf ist ein aus einem ausreichenden festen Werkstoff bestehender rohrförmiger Gegenstand, der Geschossen, die hindurchgetrieben werden, ein gewisses Maß an Führung gibt, wobei dies in der Regel als gegeben anzusehen ist, wenn die Länge des Laufteils, der die Führung des Geschosses bestimmt, mindestens das Zweifache des Kalibers beträgt; der Gaslauf ist ein Lauf, der ausschließlich der Ableitung der Verbrennungsgase dient; der Verschluss ist das unmittelbar das Patronen- oder Kartuschenlager oder den Lauf abschließende Teil;

1.3.2 bei Schusswaffen, bei denen zum Antrieb ein entzündbares flüssiges oder gasförmiges Gemisch verwendet wird, auch die Verbrennungskammer und die Einrichtung zur Erzeugung des Gemisches;

1.3.3 bei Schusswaffen mit anderem Antrieb auch die Antriebsvorrichtung, sofern sie fest mit der Schusswaffe verbunden ist;

1.3.4 bei Kurzwaffen auch das Griffstück oder sonstige Waffenteile, soweit sie für die Aufnahme des Auslösemechanismus bestimmt sind; Als wesentliche Teile gelten auch vorgearbeitete wesentliche Teile von Schusswaffen sowie Teile/Reststücke von Läufen und Laufrohlingen, wenn sie mit allgemein gebräuchlichen Werkzeugen fertiggestellt werden können. Schalldämpfer sind Vorrichtungen, die der wesentlichen Dämpfung des Mündungsknalls dienen und für Schusswaffen bestimmt sind.

1.4 Unbrauchbar gemachte Schusswaffen (Dekorationswaffen)
Schusswaffen sind dann unbrauchbar, wenn

1.4.1 das Patronenlager dauerhaft so verändert ist, dass weder Munition noch Treibladungen geladen werden können,

1.4.2 der Verschluss dauerhaft funktionsunfähig gemacht worden ist,

1.4.3 in Griffstücken oder anderen wesentlichen Waffenteilen für Handfeuer-Kurzwaffen der Auslösemechanismus dauerhaft funktionsunfähig gemacht worden ist,

1.4.4 bei Kurzwaffen der Lauf auf seiner ganzen Länge, im Patronenlager beginnend,

- bis zur Laufmündung einen durchgehenden Längsschlitz von mindestens 4 mm Breite oder
- im Abstand von jeweils 3 cm, mindestens jedoch 3 kalibergroße Bohrungen oder
- andere gleichwertige Laufveränderungen

aufweist,

1.4.5 bei Langwaffen der Lauf in dem dem Patronenlager zugekehrten Drittel
- mindestens 6 kalibergroße Bohrungen oder
- andere gleichwertige Laufveränderungen

aufweist und vor diesen in Richtung der Laufmündung mit einem kalibergroßen gehärteten Stahlstift dauerhaft verschlossen ist;

1.4.6 dauerhaft unbrauchbar gemacht oder geworden ist eine Schusswaffe dann, wenn mit allgemein gebräuchlichen Werkzeugen die Schussfähigkeit der Waffe oder die Funktionsfähigkeit der wesentlichen Teile nicht wieder hergestellt werden kann.

1.5 Salutwaffen

Salutwaffen sind veränderte Langwaffen, die u. a. für Theateraufführungen, Foto-, Film- oder Fernsehaufnahmen bestimmt sind, wenn sie die nachstehenden Anforderungen erfüllen:
- das Patronenlager muss dauerhaft so verändert sein, dass keine Patronen- oder pyrotechnische Munition geladen werden kann,
- der Lauf muss in dem dem Patronenlager zugekehrten Drittel mindestens sechs kalibergroße, offene Bohrungen oder andere gleichwertige Laufveränderungen aufweisen und vor diesen in Richtung der Laufmündung mit einem kalibergroßen gehärteten Stahlstift dauerhaft verschlossen sein,
- der Lauf muss mit dem Gehäuse fest verbunden sein, sofern es sich um Waffen handelt, bei denen der Lauf ohne Anwendung von Werkzeugen ausgetauscht werden kann,
- die Änderungen müssen so vorgenommen sein, dass sie nicht mit allgemein gebräuchlichen Werkzeugen rückgängig gemacht und die Gegenstände nicht so geändert werden können, dass aus ihnen Geschosse, Patronen- oder pyrotechnische Munition verschossen werden können, und
- der Verschluss muss ein Kennzeichen nach Abbildung 11 der Anlage II zur Beschussverordnung tragen;

1.6 Anscheinswaffen

Anscheinswaffen sind

1.6.1 Schusswaffen, die ihrer äußeren Form nach im Gesamterscheinungsbild den Anschein von Feuerwaffen (Anlage 1 Abschnitt 1 Unterabschnitt 1 Nr. 2.1) hervorrufen und bei denen zum Antrieb der Geschosse keine heißen Gase verwendet werden,

1.6.2 Nachbildungen von Schusswaffen mit dem Aussehen von Schusswaffen nach Nummer 1.6.1 oder

1.6.3 unbrauchbar gemachte Schusswaffen mit dem Aussehen von Schusswaffen nach Nummer 1.6.1.

Ausgenommen sind solche Gegenstände, die erkennbar nach ihrem Gesamterscheinungsbild zum Spiel oder für Brauchtumsveranstaltungen bestimmt sind oder die Teil einer kulturhistorisch bedeutsamen Sammlung im Sinne des § 17 sind oder werden sollen oder Schusswaffen, für die gemäß § 10 Abs. 4 eine Erlaubnis zum Führen erforderlich ist. Erkennbar nach ihrem Gesamterscheinungsbild zum Spiel bestimmt sind insbesondere Gegenstände, deren Größe die einer entsprechenden Feuerwaffe um 50 Prozent über- oder unterschreiten, neonfarbene Materialien enthalten oder keine Kennzeichnungen von Feuerwaffen aufweisen.

2. Arten von Schusswaffen

2.1 Feuerwaffen; dies sind Schusswaffen nach Nummer 1.1, bei denen ein Geschoss mittels heißer Gase durch einen oder aus einem Lauf getrieben wird.

2.2 Automatische Schusswaffen; dies sind Schusswaffen, die nach Abgabe eines Schusses selbsttätig erneut schussbereit werden und bei denen aus demselben Lauf durch einmalige Betätigung des Abzuges oder einer anderen Schussauslösevorrichtung mehrere Schüsse abgegeben werden können (Vollautomaten) oder durch einmalige Betätigung des Abzuges oder einer anderen Schussauslösevorrichtung jeweils nur ein Schuss abgegeben werden kann (Halbautomaten). Als automatische Schusswaffen gelten auch Schusswaffen, die mit allgemein gebräuchlichen Werkzeugen in automatische Schusswaffen geändert werden können. Als Vollautomaten gelten auch in Halbautomaten geänderte Vollautomaten, die mit den in Satz 2 genannten Hilfsmitteln wieder in Vollautomaten zurückgeändert werden können. Double-Action-Revolver sind keine halbautomatischen Schusswaffen. Beim Double-Action-Revolver wird bei Betätigung des Abzugs durch den Schützen die Trommel weitergedreht, so dass das nächste Lager mit einer neuen Patrone vor den Lauf und den Schlagbolzen zu liegen kommt, und gleichzeitig die Feder spannt. Beim weiteren Durchziehen des Abzugs schnellt der Hahn nach vorn und löst den Schuss aus.

2.3 Repetierwaffen; dies sind Schusswaffen, bei denen nach Abgabe eines Schusses über einen von Hand zu betätigenden Mechanismus Munition aus einem Magazin in das Patronenlager nachgeladen wird.

2.4 Einzelladerwaffen; dies sind Schusswaffen ohne Magazin mit einem oder mehreren Läufen, die vor jedem Schuss aus demselben Lauf von Hand geladen werden.

2.5 Langwaffen; dies sind Schusswaffen, deren Lauf und Verschluss in geschlossener Stellung insgesamt länger als 30 cm sind und deren kürzeste bestimmungsgemäß verwendbare Gesamtlänge 60 cm überschreitet; Kurzwaffen sind alle anderen Schusswaffen.

2.6 Schreckschusswaffen; dies sind Schusswaffen mit einem Kartuschenlager, die zum Abschießen von Kartuschenmunition bestimmt sind.

2.7 Reizstoffwaffen; dies sind Schusswaffen mit einem Patronen- oder Kartuschenlager, die zum Verschießen von Reiz- oder anderen Wirkstoffen bestimmt sind.

2.8 Signalwaffen; dies sind Schusswaffen mit einem Patronen- oder Kartuschenlager oder tragbare Gegenstände nach Nummer 1.2.1, die zum Verschießen pyrotechnischer Munition bestimmt sind.

2.9 Druckluft- und Federdruckwaffen und Waffen, bei denen zum Antrieb der Geschosse kalte Treibgase verwendet werden; Federdruckwaffen sind Schusswaffen, bei denen entweder Federkraft direkt ein Geschoss antreibt (auch als Federkraftwaffen bezeichnet) oder ein federbelasteter Kolben in einem Zylinder bewegt wird und ein vom Kolben erzeugtes Luftpolster das Geschoss antreibt. Druckluftwaffen sind Schusswaffen, bei denen Luft in einen Druckbehälter vorkomprimiert und gespeichert sowie über ein Ventilsystem zum Geschossantrieb freigegeben wird. Waffen, bei denen zum Antrieb der Geschosse kalte Treibgase Verwendung finden, sind z. B. Druckgaswaffen.

3. Weitere Begriffe zu den wesentlichen Teilen

3.1 Austauschläufe sind Läufe für ein bestimmtes Waffenmodell oder -system, die ohne Nacharbeit ausgetauscht werden können.

3.2 Wechselläufe sind Läufe, die für eine bestimmte Waffe zum Austausch des vorhandenen Laufes vorgefertigt sind und die noch eingepasst werden müssen.

3.3 Einsteckläufe sind Läufe ohne eigenen Verschluss, die in die Läufe von Waffen größeren Kalibers eingesteckt werden können.

3.4 Wechseltrommeln sind Trommeln für ein bestimmtes Revolvermodell, die ohne Nacharbeit gewechselt werden können.

3.5 Wechselsysteme sind Wechselläufe einschließlich des für sie bestimmten Verschlusses.

3.6 Einstecksysteme sind Einsteckläufe einschließlich des für sie bestimmten Verschlusses.

3.7 Einsätze sind Teile, die den Innenmaßen des Patronenlagers der Schusswaffe angepasst und zum Verschießen von Munition kleinerer Abmessungen bestimmt sind.

4. Sonstige Vorrichtungen für Schusswaffen

4.1 Zielscheinwerfer sind für Schusswaffen bestimmte Vorrichtungen, die das Ziel beleuchten. Ein Ziel wird dann beleuchtet, wenn es mittels Lichtstrahlen bei ungünstigen Lichtverhältnissen oder Dunkelheit für den Schützen erkennbar dargestellt wird. Dabei ist es unerheblich, ob das Licht sichtbar oder unsichtbar (z. B. infrarot) ist und ob der Schütze weitere Hilfsmittel für die Zielerkennung benötigt.

4.2 Laser oder Zielpunktprojektoren sind für Schusswaffen bestimmte Vorrichtungen, die das Ziel markieren. Ein Ziel wird markiert, wenn auf diesem für den Schützen erkennbar ein Zielpunkt projiziert wird.

4.3 Nachtsichtgeräte oder Nachtzielgeräte sind für Schusswaffen bestimmte Vorrichtungen, die eine elektronische Verstärkung oder einen Bildwandler und eine Montageeinrichtung für Schusswaffen besitzen. Zu Nachtzielgeräten zählen auch Nachtsichtvorsätze und Nachtsichtaufsätze für Zielhilfsmittel (Zielfernrohre).

5. Reizstoffe sind Stoffe, die bei ihrer bestimmungsgemäßen Anwendung auf den Menschen eine belästigende Wirkung durch Haut- und Schleimhautreizung, insbesondere durch einen Augenreiz ausüben und resorptiv nicht giftig wirken.

6. Nachbildungen von Schusswaffen sind Gegenstände,
   - die nicht als Schusswaffen hergestellt wurden,
   - die die äußere Form einer Schusswaffe haben,
   - aus denen nicht geschossen werden kann und
   - die nicht mit allgemein gebräuchlichen Werkzeugen so umgebaut oder verändert werden können, dass aus ihnen Munition, Ladungen oder Geschosse verschossen werden können.

Unterabschnitt 2: **Tragbare Gegenstände**

1. Tragbare Gegenstände nach § 1 Abs. 2 Nr. 2 Buchstabe a sind insbesondere

1.1 Hieb- und Stoßwaffen (Gegenstände, die ihrem Wesen nach dazu bestimmt sind, unter unmittelbarer Ausnutzung der Muskelkraft durch Hieb, Stoß, Stich, Schlag oder Wurf Verletzungen beizubringen),

1.2 Gegenstände,

1.2.1 die unter Ausnutzung einer anderen als mechanischen Energie Verletzungen beibringen (z. B. Elektroimpulsgeräte),

1.2.2 aus denen Reizstoffe versprüht oder ausgestoßen werden, die eine Reichweite bis zu 2 m haben (Reizstoffsprühgeräte),

1.2.3 bei denen in einer Entfernung von mehr als 2 m bei Menschen
a) eine angriffsunfähig machende Wirkung durch ein gezieltes Versprühen oder Ausstoßen von Reiz- oder anderen Wirkstoffen oder
b) eine gesundheitsschädliche Wirkung durch eine andere als kinetische Energie, insbesondere durch ein gezieltes Ausstrahlen einer elektromagnetischen Strahlung

hervorgerufen werden kann,

1.2.4 bei denen gasförmige, flüssige oder feste Stoffe den Gegenstand gezielt und brennend mit einer Flamme von mehr als 20 cm Länge verlassen,

1.2.5 bei denen leicht entflammbare Stoffe so verteilt und entzündet werden, dass schlagartig ein Brand entstehen kann, oder in denen unter Verwendung explosionsgefährlicher oder explosionsfähiger Stoffe eine Explosion ausgelöst werden kann,

1.2.6 die nach ihrer Beschaffenheit und Handhabung dazu bestimmt sind, durch Drosseln die Gesundheit zu schädigen,

1.3 Schleudern, die zur Erreichung einer höchstmöglichen Bewegungsenergie eine Armstütze oder eine vergleichbare Vorrichtung besitzen oder für eine solche Vorrichtung eingerichtet sind (Präzisionsschleudern) sowie Armstützen und vergleichbare Vorrichtungen für die vorbezeichneten Gegenstände.

2. Tragbare Gegenstände im Sinne des § 1 Abs. 2 Nr. 2 Buchstabe b sind

2.1 Messer,

2.1.1 deren Klingen auf Knopf- oder Hebeldruck hervorschnellen und hierdurch oder beim Loslassen der Sperrvorrichtung festgestellt werden können (Springmesser),

2.1.2 deren Klingen beim Lösen einer Sperrvorrichtung durch ihre Schwerkraft oder durch eine Schleuderbewegung aus dem Griff hervorschnellen und selbsttätig oder beim Loslassen der Sperrvorrichtung festgestellt werden (Fallmesser),

2.1.3 mit einem quer zur feststehenden oder feststellbaren Klinge verlaufenden Griff, die bestimmungsgemäß in der geschlossenen Faust geführt oder eingesetzt werden (Faustmesser),

2.1.4 Faltmesser mit zweigeteilten, schwenkbaren Griffen (Butterflymesser),

2.2 Gegenstände, die bestimmungsgemäß unter Ausnutzung einer anderen als mechanischen Energie Tieren Schmerzen beibringen

(z. B. Elektroimpulsgeräte), mit Ausnahme der ihrer Bestimmung entsprechend im Bereich der Tierhaltung oder bei der sachgerechten Hundeausbildung Verwendung findenden Gegenstände (z. B. Viehtreiber).

Unterabschnitt 3: **Munition und Geschosse**

1. Munition ist zum Verschießen aus Schusswaffen bestimmte
1.1 Patronenmunition (Hülsen mit Ladungen, die ein Geschoss enthalten, und Geschosse mit Eigenantrieb),
1.2 Kartuschenmunition (Hülsen mit Ladungen, die ein Geschoss nicht enthalten),
1.3 hülsenlose Munition (Treibladungen mit oder ohne Geschoss, wobei die Ladung eine den Innenabmessungen einer Schusswaffe oder eines Gegenstandes nach Unterabschnitt 1 Nr. 1.2 angepasste Form hat),
1.4 pyrotechnische Munition (dies sind Gegenstände, die Geschosse mit explosionsgefährlichen Stoffen oder Stoffgemischen [pyrotechnische Sätze] enthalten, die Licht-, Schall-, Rauch-, Nebel-, Heiz-, Druck- oder Bewegungswirkungen erzeugen und keine zweckbestimmte Durchschlagskraft im Ziel entfalten); hierzu gehört
1.4.1 pyrotechnische Patronenmunition (Patronenmunition, bei der das Geschoss einen pyrotechnischen Satz enthält),
1.4.2 unpatronierte pyrotechnische Munition (Geschosse, die einen pyrotechnischen Satz enthalten),
1.4.3 mit der Antriebsvorrichtung fest verbundene pyrotechnische Munition.
2. Ladungen sind die Hauptenergieträger, die in loser Schüttung in Munition oder als vorgefertigte Ladung oder in loser Form in Waffen nach Unterabschnitt 1 Nr. 1.1 oder Gegenstände nach Unterabschnitt 1 Nr. 1.2.1 eingegeben werden und
   - zum Antrieb von Geschossen oder Wirkstoffen oder
   - zur Erzeugung von Schall- oder Lichtimpulsen

   bestimmt sind, sowie Anzündsätze, die direkt zum Antrieb von Geschossen dienen.
3. Geschosse im Sinne dieses Gesetzes sind als Waffen oder für Schusswaffen bestimmte
3.1 feste Körper,
3.2 gasförmige, flüssige oder feste Stoffe in Umhüllungen.

Abschnitt 2: **Waffenrechtliche Begriffe**

Im Sinne dieses Gesetzes

1. erwirbt eine Waffe oder Munition, wer die tatsächliche Gewalt darüber erlangt,
2. besitzt eine Waffe oder Munition, wer die tatsächliche Gewalt darüber ausübt,
3. überlässt eine Waffe oder Munition, wer die tatsächliche Gewalt darüber einem anderen einräumt,
4. führt eine Waffe, wer die tatsächliche Gewalt darüber außerhalb der eigenen Wohnung, Geschäftsräume des eigenen befriedeten Besitztums oder einer Schießstätte ausübt,
5. verbringt eine Waffe oder Munition, wer diese Waffe oder Munition über die Grenze zum dortigen Verbleib oder mit dem Ziel des Besitzwechsels in den, durch den oder aus dem Geltungsbereich des Gesetzes zu einer anderen Person oder zu sich selbst transportieren lässt oder selbst transportiert,
6. nimmt eine Waffe oder Munition mit, wer diese Waffe oder Munition vorübergehend auf einer Reise ohne Aufgabe des Besitzes zur Verwendung über die Grenze in den, durch den oder aus dem Geltungsbereich des Gesetzes bringt,
7. schießt, wer mit einer Schusswaffe Geschosse durch einen Lauf verschießt, Kartuschenmunition abschießt, mit Patronen- oder Kartuschenmunition Reiz- oder andere Wirkstoffe verschießt oder pyrotechnische Munition verschießt,
8.

8.1 werden Waffen oder Munition hergestellt, wenn aus Rohteilen oder Materialien ein Endprodukt oder wesentliche Teile eines Endproduktes erzeugt werden; als Herstellen von Munition gilt auch das Wiederladen von Hülsen,

8.2 wird eine Schusswaffe insbesondere bearbeitet oder instand gesetzt, wenn sie verkürzt, in der Schussfolge verändert oder so geändert wird, dass andere Munition oder Geschosse anderer Kaliber aus ihr verschossen werden können, oder wenn wesentliche Teile, zu deren Einpassung eine Nacharbeit erforderlich ist, ausgetauscht werden; eine Schusswaffe wird weder bearbeitet noch instand gesetzt, wenn lediglich geringfügige Änderungen, insbesondere am Schaft oder an der Zieleinrichtung, vorgenommen werden,

9. treibt Waffenhandel, wer gewerbsmäßig oder selbstständig im Rahmen einer wirtschaftlichen Unternehmung Schusswaffen oder Munition ankauft, feilhält, Bestellungen entgegennimmt oder aufsucht, an-

deren überlässt oder den Erwerb, den Vertrieb oder das Überlassen vermittelt;
10. sind Kinder Personen, die noch nicht vierzehn Jahre alt sind;
11. sind Jugendliche Personen, die mindestens vierzehn, aber noch nicht achtzehn Jahre alt sind.
12. ist eine Waffe schussbereit, wenn sie geladen ist, das heißt, dass Munition oder Geschosse in der Trommel, im in die Waffe eingefügten Magazin oder im Patronen- oder Geschosslager sind, auch wenn sie nicht gespannt ist;
13. ist eine Schusswaffe zugriffsbereit, wenn sie unmittelbar in Anschlag gebracht werden kann; sie ist nicht zugriffsbereit, wenn sie in einem verschlossenen Behältnis mitgeführt wird.
14. sind Mitgliedstaaten die Mitgliedstaaten der Europäischen Union und gelten als Mitgliedstaaten auch die Vertragsstaaten des Schengener Übereinkommens.

Anlage 2
(zu § 2 Abs. 2 bis 4)

Waffenliste

Abschnitt 1: **Verbotene Waffen**

Der Umgang mit folgenden Waffen und Munition ist verboten:

1.1 Waffen (§ 1 Abs. 2), mit Ausnahme halbautomatischer tragbarer Schusswaffen, die in der Anlage zum Gesetz über die Kontrolle von Kriegswaffen (Kriegswaffenliste) in der Fassung der Bekanntmachung vom 22. November 1990 (BGBl. I S. 2506) oder deren Änderungen aufgeführt sind, nach Verlust der Kriegswaffeneigenschaft;

1.2 Schusswaffen im Sinne des § 1 Abs. 2 Nr. 1 nach Nummer 1.2.1 bis 1.2.3 und deren Zubehör nach Nr. 1.2.4, die

1.2.1.1 Vollautomaten im Sinne der Anlage 1 Abschnitt 1 Unterabschnitt 1 Nr. 2.2 oder

1.2.1.2 Vorderschaftrepetierflinten, bei denen anstelle des Hinterschaftes ein Kurzwaffengriff vorhanden ist oder die Waffengesamtlänge in der kürzest möglichen Verwendungsform weniger als 95 cm oder die Lauflänge weniger als 45 cm beträgt, sind;

1.2.2 ihrer Form nach geeignet sind, einen anderen Gegenstand vorzutäuschen oder die mit Gegenständen des täglichen Gebrauchs verkleidet sind (z. B. Koppelschlosspistolen, Schießkugelschreiber, Stockgewehre, Taschenlampenpistolen);

1.2.3 über den für Jagd- und Sportzwecke allgemein üblichen Umfang hinaus zusammengeklappt, zusammengeschoben, verkürzt oder schnell zerlegt werden können;

1.2.4 für Schusswaffen bestimmte

1.2.4.1 Vorrichtungen sind, die das Ziel beleuchten (z. B. Zielscheinwerfer) oder markieren (z. B. Laser oder Zielpunktprojektoren);

1.2.4.2 Nachtsichtgeräte und Nachtzielgeräte mit Montagevorrichtung für Schusswaffen sowie Nachtsichtvorsätze und Nachtsichtaufsätze für Zielhilfsmittel (z. B. Zielfernrohre) sind, sofern die Gegenstände einen Bildwandler oder eine elektronische Verstärkung besitzen;

1.2.5 mehrschüssige Kurzwaffen, deren Baujahr nach dem 1. Januar 1970 liegt, für Zentralfeuermunition in Kalibern unter 6,3 mm, wenn der Antrieb der Geschosse nicht ausschließlich durch den Zündsatz erfolgt;

1.3 Tragbare Gegenstände im Sinne des § 1 Abs. 2 Nr. 2 Buchstabe a nach Nummer 1.3.1 bis 1.3.8

1.3.1 Hieb- oder Stoßwaffen sind, die ihrer Form nach geeignet sind, einen anderen Gegenstand vorzutäuschen, oder die mit Gegenständen des täglichen Gebrauchs verkleidet sind;

1.3.2 Stahlruten, Totschläger oder Schlagringe;

1.3.3 sternförmige Scheiben, die nach ihrer Beschaffenheit und Handhabung zum Wurf auf ein Ziel bestimmt und geeignet sind, die Gesundheit zu schädigen (Wurfsterne);

1.3.4 Gegenstände, bei denen leicht entflammbare Stoffe so verteilt und entzündet werden, dass schlagartig ein Brand entstehen kann; oder in denen unter Verwendung explosionsgefährlicher oder explosionsfähiger Stoffe eine Explosion ausgelöst werden kann;

1.3.5 Gegenstände mit Reiz- oder anderen Wirkstoffen, es sei denn, dass die Stoffe als gesundheitlich unbedenklich amtlich zugelassen sind und die Gegenstände

- in der Reichweite und Sprühdauer begrenzt sind und
- zum Nachweis der gesundheitlichen Unbedenklichkeit, der Reichweiten- und der Sprühdauerbegrenzung ein amtliches Prüfzeichen tragen;

1.3.6 Gegenstände, die unter Ausnutzung einer anderen als mechanischen Energie Verletzungen beibringen (z. B. Elektroimpulsgeräte), sofern sie nicht als gesundheitlich unbedenklich amtlich zugelassen sind und ein amtliches Prüfzeichen tragen zum Nachweis der gesundheitlichen Unbedenklichkeit, sowie Distanz-Elektroimpulsgeräte, die mit dem Abschuss- oder Auslösegerät durch einen leitungsfähigen Flüssigkeitsstrahl einen Elektroimpuls übertragen oder durch Leitung verbundene Elektroden zur Übertragung eines Elektroimpulses am Körper aufbringen;

1.3.7 Präzisionsschleudern nach Anlage 1 Abschnitt 1 Unterabschnitt 2 Nr. 1.3 sowie Armstützen und vergleichbare Vorrichtungen für die vorbezeichneten Gegenstände;

1.3.8 Gegenstände, die nach ihrer Beschaffenheit und Handhabung dazu bestimmt sind, durch Drosseln die Gesundheit zu schädigen (z. B. Nun-Chakus);

1.4 Tragbare Gegenstände im Sinne des § 1 Abs. 2 Nr. 2 Buchstabe b nach Nummer 1.4.1 bis 1.4.4

1.4.1 Spring- und Fallmesser nach Anlage 1 Abschnitt 1 Unterabschnitt 2 Nr. 2.1.1 und 2.1.2. Hiervon ausgenommen sind Springmesser, wenn die Klinge seitlich aus dem Griff herausspringt und der aus dem Griff herausragende Teil der Klinge
- höchstens 8,5 cm lang ist und
- nicht zweiseitig geschliffen ist;

1.4.2 Faustmesser nach Anlage 1 Abschnitt 1 Unterabschnitt 2 Nr. 2.1.3,

1.4.3 Butterflymesser nach Anlage 1 Abschnitt 1 Unterabschnitt 2 Nr. 2.1.4,

1.4.4 Gegenstände, die unter Ausnutzung einer anderen als mechanischen Energie Tieren Verletzungen beibringen (z. B. Elektroimpulsgeräte), sofern sie nicht als gesundheitlich unbedenklich amtlich zugelassen sind und ein amtliches Prüfzeichen tragen zum Nachweis der gesundheitlichen Unbedenklichkeit oder bestimmungsgemäß in der Tierhaltung Verwendung finden;

1.5 Munition und Geschosse nach Nummer 1.5.1 bis 1.5.7

1.5.1 Geschosse mit Betäubungsstoffen, die zu Angriffs- oder Verteidigungszwecken bestimmt sind;

1.5.2 Geschosse oder Kartuschenmunition mit Reizstoffen, die zu Angriffs- oder Verteidigungszwecken bestimmt sind ohne amtliches Prüfzeichen zum Nachweis der gesundheitlichen Unbedenklichkeit;

1.5.3 Patronenmunition für Schusswaffen mit gezogenen Läufen, deren Geschosse im Durchmesser kleiner sind als die Felddurchmesser der dazu gehörigen Schusswaffen und die mit einer Treib- und Führungshülse umgeben sind, die sich nach Verlassen des Laufes vom Geschoss trennt;

1.5.4 Patronenmunition mit Geschossen, die einen Leuchtspur-, Brand- oder Sprengsatz mit einem Hartkern (mindestens 400 HB 25 – Brinellhärte – bzw. 421 HV – Vickershärte –) enthalten, ausgenommen pyrotechnische Munition, die bestimmungsgemäß zur Signalgebung bei der Gefahrenabwehr dient;

1.5.5 Knallkartuschen, Reiz- und sonstige Wirkstoffmunition nach Tabelle 5 der Maßtafeln nach § 1 Abs. 3 Satz 3 der Dritten Verordnung zum Waffengesetz in der Fassung der Bekanntmachung vom 2. September 1991 (BGBl. I S. 3073), die zuletzt durch die Zweite Verordnung zur Änderung von waffenrechtlichen Verordnungen vom 24. Januar 2000 (BGBl. I S. 38) geändert wurde, in der jeweils geltenden Fassung (Maßtafeln), bei deren Verschießen in Entfernungen von mehr als 1,5 m vor der Mündung Verletzungen durch feste Bestandteile hervorgerufen werden können, ausgenommen Kartuschenmunition der Kaliber 16 und 12 mit einer Hülsenlänge von nicht mehr als 47 oder 49 mm;

1.5.6 Kleinschrotmunition, die in Lagern nach Tabelle 5 der Maßtafeln mit einem Durchmesser (P1) bis 12,5 mm geladen werden kann;

1.5.7 Munition, die zur ausschließlichen Verwendung in Kriegswaffen oder durch die in § 55 Abs. 1 Satz 1 bezeichneten Stellen bestimmt ist, soweit die Munition nicht unter die Vorschriften des Gesetzes über die Kontrolle von Kriegswaffen oder des Sprengstoffgesetzes fällt.

Abschnitt 2: **Erlaubnispflichtige Waffen**

Unterabschnitt 1: **Erlaubnispflicht**

Der Umgang, ausgenommen das Überlassen, mit Waffen im Sinne des § 1 Abs. 2 Nr. 1 (Anlage 1 Abschnitt 1 Unterabschnitt 1 Nummer 1 bis 4) und der dafür bestimmten Munition bedarf der Erlaubnis, soweit solche Waffen oder Munition nicht nach Unterabschnitt 2 für die dort bezeichneten Arten des Umgangs von der Erlaubnispflicht freigestellt sind. In Unterabschnitt 3 sind die Schusswaffen oder Munition aufgeführt, bei denen die Erlaubnis unter erleichterten Voraussetzungen erteilt wird. Ist eine erlaubnispflichtige Feuerwaffe in eine Waffe umgearbeitet worden, deren Erwerb und Besitz unter erleichterten und wegfallenden Erlaubnisvoraussetzungen möglich wäre, so richtet sich die Erlaubnispflicht nach derjenigen für die ursprüngliche Waffe. Dies gilt nicht für veränderte Langwaffen nach Anlage 1 Abschnitt 1 Unterabschnitt 1 Nr. 1.5 (Salutwaffen).

Unterabschnitt 2: **Erlaubnisfreie Arten des Umgangs**

1. Erlaubnisfreier Erwerb und Besitz

1.1 Druckluft-, Federdruckwaffen und Waffen, bei denen zum Antrieb der Geschosse kalte Treibgase Verwendung finden, wenn den Geschossen eine Bewegungsenergie von nicht mehr als 7,5 Joule erteilt wird und die das Kennzeichen nach Anlage 1 Abbildung 1 zur Ersten Verordnung zum Waffengesetz vom 24. Mai 1976 (BGBl. I S. 1285) in der zum Zeitpunkt des Inkrafttretens dieses Gesetzes geltenden Fassung oder ein durch Rechtsverordnung nach § 25 Abs. 1 Nr. 1 Buchstabe c bestimmtes Zeichen tragen;

1.2 Druckluft-, Federdruckwaffen und Waffen, bei denen zum Antrieb der Geschosse kalte Treibgase Verwendung finden, die vor dem 1. Januar 1970 oder in dem in Artikel 3 des Einigungsvertrages genannten Gebiet vor dem 2. April 1991 hergestellt und entsprechend den zu diesem Zeitpunkt geltenden Bestimmungen in den Handel gebracht worden sind;

1.3 Schreckschuss-, Reizstoff- und Signalwaffen, die der zugelassenen Bauart nach § 8 des Beschussgesetzes entsprechen und das Zulassungszeichen nach Anlage 1 Abbildung 2 zur Ersten Verordnung zum Waffengesetz vom 24. Mai 1976 (BGBl. I S. 1285) in der zum Zeitpunkt des Inkrafttretens dieses Gesetzes geltenden Fassung oder ein durch Rechtsverordnung nach § 25 Abs. 1 Nr. 1 Buchstabe c bestimmtes Zeichen tragen;

1.4 Kartuschenmunition für die in Nr. 1.3 bezeichneten Schusswaffen;

1.5 veränderte Langwaffen, die zu Theateraufführungen, Foto-, Film- oder Fernsehaufnahmen bestimmt sind (Salutwaffen), wenn sie entsprechend den Anforderungen der Anlage 1 Abschnitt 1 Unterabschnitt 1 Nr. 1.5 abgeändert worden sind;

1.6 Schusswaffen, die vor dem 1. April 1976 entsprechend den Anforderungen des § 3 der Ersten Verordnung zum Waffengesetz vom 19. Dezember 1972 (BGBl. I S. 2522) verändert worden sind;

1.7 einläufige Einzelladerwaffen mit Zündhütchenzündung (Perkussionswaffen), deren Modell vor dem 1. Januar 1871 entwickelt worden ist;

1.8 Schusswaffen mit Lunten- oder Funkenzündung, deren Modell vor dem 1. Januar 1871 entwickelt worden ist;

1.9 Schusswaffen mit Zündnadelzündung, deren Modell vor dem 1. Januar 1871 entwickelt worden ist;
1.10 Armbrüste;
1.11 Kartuschenmunition für die nach Nummer 1.5 abgeänderten Schusswaffen sowie für Schussapparate nach § 7 des Beschussgesetzes;
1.12 pyrotechnische Munition, die das Zulassungszeichen nach Anlage II Abbildung 5 zur Dritten Verordnung zum Waffengesetz mit der Klassenbezeichnung PM I trägt;
2. Erlaubnisfreier Erwerb durch Inhaber einer Waffenbesitzkarte unbeschadet der Eintragungspflicht nach § 10 Abs. 1a);
2.1 Wechsel- und Austauschläufe gleichen oder geringeren Kalibers einschließlich der für diese Läufe erforderlichen auswechselbaren Verschlüsse (Wechselsysteme);
2.2 Wechseltrommeln, aus denen nur Munition verschossen werden kann, bei der gegenüber der für die Waffe bestimmten Munition Geschossdurchmesser und höchstzulässiger Gebrauchsgasdruck gleich oder geringer sind, für Schusswaffen, die bereits in der Waffenbesitzkarte des Inhabers einer Erlaubnis eingetragen sind.
2a. Erlaubnisfreier Erwerb und Besitz durch Inhaber einer Waffenbesitzkarte Einsteckläufe und dazugehörige Verschlüsse (Einstecksysteme) sowie Einsätze, die dazu bestimmt sind, Munition mit kleinerer Abmessung zu verschießen, und die keine Einsteckläufe sind; für Schusswaffen, die bereits in der Waffenbesitzkarte des Inhabers einer Erlaubnis eingetragen sind.
3. Erlaubnisfreies Führen
3.1 Schusswaffen mit Lunten- oder Funkenzündung, deren Modell vor dem 1. Januar 1871 entwickelt worden ist;
3.2 Armbrüste;
4. Erlaubnisfreier Handel und erlaubnisfreie Herstellung
4.1 Schusswaffen mit Lunten- oder Funkenzündung, deren Modell vor dem 1. Januar 1871 entwickelt worden ist;
4.2 Armbrüste;
5. Erlaubnisfreier Handel
5.1 Einläufige Einzelladerwaffen mit Zündhütchenzündung (Perkussionswaffen), deren Modell vor dem 1. Januar 1871 entwickelt worden ist;
5.2 Schusswaffen mit Zündnadelzündung, deren Modell vor dem 1. Januar 1871 entwickelt worden ist.
6. Erlaubnisfreie nichtgewerbsmäßige Herstellung
6.1 Munition.
7. Erlaubnisfreies Verbringen und erlaubnisfreie Mitnahme in den, durch den oder aus dem Geltungsbereich des Gesetzes

7.1 Druckluft-, Federdruckwaffen und Waffen, bei denen zum Antrieb der Geschosse kalte Treibgase Verwendung finden, sofern sie den Voraussetzungen der Nummer 1.1, 1.2 oder 1.3 entsprechen;

7.2 Schreckschuss-, Reizstoff- und Signalwaffen, die der zugelassenen Bauart nach § 8 des Beschussgesetzes entsprechen und das Zulassungszeichen nach Anlage 1 Abbildung 2 zur Ersten Verordnung zum Waffengesetz vom 24. Mai 1976 (BGBl. I S. 1285) in der zum Zeitpunkt des Inkrafttretens dieses Gesetzes geltenden Fassung oder ein durch Rechtsverordnung nach § 25 Abs. 1 Nr. 1 Buchstabe c bestimmtes Zeichen tragen;

7.3 veränderte Langwaffen, die zu Theateraufführungen, Foto-, Film- oder Fernsehaufnahmen bestimmt sind (Salutwaffen), wenn sie entsprechend den Anforderungen der Anlage 1 Abschnitt 1 Unterabschnitt 1 Nr. 1.5 abgeändert worden sind;

7.4 Schusswaffen, die vor dem 1. April 1976 entsprechend den Anforderungen des § 3 der Ersten Verordnung zum Waffengesetz vom 19. Dezember 1972 (BGBl. I S. 2522) verändert worden sind;

7.5 Munition für die in Nummer 7.2 bezeichneten Waffen;

7.6 einläufige Einzelladerwaffen mit Zündhütchenzündung (Perkussionswaffen), deren Modell vor dem 1. Januar 1871 entwickelt worden ist;

7.7 Schusswaffen mit Lunten- oder Funkenzündung oder mit Zündnadelzündung, deren Modell vor dem 1. Januar 1871 entwickelt worden ist;

7.8 Armbrüste;

7.9 pyrotechnische Munition, die das Zulassungszeichen nach Anlage II Abbildung 5 zur Dritten Verordnung zum Waffengesetz in der Fassung der Bekanntmachung vom 2. September 1991 (BGBl. I S. 1872) mit der Klassenbezeichnung PM I trägt.

8. Erlaubnisfreies Verbringen und erlaubnisfreie Mitnahme aus dem Geltungsbereich des Gesetzes in einen Staat, der nicht Mitgliedstaat der Europäischen Union ist.

Unterabschnitt 3: **Entbehrlichkeit einzelner Erlaubnisvoraussetzungen**

1. Erwerb und Besitz ohne Bedürfnisnachweis (§ 4 Abs. 1 Nr. 4)

1.1 Feuerwaffen, deren Geschossen eine Bewegungsenergie von nicht mehr als 7,5 Joule erteilt wird und die das Kennzeichen nach Anlage 1 Abbildung 1 der Ersten Verordnung zum Waffengesetz vom 24. Mai 1976 (BGBl. I S. 1285) in der zum Zeitpunkt des Inkrafttretens dieses

Gesetzes geltenden Fassung oder ein durch Rechtsverordnung nach § 25 Abs. 1 Nr. 1 Buchstabe c bestimmtes Zeichen tragen;

1.2 für Waffen nach Nr. 1.1 bestimmte Munition.

2. Führen ohne Sachkunde-, Bedürfnis- und Haftpflichtversicherungsnachweis (§ 4 Abs. 1 Nr. 3 bis 5) – Kleiner Waffenschein

2.1 Schreckschuss-, Reizstoff- und Signalwaffen nach Unterabschnitt 2 Nr. 1.3.

Abschnitt 3: **Vom Gesetz ganz oder teilweise ausgenommene -Waffen**

Unterabschnitt 1: **Vom Gesetz mit Ausnahme von § 2 Abs. 1 und § 41 ausgenommene Waffen**

Unterwassersportgeräte, bei denen zum Antrieb der Geschosse keine Munition verwendet wird (Harpunengeräte).

Unterabschnitt 2: **Vom Gesetz mit Ausnahme des § 42a ausgenommene Waffen**

1. Schusswaffen (Anlage 1 Abschnitt 1 Unterabschnitt 1 Nr. 1.1, ausgenommen Blasrohre), die zum Spiel bestimmt sind, wenn aus ihnen nur Geschosse verschossen werden können, denen eine Bewegungsenergie von nicht mehr als 0,05 Joule (J) erteilt wird, es sei denn, sie können mit allgemein gebräuchlichen Werkzeugen so geändert werden, dass die Bewegungsenergie der Geschosse über 0,05 Joule (J) steigt.
2. Schusswaffen (Anlage 1 Abschnitt 1 Unterabschnitt 1 Nr. 1.1), bei denen feste Körper durch Muskelkraft ohne Möglichkeit der Speicherung der so eingebrachten Antriebsenergie durch eine Sperrvorrichtung angetrieben werden (z. B. Blasrohre).
3. Gegenstände, die zum Spiel bestimmt sind, wenn mit ihnen nur Zündblättchen, -bänder, -ringe (Amorces) oder Knallkorken abgeschossen werden können, es sei denn, sie können mit allgemein gebräuchlichen Werkzeugen in eine Schusswaffe oder einen anderen einer Schusswaffe gleichstehenden Gegenstand umgearbeitet werden.

4. Unbrauchbar gemachte Schusswaffen (Dekorationswaffen); dies sind
4.1 unbrauchbar gemachte Schusswaffen, die vor dem 1. April 2003 entsprechend den Anforderungen des § 7 der Ersten Verordnung zum Waffengesetz vom 24. Mai 1976 (BGBl. I S. 1285) in der bis zu diesem Zeitpunkt geltenden Fassung unbrauchbar gemacht worden sind;
4.2 unbrauchbar gemachte Schusswaffen, Zier- oder Sammlerwaffen, die in der Zeit vom 1. April 2003 an entsprechend den Anforderungen der Anlage 1 Abschnitt 1 Unterabschnitt 1 Nr. 1.4 unbrauchbar gemacht worden sind und die ein Zulassungszeichen nach Anlage II Abbildung 11 zur Beschussverordnung vom 13. Juli 2006 (BGBl. I S. 1474) aufweisen.
5. Nachbildungen von Schusswaffen nach Anlage 1 Abschnitt 1 Unterabschnitt 1 Nr. 6.

Allgemeine Waffengesetz-Verordnung (AWaffV)

Vom 27. Oktober 2003 (BGBl. I S. 2123), zuletzt geändert durch Art. 2 des Gesetzes vom 30. Juni 2017 (BGBl. I. S. 2133) – Auszug –

§ 4 Gutachten über die persönliche Eignung

Derjenige,

1.) dem gegenüber die zuständige Behörde die Vorlage eines amts- oder fachärztlichen oder fachpsychologischen Gutachtens angeordnet hat, weil begründete Zweifel an von ihm beigebrachten Bescheinigungen oder durch Tatsachen begründete Bedenken bestehen, dass er
   a) geschäftsunfähig oder in seiner Geschäftsfähigkeit beschränkt ist,
   b) abhängig von Alkohol oder anderen berauschenden Mitteln, psychisch krank oder debil ist,
   c) aufgrund in seiner Person liegender Umstände mit Waffen oder Munition nicht vorsichtig oder sachgemäß umgehen oder diese Gegenstände nicht sorgfältig verwahren kann oder dass die konkrete Gefahr einer Fremd- oder Selbstgefährdung besteht, oder
2.) der zur Vorlagen eines Gutachtens über die geistige Eignung verpflichtet ist, weil er noch nicht das 25. Lebensjahr vollendet hat und eine erlaubnispflichtige Schusswaffe, ausgenommen Schusswaffen der in § 14 Absatz 1 Satz 2 des Waffengesetzes genannten Art, erwerben und besitzen will,

hat auf eigene Kosten mit der Begutachtung einen sachkundigen Gutachter zu beauftragen.

(6) Weigert sich in den Fällen des Absatzes 1 Nummer 1 der Betroffene, sich untersuchen zu lassen, oder bringt er der zuständigen Behörde das von ihr geforderte Gutachten aus von ihm zu vertretenden Gründen nicht fristgerecht bei, darf die Behörde bei ihrer Entscheidung auf die Nichteignung des Betroffenen schließen. Der Betroffene ist hierauf bei der Anordnung nach Absatz 1 Nummer 1 in Verbindung mit Absatz 3 Satz 1 hinzuweisen.

§ 13 Aufbewahrung von Waffen oder Munition

(1) Schusswaffen, deren Erwerb und Besitz erlaubnispflichtig sind, verbotene Waffen und verbotene Munition sind ungeladen und in einem Behältnis aufzubewahren, das

1. mindestens der Norm DIN/EN 1143-1 (Stand Mai 1997, Oktober 2002, Februar 2006, Januar 2010 oder Juli 2012) mit dem in Absatz 2 geregelten Widerstandsgrad und Gewicht entspricht und
2. zum Nachweis dessen über eine Zertifizierung durch eine akkreditierte Stelle gemäß Absatz 10 verfügt.

Der in Satz 1 Nummer 1 genannten Norm gleichgestellt sind Normen eines anderen Mitgliedstaates des Übereinkommens über den Europäischen Wirtschaftsraum, die das gleiche Schutzniveau aufweisen. Die zuständige Behörde kann eine andere gleichwertige Aufbewahrung der Waffen und Munition zulassen. Vergleichbar gesicherte Räume sind als gleichwertig anzusehen. Alternative Sicherungseinrichtungen, die keine Behältnisse oder Räume sind, sind zulässig, sofern sie

1. ein den jeweiligen Anforderungen mindestens gleichwertiges Schutzniveau aufweisen und
2. zum Nachweis dessen über eine Zertifizierung durch eine akkreditierte Stelle gemäß Absatz 10 verfügen.

(2) Wer Waffen oder Munition besitzt, hat diese ungeladen und unter Beachtung der folgenden Sicherheitsvorkehrungen und zahlenmäßigen Beschränkungen aufzubewahren:

1. mindestens in einem verschlossenen Behältnis: Waffen oder Munition, deren Erwerb von der Erlaubnispflicht freigestellt ist;
2. mindestens in einem Stahlblechbehältnis ohne Klassifizierung mit Schwenkriegelschloss oder einer gleichwertigen Verschlussvorrichtung oder in einem gleichwertigen Behältnis: Munition, deren Erwerb nicht von der Erlaubnispflicht freigestellt ist;
3. in einem Sicherheitsbehältnis, das mindestens der Norm DIN/EN 1143-1 Widerstandsgrad 0 (Stand Mai 1997, Oktober 2002, Februar 2006, Januar 2010 oder Juli 2012) entspricht und bei dem das Gewicht des Behältnisses 200 kg unterschreitet:
   a) eine unbegrenzte Anzahl von Langwaffen und insgesamt bis zu 5 nach Anlage 2 Abschnitt 1 Nr. 1.1 bis 1.2.3 und 1.2.5 des Waffengesetzes verbotene Waffen und Kurzwaffen (Anlage 1 Abschnitt 1 Unterabschnitt 1 Nr. 2.5 des Waffengesetzes), für deren Erwerb und Besitz ihrer Art nach einer Erlaubnis bedarf, und
   b) zusätzlich eine unbegrenzte Anzahl nach Anlage 2 Abschnitt 1 Nr. 1.2.4 bis 1.2.4.2 und 1.3 bis 1.4.4 des Waffengesetzes verbotener Waffen sowie
   c) zusätzlich Munition;
4. in einem Sicherheitsbehältnis, das mindestens der Norm DIN/EN 1143-1 Widerstandsgrad 0 (Stand Mai 1997, Oktober 2002, Februar

2006, Januar 2010 oder Juli 2012) entspricht und bei dem das Gewicht des Behältnisses mindestens 200 Kilogramm beträgt:
   a) eine unbegrenzte Anzahl von Langwaffen und bis zu zehn nach Anlage 2 Abschnitt 1 Nr. 1.1 bis 1.2.3 und 1.2.5 des Waffengesetzes verbotene Waffen und Kurzwaffen (Anlage 1 Abschnitt 1 Unterabschnitt 1 Nr. 2.5 des Waffengesetzes), für deren Erwerb und Besitz es ihrer Art nach einer Erlaubnis bedarf und
   b) zusätzlich eine unbegrenzte Anzahl nach Anlage 2 Abschnitt 1 Nr. 1.2.4 bis 1.2.4.2 und 1.3 bis 1.4.4 des Waffengesetzes verbotener Waffen sowie
   c) zusätzlich Munition;
5. in einem Sicherheitsbehältnis, das mindestens der Norm DIN/EN 1143-1 Widerstandsgrad 1 (Stand Mai 1997, Oktober 2002, Februar 2006, Januar 2010 oder Juli 2012) entspricht:
   a) eine unbegrenzte Anzahl von Lang- und Kurzwaffen (Anlage 1 Abschnitt 1 Unterabschnitt 1 Nummer 2.5 des Waffengesetzes) für deren Erwerb und Besitz es ihrer Art nach einer Erlaubnis bedarf,
   b) eine unbegrenzte Anzahl nach Anlage 2, Abschnitt 1 Nr. 1.1 bis 1.4.4 des Waffengesetzes verbotener Waffen sowie
   c) Munition.

(3) Bei der Bestimmung der Zahl der Waffen, die nach Absatz 2 in einem Sicherheitsbehältnis aufbewahrt werden dürfen, bleiben außer Betracht:
1. wesentliche Teile von Schusswaffen und Schalldämpfer nach Anlage 1 Abschnitt 1 Unterabschnitt 1 Nummer 1.3. bis 1.3.4 des Waffengesetzes,
2. Vorrichtungen nach Anlage 2 Abschnitt 1 Nummer 1.2.4.1 des Waffengesetzes, die das Ziel beleuchten oder markieren, und Absatz 3 Nachtsichtgeräte, -vorsätze und -aufsätze sowie Nachtzielgeräte nach Anlage 2 Abschnitt 1 Nr. 1.2.4.2 des Waffengesetzes.

Satz 1 Nr. 1 gilt nur, sofern die zusammen aufbewahrten wesentlichen Teile nicht zu einer schussfähigen Waffe zusammengefügt werden können.

(4) In einem nicht dauernd bewohnten Gebäude dürfen nur bis zu drei Langwaffen, zu deren Erwerb und Besitz es einer Erlaubnis bedarf, aufbewahrt werden. Die Aufbewahrung darf nur in einem mindestens der Norm DIN/EN 1143-1 Widerstandsgrad I entsprechenden Sicherheitsbehältnis erfolgen. Die zuständige Behörde kann Abweichungen in Bezug auf die Art oder Anzahl der aufbewahrten Waffen oder das Sicherheitsbehältnis auf Antrag zulassen.

(5) Die zuständige Behörde kann auf Antrag bei einer Waffen- oder Munitionssammlung unter Berücksichtigung der Art und der Anzahl der Waffen

oder der Munition und ihrer Gefährlichkeit für die öffentliche Sicherheit und Ordnung von den Vorgaben der Absätze 1, 2 und 4 insbesondere unter dem Gesichtspunkt der Sichtbarkeit zu Ausstellungszwecken abweichen und dabei geringere oder höhere Anforderungen an die Aufbewahrung stellen; bei Sammlungen von Waffen, deren Modell vor dem 1. Januar 1871 entwickelt worden ist, und bei Munitionssammlungen soll sie geringere Anforderungen stellen. Dem Antrag ist ein Aufbewahrungskonzept beizugeben.

(6) Die zuständige Behörde kann auf Antrag von Anforderungen an Sicherheitsbehältnisse, Waffenräume oder alternative Sicherungseinrichtungen nach den Absätzen 1 und 2 absehen, wenn ihre Einhaltung unter Berücksichtigung der Art und der Anzahl der Waffen und der Munition und ihrer Gefährlichkeit für die öffentliche Sicherheit und Ordnung eine besondere Härte darstellen würde. In diesem Fall hat sie die niedrigeren Anforderungen festzusetzen.

(7) Bestehen begründete Zweifel, dass Normen anderer EWR-Mitgliedstaaten im Schutzniveau den in den Absätzen 1 und 2 genannten Normen gleichwertig sind, kann die Behörde vom Verpflichteten die Vorlage einer Stellungnahme insbesondere des Deutschen Instituts für Normung verlangen.

(8) Die gemeinschaftliche Aufbewahrung von Waffen oder Munition durch berechtigte Personen, die in einer häuslichen Gemeinschaft leben, ist zulässig.

(9) Bei der vorübergehenden Aufbewahrung von Waffen im Sinne des Absatzes 1 Satz 1 oder des Absatzes 2 oder von Munition außerhalb der Wohnung, insbesondere im Zusammenhang mit der Jagd oder dem sportlichen Schießen, hat der Verpflichtete die Waffen oder Munition unter angemessener Aufsicht aufzubewahren oder durch sonstige erforderliche Vorkehrungen gegen Abhandenkommen oder unbefugte Ansichnahme zu sichern, wenn die Aufbewahrung gemäß den Anforderungen des Absatzes 1 und 2 nicht möglich ist.

Verordnung zur Durchführung des Waffengesetzes (DVO-NRW WaffG)

Vom 8. April 2003 (GV. NRW. S. 217) – Auszug –

§ 1

Zuständige Behörde nach dem Waffengesetz und nach den Verordnungen zum Waffengesetz sind die Kreispolizeibehörden, soweit im Waffengesetz, in den Verordnungen zum Waffengesetz oder in dieser Verordnung nichts anderes bestimmt ist.

§ 5

Die Zuständigkeit für die Verfolgung und Ahndung von Ordnungswidrigkeiten nach § 53 Waffengesetz wird den Kreispolizeibehörden übertragen.

Tierschutzgesetz (TierSchG)

In der Fassung der Bekanntmachung vom 18. Mai 2006 (BGBl. I S. 1206, 1313), das zuletzt durch Artikel 1 des Gesetzes vom 17. Dezember 2018 (BGBl. I. S. 2586) geändert worden ist. – Auszug –

§ 1

Zweck dieses Gesetzes ist es, aus der Verantwortung des Menschen für das Tier als Mitgeschöpf dessen Leben und Wohlbefinden zu schützen. Niemand darf einem Tier ohne vernünftigen Grund Schmerzen, Leiden oder Schäden zufügen.

§ 2

Wer ein Tier hält, betreut oder zu betreuen hat,

1. muss das Tier seiner Art und seinen Bedürfnissen entsprechend angemessen ernähren, pflegen und verhaltensgerecht unterbringen,
2. darf die Möglichkeit des Tieres zu artgemäßer Bewegung nicht so einschränken, dass ihm Schmerzen oder vermeidbare Leiden oder Schäden zugefügt werden,
3. muss über die für eine angemessene Ernährung, Pflege und verhaltensgerechte Unterbringung des Tieres erforderlichen Kenntnisse und Fähigkeiten verfügen.

§ 3

Es ist verboten,

1. einem Tier außer in Notfällen Leistungen abzuverlangen, denen es wegen seines Zustandes offensichtlich nicht gewachsen ist oder die offensichtlich seine Kräfte übersteigen,
3. ein im Haus, Betrieb oder sonst in Obhut des Menschen gehaltenes Tier auszusetzen oder es zurückzulassen, um sich seiner zu entledigen oder sich der Halter- oder Betreuerpflicht zu entziehen,
4. ein gezüchtetes oder aufgezogenes Tier einer wildlebenden Art in der freien Natur auszusetzen oder anzusiedeln, das nicht auf die zum Überleben in dem vorgesehenen Lebensraum erforderliche artgemäße Nahrungsaufnahme vorbereitet und an das Klima angepasst ist; die

Vorschriften des Jagdrechts und des Naturschutzrechts bleiben unberührt,

5. ein Tier auszubilden oder zu trainieren, sofern damit erhebliche Schmerzen, Leiden oder Schäden für das Tier verbunden sind,
7. ein Tier an einem anderen lebenden Tier auf Schärfe abzurichten oder zu prüfen,
8. ein Tier auf ein anderes Tier zu hetzen, soweit dies nicht die Grundsätze weidgerechter Jagdausübung erfordern,
11. ein Gerät zu verwenden, das durch direkte Stromeinwirkung das artgemäße Verhalten eines Tieres, insbesondere seine Bewegung, erheblich einschränkt oder es zur Bewegung zwingt und dem Tier dadurch nicht unerhebliche Schmerzen, Leiden oder Schäden zufügt, soweit dies nicht nach bundes- oder landesrechtlichen Vorschriften zulässig ist.

...

§ 4

(1) Ein Wirbeltier darf nur unter wirksamer Schmerzausschaltung (Betäubung) in einem Zustand der Wahrnehmungs- und Empfindungslosigkeit oder sonst, soweit nach den gegebenen Umständen zumutbar, nur unter Vermeidung von Schmerzen getötet werden. Ist die Tötung eines Wirbeltieres ohne Betäubung im Rahmen weidgerechter Ausübung der Jagd oder auf Grund anderer Rechtsvorschriften zulässig oder erfolgt sie im Rahmen zulässiger Schädlingsbekämpfungsmaßnahmen, so darf die Tötung nur vorgenommen werden, wenn hierbei nicht mehr als unvermeidbare Schmerzen entstehen. Ein Wirbeltier töten darf nur, wer die dazu notwendigen Kenntnisse und Fähigkeiten hat.

§ 6

(1) Verboten ist das vollständige oder teilweise Amputieren von Körperteilen oder das vollständige oder teilweise Entnehmen oder Zerstören von Organen oder Geweben eines Wirbeltieres. Das Verbot gilt nicht, wenn

1. der Eingriff im Einzelfall
   a) nach tierärztlicher Indikation geboten ist oder
   b) bei jagdlich zu führenden Hunden für die vorgesehene Nutzung des Tieres unerlässlich ist und tierärztliche Bedenken nicht entgegenstehen,

...

§ 11

Wer
8. gewerbsmäßig
   f) für Dritte Hunde ausbilden oder die Ausbildung der Hunde durch den Tierhalter anleiten will, bedarf der Erlaubnis der zuständigen Behörde.

§ 13

(1) Es ist verboten, zum Fangen, Fernhalten oder Verscheuchen von Wirbeltieren Vorrichtungen oder Stoffe anzuwenden, wenn damit die Gefahr vermeidbarer Schmerzen, Leiden oder Schäden für Wirbeltiere verbunden ist; dies gilt nicht für die Anwendung von Vorrichtungen oder Stoffen, die auf Grund anderer Rechtsvorschriften zugelassen sind. Vorschriften des Jagdrechts, des Naturschutzrechts, des Pflanzenschutzrechts und des Seuchenrechts bleiben unberührt.

(2) Das Bundesministerium wird ermächtigt, durch Rechtsverordnung mit Zustimmung des Bundesrates zum Schutz des Wildes Maßnahmen anzuordnen, die das Wild vor vermeidbaren Schmerzen oder Schäden durch land- oder forstwirtschaftliche Arbeiten schützen.

§ 17

Mit Freiheitsstrafe bis zu drei Jahren oder mit Geldstrafe wird bestraft, wer
1. ein Wirbeltier ohne vernünftigen Grund tötet oder
2. einem Wirbeltier
   a) aus Rohheit erhebliche Schmerzen oder Leiden oder
   b) länger anhaltende oder sich wiederholende erhebliche Schmerzen oder Leiden

zufügt.

§ 18

(1) Ordnungswidrig handelt, wer vorsätzlich oder fahrlässig
1. einem Wirbeltier, das er hält, betreut oder zu betreuen hat, ohne vernünftigen Grund erhebliche Schmerzen, Leiden oder Schäden zufügt,

   ...

4. einem Verbot nach § 3 Satz 1 zuwiderhandelt,

5. entgegen § 4 Abs. 1 ein Wirbeltier tötet,
25. entgegen § 13 Abs. 1 Satz 1 eine Vorrichtung oder einen Stoff anwendet,

...

(2) Ordnungswidrig handelt auch, wer, abgesehen von den Fällen des Absatzes 1 Nr. 1, einem Tier ohne vernünftigen Grund erhebliche Schmerzen, Leiden oder Schäden zufügt.

(4) Die Ordnungswidrigkeit kann in den Fällen des Absatzes 1 Nr. 1, und 3 Buchstabe a, Nr. 4 bis 8, 11, 12, 17, 20, 20 a, 22 und 25, des Absatzes 2 sowie des Absatzes 3 Nr. 1 Buchstabe a und Nr. 2 Buchstabe a mit einer Geldbuße bis zu fünfundzwanzigtausend Euro, in den übrigen Fällen des Absatzes 1 mit einer Geldbuße bis zu fünftausend Euro geahndet werden.[5]

---

5 Zuständig für die Verfolgung und Ahndung von Ordnungswidrigkeiten sind in den o. a. Fällen die Kreisordnungsbehörden (§ 4 der Verordnung vom 26. September 1989 (GV. NRW. S. 508).

Tiergesundheitsgesetz (TierGesG)

in der Fassung der Bekanntmachung vom 21. November 2018 (BGBl. I. S. 1938)

§ 1 Anwendungsbereich

Dieses Gesetz regelt die Vorbeugung vor Tierseuchen und deren Bekämpfung. In diesem Rahmen dient es auch der Erhaltung und Förderung der Gesundheit von Vieh und Fischen, soweit das Vieh oder die Fische der landwirtschaftlichen Erzeugung dient oder dienen. § 39 bleibt unberührt.

§ 2 Begriffsbestimmungen

Im Sinne dieses Gesetzes sind

1. Tierseuche:
   Infektion oder Krankheit, die von einem Tierseuchenerreger unmittelbar oder mittelbar verursacht wird, bei Tieren auftritt und auf
   a) Tiere oder
   b) Menschen (Zoonosen)
   übertragen werden kann,
2. Tierseuchenerreger:
   Krankheitserreger oder Teil eines Krankheitserregers,
3. Haustiere:
   a) von Menschen gehaltene Tiere, einschließlich der Bienen und Hummeln, sowie,
   b) wildlebende Klauentiere, die in Gehegen zum Zwecke der Gewinnung von Fleisch für den menschlichen Verzehr gehalten werden (Gehegewild),
   ausgenommen Fische,
4. Vieh:
   Haustiere folgender Arten:
   a) Pferde, Esel, Maulesel, Maultiere, Zebras und Zebroide,
   b) Rinder einschließlich Bisons, Wisente und Wasserbüffel,
   c) Schafe und Ziegen,
   d) Schweine,
   e) Hasen, Kaninchen,
   f) Enten, Fasane, Gänse, Hühner, Laufvögel, Perlhühner, Rebhühner, Tauben, Truthühner und Wachteln,
   g) Gehegewild,
   h) Kameliden,
   …

§ 4 Anzeigepflicht

(1)

1. Bricht eine aufgrund einer Rechtsverordnung nach Abs. 4 anzeigepflichtige Tierseuche aus oder zeigen sich Erscheinungen, die den Ausbruch einer solchen Tierseuche befürchten lassen, so hat der Halter der betroffenen Tiere dies unverzüglich der nach Landesrecht zuständigen Behörde (zuständige Behörde) unter Angabe seines Namens und seiner Anschrift sowie des Standortes und der Haltungsform der betroffenen Tiere und
2. der sonstigen für die jeweilige Tierseuche empfänglichen gehaltenen Tiere

unter Angabe der jeweiligen Tierzahl anzuzeigen. Der Tierhalter hat Maßnahmen zu ergreifen, um eine Verschleppung der Tierseuche zu vermeiden, insbesondere kranke und verdächtige Tiere von Orten, an denen die Gefahr der Ansteckung fremder Tiere besteht, fernzuhalten.

(5) § 24 des Bundesjagdgesetzes sowie entsprechende landesrechtliche Regelungen bleiben mit der Maßgabe unberührt, dass eine Anzeige durch den Jagdausübungsberechtigten auch dann zu erfolgen hat, wenn sich Erscheinungen zeigen, die den Ausbruch einer anzeigepflichtigen Tierseuche befürchten lassen. Die Anzeigepflicht nach Absatz 1 gilt auch für Personen, die zur Jagdausübung befugt sind, ohne Jagdausübungsberechtigte zu sein.

§ 6 Ermächtigungen zur Vorbeugung vor und Bekämpfung von Tierseuchen

(1) Das Bundesministerium wird ermächtigt, durch Rechtsverordnung mit Zustimmung des Bundesrates, soweit es zur Erfüllung der Zwecke des § 1 S. 1 erforderlich ist, Vorschriften zu erlassen,

18a. über Maßnahmen zur Absperrung, insbesondere die Umzäunung, von Räumlichkeiten, Örtlichkeiten oder Gebieten, in oder an denen sich an der Tierseuche erkrankte oder verdächtige Tiere aufhalten,

28. über die verstärkte Bejagung oder Verbote oder Beschränkungen der Jagd,

28a. über die Suche nach verendeten wildlebenden Tieren an Örtlichkeiten oder in Gebieten, an oder in denen sich seuchenkranke, verdächtige oder empfängliche Tiere aufhalten oder aufgehalten haben, einschließlich ihrer Duldung,

28b. über das Verbot oder die Beschränkung der Nutzung landwirtschaftlicher oder forstwirtschaftlicher Flächen an Örtlichkeiten oder in Gebieten, an oder in denen sich seuchenkranke oder verdächtige Tiere aufhalten,

28c. über das Anlegen von Jagdschneisen.

(6) In einer Rechtsverordnung nach Absatz 1 Nummer 28 kann der Jagdausübungsberechtigte verpflichtet werden,

1. zur Durchführung bestimmter Maßnahmen, insbesondere hinsichtlich der Art und des Umfangs einer verstärkten Bejagung,
2. zur Darlegung oder zum Nachweis beabsichtigter und ergriffener Maßnahmen zur verstärkten Bejagung

an Örtlichkeiten oder in Gebieten, an oder in denen sich seuchenkranke oder verdächtige Tiere aufhalten. Ist eine unverzügliche und wirksame Bekämpfung der Tierseuche nach den der zuständigen Behörde vorliegenden Erkenntnissen nicht sichergestellt, kann sie ferner die Bejagung durch andere Personen als den Jagdausübungsberechtigten anordnen. In diesem Fall ist das erlegte Wild dem Jagdausübungsberechtigten auf dessen Verlangen zu überlassen. Das Bundesministerium wird ermächtigt, durch Rechtsverordnung mit Zustimmung des Bundesrates die näheren Einzelheiten einer Anordnung nach Satz 2 zu regeln.

(7) Der Eigentümer oder Besitzer eines Grundstücks, das von Maßnahmen zur Absperrung aufgrund einer Rechtsverordnung nach Absatz 1 Nummer 18 a betroffen ist, kann für den ihm hierdurch jeweils entstehenden Aufwand oder Schaden Ersatz nach den jeweiligen landesrechtlichen Vorschriften über die Inanspruchnahme als Nichtstörer verlangen. Absatz 5 Satz 3 gilt entsprechend.

(8) Der Eigentümer oder Besitzer eines landwirtschaftlichen oder forstwirtschaftlichen Grundstücks,

1. dessen Nutzung aufgrund einer Rechtsverordnung nach Absatz 1 Nummer 28 b verboten oder beschränkt worden ist,
2. der aufgrund einer Rechtsverordnung nach Absatz 1 Nr. 28 c, auch in Verbindung mit Absatz 2, zum Anlegen von Jagdschneisen verpflichtet worden ist,

kann für den ihm hierdurch jeweils entstehenden Aufwand oder Schaden Ersatz nach den jeweiligen landesrechtlichen Vorschriften über die Inanspruchnahme als Nichtstörer verlangen.
Eine aus anderen Gründen als aus Gründen der Tierseuchenbekämpfung bestehende Verpflichtung zum Anlegen von Jagdschneisen bleibt unberührt. Absatz 5 Satz 3 gilt entsprechend.

(9) Der Jagdausübungsberechtigte, dem aufgrund einer Rechtsverordnung nach Absatz 1 Nummer 28 oder 28 a oder aufgrund entsprechend angeordneter Maßnahmen ein erhöhter Aufwand entsteht, oder dessen Jagdausübung verboten oder beschränkt wird, kann für den ihm hierdurch entstehenden Aufwand oder Schaden angemessenen Ersatz nach den jeweiligen landesrechtlichen Vorschriften über die Inanspruchnahme als Nichtstörer verlangen. Absatz 5 Satz 3 gilt entsprechend.

Verordnung über anzeigepflichtige Tierseuchen (TierSeuchAnzV)

Verordnung über anzeigepflichtige Tierseuchen in der Fassung der Bekanntmachung vom 19. Juli 2011 (BGBl. I. S. 1404), die zuletzt durch Artikel 3 der Verordnung vom 3. Mai 2016 (BGBl. I. S. 1057) geändert worden ist – Auszug –

§ 1 Anzeigepflichtige Tierseuchen

Folgende Tierseuchen sind anzeigepflichtig:

2. Afrikanische Schweinepest,
5. Aujeszkysche Krankheit bei Hausrindern und Hausschweinen,
9. Brucellose der Rinder, Schweine, Schafe und Ziegen,
9b. Epizootische Hämorrhagie der Hirsche,
11. Geflügelpest,
17. Maul- und Klauenseuche,
19. Milzbrand,
20. Newcastle-Krankheit,
21. Pest der kleinen Wiederkäuer,
24. Rauschbrand,
26. Rinderpest,
29. Schweinepest,
33. Tollwut,
34. Transmissible Spongiforme Enzephalopathie (alle Formen),

§ 2

(Inkrafttreten)

Verordnung zum Schutz gegen die Tollwut (Tollwut-Verordnung)

vom 4.10.2010 (BGBl. I. S. 1313); zuletzt geändert durch Art. 3 Abs. 5 des Gesetzes vom 29.12.2014 (BGBl. I. S. 2481)

Abschnitt 1 **Begriffsbestimmungen**

§ 1

Im Sinne dieser Verordnung liegen vor:

1. Ausbruch der Tollwut, wenn diese durch virologische Untersuchung nach einem in den vom Bundesministerium für Ernährung und Landwirtschaft im Bundesanzeiger bekannt gemachten Arbeitsanleitungen zur Labordiagnostik von anzeigepflichtigen Tierseuchen (BAnz. S. 18 304 vom 12. September 2000) beschriebenen Untersuchungsverfahren festgestellt worden ist;
2. Verdacht des Ausbruchs der Tollwut, wenn das Ergebnis der klinischen Untersuchung, der pathologisch-anatomischen Untersuchung, der molekular-biologischen Untersuchung oder der histologischen Untersuchung, jeweils in Verbindung mit epizootiologischen Anhaltspunkten, den Ausbruch der Tollwut befürchten lässt;
3. wirksamer Impfschutz bei Hunden und Katzen, wenn eine Impfung gegen Tollwut
   a) im Falle einer Erstimpfung bei Welpen im Alter von mindestens 12 Wochen, mindestens 21 Tage nach Abschluss der Grundimmunisierung und längstens um den Zeitraum zurückliegt, den der Impfstoffhersteller für eine Wiederholungsimpfung angibt, oder
   b) im Falle von Wiederholungsimpfungen jeweils innerhalb des Zeitraumes durchgeführt worden sind, den der Impfstoffhersteller für die jeweilige Wiederholungsimpfung angibt.
4. wild lebendes Tier: Jedes für die Tollwut empfängliche wild lebende Tier, das in der Lage ist, die Tollwut zu verbreiten, insbesondere Füchse, Waschbären, Marderhunde und Fledermäuse.

Abschnitt 2 **Schutzmaßregeln**

Unterabschnitt 1 **Allgemeine Schutzmaßregeln**

§ 2 Impfungen und Heilversuche

(1) Gegen die Tollwut darf nur mit Impfstoffen aus nicht vermehrungsfähigen (inaktivierten) Erregern geimpft werden. Impfungen seuchenkranker oder verdächtiger Tiere gegen die Tollwut sind verboten. Die Sätze 1 und 2 gelten nicht für die Impfung wild lebender Tiere.

(2) Die zuständige Behörde kann Impfungen gegen die Tollwut anordnen, soweit dies
1. aus Gründen der Tierseuchenbekämpfung oder
2. zum Schutz vor der Tierseuche

erforderlich ist.

(3) Heilversuche an verdächtigen Tieren sind verboten.

§ 3 Ausnahmen

Die zuständige Behörde kann Ausnahmen zulassen, sofern Belange der Tierseuchenbekämpfung nicht entgegenstehen,
1. von § 2 Abs. 1 Satz 1 für die Impfung mit anderen als den dort bezeichneten Impfstoffen,
2. von § 2 Abs. 1 Satz 1 und 2 für wissenschaftliche Versuche,
3. von § 2 Abs. 1 Satz 2 für ansteckungsverdächtige Tiere, sofern sie zu dem Zeitpunkt, an dem sie tatsächlich oder vermutlich mit seuchenkranken oder seuchenverdächtigen Tieren in Berührung gekommen sind, unter wirksamem Impfschutz gestanden haben.

§ 4 Anzeige von Ausstellungen

1. Hunde- und Katzenausstellungen sowie veranstaltungsähnlicher Art mit Hunden und Katzen im gefährdeten Bezirk sind der zuständigen Behörde mindestens vier Wochen vor Beginn anzuzeigen.
2. Soweit Hunde oder Katzen aus einem Mitgliedsstaat oder einem Drittland an einer Hunde- oder Katzenausstellung oder einer Veranstaltung ähnlicher Art teilnehmen, ist diese Veranstaltung stets der zuständigen Behörde mindestens vier Wochen vor Beginn anzuzeigen.

3. Die zuständige Behörde kann eine in Absatz 1 oder 2 bezeichnete Ausstellung oder Veranstaltung beschränken oder verbieten, soweit es aus Gründen der Tierseuchenbekämpfung erforderlich ist.

§ 5 Kennzeichnung

In einem gefährdeten Bezirk ist es verboten, Hunde außerhalb geschlossener Räume frei laufen zu lassen oder mit sich zu führen, wenn sie nicht ein Halsband, einen Gurt oder ein sonstiges Hundegeschirr tragen, auf oder an dem Name und Anschrift des Besitzers angegeben sind oder an dem eine Steuermarke befestigt ist. Dies gilt nicht für Hunde auf umfriedeten Grundstücken, von denen sie nicht entweichen können, und für Jagdhunde bei jagdlicher Verwendung.

Unterabschnitt 2 **Besondere Schutzmaßregeln bei Haustieren**

A. Vor amtlicher Feststellung

§ 6

Im Falle des Ausbruchs oder des Verdachts des Ausbruchs der Tollwut in einem Betrieb oder an einem sonstigen Standort gilt vor der amtlichen Feststellung für seuchenverdächtige Haustiere Folgendes:
1. Der Besitzer muss alle Haustiere an ihrem jeweiligen Standort so absondern, dass sie nicht mit Haustieren anderer Besitzer sowie mit Menschen in Berührung kommen können.
2. Verendete oder getötete Haustiere sind so aufzubewahren, dass sie Witterungseinflüssen nicht ausgesetzt sind und dass Menschen oder Tiere nicht mit ihnen in Berührung kommen können. Sie dürfen nur mit Genehmigung der zuständigen Behörde und nur zu diagnostischen Zwecken oder zur unschädlichen Beseitigung aus dem Betrieb oder von dem sonstigen Standort verbracht werden.
3. Führt die amtstierärztliche Untersuchung bei einem als seuchenverdächtig gemeldeten Haustier nicht zu einem eindeutigen Ergebnis, so ordnet die zuständige Behörde die behördliche Beobachtung des Tieres an; hierzu ist es sicher einzusperren. Die Beobachtung wird aufgehoben, wenn sich der Verdacht auf Grund amtstierärztlicher Untersuchungen als unbegründet erwiesen hat.

B. Nach amtlicher Feststellung

§ 7 Tötung und unschädliche Beseitigung

(1) Ist der Ausbruch oder der Verdacht des Ausbruchs der Tollwut in einem Betrieb oder an einem sonstigen Standort amtlich festgestellt, so kann die zuständige Behörde die sofortige Tötung und unschädliche Beseitigung der seuchenverdächtigen Tiere anordnen; bei seuchenverdächtigen Hunden und Katzen hat sie die Tötung und unschädliche Beseitigung anzuordnen.

(2) Abweichend von Absatz 1 kann die zuständige Behörde bei seuchenverdächtigen Hunden oder Katzen anstelle der Tötung und unschädlichen Beseitigung die behördliche Beobachtung bis zur Beseitigung des Verdachts anordnen, wenn diese Tiere

1. einen Menschen gebissen haben oder
2. nachweislich unter wirksamem Impfschutz stehen.

(3) Das Schlachten und Abhäuten seuchenverdächtiger Tiere sowie der Verkauf oder Verbrauch einzelner Teile, der Milch oder sonstiger Erzeugnisse solcher Tiere sind verboten.

§ 8 Schutzmaßregeln für den gefährdeten Bezirk

(1) Ist der Ausbruch oder der Verdacht des Ausbruchs der Tollwut bei einem Haustier oder einem wild lebenden Tier ausgenommen bei einer Fledermaus amtlich festgestellt worden und kann im Falle der amtlichen Feststellung des Ausbruchs der Tollwut bei einem Haustier eine Infektion in diesem Gebiet auf Grund epizootiologischer Nachforschungen nicht ausgeschlossen werden, so erklärt die zuständige Behörde unter Berücksichtigung der örtlichen Gegebenheiten ein Gebiet mit einer Fläche von mindestens 5000 Quadratkilometern oder mit einem Radius von mindestens 40 Kilometern um die Tierhaltung, die Abschuss-, Tötungs- oder Fundstelle zum gefährdeten Bezirk und gibt dies öffentlich bekannt.

(2) Die zuständige Behörde bringt an den Zugängen zu dem gefährdeten Bezirk und an anderen geeigneten Stellen Schilder mit der deutlichen und haltbaren Aufschrift „Tollwut! Gefährdeter Bezirk“ gut sichtbar an.

(3) Im gefährdeten Bezirk dürfen Hunde und Katzen nicht frei laufen gelassen werden. Hiervon ausgenommen sind Hunde, die nachweislich unter wirksamem Impfschutz stehen und die von einer Person begleitet werden, der sie zuverlässig gehorchen, sowie Katzen, die nachweislich unter wirksamem Impfschutz stehen.

(4) Ist der Ausbruch oder der Verdacht des Ausbruchs der Tollwut bei einer Fledermaus amtlich festgestellt worden, so kann die zuständige Behörde das betreffende Gebiet nach Maßgabe des Absatzes 1 Satz 1 zum gefährdeten Bezirk erklären. Die Erklärung ist öffentlich bekannt zu geben. Die Absätze 2 und 3 gelten entsprechend.

§ 9 Schutzmaßregeln bei Ansteckungsverdacht

(1) Für Hunde und Katzen ordnet die zuständige Behörde die sofortige Tötung an, wenn anzunehmen ist, dass sie mit seuchenkranken Tieren in Berührung gekommen sind. Sie kann die sofortige Tötung dieser Hunde und Katzen anordnen, wenn anzunehmen ist, dass sie mit seuchenverdächtigen Tieren in Berührung gekommen sind.

(2) Andere als in Absatz 1 bezeichnete Haustiere, von denen anzunehmen ist, dass sie mit seuchenkranken oder seuchenverdächtigen Tieren in Berührung gekommen sind, sind sofort behördlich zu beobachten.

(3) Absatz 1 gilt nicht für Hunde und Katzen, die nachweislich bei der Berührung unter wirksamem Impfschutz standen. Solche Hunde und Katzen sind sofort behördlich zu beobachten und unverzüglich erneut gegen Tollwut zu impfen. Die zuständige Behörde kann zulassen, dass von der Impfung abgesehen wird, wenn die Tiere bereits mehrmals in kurzen Abständen gegen Tollwut geimpft worden sind.

(4) Die zuständige Behörde kann im Einzelfall für nicht unter wirksamem Impfschutz stehende Hunde und Katzen Ausnahmen von Absatz 1 zulassen, sofern die Tiere sofort für mindestens drei Monate sicher eingesperrt werden und Belange der Seuchenbekämpfung nicht entgegenstehen. Die zuständige kann in der Entscheidung nach Satz 1 oder nachträglich die Dauer der dort genannten Maßnahme verkürzen, soweit Belange der Tierseuchenbekämpfung nicht entgegenstehen.

§ 10 Behördliche Beobachtung

(1) Die Dauer der behördlichen Beobachtung nach § 9 Abs. 2 und 3 beträgt sechs Monate. Die zuständige Behörde kann die Dauer bis auf zwei Monate verkürzen, sofern die ansteckungsverdächtigen Tiere vor dem Zeitpunkt, an dem sie tatsächlich oder vermutlich mit tollwutkranken oder seuchenverdächtigen Tieren in Berührung gekommen sind, unter wirksamem Impfschutz standen und unverzüglich erneut gegen Tollwut geimpft werden. § 9 Abs. 3 Satz 3 gilt entsprechend.

(2) Während der behördlichen Beobachtung darf das Tier nur mit Genehmigung der zuständigen Behörde von seinem Standort entfernt werden. Die Nutzung und der Weidegang von Einhufern, Rindern, Schweinen, Schafen und Ziegen sind gestattet, die Nutzung der Hunde bedarf der Genehmigung der zuständigen Behörde. Wird das Tier vom Standort entfernt, so unterliegt es der Beobachtung am neuen Standort.

(3) Statt der behördlichen Beobachtung kann die zuständige Behörde für ansteckungsverdächtige Einhufer, Rinder, Schweine, Schafe und Ziegen die Tötung und unschädliche Beseitigung anordnen, sofern dies aus Gründen der Seuchenbekämpfung erforderlich ist.

Unterabschnitt 3 **Besondere Schutzmaßregeln bei wildlebenden Tieren**

§ 11 Schutzmaßregeln im Verdachtsfall

Jagdausübungsberechtigte haben dafür zu sorgen, dass seuchenverdächtigen wild lebenden Tieren sofort nachgestellt wird und dass diese erlegt und unverzüglich unschädlich beseitigt werden. Ausgenommen von der Verpflichtung zur unschädlichen Beseitigung ist Untersuchungsmaterial zur Feststellung bei Tollwut; bei Füchsen und kleineren Tieren ist das der ganze Tierkörper, bei größeren Tieren nur der Kopf. Wird das Untersuchungsmaterial nicht der zuständigen Behörde oder einem staatlichen Veterinäruntersuchungsamt abgeliefert, so ist der zuständigen Behörde mitzuteilen, wo es sich befindet.

§ 12 Schutzmaßregeln nach Feststellung des Ausbruchs und in sonstigen Fällen

(1) Ist der Ausbruch der Tollwut bei einem wild lebenden Tier, ausgenommen bei einer Fledermaus, amtlich festgestellt worden oder liegen sonst gesicherte Anhaltspunkte vor, dass die Tollwut durch ein wild lebendes Tier verbreitet wird, ordnet die zuständige Behörde zusätzlich zu den Untersuchungen nach § 3a
1. eine verstärkte Bejagung,
2. eine orale Immunisierung und
3. die Untersuchung nach der Anlage

wild lebender Tiere an, soweit ein Gebiet zum gefährdeten Bezirk nach § 8 Abs. 1 erklärt worden ist. Der Jagdausübungsberechtigte ist im Falle der behördlichen Anordnung nach Satz 1 zur verstärkten Bejagung und zur Mitwirkung bei der Auslegung der Impfköder im Rahmen der oralen Immunisierung verpflichtet.

(2) Den Zeitraum und den örtlichen Bereich, in denen die orale Immunisierung nach Absatz 1 Satz 1 Nr. 2 durchzuführen ist, die Art der Impfköderauslage, die Impfstrategie, die Anzahl der Impfköder, die Kontrolle des Impferfolges und den Abschluss der Impfmaßnahmen bestimmt die zuständige Behörde im Benehmen mit dem Friedrich-Loeffler-Institut. Dabei sind die Epidemiologie der Tollwut und die landschaftskulturellen Gegebenheiten zugrunde zu legen. Ferner muss der Zeitraum für die orale Immunisierung nach Absatz 1 Satz 1 Nr. 2 mindestens zwei Jahre nach dem letzten Tollwutfall im gefährdeten Bezirk andauern.

Unterabschnitt 4 **Desinfektion**

§ 13

Nach Tötung und unschädlicher Beseitigung der verdächtigen Tiere muss der Besitzer die Ställe oder sonstigen Standorte sowie sämtliche Gegenstände, die Träger des Seuchenerregers sein können, unverzüglich nach näherer Anweisung der zuständigen Behörde reinigen und desinfizieren.

Unterabschnitt 5 **Aufhebung der Schutzmaßregeln**

§ 14

(1) Die zuständige Behörde hebt Schutzmaßregeln auf, die sie wegen des Ausbruchs oder des Verdachts des Ausbruchs der Tollwut bei einem Haustier angeordnet hat, wenn die Tollwut bei Haustieren erloschen ist oder der Verdacht auf Tollwut bei Haustieren beseitigt ist oder sich als unbegründet erwiesen hat. Die Tollwut bei Haustieren gilt als erloschen und der Verdacht auf Tollwut bei Haustieren gilt als beseitigt, wenn die seuchenkranken Haustiere oder seuchenverdächtigen Hunde und Katzen verendet oder getötet worden sind, die toten Tiere unschädlich beseitigt

worden sind und die Desinfektion nach näherer Anweisung des beamteten Tierarztes durchgeführt und von ihm abgenommen worden ist.

(2) Die zuständige Behörde hebt Schutzmaßregeln auf, die sie wegen des Ausbruchs der Tollwut oder des Verdachts des Ausbruchs der Tollwut bei einem wild lebenden Tier angeordnet hat, wenn die Tollwut bei wild lebenden Tieren erloschen ist oder der Verdacht auf Tollwut bei wild lebenden Tieren beseitigt ist oder sich als unbegründet erwiesen hat. Die Tollwut bei wild lebenden Tieren gilt als erloschen, wenn in dem gefährdeten Bezirk über einen Zeitraum von mindestens zwei Jahren Tollwut amtlich nicht festgestellt und eine Untersuchung wild lebender Tiere nach § 3a durchgeführt worden ist.

(3) Die zuständige Behörde kann ein Teilgebiet des gefährdeten Bezirks als tollwutfrei bestimmen, soweit

1. in diesem Gebiet über einen Zeitraum von mindestens zwei Jahren Tollwut amtlich nicht festgestellt worden ist und
2. ein gefährdeter Bezirk mit einer Fläche von mindestens 5.000 km^2 oder mit einem Radius von 40 km über die Abschuss-, Tötungs- oder Fundstelle, in dem die Feststellung des Ausbruchs der Tollwut weniger als zwei Jahre zurückliegt, bestehen bleibt.

Abschnitt 3 **Schlussbestimmungen**

§ 15

Ordnungswidrig im Sinne des § 32 Abs. 2 Nr. 4 Buchst. a des Tiergesundheitsgesetzes handelt, wer vorsätzlich oder fahrlässig

1. entgegen § 2 Abs. 1 Satz 1 oder Satz 2 oder Absatz 3 eine Impfung oder einen Heilversuch vornimmt,
2. einer vollziehbaren Anordnung nach § 2 Abs. 2, § 3a Satz 2, § 4 Abs. 3, § 6 Nr. 3 Satz 1, § 7 Abs. 1, § 9 Abs. 1, § 10 Abs. 3 oder § 12 Abs. 1 Satz 1, auch in Verbindung mit § 12 a, oder nach § 13 zuwider handelt,
3. einer mit einer Zulassung nach § 3, § 9 Abs. 3 Satz 3, auch in Verbindung mit § 10 Abs. 1 Satz 3, oder einer nach § 9 Abs. 4 verbundenen vollziehbaren Auflage zuwider handelt,
4. entgegen § 4 Abs. 1 oder Abs. 2 eine Anzeige nicht oder nicht rechtzeitig erstattet,
5. entgegen § 5 Satz 1 einen Hund frei laufen lässt oder mit sich führt,

6. entgegen § 6 Nr. 1 ein Haustier nicht, nicht richtig oder nicht rechtzeitig absondert,
7. entgegen § 6 Nr. 2 Satz 1 ein Haustier nicht oder nicht richtig aufbewahrt,
8. ohne Genehmigung nach § 6 Nr. 2 Satz 2 ein Haustier verbringt,
9. einer mit einer Genehmigung nach § 6 Nr. 2 Satz 2 oder § 10 Abs. 2 Satz 1 oder Satz 2 verbundenen vollziehbaren Auflage zuwider handelt,
10. entgegen § 7 Abs. 3 ein Tier schlachtet oder abhäutet oder ein Teil oder ein Erzeugnis eines Tieres verkauft oder verbraucht,
11. entgegen § 8 Abs. 3 Satz 1 einen Hund oder eine Katze frei laufen lässt,
12. ohne Genehmigung nach § 10 Abs. 2 Satz 1 ein Tier entfernt,
13. ohne Genehmigung nach § 10 Abs. 2 Satz 2 einen Hund nutzt oder
14. entgegen § 11 Satz 1 nicht dafür sorgt, dass einem wild lebenden Tier nachgestellt wird, dieses erlegt und unschädlich beseitigt wird.

Anlage 1
(zu § 12 Abs. 1)

Untersuchung wild lebender Tiere, ausgenommen Fledermäuse, zur Kontrolle des Impferfolges

(Fundstelle: BGBl. I. 2010 S. 1319)

1. Stichprobenumfang

In einem Gebiet mit einer Fläche von mindestens 5.000 km² oder mit einem Radius von mindestens 40 km um die Abschuss-, Tötungs- oder Fundstelle sind zur Kontrolle des Impferfolges jährlich mindestens 60 erlegte wild lebende Füchse serologisch zu untersuchen. Übersteigt die Fläche eines Impfgebietes eine Fläche von 5.000 km², kann die zuständige Behörde Untersuchungen in von ihr ausgewählten Gebieten innerhalb des Impfgebietes anordnen.

2. Auswahlkriterien

a) Die Stichproben sind auf das gesamte Untersuchungsgebiet gleichmäßig zu verteilen.
b) Die Stichproben sind zufällig auszuwählen, wobei in einem Zeitraum von vier Wochen nach der Köderauslage keine Stichproben erfolgen und Jungtiere wild lebender Tiere, insbesondere von Füchsen und Marderhunden, bis zur Herbstauslage nicht untersucht werden sollten, soweit nicht besondere Untersuchungsprogramme durchgeführt werden. Im Falle einer Untersuchung aufgrund eines besonderen Untersuchungsprogramms sind die Jungtiere altersmäßig zu kennzeichnen.

Verordnung zum Schutz gegen die Schweinepest und die Afrikanische Schweinepest (Schweinepest-Verordnung)

Neufassung durch Bekanntmachung vom 16.12.2018 (BGBl. I S. 2594)
– Auszug –

§ 2 Impfverbot

(1) Impfungen gegen die Schweinepest oder die Afrikanische Schweinepest sowie Heilversuche an seuchenkranken und seuchenverdächtigen Schweinen sind verboten, soweit in dieser Verordnung nichts anderes bestimmt ist.

(2) Die zuständige Behörde kann im Einzelfall bei der Schweinepest abweichend von Absatz 1 Impfungen für wissenschaftliche Versuche und Impfstoffprüfungen genehmigen, sofern Belange der Seuchenbekämpfung nicht entgegenstehen.

§ 2a Verbot des Verfütterns von Küchen- und Speiseabfällen

Das Verfüttern von Küchen- und Speiseabfällen an Schweine, die keine Nutztiere im Sinne des Artikels 3 Nr. 6 a der Verordnung (EG) Nr. 1069/2009 des Europäischen Parlaments und des Rates vom 21. Oktober 2009 mit Hygienevorschriften für nicht für den menschlichen Verzehr bestimmte tierische Nebenprodukte und zur Aufhebung der Verordnung (EG) Nr. 1774/2002 (ABl. L 300 vom 14.11.2009, S. 1), die zuletzt durch die Verordnung (EU) Nr. 1385/2013 (ABl. L 354 vom 28.12.2013, S. 86) geändert worden ist, sind, ist verboten.

§ 3a Weitere behördliche Anordnungen

Die zuständige Behörde kann für ein von ihr bestimmtes Gebiet, soweit es zur Vorbeugung vor der Einschleppung oder zur Erkennung der Schweinepest oder der Afrikanischen Schweinepest erforderlich ist, anordnen, dass Jagdausübungsberechtigte

1. geeignete Maßnahmen zur
   a) Suche nach verendeten Wildschweinen oder
   b) verstärkten Bejagung von Wildschweinen

   durchzuführen haben,

2. jedes erlegte Wildschwein unverzüglich nach näherer Anweisung der zuständigen Behörde zu kennzeichnen und für jedes erlegte Wildschwein einen von ihr vorgegebenen Begleitschein auszustellen haben,
3. von jedem erlegten Wildschwein unverzüglich Proben nach näherer Anweisung der zuständigen Behörde zur virologischen und serologischen Untersuchung auf Schweinepest oder zur virologischen Untersuchung auf Afrikanische Schweinepest zu entnehmen, zu kennzeichnen und zusammen mit dem Tierkörper, dem Aufbruch und dem von der zuständigen Behörde vorgegebenen Begleitschein der von ihr bestimmten Stelle zuzuführen haben,
4. dafür Sorge zu tragen haben, dass das Aufbrechen der Wildschweine und die Sammlung des Aufbruchs zentral an einem Ort erfolgt und der Aufbruch unschädlich beseitigt wird,
5. jedes verendet aufgefundene Wildschwein der zuständigen Behörde unverzüglich unter Angabe des Fundortes anzuzeigen, nach näherer Anweisung der zuständigen Behörde zu kennzeichnen und
   a) Proben zur virologischen und serologischen Untersuchung auf Schweinepest oder zur virologischen Untersuchung auf Afrikanische Schweinepest zu entnehmen und die Proben mit einem von der zuständigen Behörde vorgegebenen Begleitschein einer von ihr bestimmten Stelle zuzuleiten haben oder
   b) zu einer von der zuständigen Behörde bestimmten Stelle zu verbringen haben.

Die zuständige Behörde kann ferner die Nutzung von Wildkammern in Betrieben einschränken oder verbieten, soweit dies aus Gründen der Tierseuchenbekämpfung erforderlich ist.

§ 11 Sperrbezirk

(1) Ist die Schweinepest oder die Afrikanische Schweinepest in einem Betrieb amtlich festgestellt, so legt die zuständige Behörde ein Gebiet um den Seuchenbetrieb mit einem Radius von mindestens drei Kilometern als Sperrbezirk fest. Hierbei berücksichtigt sie die Ergebnisse durchgeführter epidemiologischer Untersuchungen, Strukturen des Handels und der örtlichen Schweinehaltung, das Vorhandensein von Schlachtstätten und Verarbeitungsbetrieben für Material der Kategorie 1 oder 2 nach Artikel 24 Absatz 1 Buchstabe a der Verordnung (EG) Nr. 1069/2009, natürlichen Grenzen sowie Überwachungsmöglichkeiten.

(2) Die zuständige Behörde

5. kann anordnen, dass Jagdausübungsberechtigte von jedem erlegten Wildschwein Proben zur serologischen und virologischen Untersuchung auf Schweinepest oder zur virologischen Untersuchung auf Afrikanische Schweinepest zu entnehmen, zu kennzeichnen und zusammen mit dem Tierkörper, dem Aufbruch und dem Begleitschein einer von ihr bestimmten Stelle zuzuführen haben.

Schutzmaßregeln beim Auftreten der Schweinpest oder der Afrikanischen Schweinepest bei Wildschweinen

a. bei Schweinepest

§ 14a Gefährdeter Bezirk

(1) Im Falle des Verdachts auf Schweinepest bei einem Wildschwein ordnet die zuständige Behörde die serologische und virologische Untersuchung der erlegten oder verendeten Wildschweine an und führt epidemiologische Nachforschungen durch.

(2) Ist der Ausbruch der Schweinepest bei einem Wildschwein amtlich festgestellt, so legt die zuständige Behörde das Gebiet um die Abschuss- oder Fundstelle als gefährdeten Bezirk fest. Hierbei berücksichtigt sie die mögliche Weiterverbreitung des Erregers, die Wildschweinepopulation, Tierbewegungen innerhalb der Wildschweinepopulation, natürliche Grenzen sowie Überwachungsmöglichkeiten. Die Festlegung eines gefährdeten Bezirks und dessen Änderung oder Aufhebung werden von der zuständigen Behörde öffentlich bekannt gemacht und nachrichtlich im Bundesanzeiger veröffentlicht.

(3) Die zuständige Behörde bringt an den Hauptzufahrtswegen zu dem gefährdeten Bezirk und an geeigneten Stellen Schilder mit der deutlichen und haltbaren Aufschrift „Schweinepest bei Wildschweinen – Gefährdeter Bezirk“ gut sichtbar an.

(4) Mit Bekanntgabe der Festlegung des gefährdeten Bezirks haben Tierhalter im gefährdeten Bezirk

1. der zuständigen Behörde unverzüglich
   a) die Anzahl der gehaltenen Schweine unter Angabe ihrer Nutzungsart und ihres Standorts,

   b) verendete oder erkrankte, insbesondere fieberhaft erkrankte Schweine

   anzuzeigen,
2. die Schweine so abzusondern, dass sie nicht mit Wildschweinen in Berührung kommen können,
3. geeignete Desinfektionsmöglichkeiten an den Ein- und Ausgängen der Ställe oder sonstigen Standorte einzurichten,
4. verendete und erkrankte, insbesondere fieberhaft erkrankte Schweine, bei denen der Verdacht auf Schweinepest nicht ausgeschlossen werden kann, nach näherer Anweisung der zuständigen Behörde serologisch oder virologisch auf Schweinepest untersuchen zu lassen,
5. Futter, Einstreu und sonstige Gegenstände, mit denen Schweine in Berührung kommen können, für Wildschweine unzugänglich aufzubewahren,
6. sicherzustellen, dass Hunde das Betriebsgelände nur unter Aufsicht verlassen.

(5) Außerdem gilt für den gefährdeten Bezirk Folgendes:
1. Auf öffentlichen oder privaten Straßen oder Wegen, ausgenommen auf betrieblichen Wegen, dürfen Schweine nicht getrieben werden.
2. Schweine dürfen weder in einen noch aus einem Betrieb im gefährdeten Bezirk verbracht werden.
3. Sperma, Eizellen und Embryonen von Schweinen dürfen zum Zwecke des innergemeinschaftlichen Handels aus dem gefährdeten Bezirk nicht verbracht werden.
4. Personen, die mit Wildschweinen in Berührung gekommen sind, haben Reinigungs- und Desinfektionsmaßnahmen nach näherer Anweisung der zuständigen Behörde durchzuführen.
5. erlegte oder verendet aufgefundene Wildschweine oder deren Teile sowie Gegenstände, mit denen Wildschweine in Berührung gekommen sein können, dürfen in einen Betrieb nicht verbracht werden.
6. Frisches Wildschweinefleisch oder ein Fleischerzeugnis aus frischem Wildschweinefleisch, das Wildschweinefleisch von im gefährdeten Bezirk erlegten Tieren enthält, darf aus dem gefährdeten Bezirk nicht verbracht werden.
7. Wildschweine dürfen aus dem gefährdeten Bezirk nicht verbracht werden.

(8) Die zuständige Behörde kann für den gefährdeten Bezirk, unter Berücksichtigung epidemiologischer Erkenntnisse
1. Maßnahmen in Bezug auf die Tötung von Wildschweinen einschließlich der Verpflichtung der Jagdausübungsberechtigten zur Mitwirkung und

2. die Reinigung von Personen und Fahrzeugen, die mit Wildschweinen in Berührung kommen können,

anordnen.

(9) Liegen gesicherte Anhaltspunkte dafür vor, dass die Schweinepest durch Wildschweine verbreitet wird und ist eine Einschleppung der Schweinepest in ein bisher seuchenfreies Gebiet zu befürchten, kann die zuständige Behörde geeignete jagdliche Maßnahmen zur verstärkten Bejagung auch in diesem Gebiet anordnen.

(10) Die zuständige Behörde kann im gefährdeten Bezirk oder in Teilen des gefährdeten Bezirks die Ausübung der Jagd ganz oder teilweise untersagen soweit dies aus Gründen der Tierseuchenbekämpfung erforderlich ist.

§ 14b Notimpfung bei Wildschweinen

Die zuständige oberste Landesbehörde kann, vorbehaltlich der Zustimmung durch die Europäische Kommission, für den gefährdeten Bezirk oder für ein bestimmtes Gebiet innerhalb des gefährdeten Bezirks die Durchführung von Notimpfungen gegen Schweinepest bei Wildschweinen anordnen, wenn dies aus Gründen der Seuchenbekämpfung erforderlich ist. Zu diesem Zweck erstellt die zuständige oberste Landesbehörde einen Notimpfplan, der insbesondere Angaben enthält über die Seuchensituation, das Impfgebiet, die voraussichtliche Zahl der zu impfenden Wildschweine, das Impfverfahren einschließlich Maßnahmen zur Impfung von Jungtieren, die Dauer der Impfmaßnahmen, die Wirksamkeit des zu verwendenden Impfstoffs, Maßnahmen zur Vermeidung einer Ausbreitung des Impfvirus, zur Reduzierung der Jungtiere und zur Überprüfung der Ergebnisse durch die zuständige Behörde. Im Falle einer behördlichen Anordnung nach Satz 1 ist der Jagdaus-übungsberechtigte zur Mitwirkung bei der Auslegung der Impfköder im Rahmen der Notimpfung verpflichtet.

§ 14c Maßregeln zur Erkennung der Schweinepest

(1) Zur Erkennung der Schweinepest bei Wildschweinen gilt im gefährdeten Bezirk Folgendes:

1. Jagdausübungsberechtigte haben
   a) jedes erlegte Wildschwein unverzüglich nach näherer Anweisung der zuständigen Behörde zu kennzeichnen und einen von ihr vorgegebenen Begleitschein auszustellen;

b) von jedem erlegten Wildschwein unverzüglich Proben nach näherer Anweisung der zuständigen Behörde zur virologischen und serologischen Untersuchung auf Schweinepest zu entnehmen, zu kennzeichnen und zusammen mit dem Tierkörper, dem Aufbruch und dem Begleitschein der durch die zuständige Behörde festgelegten Wildsammel- oder Annahmestelle zuzuführen;
c) dafür Sorge zu tragen, dass bei Gesellschaftsjagden das Aufbrechen der Tiere und die Sammlung des Aufbruchs zentral an einem Ort erfolgt;
d) jedes verendet aufgefundene Wildschwein
   aa) unverzüglich unter Angabe des Fundortes der zuständigen Behörde anzuzeigen und
   bb) nach näherer Anweisung der zuständigen Behörde zu kennzeichnen, Proben zur virologischen und serologischen Untersuchung auf Schweinepest zu entnehmen und die Proben mit einem von der zuständigen Behörde vorgegebenen Begleitschein einer von der zuständigen Behörde bestimmten Stelle zur Untersuchung auf Schweinepest zuzuleiten.
2. Die zuständige Behörde ordnet an, dass der Aufbruch jedes erlegten Wildschweins oder jedes verendet aufgefundene Wildschwein in einem Verarbeitungsbetrieb für Material der Kategorie 1 oder 2 nach Artikel 24 Absatz 1 Buchstabe a der Verordnung (EG) Nr. 1069/2009 unschädlich zu beseitigen ist.
3. Wird bei einem erlegten Wildschwein Schweinepest auf Grund eines virologischen Untersuchungsergebnisses amtlich festgestellt, so ordnet die zuständige Behörde die unschädliche Beseitigung des Tierkörpers in einem Verarbeitungsbetrieb für Material der Kategorie 1 nach Artikel 24 Absatz 1 Buchstabe a der Verordnung (EG) Nr. 1069/2009 an; sie ordnet die unschädliche Beseitigung weiterer Tierkörper an, wenn diese durch Kontakt kontaminiert sein können.
4. Wird bei einem erlegten Wildschwein ein serologischer Befund (Antikörpernachweis) erhoben, so kann die zuständige Behörde die unschädliche Beseitigung des Tierkörpers in einem Verarbeitungsbetrieb für Material der Kategorie 1 nach Artikel 24 Absatz 1 Buchstabe a der Verordnung (EG) Nr. 1069/2009 anordnen.

Die zuständige Behörde kann anordnen, dass erlegte Wildschweine nur an von ihr bestimmten Stellen aufgebrochen werden dürfen. Die zuständige Behörde kann ferner anordnen, dass verendet aufgefundene Wildschweine abweichend von Satz 1 Nummer 1 Buchstabe d Doppelbuchstabe bb zu einer von ihr bestimmten Stelle verbracht werden.

(2) Zur Erkennung der Schweinepest bei Wildschweinen kann die zuständige Behörde für ein von ihr bestimmtes Gebiet anordnen, dass Jagdausübungsberechtigte

1. von erlegten Wildschweinen Proben entnehmen und einer von der zuständigen Behörde bestimmten Stelle zur virologischen und serologischen Untersuchung auf Schweinepest zuleiten und
2. verendet aufgefundene Wildschweine unter Angabe des Fundorts der zuständigen Behörde anzeigen und einer von der zuständigen Behörde bestimmten Stelle zur virologischen und serologischen Untersuchung auf Schweinepest zuleiten.

(3) Die zuständige oberste Landesbehörde kann, sofern eine Notimpfung der Wildschweine nach § 14b durchgeführt worden ist, frühestens sechs Monate nach dem letzten Nachweis von Schweinepest bei Wildschweinen Ausnahmen von den Kennzeichnungs- und Untersuchungspflichten nach Absatz 1 Nr. 1 Buchstabe a, b und d genehmigen, soweit die Belange der Seuchenbekämpfung nicht entgegenstehen.

b. bei Afrikanischer Schweinepest

§ 14d Kerngebiet, gefährdetes Gebiet und Pufferzone

§ 14e Maßregeln zur Erkennung der Afrikanischen Schweinepest

§ 14f Maßregeln bei Afrikanischer Schweinepest für Schweine

§ 14g Maßregeln bei Afrikanischer Schweinepest für frisches Schweinefleisch und Schweinefleischerzeugnisse

§ 14h Maßregeln bei Afrikanischer Schweinepest für Sperma, Eizellen und Embryonen

§ 14i Maßregeln bei Afrikanischer Schweinepest für Wildschweine, Wildschweinefleisch und Wildschweinefleischerzeugnisse

§ 14j Maßregeln bei Afrikanischer Schweinpest für tierische Nebenprodukte

§ 14e Seuchenausbruch bei Wildschweinen in einem benachbarten Mitgliedstaat

Wird auf dem Gebiet eines benachbarten Staates der Ausbruch der Schweinepest oder der Afrikanischen Schweinepest bei Wildschweinen innerhalb einer Entfernung von zehn Kilometern von der deutschen Grenze festgestellt und der für das angrenzende Gebiet im Inland zuständigen Behörde amtlich zur Kenntnis gebracht, so ordnet diese die Maßnahmen entsprechend den §§ 14a bis 14j an. Sie kann, wenn die afrikanische Schweinepest innerhalb einer Entfernung von 100 Kilometern von der deutschen Grenze festgestellt wird und soweit dies aus Gründen der Tierseuchenbekämpfung erforderlich ist, Maßnahmen entsprechend den §§ 14d bis 14j anordnen.

Tierische Nebenprodukte-Beseitigungsgesetz (TierNebG)

Vom 25. Januar 2004 (BGBl. I S. 82), zuletzt geändert durch Art. 1 des Gesetzes vom 4. August 2016 (BGBl. I S. 1966) – Auszug –

§ 1 Geltungsbereich

Dieses Gesetz dient der Durchführung der Verordnung (EG) Nr. 1069/2009 des Europäischen Parlaments und des Rates vom 21. Oktober 2009 mit Hygienevorschriften für nicht für den menschlichen Verzehr bestimmte tierische Nebenprodukte und zur Aufhebung der Verordnung (EG) Nr. 1774/2002 (Verordnung über tierische Nebenprodukte) (ABl. L 300 vom 14.11.2009, S. 1, L 348 vom 4.12.2014, S. 31)), die zuletzt durch die Verordnung (EU) Nr. 1385/2013 (ABl. L 354 vom 28.12.2013, S. 86) geändert worden ist, und der in ihrem Rahmen oder in ihrer Durchführung erlassenen unmittelbar geltenden Rechtsakte der Europäischen Gemeinschaft oder der Europäischen Union.

§ 7 Meldepflicht

(1) Der Besitzer hat der zuständigen Behörde, in deren Einzugsbereich die in § 3 Abs. 1 Satz 1 bezeichneten tierischen Nebenprodukte oder Folgeprodukte anfallen, unverzüglich zu melden, wenn diese angefallen sind. In den Fällen des § 3 Absatz 3 ist die Meldung derjenigen Person gegenüber vorzunehmen, der die Pflichten nach § 3 Absatz 3 übertragen worden sind, soweit die Übertragung ortsüblich bekannt gemacht worden ist.

(2) Der Meldung bedarf es nicht, wenn

1. die in § 3 Abs. 1 Satz 1 bezeichneten tierischen Nebenprodukte und Folgeprodukte regelmäßig abgeholt werden,
2. Tiere auf behördliche Anordnung getötet worden sind oder ihre Beseitigung behördlich angeordnet worden ist,
3. es sich um tierische Nebenprodukte oder Folgeprodukte handelt, die nach Artikel 16 Buchstabe f oder h, Artikel 17 Absatz 1, Artikel 18 Absatz 1 oder 2 oder Artikel 19 Absatz 1 der Verordnung (EG) Nr. 1069/2009 gesammelt, verwendet, verfüttert oder beseitigt werden sollen,
4. verendete Tiere von dem Besitzer bei der zuständigen Behörde abgeliefert werden,

5. verendete Tiere oder getötete Tiere zu diagnostischen Zwecken in eine staatliche Untersuchungseinrichtung oder in eine von der zuständigen Behörde bestimmte Untersuchungseinrichtung verbracht werden,
6. die Beseitigung toter Heimtiere durch Vergraben zugelassen ist.

(3) Fremde oder herrenlose Körper von Vieh, Wild, Hunden oder Katzen sind,
1. wenn sie auf einem Grundstück anfallen, von dem Grundstücksbesitzer,
2. wenn sie auf öffentlichen Straßen oder Plätzen anfallen, von dem Straßenbaulastträger,
3. wenn sie in Gewässern anfallen, von dem zur Unterhaltung Verpflichteten

unverzüglich zu melden.
Satz 1 gilt entsprechend für Körper
1. von Wild, soweit der Verdacht besteht, dass das Wild an einer Tierseuche erkrankt ist, oder
2. verendeter wildlebender Tiere, soweit die zuständige Behörde eine Allgemeinverfügung nach § 3 Absatz 1 Satz 5 getroffen hat.

(4) Der Besitzer oder der nach Absatz 3 Meldepflichtige hat die in § 3 Abs. 1 Satz 1 bezeichneten tierischen Nebenprodukte oder Folgeprodukte der zuständigen Behörde zu überlassen. Absatz 1 Satz 2 gilt für die Überlassung entsprechend.

§ 8 Abholungspflicht

(3) Bei der Abholung hat der Besitzer die in § 3 Absatz 1 Satz 1 bezeichneten tierischen Nebenprodukte und Folgeprodukte sowie die in § 3 Absatz 1 Satz 5 bezeichneten verendeten Tiere herauszugeben. Er hat die zuständige Behörde oder diejenige Person, der die Pflichten nach § 3 Absatz 3 übertragen worden sind darüber hinaus unentgeltlich zu unterstützen, insbesondere bei der Heranschaffung der tierischen Nebenprodukte aus besonders verkehrsungünstig gelegenem Gelände bis zur nächsten befahrbaren Straße.

Gesetz über Naturschutz und Landschaftspflege (Bundesnaturschutzgesetz – BNatSchG)

Vom 29. Juli 2009 (BGBl. I Nr. 51 vom 6.8.2009 S. 2542); zuletzt geändert durch Art. 1 des Gesetzes vom 15. September 2017 (BGBl. I S. 3434) – Auszug –

Abschnitt 1 **Allgemeine Vorschriften**

§ 1 Ziele des Naturschutzes und der Landschaftspflege

(1) Natur und Landschaft sind auf Grund ihres eigenen Wertes und als Grundlage für Leben und Gesundheit des Menschen auch in Verantwortung für die künftigen Generationen im besiedelten und unbesiedelten Bereich nach Maßgabe der nachfolgenden Absätze so zu schützen, dass

1. die biologische Vielfalt,
2. die Leistungs- und Funktionsfähigkeit des Naturhaushalts einschließlich der Regenerationsfähigkeit und nachhaltigen Nutzungsfähigkeit der Naturgüter sowie
3. die Vielfalt, Eigenart und Schönheit sowie der Erholungswert von Natur und Landschaft

auf Dauer gesichert sind; der Schutz umfasst auch die Pflege, die Entwicklung und, soweit erforderlich, die Wiederherstellung von Natur und Landschaft (allgemeiner Grundsatz).

(2) Zur dauerhaften Sicherung der biologischen Vielfalt sind entsprechend dem jeweiligen Gefährdungsgrad insbesondere

1. lebensfähige Populationen wild lebender Tiere und Pflanzen einschließlich ihrer Lebensstätten zu erhalten und der Austausch zwischen den Populationen sowie Wanderungen und Wiederbesiedelungen zu ermöglichen,
2. Gefährdungen von natürlich vorkommenden Ökosystemen, Biotopen und Arten entgegenzuwirken,
3. Lebensgemeinschaften und Biotope mit ihren strukturellen und geografischen Eigenheiten in einer repräsentativen Verteilung zu erhalten; bestimmte Landschaftsteile sollen der natürlichen Dynamik überlassen bleiben.

(3) Zur dauerhaften Sicherung der Leistungs- und Funktionsfähigkeit des Naturhaushalts sind insbesondere

1. die räumlich abgrenzbaren Teile seines Wirkungsgefüges im Hinblick auf die prägenden biologischen Funktionen, Stoff- und Energieflüsse sowie landschaftlichen Strukturen zu schützen; Naturgüter, die sich nicht erneuern, sind sparsam und schonend zu nutzen; sich erneuernde Naturgüter dürfen nur so genutzt werden, dass sie auf Dauer zur Verfügung stehen,
2. Böden so zu erhalten, dass sie ihre Funktion im Naturhaushalt erfüllen können; nicht mehr genutzte versiegelte Flächen sind zu renaturieren, oder, soweit eine Entsiegelung nicht möglich oder nicht zumutbar ist, der natürlichen Entwicklung zu überlassen,
3. Meeres- und Binnengewässer vor Beeinträchtigungen zu bewahren und ihre natürliche Selbstreinigungsfähigkeit und Dynamik zu erhalten; dies gilt insbesondere für natürliche und naturnahe Gewässer einschließlich ihrer Ufer, Auen und sonstigen Rückhalteflächen; Hochwasserschutz hat auch durch natürliche oder naturnahe Maßnahmen zu erfolgen; für den vorsorgenden Grundwasserschutz sowie für einen ausgeglichenen Niederschlags-Abflusshaushalt ist auch durch Maßnahmen des Naturschutzes und der Landschaftspflege Sorge zu tragen,
4. Luft und Klima auch durch Maßnahmen des Naturschutzes und der Landschaftspflege zu schützen; dies gilt insbesondere für Flächen mit günstiger lufthygienischer oder klimatischer Wirkung wie Frisch- und Kaltluftentstehungsgebiete oder Luftaustauschbahnen; dem Aufbau einer nachhaltigen Energieversorgung insbesondere durch zunehmende Nutzung erneuerbarer Energien kommt eine besondere Bedeutung zu,
5. wild lebende Tiere und Pflanzen, ihre Lebensgemeinschaften sowie ihre Biotope und Lebensstätten auch im Hinblick auf ihre jeweiligen Funktionen im Naturhaushalt zu erhalten,
6. der Entwicklung sich selbst regulierender Ökosysteme auf hierfür geeigneten Flächen Raum und Zeit zu geben.

(4) Zur dauerhaften Sicherung der Vielfalt, Eigenart und Schönheit sowie des Erholungswertes von Natur und Landschaft sind insbesondere
1. Naturlandschaften und historisch gewachsene Kulturlandschaften, auch mit ihren Kultur-, Bau- und Bodendenkmälern, vor Verunstaltung, Zersiedelung und sonstigen Beeinträchtigungen zu bewahren,
2. zum Zweck der Erholung in der freien Landschaft nach ihrer Beschaffenheit und Lage geeignete Flächen vor allem im besiedelten und siedlungsnahen Bereich zu schützen und zugänglich zu machen.

(5) Großflächige, weitgehend unzerschnittene Landschaftsräume sind vor weiterer Zerschneidung zu bewahren. Die erneute Inanspruchnahme be-

reits bebauter Flächen sowie die Bebauung unbebauter Flächen im beplanten und unbeplanten Innenbereich, soweit sie nicht für Grünflächen vorgesehen sind, hat Vorrang vor der Inanspruchnahme von Freiflächen im Außenbereich. Verkehrswege, Energieleitungen und ähnliche Vorhaben sollen landschaftsgerecht geführt, gestaltet und so gebündelt werden, dass die Zerschneidung und die Inanspruchnahme der Landschaft sowie Beeinträchtigungen des Naturhaushalts vermieden oder so gering wie möglich gehalten werden. Beim Aufsuchen und bei der Gewinnung von Bodenschätzen, bei Abgrabungen und Aufschüttungen sind dauernde Schäden des Naturhaushalts und Zerstörungen wertvoller Landschaftsteile zu vermeiden; unvermeidbare Beeinträchtigungen von Natur und Landschaft sind insbesondere durch Förderung natürlicher Suk-zession, Renaturierung, naturnahe Gestaltung, Wiedernutzbarmachung oder Rekultivierung auszugleichen oder zu mindern.

(6) Freiräume im besiedelten und siedlungsnahen Bereich einschließlich ihrer Bestandteile, wie Parkanlagen, großflächige Grünanlagen und Grünzüge, Wälder und Waldränder, Bäume und Gehölzstrukturen, Fluss- und Bachläufe mit ihren Uferzonen und Auenbereichen,stehende Gewässer, Naturerfahrungsräume sowie gartenbau- und landwirtschaftlich genutzte Flächen, sind zu erhalten und dort, wo sie nicht in ausreichendem Maße vorhanden sind, neu zu schaffen.

§ 2 Verwirklichung der Ziele

(1) Jeder soll nach seinen Möglichkeiten zur Verwirklichung der Ziele des Naturschutzes und der Landschaftspflege beitragen und sich so verhalten, dass Natur und Landschaft nicht mehr als nach den Umständen unvermeidbar beeinträchtigt werden.

(2) Die Behörden des Bundes und der Länder haben im Rahmen ihrer Zuständigkeit die Verwirklichung der Ziele des Naturschutzes und der Landschaftspflege zu unterstützen.

(3) Die Ziele des Naturschutzes und der Landschaftspflege sind zu verwirklichen, soweit es im Einzelfall möglich, erforderlich und unter Abwägung aller sich aus § 1 Absatz 1 ergebenden Anforderungen untereinander und gegen die sonstigen Anforderungen der Allgemeinheit an Natur und Landschaft angemessen ist.

(4) Bei der Bewirtschaftung von Grundflächen im Eigentum oder Besitz der öffentlichen Hand sollen die Ziele des Naturschutzes und der Landschaftspflege in besonderer Weise berücksichtigt werden.

(5) Die europäischen Bemühungen auf dem Gebiet des Naturschutzes und der Landschaftspflege werden insbesondere durch Aufbau und Schutz des Netzes „Natura 2000" unterstützt. Die internationalen Bemühungen auf dem Gebiet des Naturschutzes und der Landschaftspflege werden insbesondere durch den Schutz des Kultur- und Naturerbes im Sinne des Übereinkommens vom 16. November 1972 zum Schutz des Kultur- und Naturerbes der Welt (BGBl. 1977 II S. 213, 215) unterstützt.

(6) Das allgemeine Verständnis für die Ziele des Naturschutzes und der Landschaftspflege ist mit geeigneten Mitteln zu fördern. Erziehungs-, Bildungs- und Informationsträger klären auf allen Ebenen über die Bedeutung von Natur und Landschaft, über deren Bewirtschaftung und Nutzung sowie über die Aufgaben des Naturschutzes und der Landschaftspflege auf und wecken das Bewusstsein für einen verantwortungsvollen Umgang mit Natur und Landschaft.

§ 3 Zuständigkeiten, Aufgaben und Befugnisse, vertragliche Vereinbarungen, Zusammenarbeit der Behörden

(1) Die für Naturschutz und Landschaftspflege zuständigen Behörden im Sinne dieses Gesetzes sind
1. die nach Landesrecht für Naturschutz und Landschaftspflege zuständigen Behörden oder
2. das Bundesamt für Naturschutz, soweit ihm nach diesem Gesetz Zuständigkeiten zugewiesen werden.

(2) Die für Naturschutz und Landschaftspflege zuständigen Behörden überwachen die Einhaltung der Vorschriften dieses Gesetzes und der auf Grund dieses Gesetzes erlassenen Vorschriften und treffen nach pflichtgemäßem Ermessen die im Einzelfall erforderlichen Maßnahmen, um deren Einhaltung sicherzustellen, soweit nichts anderes bestimmt ist.

(3) Bei Maßnahmen des Naturschutzes und der Landschaftspflege soll vorrangig geprüft werden, ob der Zweck mit angemessenem Aufwand auch durch vertragliche Vereinbarungen erreicht werden kann.

(4) Mit der Ausführung landschaftspflegerischer und -gestalterischer Maßnahmen sollen die zuständigen Behörden nach Möglichkeit land- und forstwirtschaftliche Betriebe, Vereinigungen, in denen Gemeinden oder Gemeindeverbände, Landwirte und Vereinigungen, die im Schwerpunkt die Ziele des Naturschutzes und der Landschaftspflege fördern, gleichberechtigt vertreten sind (Landschaftspflegeverbände), anerkannte Natur-

schutzvereinigungen oder Träger von Naturparken beauftragen. Hoheitliche Befugnisse können nicht übertragen werden.

(5) Die Behörden des Bundes und der Länder haben die für Naturschutz und Landschaftspflege zuständigen Behörden bereits bei der Vorbereitung aller öffentlichen Planungen und Maßnahmen, die die Belange des Naturschutzes und der Landschaftspflege berühren können, hierüber zu unterrichten und ihnen Gelegenheit zur Stellungnahme zu geben, soweit nicht eine weiter gehende Form der Beteiligung vorgesehen ist. Die Beteiligungspflicht nach Satz 1 gilt für die für Naturschutz und Landschaftspflege zuständigen Behörden entsprechend, soweit Planungen und Maßnahmen des Naturschutzes und der Landschaftspflege den Aufgabenbereich anderer Behörden berühren können.

(6) Die für Naturschutz und Landschaftspflege zuständigen Behörden gewährleisten einen frühzeitigen Austausch mit Betroffenen und der interessierten Öffentlichkeit über ihre Planungen und Maßnahmen.

(7) Aufgaben nach diesem Gesetz obliegen einer Gemeinde oder einem Gemeindeverband nur, wenn der Gemeinde oder dem Gemeindeverband die Aufgaben durch Landesrecht übertragen worden sind.

§ 5 Land-, Forst- und Fischereiwirtschaft

(1) Bei Maßnahmen des Naturschutzes und der Landschaftspflege ist die besondere Bedeutung einer natur- und landschaftsverträglichen Land-, Forst- und Fischereiwirtschaft für die Erhaltung der Kultur- und Erholungslandschaft zu berücksichtigen.

(2) Bei der landwirtschaftlichen Nutzung sind neben den Anforderungen, die sich aus den für die Landwirtschaft geltenden Vorschriften und aus § 17 Absatz 2 des Bundes-Bodenschutzgesetzes ergeben, insbesondere die folgenden Grundsätze der guten fachlichen Praxis zu beachten:

1. die Bewirtschaftung muss standortangepasst erfolgen und die nachhaltige Bodenfruchtbarkeit und langfristige Nutzbarkeit der Flächen muss gewährleistet werden;
2. die natürliche Ausstattung der Nutzfläche (Boden, Wasser, Flora, Fauna) darf nicht über das zur Erzielung eines nachhaltigen Ertrages erforderliche Maß hinaus beeinträchtigt werden;
3. die zur Vernetzung von Biotopen erforderlichen Landschaftselemente sind zu erhalten und nach Möglichkeit zu vermehren;
4. die Tierhaltung hat in einem ausgewogenen Verhältnis zum Pflanzenbau zu stehen und schädliche Umweltauswirkungen sind zu vermeiden;

5. auf erosionsgefährdeten Hängen, in Überschwemmungsgebieten, auf Standorten mit hohem Grundwasserstand sowie auf Moorstandorten ist ein Grünlandumbruch zu unterlassen;
6. die Anwendung von Düngemitteln und Pflanzenschutzmitteln hat nach Maßgabe des landwirtschaftlichen Fachrechtes zu erfolgen; es sind eine Dokumentation über die Anwendung von Düngemitteln nach Maßgabe des § 10 der Düngeverordnung vom 26. Mai 2017 (BGBl. I S. 1305) in der jeweils geltenden Fassung sowie eine Dokumentation über die Anwendung von Pflanzenschutzmittel nach Maßgabe des Artikel 67 Absatz 1 Satz 2 der Verordnung (EG) Nr. 1107/2009 des Europäischen Parlaments und des Rates vom 21. Oktober 2009 über das Inverkehrbringen von Pflanzenschutzmitteln und zur Aufhebung der Richtlinien 79/117/EWG und 91/414/EWG des Rates (ABl. L 309 vom 24.11.2009, S. 1) zu führen.

(3) Bei der forstlichen Nutzung des Waldes ist das Ziel zu verfolgen, naturnahe Wälder aufzubauen und diese ohne Kahlschläge nachhaltig zu bewirtschaften. Ein hinreichender Anteil standortheimischer Forstpflanzen ist einzuhalten.

(4) Bei der fischereiwirtschaftlichen Nutzung der oberirdischen Gewässer sind diese einschließlich ihrer Uferzonen als Lebensstätten und Lebensräume für heimische Tier- und Pflanzenarten zu erhalten und zu fördern. Der Besatz dieser Gewässer mit nichtheimischen Tierarten ist grundsätzlich zu unterlassen. Bei Fischzuchten und Teichwirtschaften der Binnenfischerei sind Beeinträchtigungen der heimischen Tier- und Pflanzenarten auf das zur Erzielung eines nachhaltigen Ertrages erforderliche Maß zu beschränken.

§ 6 Beobachtung von Natur und Landschaft

(1) Der Bund und die Länder beobachten im Rahmen ihrer Zuständigkeiten Natur und Landschaft (allgemeiner Grundsatz).

(2) Die Beobachtung dient der gezielten und fortlaufenden Ermittlung, Beschreibung und Bewertung des Zustands von Natur und Landschaft und ihrer Veränderungen einschließlich der Ursachen und Folgen dieser Veränderungen.

(3) Die Beobachtung umfasst insbesondere
1. den Zustand von Landschaften, Biotopen und Arten zur Erfüllung völkerrechtlicher Verpflichtungen,

2. den Erhaltungszustand der natürlichen Lebensraumtypen und Arten von gemeinschaftlichem Interesse einschließlich des unbeabsichtigten Fangs oder Tötens der Tierarten, die in Anhang IV Buchstabe a der Richtlinie 92/43/EWG des Rates vom 21. Mai 1992 zur Erhaltung der natürlichen Lebensräume sowie der wildlebenden Tiere und Pflanzen (ABl. L 206 vom 22.7.1992, S. 7), die zuletzt durch die Richtlinie 2006/105/EG (ABl. L 363 vom 20.12.2006, S. 368) geändert worden ist, aufgeführt sind, sowie der europäischen Vogelarten und ihrer Lebensräume; dabei sind die prioritären natürlichen Lebensraumtypen und prioritären Arten besonders zu berücksichtigen.
3. ...
4. ...

(4) Die zuständigen Behörden des Bundes und der Länder unterstützen sich bei der Beobachtung. Sie sollen ihre Beobachtungsmaßnahmen aufeinander abstimmen.

(5) Das Bundesamt für Naturschutz nimmt die Aufgaben des Bundes auf dem Gebiet der Beobachtung von Natur und Landschaft wahr, soweit in Rechtsvorschriften nichts anderes bestimmt ist.

(6) Rechtsvorschriften über die Geheimhaltung, über den Schutz personenbezogener Daten sowie über den Schutz von Betriebs- und Geschäftsgeheimnissen bleiben unberührt.

§ 7 Begriffsbestimmungen

(1) Für dieses Gesetz gelten folgende Begriffsbestimmungen:

1. biologische Vielfalt
   die Vielfalt der Tier- und Pflanzenarten einschließlich der innerartlichen Vielfalt sowie die Vielfalt an Formen von Lebensgemeinschaften und Biotopen;
2. Naturhaushalt
   die Naturgüter Boden, Wasser, Luft, Klima, Tiere und Pflanzen sowie das Wirkungsgefüge zwischen ihnen;
3. Erholung
   natur- und landschaftsverträglich ausgestaltetes Natur- und Freizeiterleben einschließlich natur- und landschaftsverträglicher sportlicher Betätigung in der freien Landschaft, soweit dadurch die sonstigen Ziele des Naturschutzes und der Landschaftspflege nicht beeinträchtigt werden;

4. natürliche Lebensraumtypen von gemeinschaftlichem Interesse
die in Anhang I der Richtlinie 92/43/EWG aufgeführten Lebensraumtypen;
5. prioritäre natürliche Lebensraumtypen
die in Anhang I der Richtlinie 92/43/EWG mit dem Zeichen (*) gekennzeichneten Lebensraumtypen;
6. Gebiete von gemeinschaftlicher Bedeutung
die in die Liste nach Artikel 4 Absatz 2 Unterabsatz 3 der Richtlinie 92/43/EWG aufgenommenen Gebiete, auch wenn ein Schutz im Sinne des § 32 Absatz 2 bis 4 noch nicht gewährleistet ist;
7. Europäische Vogelschutzgebiete
Gebiete im Sinne des Artikels 4 Absatz 1 und 2 der Richtlinie 2009/147/EG des Europäischen Parlaments und des Rates vom 30. November 2009 über die Erhaltung der wildlebenden Vogelarten (ABl. L 20 vom 26.1.2010, S. 7), wenn ein Schutz im Sinne des § 32 Absatz 2 bis 4 bereits gewährleistet ist;
8. Natura 2000-Gebiete
Gebiete von gemeinschaftlicher Bedeutung und Europäische Vogelschutzgebiete;
9. Erhaltungsziele
Ziele, die im Hinblick auf die Erhaltung oder Wiederherstellung eines günstigen Erhaltungszustands eines natürlichen Lebensraumtyps von gemeinschaftlichem Interesse, einer in Anhang II der Richtlinie 92/43/EWG oder in Artikel 4 Absatz 2 oder Anhang I der Richtlinie 2009/147 EG aufgeführten Art für ein Natura 2000-Gebiet festgelegt sind.

(2) Für dieses Gesetz gelten folgende weitere Begriffsbestimmungen:
1. Tiere
   a) wild lebende, gefangene oder gezüchtete und nicht herrenlos gewordene sowie tote Tiere wild lebender Arten,
   b) Eier, auch im leeren Zustand, sowie Larven, Puppen und sonstige Entwicklungsformen von Tieren wild lebender Arten,
   c) ohne Weiteres erkennbare Teile von Tieren wild lebender Arten und
   d) ohne Weiteres erkennbar aus Tieren wild lebender Arten gewonnene Erzeugnisse;
2. Pflanzen
   a) wild lebende, durch künstliche Vermehrung gewonnene sowie tote Pflanzen wild lebender Arten,
   b) Samen, Früchte oder sonstige Entwicklungsformen von Pflanzen wild lebender Arten,
   c) ohne Weiteres erkennbare Teile von Pflanzen wild lebender Arten und

   d) ohne Weiteres erkennbar aus Pflanzen wild lebender Arten gewonnene Erzeugnisse;

   als Pflanzen im Sinne dieses Gesetzes gelten auch Flechten und Pilze;
3. Art
   jede Art, Unterart oder Teilpopulation einer Art oder Unterart; für die Bestimmung einer Art ist ihre wissenschaftliche Bezeichnung maßgebend;
4. Biotop
   Lebensraum einer Lebensgemeinschaft wild lebender Tiere und Pflanzen;
5. Lebensstätte
   regelmäßiger Aufenthaltsort der wild lebenden Individuen einer Art;
6. Population
   eine biologisch oder geografisch abgegrenzte Zahl von Individuen einer Art;
7. *(weggefallen)*
8. *(weggefallen)*
9. invasive Art
   Eine invasive gebietsfremde Art im Sinne des Artikel 3 Nummer 2 der Verordnung (EU) Nr. 1143/2014
   a) die in der Unionsliste nach Artikel 4 Absatz 1 der Verordnung (EU) Nummer 1143/2014 aufgeführt ist,
   b) für die Dringlichkeitsmaßnahmen nach Artikel 10 Absatz 4 oder für die Durchführungsrechtsakte nach Artikel 11 Absatz 2 Satz 2 der Verordnung (EU) Nummer 1143/2014 in Kraft sind, soweit die Verordnung (EU) 1143/2014 nach den genannten Rechtsvorschriften anwendbar ist oder
   c) die in einer Rechtsverordnung nach § 54 Absatz 4 Satz 1 Nummer 1 oder Nummer 3 aufgeführt ist;
10. Arten von gemeinschaftlichem Interesse
   die in Anhang II, IV oder V der Richtlinie 92/43/EWG aufgeführten Tier- und Pflanzenarten;
11. prioritäre Arten
   die in Anhang II der Richtlinie 92/43/EWG mit dem Zeichen (*) gekennzeichneten Tier- und Pflanzenarten;
12. europäische Vogelarten
   in Europa natürlich vorkommende Vogelarten im Sinne des Artikels 1 der Richtlinie 2009/147 EG;
13. besonders geschützte Arten
   a) Tier- und Pflanzenarten, die in Anhang A oder Anhang B der Verordnung (EG) Nr. 338/97 des Rates vom 9. Dezember 1996 über den Schutz von Exemplaren wildlebender Tier- und Pflanzenarten durch Überwachung des Handels (ABl. L 61 vom 3.3.1997, S. 1,

L 100 vom 17.4.1997, S. 72, L 298 vom 1.11.1997, S. 70, L 113 vom 27.4.2006, S. 26), die zuletzt durch die Verordnung (EG) Nr. 709/2010 (ABl. L 212 vom 12.8.2010, S. 1) geändert worden ist, aufgeführt sind,

b) nicht unter Buchstabe a fallende
   aa) Tier- und Pflanzenarten, die in Anhang IV der Richtlinie 92/43/EWG aufgeführt sind,
   bb) europäische Vogelarten,
c) Tier- und Pflanzenarten, die in einer Rechtsverordnung nach § 54 Absatz 1 aufgeführt sind;

14. streng geschützte Arten
    besonders geschützte Arten, die
    a) in Anhang A der Verordnung (EG) Nr. 338/97,
    b) in Anhang IV der Richtlinie 92/43/EWG,
    c) in einer Rechtsverordnung nach § 54 Absatz 2 aufgeführt sind;
15. gezüchtete Tiere
    Tiere, die in kontrollierter Umgebung geboren oder auf andere Weise erzeugt und deren Elterntiere rechtmäßig erworben worden sind;
16. künstlich vermehrte Pflanzen
    Pflanzen, die aus Samen, Gewebekulturen, Stecklingen oder Teilungen unter kontrollierten Bedingungen herangezogen worden sind;
17. Anbieten
    Erklärung der Bereitschaft zu verkaufen oder zu kaufen und ähnliche Handlungen, einschließlich der Werbung, der Veranlassung zur Werbung oder der Aufforderung zu Verkaufs- oder Kaufverhandlungen;
18. Inverkehrbringen
    das Anbieten, Vorrätighalten zur Abgabe, Feilhalten und jedes Abgeben an andere;
19. rechtmäßig
    in Übereinstimmung mit den jeweils geltenden Rechtsvorschriften zum Schutz der betreffenden Art im jeweiligen Staat sowie mit Rechtsakten der Europäischen Gemeinschaft auf dem Gebiet des Artenschutzes und dem Übereinkommen vom 3. März 1973 über den internationalen Handel mit gefährdeten Arten freilebender Tiere und Pflanzen (BGBl. 1975 II S. 773, 777) – Washingtoner Artenschutzübereinkommen – im Rahmen ihrer jeweiligen räumlichen und zeitlichen Geltung oder Anwendbarkeit;
20. Mitgliedstaat
    ein Staat, der Mitglied der Europäischen Union ist;
21. Drittstaat
    ein Staat, der nicht Mitglied der Europäischen Union ist.

(3) Soweit in diesem Gesetz auf Anhänge der
1. Verordnung (EG) Nr. 338/97,
2. Verordnung (EWG) Nr. 3254/91 des Rates vom 4. November 1991 zum Verbot von Tellereisen in der Gemeinschaft und der Einfuhr von Pelzen und Waren von bestimmten Wildtierarten aus Ländern, die Tellereisen oder den internationalen humanen Fangnormen nicht entsprechende Fangmethoden anwenden (ABl. L 308 vom 9.11.1991, S. 1),
3. Richtlinien 92/43/EWG und 2009/147 EG,
4. Richtlinie 83/129/EWG des Rates vom 28. März 1983 betreffend die Einfuhr in die Mitgliedstaaten von Fellen bestimmter Jungrobben und Waren daraus (ABl. L 91 vom 9.4.1983, S. 30), die zuletzt durch die Richtlinie 89/370/EWG (ABl. L 163 vom 14.6.1989, S. 37) geändert worden ist,

oder auf Vorschriften der genannten Rechtsakte verwiesen wird, in denen auf Anhänge Bezug genommen wird, sind die Anhänge jeweils in der sich aus den Veröffentlichungen im Amtsblatt Teil L der Europäischen Union ergebenden geltenden Fassung maßgeblich.

(4) Das Bundesministerium für Umwelt, Naturschutz, Bau und Reaktorsicherheit gibt die besonders geschützten und die streng geschützten Arten sowie den Zeitpunkt ihrer jeweiligen Unterschutzstellung bekannt.

(5) Wenn besonders geschützte Arten bereits auf Grund der bis zum 8. Mai 1998 geltenden Vorschriften unter besonderem Schutz standen, gilt als Zeitpunkt der Unterschutzstellung derjenige, der sich aus diesen Vorschriften ergibt. Entsprechendes gilt für die streng geschützten Arten, soweit sie nach den bis zum 8. Mai 1998 geltenden Vorschriften als vom Aussterben bedroht bezeichnet waren.

Kapitel 4 **Schutz bestimmter Teile von Natur und Landschaft**

Abschnitt 1 **Biotopverbund und Biotopvernetzung; geschützte Teile von Natur und Landschaft**

§ 20 Allgemeine Grundsätze

(1) Es wird ein Netz verbundener Biotope (Biotopverbund) geschaffen, das mindestens 10 Prozent der Fläche eines jeden Landes umfassen soll.

(2) Teile von Natur und Landschaft können geschützt werden
1. nach Maßgabe des § 23 als Naturschutzgebiet,
2. nach Maßgabe des § 24 als Nationalpark oder als Nationales Naturmonument,
3. als Biosphärenreservat,
4. nach Maßgabe des § 26 als Landschaftsschutzgebiet,
5. als Naturpark,
6. als Naturdenkmal oder
7. als geschützter Landschaftsbestandteil.

(3) Die in Absatz 2 genannten Teile von Natur und Landschaft sind, soweit sie geeignet sind, Bestandteile des Biotopverbunds.

§ 21 Biotopverbund, Biotopvernetzung

(1) Der Biotopverbund dient der dauerhaften Sicherung der Populationen wild lebender Tiere und Pflanzen einschließlich ihrer Lebensstätten, Biotope und Lebensgemeinschaften sowie der Bewahrung, Wiederherstellung und Entwicklung funktionsfähiger ökologischer Wechselbeziehungen. Er soll auch zur Verbesserung des Zusammenhangs des Netzes „Natura 2000“ beitragen.

(2) Der Biotopverbund soll länderübergreifend erfolgen. Die Länder stimmen sich hierzu untereinander ab.

(3) Der Biotopverbund besteht aus Kernflächen, Verbindungsflächen und Verbindungselementen. Bestandteile des Biotopverbunds sind
1. Nationalparke und Nationale Naturmonumente,
2. Naturschutzgebiete, Natura 2000-Gebiete und Biosphärenreservate oder Teile dieser Gebiete,
3. gesetzlich geschützte Biotope im Sinne des § 30,
4. weitere Flächen und Elemente, einschließlich solcher des Nationalen Naturerbes, des Grünen Bandes sowie Teilen von Landschaftsschutzgebieten und Naturparken,

wenn sie zur Erreichung des in Absatz 1 genannten Zieles geeignet sind.

(4) Die erforderlichen Kernflächen, Verbindungsflächen und Verbindungselemente sind durch Erklärung zu geschützten Teilen von Natur und Landschaft im Sinne des § 20 Absatz 2, durch planungsrechtliche Festlegungen, durch langfristige vertragliche Vereinbarungen oder andere geeignete Maßnahmen rechtlich zu sichern, um den Biotopverbund dauerhaft zu gewährleisten.

(5) Unbeschadet des § 30 sind die oberirdischen Gewässer einschließlich ihrer Randstreifen, Uferzonen und Auen als Lebensstätten und Biotope für natürlich vorkommende Tier- und Pflanzenarten zu erhalten. Sie sind so weiterzuentwickeln, dass sie ihre großräumige Vernetzungsfunktion auf Dauer erfüllen können.

(6) Auf regionaler Ebene sind insbesondere in von der Landwirtschaft geprägten Landschaften zur Vernetzung von Biotopen erforderliche lineare und punktförmige Elemente, insbesondere Hecken und Feldraine sowie Trittsteinbiotope, zu erhalten und dort, wo sie nicht in ausreichendem Maße vorhanden sind, zu schaffen (Biotopvernetzung).

§ 22 Erklärung zum geschützten Teil von Natur und Landschaft

(1) Die Unterschutzstellung von Teilen von Natur und Landschaft erfolgt durch Erklärung. Die Erklärung bestimmt den Schutzgegenstand, den Schutzzweck, die zur Erreichung des Schutzzwecks notwendigen Gebote und Verbote, und, soweit erforderlich, die Pflege-, Entwicklungs- und Wiederherstellungsmaßnahmen oder enthält die erforderlichen Ermächtigungen hierzu. Schutzgebiete können in Zonen mit einem entsprechend dem jeweiligen Schutzzweck abgestuften Schutz gegliedert werden; hierbei kann auch die für den Schutz notwendige Umgebung einbezogen werden.

(2) Form und Verfahren der Unterschutzstellung, die Beachtlichkeit von Form- und Verfahrensfehlern und die Möglichkeit ihrer Behebung sowie die Fortgeltung bestehender Erklärungen zum geschützten Teil von Natur und Landschaft richten sich nach Landesrecht. Die Unterschutzstellung kann auch länderübergreifend erfolgen.

(3) Teile von Natur und Landschaft, deren Schutz beabsichtigt ist, können für einen Zeitraum von bis zu zwei Jahren einstweilig sichergestellt werden, wenn zu befürchten ist, dass durch Veränderungen oder Störungen der beabsichtigte Schutzzweck gefährdet wird. Die einstweilige Sicherstellung kann unter den Voraussetzungen des Satzes 1 einmalig bis zu weiteren zwei Jahren verlängert werden. In dem einstweilig sichergestellten Teil von Natur und Landschaft sind Handlungen und Maßnahmen nach Maßgabe der Sicherstellungserklärung verboten, die geeignet sind, den Schutzgegenstand nachteilig zu verändern. Die einstweilige Sicherstellung ist ganz oder teilweise aufzuheben, wenn ihre Voraussetzungen nicht mehr oder nicht mehr in vollem Umgang gegeben sind. Absatz 2 gilt entsprechend.

(4) Geschützte Teile von Natur und Landschaft sind zu registrieren und zu kennzeichnen. Das Nähere richtet sich nach Landesrecht.

(5) Die Erklärung zum Nationalpark oder Nationalen Naturmonument einschließlich ihrer Änderung ergeht im Benehmen mit dem Bundesministerium für Umwelt, Naturschutz und Reaktorsicherheit und dem Bundesministerium für Verkehr, Bau und Stadtentwicklung.

§ 23 Naturschutzgebiete

(1) Naturschutzgebiete sind rechtsverbindlich festgesetzte Gebiete, in denen ein besonderer Schutz von Natur und Landschaft in ihrer Ganzheit oder in einzelnen Teilen erforderlich ist

1. zur Erhaltung, Entwicklung oder Wiederherstellung von Lebensstätten, Biotopen oder Lebensgemeinschaften bestimmter wild lebender Tier- und Pflanzenarten,
2. aus wissenschaftlichen, naturgeschichtlichen oder landeskundlichen Gründen oder
3. wegen ihrer Seltenheit, besonderen Eigenart oder hervorragenden Schönheit.

(2) Alle Handlungen, die zu einer Zerstörung, Beschädigung oder Veränderung des Naturschutzgebiets oder seiner Bestandteile oder zu einer nachhaltigen Störung führen können, sind nach Maßgabe näherer Bestimmungen verboten. Soweit es der Schutzzweck erlaubt, können Naturschutzgebiete der Allgemeinheit zugänglich gemacht werden.

(3) In Naturschutzgebieten ist die Errichtung von Anlagen zur Durchführung von Gewässerbenutzungen im Sinne des § 9 Absatz 2 Nummer 3 und 4 des Wasserhaushaltsgesetzes verboten.

§ 24 Nationalparke, Nationale Naturmonumente

(1) Nationalparke sind rechtsverbindlich festgesetzte einheitlich zu schützende Gebiete, die

1. großräumig, weitgehend unzerschnitten und von besonderer Eigenart sind,
2. in einem überwiegenden Teil ihres Gebiets die Voraussetzungen eines Naturschutzgebiets erfüllen und
3. sich in einem überwiegenden Teil ihres Gebiets in einem vom Menschen nicht oder wenig beeinflussten Zustand befinden oder geeignet sind, sich in einen Zustand zu entwickeln oder in einen Zustand entwickelt zu werden, der einen möglichst ungestörten Ablauf der Naturvorgänge in ihrer natürlichen Dynamik gewährleistet.

(2) Nationalparke haben zum Ziel, in einem überwiegenden Teil ihres Gebiets den möglichst ungestörten Ablauf der Naturvorgänge in ihrer natürlichen Dynamik zu gewährleisten. Soweit es der Schutzzweck erlaubt, sollen Nationalparke auch der wissenschaftlichen Umweltbeobachtung, der naturkundlichen Bildung und dem Naturerlebnis der Bevölkerung dienen.

(3) Nationalparke sind unter Berücksichtigung ihres besonderen Schutzzwecks sowie der durch die Großräumigkeit und Besiedlung gebotenen Ausnahmen wie Naturschutzgebiete zu schützen.

(4) Nationale Naturmonumente sind rechtsverbindlich festgesetzte Gebiete, die

1. aus wissenschaftlichen, naturgeschichtlichen, kulturhistorischen oder landeskundlichen Gründen und
2. wegen ihrer Seltenheit, Eigenart oder Schönheit

von herausragender Bedeutung sind. Nationale Naturmonumente sind wie Naturschutzgebiete zu schützen.

§ 25 Biosphärenreservate

(1) Biosphärenreservate sind einheitlich zu schützende und zu entwickelnde Gebiete, die

1. großräumig und für bestimmte Landschaftstypen charakteristisch sind,
2. in wesentlichen Teilen ihres Gebiets die Voraussetzungen eines Naturschutzgebiets, im Übrigen überwiegend eines Landschaftsschutzgebiets erfüllen,
3. vornehmlich der Erhaltung, Entwicklung oder Wiederherstellung einer durch hergebrachte vielfältige Nutzung geprägten Landschaft und der darin historisch gewachsenen Arten- und Biotopvielfalt, einschließlich Wild- und früherer Kulturformen wirtschaftlich genutzter oder nutzbarer Tier- und Pflanzenarten, dienen und
4. beispielhaft der Entwicklung und Erprobung von die Naturgüter besonders schonenden Wirtschaftsweisen dienen.

(2) Biosphärenreservate dienen, soweit es der Schutzzweck erlaubt, auch der Forschung und der Beobachtung von Natur und Landschaft sowie der Bildung für nachhaltige Entwicklung.

(3) Biosphärenreservate sind unter Berücksichtigung der durch die Großräumigkeit und Besiedlung gebotenen Ausnahmen über Kernzonen, Pflegezonen und Entwicklungszonen zu entwickeln und wie Naturschutzgebiete oder Landschaftsschutzgebiete zu schützen.

(4) Biosphärenreservate können auch als Biosphärengebiete oder Biosphärenregionen bezeichnet werden.

§ 26 Landschaftsschutzgebiete

(1) Landschaftsschutzgebiete sind rechtsverbindlich festgesetzte Gebiete, in denen ein besonderer Schutz von Natur und Landschaft erforderlich ist

1. zur Erhaltung, Entwicklung oder Wiederherstellung der Leistungs- und Funktionsfähigkeit des Naturhaushalts oder der Regenerationsfähigkeit und nachhaltigen Nutzungsfähigkeit der Naturgüter, einschließlich des Schutzes von Lebensstätten und Lebensräumen bestimmter wild lebender Tier- und Pflanzenarten,
2. wegen der Vielfalt, Eigenart und Schönheit oder der besonderen kulturhistorischen Bedeutung der Landschaft oder
3. wegen ihrer besonderen Bedeutung für die Erholung.

(2) In einem Landschaftsschutzgebiet sind unter besonderer Beachtung des § 5 Absatz 1 und nach Maßgabe näherer Bestimmungen alle Handlungen verboten, die den Charakter des Gebiets verändern oder dem besonderen Schutzzweck zuwiderlaufen.

§ 27 Naturparke

(1) Naturparke sind einheitlich zu entwickelnde und zu pflegende Gebiete, die

1. großräumig sind,
2. überwiegend Landschaftsschutzgebiete oder Naturschutzgebiete sind,
3. sich wegen ihrer landschaftlichen Voraussetzungen für die Erholung besonders eignen und in denen ein nachhaltiger Tourismus angestrebt wird,
4. nach den Erfordernissen der Raumordnung für Erholung vorgesehen sind,
5. der Erhaltung, Entwicklung oder Wiederherstellung einer durch vielfältige Nutzung geprägten Landschaft und ihrer Arten- und Biotopvielfalt dienen und in denen zu diesem Zweck eine dauerhaft umweltgerechte Landnutzung angestrebt wird und
6. besonders dazu geeignet sind, eine nachhaltige Regionalentwicklung zu fördern.

(2) Naturparke sollen entsprechend ihren in Absatz 1 beschriebenen Zwecken unter Beachtung der Ziele des Naturschutzes und der Landschaftspflege geplant, gegliedert, erschlossen und weiterentwickelt werden.

§ 28 Naturdenkmäler

(1) Naturdenkmäler sind rechtsverbindlich festgesetzte Einzelschöpfungen der Natur oder entsprechende Flächen bis zu fünf Hektar, deren besonderer Schutz erforderlich ist

1. aus wissenschaftlichen, naturgeschichtlichen oder landeskundlichen Gründen oder
2. wegen ihrer Seltenheit, Eigenart oder Schönheit.

(2) Die Beseitigung des Naturdenkmals sowie alle Handlungen, die zu einer Zerstörung, Beschädigung oder Veränderung des Naturdenkmals führen können, sind nach Maßgabe näherer Bestimmungen verboten.

§ 29 Geschützte Landschaftsbestandteile

(1) Geschützte Landschaftsbestandteile sind rechtsverbindlich festgesetzte Teile von Natur und Landschaft, deren besonderer Schutz erforderlich ist

1. zur Erhaltung, Entwicklung oder Wiederherstellung der Leistungs- und Funktionsfähigkeit des Naturhaushalts,
2. zur Belebung, Gliederung oder Pflege des Orts- oder Landschaftsbildes,
3. zur Abwehr schädlicher Einwirkungen oder
4. wegen ihrer Bedeutung als Lebensstätten bestimmter wild lebender Tier- und Pflanzenarten.

Der Schutz kann sich für den Bereich eines Landes oder für Teile des Landes auf den gesamten Bestand an Alleen, einseitigen Baumreihen, Bäumen, Hecken oder anderen Landschaftsbestandteilen erstrecken.

(2) Die Beseitigung des geschützten Landschaftsbestandteils sowie alle Handlungen, die zu einer Zerstörung, Beschädigung oder Veränderung des geschützten Landschaftsbestandteils führen können, sind nach Maßgabe näherer Bestimmungen verboten. Für den Fall der Bestandsminderung kann die Verpflichtung zu einer angemessenen und zumutbaren Ersatzpflanzung oder zur Leistung von Ersatz in Geld vorgesehen werden.

(3) Vorschriften des Landesrechts über den gesetzlichen Schutz von Alleen bleiben unberührt.

§ 30 Gesetzlich geschützte Biotope

(1) Bestimmte Teile von Natur und Landschaft, die eine besondere Bedeutung als Biotope haben, werden gesetzlich geschützt (allgemeiner Grundsatz).

(2) Handlungen, die zu einer Zerstörung oder einer sonstigen erheblichen Beeinträchtigung folgender Biotope führen können, sind verboten:
1. natürliche oder naturnahe Bereiche fließender und stehender Binnengewässer einschließlich ihrer Ufer und der dazugehörigen uferbegleitenden natürlichen oder naturnahen Vegetation sowie ihrer natürlichen oder naturnahen Verlandungsbereiche, Altarme und regelmäßig überschwemmten Bereiche,
2. Moore, Sümpfe, Röhrichte, Großseggenrieder, seggen- und binsenreiche Nasswiesen, Quellbereiche, Binnenlandsalzstellen,
3. offene Binnendünen, offene natürliche Block-, Schutt- und Geröllhalden, Lehm- und Lösswände, Zwergstrauch-, Ginster- und Wacholderheiden, Borstgrasrasen, Trockenrasen, Schwermetallrasen, Wälder und Gebüsche trockenwarmer Standorte,
4. Bruch-, Sumpf- und Auenwälder, Schlucht-, Blockhalden- und Hangschuttwälder, subalpine Lärchen- und Lärchen-Arvenwälder,
5. offene Felsbildungen, alpine Rasen sowie Schneetälchen und Krummholzgebüsche,
6. Fels- und Steilküsten, Küstendünen und Strandwälle, Strandseen, Boddengewässer mit Verlandungsbereichen, Salzwiesen und Wattflächen im Küstenbereich, Seegraswiesen und sonstige marine Makrophytenbestände, Riffe, sublitorale Sandbänke, Schlickgründe mit bohrender Bodenmegafauna sowie artenreiche Kies-, Grobsand- und Schillgründe im Meeres- und Küstenbereich.

Die Verbote des Satzes 1 gelten auch für weitere von den Ländern gesetzlich geschützte Biotope.

(3) Von den Verboten des Absatzes 2 kann auf Antrag eine Ausnahme zugelassen werden, wenn die Beeinträchtigungen ausgeglichen werden können.

(4) Sind auf Grund der Aufstellung, Änderung oder Ergänzung von Bebauungsplänen Handlungen im Sinne des Absatzes 2 zu erwarten, kann auf Antrag der Gemeinde über eine erforderliche Ausnahme oder Befreiung von den Verboten des Absatzes 2 vor der Aufstellung des Bebauungsplans entschieden werden. Ist eine Ausnahme zugelassen oder eine Befreiung gewährt worden, bedarf es für die Durchführung eines im Übrigen zulässigen Vorhabens keiner weiteren Ausnahme oder Befreiung, wenn mit der

Durchführung des Vorhabens innerhalb von sieben Jahren nach Inkrafttreten des Bebauungsplans begonnen wird.

(5) Bei gesetzlich geschützten Biotopen, die während der Laufzeit einer vertraglichen Vereinbarung oder der Teilnahme an öffentlichen Programmen zur Bewirtschaftungsbeschränkung entstanden sind, gilt Absatz 2 nicht für die Wiederaufnahme einer zulässigen land-, forst-, oder fischereiwirtschaftlichen Nutzung innerhalb von zehn Jahren nach Beendigung der betreffenden vertraglichen Vereinbarung oder der Teilnahme an den betreffenden öffentlichen Programmen.

(6) Bei gesetzlich geschützten Biotopen, die auf Flächen entstanden sind, bei denen eine zulässige Gewinnung von Bodenschätzen eingeschränkt oder unterbrochen wurde, gilt Absatz 2 nicht für die Wiederaufnahme der Gewinnung innerhalb von fünf Jahren nach der Einschränkung oder Unterbrechung.

(7) Die gesetzlich geschützten Biotope werden registriert und die Registrierung wird in geeigneter Weise öffentlich zugänglich gemacht. Die Registrierung und deren Zugänglichkeit richten sich nach Landesrecht.

(8) Weiter gehende Schutzvorschriften einschließlich der Bestimmungen über Ausnahmen und Befreiungen bleiben unberührt.

Abschnitt 2 **Netz „Natura 2000"**

§ 31 Aufbau und Schutz des Netzes „Natura 2000"

Der Bund und die Länder erfüllen die sich aus den Richtlinien 92/43/EWG und 2009/147/ EG ergebenden Verpflichtungen zum Aufbau und Schutz des zusammenhängenden europäischen ökologischen Netzes „Natura 2000" im Sinne des Artikels 3 der Richtlinie 92/43/EWG.

§ 32 Schutzgebiete

(1) Die Länder wählen die Gebiete, die der Kommission nach Artikel 4 Absatz 1 der Richtlinie 92/43/EWG und Artikel 4 Absatz 1 und 2 der Richtlinie 2009/147/EG zu benennen sind, nach den in diesen Vorschriften genannten Maßgaben aus. Sie stellen das Benehmen mit dem Bundesministerium für Umwelt, Naturschutz und Reaktorsicherheit her. Dieses beteiligt die anderen fachlich betroffenen Bundesministerien und

benennt die ausgewählten Gebiete der Kommission. Es übermittelt der Kommission gleichzeitig Schätzungen über eine finanzielle Beteiligung der Gemeinschaft, die zur Erfüllung der Verpflichtungen nach Artikel 6 Absatz 1 der Richtlinie 92/43/EWG einschließlich der Zahlung eines finanziellen Ausgleichs insbesondere für die Land- und Forstwirtschaft erforderlich ist.

(2) Die in die Liste nach Artikel 4 Absatz 2 Unterabsatz 3 der Richtlinie 92/43/EWG aufgenommenen Gebiete sind nach Maßgabe des Artikels 4 Absatz 4 dieser Richtlinie und die nach Artikel 4 Absatz 1 und 2 der Richtlinie 2009/147/EG benannten Gebiete entsprechend den jeweiligen Erhaltungszielen zu geschützten Teilen von Natur und Landschaft im Sinne des § 20 Absatz 2 zu erklären.

(3) Die Schutzerklärung bestimmt den Schutzzweck entsprechend den jeweiligen Erhaltungszielen und die erforderlichen Gebietsbegrenzungen. Es soll dargestellt werden, ob prioritäre natürliche Lebensraumtypen oder prioritäre Arten zu schützen sind. Durch geeignete Gebote und Verbote sowie Pflege- und Entwicklungsmaßnahmen ist sicherzustellen, dass den Anforderungen des Artikels 6 der Richtlinie 92/43/EWG entsprochen wird. Weiter gehende Schutzvorschriften bleiben unberührt.

(4) Die Unterschutzstellung nach den Absätzen 2 und 3 kann unterbleiben, soweit nach anderen Rechtsvorschriften einschließlich dieses Gesetzes und gebietsbezogener Bestimmungen des Landesrechts, nach Verwaltungsvorschriften, durch die Verfügungsbefugnis eines öffentlichen oder gemeinnützigen Trägers oder durch vertragliche Vereinbarungen ein gleichwertiger Schutz gewährleistet ist.

(5) Für Natura 2000-Gebiete können Bewirtschaftungspläne selbständig oder als Bestandteil anderer Pläne aufgestellt werden.

(6) Die Auswahl und die Erklärung von Gebieten im Sinne des Absatzes 1 Satz 1 und des Absatzes 2 im Bereich der deutschen ausschließlichen Wirtschaftszone und des Festlandsockels zu geschützten Teilen von Natur und Landschaft im Sinne des § 20 Absatz 2 richten sich nach § 57.

§ 33 Allgemeine Schutzvorschriften

(1) Alle Veränderungen und Störungen, die zu einer erheblichen Beeinträchtigung eines Natura 2000-Gebiets in seinen für die Erhaltungsziele oder den Schutzzweck maßgeblichen Bestandteilen führen können, sind unzulässig. Die für Naturschutz und Landschaftspflege zuständige Behörde kann unter den Voraussetzungen des § 34 Absatz 3 bis 5 Ausnah-

men von dem Verbot des Satzes 1 sowie von Verboten im Sinne des § 32 Absatz 3 zulassen.

(2) Bei einem Gebiet im Sinne des Artikels 5 Absatz 1 der Richtlinie 92/43/ EWG gilt während der Konzertierungsphase bis zur Beschlussfassung des Rates Absatz 1 Satz 1 im Hinblick auf die in ihm vorkommenden prioritären natürlichen Lebensraumtypen und prioritären Arten entsprechend. Die §§ 34 und 36 finden keine Anwendung.

§ 34 Verträglichkeit und Unzulässigkeit von Projekten; Ausnahmen

(1) Projekte sind vor ihrer Zulassung oder Durchführung auf ihre Verträglichkeit mit den Erhaltungszielen eines Natura 2000-Gebiets zu überprüfen, wenn sie einzeln oder im Zusammenwirken mit anderen Projekten oder Plänen geeignet sind, das Gebiet erheblich zu beeinträchtigen, und nicht unmittelbar der Verwaltung des Gebiets dienen. Soweit ein Natura 2000-Gebiet ein geschützter Teil von Natur und Landschaft im Sinne des § 20 Absatz 2 ist, ergeben sich die Maßstäbe für die Verträglichkeit aus dem Schutzzweck und den dazu erlassenen Vorschriften, wenn hierbei die jeweiligen Erhaltungsziele bereits berücksichtigt wurden. Der Projektträger hat die zur Prüfung der Verträglichkeit sowie der Voraussetzungen nach den Absätzen 3 bis 5 erforderlichen Unterlagen vorzulegen.

(2) Ergibt die Prüfung der Verträglichkeit, dass das Projekt zu erheblichen Beeinträchtigungen des Gebiets in seinen für die Erhaltungsziele oder den Schutzzweck maßgeblichen Bestandteilen führen kann, ist es unzulässig.

(3) Abweichend von Absatz 2 darf ein Projekt nur zugelassen oder durchgeführt werden, soweit es

1. aus zwingenden Gründen des überwiegenden öffentlichen Interesses, einschließlich solcher sozialer oder wirtschaftlicher Art, notwendig ist und
2. zumutbare Alternativen, den mit dem Projekt verfolgten Zweck an anderer Stelle ohne oder mit geringeren Beeinträchtigungen zu erreichen, nicht gegeben sind.

(4) Können von dem Projekt im Gebiet vorkommende prioritäre natürliche Lebensraumtypen oder prioritäre Arten betroffen werden, können als zwingende Gründe des überwiegenden öffentlichen Interesses nur solche im Zusammenhang mit der Gesundheit des Menschen, der öffentlichen Sicherheit, einschließlich der Verteidigung und des Schutzes der Zivilbevölkerung, oder den maßgeblich günstigen Auswirkungen des Projekts auf die Umwelt geltend gemacht werden. Sonstige Gründe im Sinne des

Absatzes 3 Nummer 1 können nur berücksichtigt werden, wenn die zuständige Behörde zuvor über das Bundesministerium für Umwelt, Naturschutz und Reaktorsicherheit eine Stellungnahme der Kommission eingeholt hat.

(5) Soll ein Projekt nach Absatz 3, auch in Verbindung mit Absatz 4, zugelassen oder durchgeführt werden, sind die zur Sicherung des Zusammenhangs des Netzes „Natura 2000" notwendigen Maßnahmen vorzusehen. Die zuständige Behörde unterrichtet die Kommission über das Bundesministerium für Umwelt, Naturschutz und Reaktorsicherheit über die getroffenen Maßnahmen.

(6) Bedarf ein Projekt im Sinne des Absatzes 1 Satz 1, das nicht von einer Behörde durchgeführt wird, nach anderen Rechtsvorschriften keiner behördlichen Entscheidung oder Anzeige an eine Behörde, so ist es der für Naturschutz und Landschaftspflege zuständigen Behörde anzuzeigen. Diese kann die Durchführung des Projekts zeitlich befristen oder anderweitig beschränken, um die Einhaltung der Voraussetzungen der Absätze 1 bis 5 sicherzustellen. Trifft die Behörde innerhalb eines Monats nach Eingang der Anzeige keine Entscheidung, kann mit der Durchführung des Projekts begonnen werden. Wird mit der Durchführung eines Projekts ohne die erforderliche Anzeige begonnen, kann die Behörde die vorläufige Einstellung anordnen. Liegen im Fall des Absatzes 2 die Voraussetzungen der Absätze 3 bis 5 nicht vor, hat die Behörde die Durchführung des Projekts zu untersagen. Die Sätze 1 bis 5 sind nur insoweit anzuwenden, als Schutzvorschriften der Länder, einschließlich der Vorschriften über Ausnahmen und Befreiungen, keine strengeren Regelungen für die Zulässigkeit von Projekten enthalten.

(7) Für geschützte Teile von Natur und Landschaft im Sinne des § 20 Absatz 2 und gesetzlich geschützte Biotope im Sinne des § 30 sind die Absätze 1 bis 6 nur insoweit anzuwenden, als die Schutzvorschriften, einschließlich der Vorschriften über Ausnahmen und Befreiungen, keine strengeren Regelungen für die Zulässigkeit von Projekten enthalten. Die Verpflichtungen nach Absatz 4 Satz 2 zur Beteiligung der Kommission und nach Absatz 5 Satz 2 zur Unterrichtung der Kommission bleiben unberührt.

(8) Die Absätze 1 bis 7 gelten mit Ausnahme von Bebauungsplänen, die eine Planfeststellung ersetzen, nicht für Vorhaben im Sinne des § 29 des Baugesetzbuches in Gebieten mit Bebauungsplänen nach § 30 des Baugesetzbuches und während der Planaufstellung nach § 33 des Baugesetzbuches.

Kapitel 5 Schutz der wild lebenden Tier- und Pflanzenarten, ihrer Lebensstätten und Biotope

Abschnitt 1 Allgemeine Vorschriften

§ 37 Aufgaben des Artenschutzes

(1) Die Vorschriften dieses Kapitels sowie § 6 Absatz 3 dienen dem Schutz der wild lebenden Tier- und Pflanzenarten. Der Artenschutz umfasst

1. den Schutz der Tiere und Pflanzen wild lebender Arten und ihrer Lebensgemeinschaften vor Beeinträchtigungen durch den Menschen und die Gewährleistung ihrer sonstigen Lebensbedingungen,
2. den Schutz der Lebensstätten und Biotope der wild lebenden Tier- und Pflanzenarten sowie
3. die Wiederansiedlung von Tieren und Pflanzen verdrängter wild lebender Arten in geeigneten Biotopen innerhalb ihres natürlichen Verbreitungsgebiets.

(2) Die Vorschriften des Pflanzenschutzrechts, des Tierschutzrechts, des Seuchenrechts sowie des Forst-, Jagd- und Fischereirechts bleiben von den Vorschriften dieses Kapitels und den auf Grund dieses Kapitels erlassenen Rechtsvorschriften unberührt. Soweit in jagd- oder fischereirechtlichen Vorschriften keine besonderen Bestimmungen zum Schutz und zur Pflege der betreffenden Arten bestehen oder erlassen werden, sind vorbehaltlich der Rechte der Jagdausübungs- oder Fischereiberechtigten die Vorschriften dieses Kapitels und die auf Grund dieses Kapitels erlassenen Rechtsvorschriften anzuwenden.

§ 38 Allgemeine Vorschriften für den Arten-, Lebensstätten- und Biotopschutz

(1) Zur Vorbereitung und Durchführung der Aufgaben nach § 37 Absatz 1 erstellen die für Naturschutz und Landschaftspflege zuständigen Behörden des Bundes und der Länder auf der Grundlage der Beobachtung nach § 6 Schutz-, Pflege- und Entwicklungsziele und verwirklichen sie.

(2) Soweit dies zur Umsetzung völker- und gemeinschaftsrechtlicher Vorgaben oder zum Schutz von Arten, die in einer Rechtsverordnung nach § 54 Absatz 1 Nummer 2 aufgeführt sind, einschließlich deren Lebensstätten, erforderlich ist, ergreifen die für Naturschutz und Landschaftspflege zuständigen Behörden des Bundes und der Länder wirksame und aufei-

nander abgestimmte vorbeugende Schutzmaßnahmen oder stellen Artenhilfsprogramme auf. Sie treffen die erforderlichen Maßnahmen, um sicherzustellen, dass der unbeabsichtigte Fang oder das unbeabsichtigte Töten keine erheblichen nachteiligen Auswirkungen auf die streng geschützten Arten haben.

(3) Die erforderliche Forschung und die notwendigen wissenschaftlichen Arbeiten im Sinne des Artikels 18 der Richtlinie 92/43/EWG und des Artikels 10 der Richtlinie 2009/147/EG werden gefördert.

Abschnitt 2 **Allgemeiner Artenschutz**

§ 39 Allgemeiner Schutz wild lebender Tiere und Pflanzen; Ermächtigung zum Erlass von Rechtsverordnungen

(1) Es ist verboten,

1. wild lebende Tiere mutwillig zu beunruhigen oder ohne vernünftigen Grund zu fangen, zu verletzen oder zu töten,
2. wild lebende Pflanzen ohne vernünftigen Grund von ihrem Standort zu entnehmen oder zu nutzen oder ihre Bestände niederzuschlagen oder auf sonstige Weise zu verwüsten,
3. Lebensstätten wild lebender Tiere und Pflanzen ohne vernünftigen Grund zu beeinträchtigen oder zu zerstören.

(2) Vorbehaltlich jagd- oder fischereirechtlicher Bestimmungen ist es verboten, wild lebende Tiere und Pflanzen der in Anhang V der Richtlinie 92/43/EWG aufgeführten Arten aus der Natur zu entnehmen. Die Länder können Ausnahmen von Satz 1 unter den Voraussetzungen des § 45 Absatz 7 oder des Artikels 14 der Richtlinie 92/43/EWG zulassen.

(3) Jeder darf abweichend von Absatz 1 Nummer 2 wild lebende Blumen, Gräser, Farne, Moose, Flechten, Früchte, Pilze, Tee- und Heilkräuter sowie Zweige wild lebender Pflanzen aus der Natur an Stellen, die keinem Betretungsverbot unterliegen, in geringen Mengen für den persönlichen Bedarf pfleglich entnehmen und sich aneignen.

(4) Das gewerbsmäßige Entnehmen, Be- oder Verarbeiten wild lebender Pflanzen bedarf unbeschadet der Rechte der Eigentümer und sonstiger Nutzungsberechtigter der Genehmigung der für Naturschutz und Landschaftspflege zuständigen Behörde. Die Genehmigung ist zu erteilen, wenn der Bestand der betreffenden Art am Ort der Entnahme nicht gefährdet und der Naturhaushalt nicht erheblich beeinträchtigt werden. Die Ent-

nahme hat pfleglich zu erfolgen. Bei der Entscheidung über Entnahmen zu Zwecken der Produktion regionalen Saatguts sind die günstigen Auswirkungen auf die Ziele des Naturschutzes und der Landschaftspflege zu berücksichtigen.

(5) Es ist verboten,
1. die Bodendecke auf Wiesen, Feldrainen, Hochrainen und ungenutzten Grundflächen sowie an Hecken und Hängen abzubrennen oder nicht land-, forst- oder fischereiwirtschaftlich genutzte Flächen so zu behandeln, dass die Tier- oder Pflanzenwelt erheblich beeinträchtigt wird,
2. Bäume, die außerhalb des Waldes, von Kurzumtriebsplantagen oder gärtnerisch genutzten Grundflächen stehen, Hecken, lebende Zäune, Gebüsche und andere Gehölze in der Zeit vom 1. März bis zum 30. September abzuschneiden oder auf den Stock zu setzen; zulässig sind schonende Form- und Pflegeschnitte zur Beseitigung des Zuwachses der Pflanzen oder zur Gesunderhaltung von Bäumen,
3. Röhrichte in der Zeit vom 1. März bis zum 30. September zurückzuschneiden; außerhalb dieser Zeiten dürfen Röhrichte nur in Abschnitten zurückgeschnitten werden,
4. ständig wasserführende Gräben unter Einsatz von Grabenfräsen zu räumen, wenn dadurch der Naturhaushalt, insbesondere die Tierwelt erheblich beeinträchtigt wird.

Die Verbote des Satzes 1 Nummer 1 bis 3 gelten nicht für
1. behördlich angeordnete Maßnahmen,
2. Maßnahmen, die im öffentlichen Interesse nicht auf andere Weise oder zu anderer Zeit durchgeführt werden können, wenn sie
   a) behördlich durchgeführt werden,
   b) behördlich zugelassen sind oder
   c) der Gewährleistung der Verkehrssicherheit dienen,
3. nach § 15 zulässige Eingriffe in Natur und Landschaft,
4. zulässige Bauvorhaben, wenn nur geringfügiger Gehölzbewuchs zur Verwirklichung der Baumaßnahmen beseitigt werden muss.

Die Landesregierungen werden ermächtigt, durch Rechtsverordnung bei den Verboten des Satzes 1 Nummer 2 und 3 für den Bereich eines Landes oder für Teile des Landes erweiterte Verbotszeiträume vorsehen. Sie können die Ermächtigung nach Satz 3 durch Rechtsverordnung auf andere Landesbehörden übertragen.

(6) Es ist verboten, Höhlen, Stollen, Erdkeller oder ähnliche Räume, die als Winterquartier von Fledermäusen dienen, in der Zeit vom 1. Oktober bis zum 31. März aufzusuchen; dies gilt nicht zur Durchführung unaufschieb-

barer und nur geringfügig störender Handlungen sowie für touristisch erschlossene oder stark genutzte Bereiche.

(7) Weiter gehende Schutzvorschriften insbesondere des Kapitels 4 und des Abschnitts 3 des Kapitels 5 einschließlich der Bestimmungen über Ausnahmen und Befreiungen bleiben unberührt.

§ 40 Ausbringen von Pflanzen und Tieren

(1) Das Ausbringen von Pflanzen in der freien Natur, deren Art in dem betreffenden Gebiet in freier Natur nicht oder seit mehr als einhundert Jahren nicht mehr vorkommt, sowie von Tieren bedarf der Genehmigung der zuständigen Behörde. Dies gilt nicht für künstlich vermehrte Pflanzen, wenn sie ihren genetischen Ursprung in dem betreffenden Gebiet haben. Die Genehmigung ist zu versagen, wenn eine Gefährdung von Ökosystemen, Biotopen oder Arten der Mitgliedsstaaten nicht auszuschließen ist. Von dem Erfordernis einer Genehmigung sind ausgenommen

1. der Anbau von Pflanzen in der Land- und Forstwirtschaft,
2. der Einsatz von Tieren zum Zweck des biologischen Pflanzenschutzes
   a) der Arten, die in dem betreffenden Gebiet in freier Natur in den letzten 100 Jahren vorkommen oder vorkamen,
   b) anderer Arten, sofern der Einsatz einer pflanzenschutzrechtlichen Genehmigung bedarf, bei der die Belange des Artenschutzes berücksichtigt sind,
3. das Ansiedeln von Tieren, die dem Jagd- oder Fischereirecht unterliegen, sofern die Art in dem betreffenden Gebiet in freier Natur in den letzten 100 Jahren vorkommt oder vorkam,
4. das Ausbringen von Gehölzen und Saatgut außerhalb ihrer Vorkommensgebiete bis einschließlich 1. März 2010; bis zu diesem Zeitpunkt sollen in der freien Natur Gehölze und Saatgut vorzugsweise nur innerhalb ihrer Vorkommensgebiete ausgebracht werden.

Artikel 22 der Richtlinie 92/43 EWG sowie die Vorschriften der Verordnung (EU) Nummer 11/43 2014 sind zu beachten.

(2) Genehmigungen nach Absatz 1 werden bei im Inland noch nicht vorkommenden Arten vom Bundesamt für Naturschutz erteilt.

(3) Die zuständige Behörde kann anordnen, dass ungenehmigt ausgebrachte Tiere und Pflanzen oder sich unbeabsichtigt in der freien Natur ausbreitende Pflanzen sowie dorthin entkommene Tiere beseitigt werden, soweit es zur Abwehr einer Gefährdung von Ökosystemen, Biotopen oder Arten erforderlich ist.

§ 40a Maßnahmen gegen invasive Arten

(1) Die zuständigen Behörden treffen nach pflichtgemäßem Ermessen die im Einzelfall erforderlichen und verhältnismäßigen Maßnahmen,um

1. sicherzustellen, dass die Vorschriften der Verordnung (EU) Nr. 1143/2014 dieses Kapitels und der auf ihrer Grundlage erlassenen Rechtsvorschriften in Bezug auf invasive Arten eingehalten werden und um
2. die Einbringung oder Ausbreitung von invasiven Arten zu verhindern oder zu minimieren.

Soweit Maßnahmen nach Satz 1 Nummer 2 in der freien Natur invasive und entweder dem Jagdrecht unterliegende oder andere Arten betreffen, bei denen die Maßnahmen im Rahmen des Jagdschutzes durchgeführt werden können, werden sie im Einvernehmen mit den nach Landesrecht für Jagd zuständigen Behörden unbeschadet des fortbestehenden Jagdrechts nach den §§ 1, 2 und 23 des Bundesjagdgesetzes festgelegt. Maßnahmen mit jagdlichen Mitteln sind im Einvernehmen mit dem Jagdausübungsberechtigten, Maßnahmen ohne Einsatz jagdlicher Mittel mit Rücksicht auf deren berechtigte Interessen durchzuführen. … .

§ 42 Zoos

(1) Zoos sind dauerhafte Einrichtungen, in denen lebende Tiere wild lebender Arten zwecks Zurschaustellung während eines Zeitraumes von mindestens sieben Tagen im Jahr gehalten werden. Nicht als Zoo gelten

1. Zirkusse,
2. Tierhandlungen und
3. Gehege zur Haltung von nicht mehr als fünf Arten von Schalenwild, das im Bundesjagdgesetz aufgeführt ist, oder Einrichtungen, in denen nicht mehr als 20 Tiere anderer wild lebender Arten gehalten werden.

§ 43 Tiergehege

(1) Tiergehege sind dauerhafte Einrichtungen, in denen Tiere wild lebender Arten außerhalb von Wohn- und Geschäftsgebäuden während eines Zeitraums von mindestens sieben Tagen im Jahr gehalten werden und die kein Zoo im Sinne des § 42 Absatz 1 sind.

§ 44 Vorschriften für besonders geschützte und bestimmte andere Tier- und Pflanzenarten

(1) Es ist verboten,
1. wild lebenden Tieren der besonders geschützten Arten nachzustellen, sie zu fangen, zu verletzen oder zu töten oder ihre Entwicklungsformen aus der Natur zu entnehmen, zu beschädigen oder zu zerstören,
2. wild lebende Tiere der streng geschützten Arten und der europäischen Vogelarten während der Fortpflanzungs-, Aufzucht-, Mauser-, Überwinterungs- und Wanderungszeiten erheblich zu stören; eine erhebliche Störung liegt vor, wenn sich durch die Störung der Erhaltungszustand der lokalen Population einer Art verschlechtert,
3. Fortpflanzungs- oder Ruhestätten der wild lebenden Tiere der besonders geschützten Arten aus der Natur zu entnehmen, zu beschädigen oder zu zerstören,
4. wild lebende Pflanzen der besonders geschützten Arten oder ihre Entwicklungsformen aus der Natur zu entnehmen, sie oder ihre Standorte zu beschädigen oder zu zerstören

(Zugriffsverbote).

(2) Es ist ferner verboten,
1. Tiere und Pflanzen der besonders geschützten Arten in Besitz oder Gewahrsam zu nehmen, in Besitz oder Gewahrsam zu haben oder zu be- oder verarbeiten

(Besitzverbote),

2. Tiere und Pflanzen der besonders geschützten Arten im Sinne des § 7 Absatz 2 Nummer 13 Buchstabe b und c
   a) zu verkaufen, zu kaufen, zum Verkauf oder Kauf anzubieten, zum Verkauf vorrätig zu halten oder zu befördern, zu tauschen oder entgeltlich zum Gebrauch oder zur Nutzung zu überlassen,
   b) zu kommerziellen Zwecken zu erwerben, zur Schau zu stellen oder auf andere Weise zu verwenden

   (Vermarktungsverbote).

Artikel 9 der Verordnung (EG) Nr. 338/97 bleibt unberührt.

(3) Die Besitz- und Vermarktungsverbote gelten auch für Waren im Sinne des Anhangs der Richtlinie 83/129/EWG, die entgegen den Artikeln 1 und 3 dieser Richtlinie nach dem 30. September 1983 in die Gemeinschaft gelangt sind.

(4) Entspricht die land-, forst- und fischereiwirtschaftliche Bodennutzung und die Verwertung der dabei gewonnenen Erzeugnisse den in § 5 Absatz 2 bis 4 dieses Gesetzes genannten Anforderungen sowie den sich aus § 17 Absatz 2 des Bundes-Bodenschutzgesetzes und dem Recht der Land-, Forst- und Fi-

schereiwirtschaft ergebenden Anforderungen an die gute fachliche Praxis, verstößt sie nicht gegen die Zugriffs-, Besitz- und Vermarktungsverbote. Sind in Anhang IV der Richtlinie 92/43/EWG aufgeführte Arten, europäische Vogelarten oder solche Arten, die in einer Rechtsverordnung nach § 54 Absatz 1 Nummer 2 aufgeführt sind, betroffen, gilt dies nur, soweit sich der Erhaltungszustand der lokalen Population einer Art durch die Bewirtschaftung nicht verschlechtert. Soweit dies nicht durch anderweitige Schutzmaßnahmen, insbesondere durch Maßnahmen des Gebietsschutzes, Artenschutzprogramme, vertragliche Vereinbarungen oder gezielte Aufklärung sichergestellt ist, ordnet die zuständige Behörde gegenüber den verursachenden Land-, Forst- oder Fischwirten die erforderlichen Bewirtschaftungsvorgaben an. Befugnisse nach Landesrecht zur Anordnung oder zum Erlass entsprechender Vorgaben durch Allgemeinverfügung oder Rechtsverordnung bleiben unberührt.

§ 45 Ausnahmen; Ermächtigung zum Erlass von Rechtsverordnungen

(1) Von den Besitzverboten sind, soweit sich aus einer Rechtsverordnung nach § 54 Absatz 5 nichts anderes ergibt, ausgenommen

1. Tiere und Pflanzen der besonders geschützten Arten, die rechtmäßig
   a) in der Gemeinschaft gezüchtet und nicht herrenlos geworden sind, durch künstliche Vermehrung gewonnen oder aus der Natur entnommen worden sind,
   b) aus Drittstaaten in die Gemeinschaft gelangt sind,
2. Tiere und Pflanzen der Arten, die in einer Rechtsverordnung nach § 54 Absatz 4 aufgeführt und vor ihrer Aufnahme in die Rechtsverordnung rechtmäßig in der Gemeinschaft erworben worden sind.

Satz 1 Nummer 1 Buchstabe b gilt nicht für Tiere und Pflanzen der Arten im Sinne des § 7 Absatz 2 Nummer 13 Buchstabe b, die nach dem 3. April 2002 ohne eine Ausnahme oder Befreiung nach § 43 Absatz 8 Satz 2 oder § 62 des Bundesnaturschutzgesetzes in der bis zum 1. März 2010 geltenden Fassung oder nach dem 1. März 2010 ohne eine Ausnahme nach Absatz 8 aus einem Drittstaat unmittelbar in das Inland gelangt sind. Abweichend von Satz 2 dürfen tote Vögel von europäischen Vogelarten im Sinne des § 7 Absatz 2 Nummer 13 Buchstabe b Doppelbuchstabe bb, soweit diese nach § 2 Absatz 1 des Bundesjagdgesetzes dem Jagdrecht unterliegen, zum persönlichen Gebrauch oder als Hausrat ohne eine Ausnahme oder Befreiung aus einem Drittstaat unmittelbar in das Inland verbracht werden.

(2) Soweit nach Absatz 1 Tiere und Pflanzen der besonders geschützten Arten keinen Besitzverboten unterliegen, sind sie auch von den Vermark-

tungsverboten ausgenommen. Dies gilt vorbehaltlich einer Rechtsverordnung nach § 54 Absatz 5 nicht für aus der Natur entnommene
1. Tiere und Pflanzen der streng geschützten Arten und
2. Tiere europäischer Vogelarten.

(3) Von den Vermarktungsverboten sind auch ausgenommen
1. Tiere und Pflanzen der streng geschützten Arten, die vor ihrer Unterschutzstellung als vom Aussterben bedrohte oder streng geschützte Arten rechtmäßig erworben worden sind,
2. Tiere europäischer Vogelarten, die vor dem 6. April 1981 rechtmäßig erworben worden oder in Anhang III Teil 1 der Richtlinie 79/409/EWG aufgeführt sind,
3. Tiere und Pflanzen der Arten, die den Richtlinien 92/43/EWG und 79/409/EWG unterliegen und die in einem Mitgliedstaat in Übereinstimmung mit den Richtlinien zu den in § 44 Absatz 2 Satz 1 Nummer 2 genannten Handlungen freigegeben worden sind.

(4) Abweichend von den Besitz- und Vermarktungsverboten ist es vorbehaltlich jagd- und fischereirechtlicher Vorschriften zulässig, tot aufgefundene Tiere und Pflanzen aus der Natur zu entnehmen und an die von der für Naturschutz und Landschaftspflege zuständigen Behörde bestimmte Stelle abzugeben oder, soweit sie nicht zu den streng geschützten Arten gehören, für Zwecke der Forschung oder Lehre oder zur Präparation für diese Zwecke zu verwenden.

(5) Abweichend von den Verboten des § 44 Absatz 1 Nummer 1 sowie den Besitzverboten ist es vorbehaltlich jagdrechtlicher Vorschriften ferner zulässig, verletzte, hilflose oder kranke Tiere aufzunehmen, um sie gesund zu pflegen. Die Tiere sind unverzüglich freizulassen, sobald sie sich selbständig erhalten können. Im Übrigen sind sie an die von der für Naturschutz und Landschaftspflege zuständigen Behörde bestimmte Stelle abzugeben. Handelt es sich um Tiere der streng geschützten Arten, so hat der Besitzer die Aufnahme des Tieres der für Naturschutz und Landschaftspflege zuständigen Behörde zu melden. Diese kann die Herausgabe des aufgenommenen Tieres verlangen.

(6) Die für die Beschlagnahme oder Einziehung zuständigen Behörden können Ausnahmen von den Besitz- und Vermarktungsverboten zulassen, soweit dies für die Verwertung beschlagnahmter oder eingezogener Tiere und Pflanzen erforderlich ist und Rechtsakte der Europäischen Gemeinschaft dem nicht entgegenstehen.

(7) Die für Naturschutz und Landschaftspflege zuständigen Behörden sowie im Fall des Verbringens aus dem Ausland das Bundesamt für Natur-

schutz können von den Verboten des § 44 im Einzelfall weitere Ausnahmen zulassen

1. zur Abwendung erheblicher land-, forst-, fischerei-, wasser- oder sonstiger erheblicher wirtschaftlicher Schäden,
2. zum Schutz der natürlich vorkommenden Tier- und Pflanzenwelt,
3. für Zwecke der Forschung, Lehre, Bildung oder Wiederansiedlung oder diesen Zwecken dienende Maßnahmen der Aufzucht oder künstlichen Vermehrung,
4. im Interesse der Gesundheit des Menschen, der öffentlichen Sicherheit, einschließlich der Verteidigung und des Schutzes der Zivilbevölkerung, oder der maßgeblich günstigen Auswirkungen auf die Umwelt oder
5. aus anderen zwingenden Gründen des überwiegenden öffentlichen Interesses einschließlich solcher sozialer oder wirtschaftlicher Art.

Eine Ausnahme darf nur zugelassen werden, wenn zumutbare Alternativen nicht gegeben sind und sich der Erhaltungszustand der Populationen einer Art nicht verschlechtert, soweit nicht Artikel 16 Absatz 1 der Richtlinie 92/43/EWG weiter gehende Anforderungen enthält. Artikel 16 Absatz 3 der Richtlinie 92/43/EWG und Artikel 9 Absatz 2 der Richtlinie 2009/147/EG sind zu beachten. Die Landesregierungen können Ausnahmen auch allgemein durch Rechtsverordnung zulassen. Sie können die Ermächtigung nach Satz 4 durch Rechtsverordnung auf andere Landesbehörden übertragen.

(8) Das Bundesamt für Naturschutz kann im Fall des Verbringens aus dem Ausland von den Verboten des § 44 unter den Voraussetzungen des Absatzes 7 Satz 2 und 3 im Einzelfall weitere Ausnahmen zulassen, um unter kontrollierten Bedingungen und in beschränktem Ausmaß eine vernünftige Nutzung von Tieren und Pflanzen bestimmter Arten im Sinne des § 7 Absatz 2 Nummer 13 Buchstabe b sowie für gezüchtete und künstlich vermehrte Tiere oder Pflanzen dieser Arten zu ermöglichen.

§ 46 Nachweispflicht

(1) Diejenige Person, die

1. lebende Tiere oder Pflanzen der besonders geschützten Arten, ihre lebenden oder toten Entwicklungsformen oder im Wesentlichen vollständig erhaltene tote Tiere oder Pflanzen der besonders geschützten Arten,
2. ohne Weiteres erkennbare Teile von Tieren oder Pflanzen der streng geschützten Arten oder ohne Weiteres erkennbar aus ihnen gewonnene Erzeugnisse oder

3. lebende Tiere oder Pflanzen der Arten, die in einer Rechtsverordnung nach § 54 Absatz 4 aufgeführt sind,

besitzt oder die tatsächliche Gewalt darüber ausübt, kann sich gegenüber den für Naturschutz und Landschaftspflege zuständigen Behörden auf eine Berechtigung hierzu nur berufen, wenn sie auf Verlangen diese Berechtigung nachweist oder nachweist, dass sie oder ein Dritter die Tiere oder Pflanzen vor ihrer Unterschutzstellung als besonders geschützte Art oder vor ihrer Aufnahme in eine Rechtsverordnung nach § 54 Absatz 4 in Besitz hatte.

(2) Auf Erzeugnisse im Sinne des Absatzes 1 Nummer 2, die dem persönlichen Gebrauch oder als Hausrat dienen, ist Absatz 1 nicht anzuwenden. Für Tiere oder Pflanzen, die vor ihrer Unterschutzstellung als besonders geschützte Art oder vor ihrer Aufnahme in eine Rechtsverordnung nach § 54 Absatz 4 erworben wurden und die dem persönlichen Gebrauch oder als Hausrat dienen, genügt anstelle des Nachweises nach Absatz 1 die Glaubhaftmachung. Die Glaubhaftmachung darf nur verlangt werden, wenn Tatsachen die Annahme rechtfertigen, dass keine Berechtigung vorliegt.

(3) Soweit nach Artikel 8 oder Artikel 9 der Verordnung (EG) Nr. 338/97 die Berechtigung zu den dort genannten Handlungen nachzuweisen ist oder für den Nachweis bestimmte Dokumente vorgeschrieben sind, ist der Nachweis in der in der genannten Verordnung vorgeschriebenen Weise zu führen.

§ 47 Einziehung und Beschlagnahme

Kann für Tiere oder Pflanzen eine Berechtigung nach § 46 nicht nachgewiesen oder glaubhaft gemacht werden, können diese von den für Naturschutz und Landschaftspflege zuständigen Behörden beschlagnahmt oder eingezogen werden. § 51 gilt entsprechend; § 51 Absatz 1 Satz 2 gilt mit der Maßgabe, dass auch die Vorlage einer Bescheinigung einer sonstigen unabhängigen sachverständigen Stelle oder Person verlangt werden kann.

Kapitel 7 **Erholung in Natur und Landschaft**

§ 59 Betreten der freien Landschaft

(1) Das Betreten der freien Landschaft auf Straßen und Wegen sowie auf ungenutzten Grundflächen zum Zweck der Erholung ist allen gestattet (allgemeiner Grundsatz).

(2) Das Betreten des Waldes richtet sich nach dem Bundeswaldgesetz und den Waldgesetzen der Länder sowie im Übrigen nach dem sonstigen Landesrecht. Es kann insbesondere andere Benutzungsarten ganz oder teilweise dem Betreten gleichstellen sowie das Betreten aus wichtigen Gründen, insbesondere aus solchen des Naturschutzes und der Landschaftspflege, des Feldschutzes und der land- und forstwirtschaftlichen Bewirtschaftung, zum Schutz der Erholungsuchenden, zur Vermeidung erheblicher Schäden oder zur Wahrung anderer schutzwürdiger Interessen des Grundstücksbesitzers einschränken.

§ 60 Haftung

Das Betreten der freien Landschaft erfolgt auf eigene Gefahr. Durch die Betretungsbefugnis werden keine zusätzlichen Sorgfalts- oder Verkehrssicherungspflichten begründet. Es besteht insbesondere keine Haftung für typische, sich aus der Natur ergebende Gefahren.

Kapitel 8 Mitwirkung von anerkannten Naturschutzvereinigungen

§ 63 Mitwirkungsrechte

(1) Einer nach § 3 des Umwelt-Rechtsbehelfsgesetzes vom Bund anerkannten Vereinigung, die nach ihrem satzungsgemäßen Aufgabenbereich im Schwerpunkt die Ziele des Naturschutzes und der Landschaftspflege fördert (anerkannte Naturschutzvereinigung), ist Gelegenheit zur Stellungnahme und zur Einsicht in die einschlägigen Sachverständigengutachten zu geben

1. bei der Vorbereitung von Verordnungen und anderen im Rang unter dem Gesetz stehenden Rechtsvorschriften auf dem Gebiet des Naturschutzes und der Landschaftspflege durch die Bundesregierung oder das Bundesministerium für Umwelt, Naturschutz und Reaktorsicherheit,
2. vor der Erteilung von Befreiungen von Geboten und Verboten zum Schutz von geschützten Meeresgebieten im Sinne des § 57 Absatz 2, auch wenn diese durch eine andere Entscheidung eingeschlossen oder ersetzt werden,

3. in Planfeststellungsverfahren, die von Behörden des Bundes oder im Bereich der deutschen ausschließlichen Wirtschaftszone und des Festlandsockels von Behörden der Länder durchgeführt werden, wenn es sich um Vorhaben handelt, die mit Eingriffen in Natur und Landschaft verbunden sind,
4. bei Plangenehmigungen, die von Behörden des Bundes erlassen werden und an die Stelle einer Planfeststellung im Sinne der Nummer 3 treten, wenn eine Öffentlichkeitsbeteiligung vorgesehen ist,

soweit sie durch das Vorhaben in ihrem satzungsgemäßen Aufgabenbereich berührt wird.

(2) Einer nach § 3 des Umwelt-Rechtsbehelfsgesetzes von einem Land anerkannten Naturschutzvereinigung, die nach ihrer Satzung landesweit tätig ist, ist Gelegenheit zur Stellungnahme und zur Einsicht in die einschlägigen Sachverständigengutachten zu geben

1. bei der Vorbereitung von Verordnungen und anderen im Rang unter dem Gesetz stehenden Rechtsvorschriften der für Naturschutz und Landschaftspflege zuständigen Behörden der Länder,
2. bei der Vorbereitung von Programmen und Plänen im Sinne der §§ 10 und 11,
3. bei der Vorbereitung von Plänen im Sinne des § 36 Satz 1 Nummer 2,
4. bei der Vorbereitung von Programmen staatlicher und sonstiger öffentlicher Stellen zur Wiederansiedlung von Tieren und Pflanzen verdrängter wild lebender Arten in der freien Natur,
5. vor der Erteilung von Befreiungen von Geboten und Verboten zum Schutz von Gebieten im Sinne des § 32 Absatz 2, Natura 2000-Gebieten, Naturschutzgebieten, Nationalparken, Nationalen Naturmonumenten und Biosphärenreservaten, auch wenn diese durch eine andere Entscheidung eingeschlossen oder ersetzt werden,
6. in Planfeststellungsverfahren, wenn es sich um Vorhaben im Gebiet des anerkennenden Landes handelt, die mit Eingriffen in Natur und Landschaft verbunden sind,
7. bei Plangenehmigungen, die an die Stelle einer Planfeststellung im Sinne der Nummer 6 treten, wenn eine Öffentlichkeitsbeteiligung vorgesehen ist,
8. in weiteren Verfahren zur Ausführung von landesrechtlichen Vorschriften, wenn das Landesrecht dies vorsieht,

soweit sie durch das Vorhaben in ihrem satzungsgemäßen Aufgabenbereich berührt wird.

(3) § 28 Absatz 2 Nummer 1 und 2, Absatz 3 und § 29 Absatz 2 des Verwaltungsverfahrensgesetzes gelten entsprechend. Eine in anderen

Rechtsvorschriften des Bundes oder der Länder vorgeschriebene inhaltsgleiche oder weiter gehende Form der Mitwirkung bleibt unberührt.

(4) Die Länder können bestimmen, dass in Fällen, in denen Auswirkungen auf Natur und Landschaft nicht oder nur im geringfügigen Umfang zu erwarten sind, von einer Mitwirkung abgesehen werden kann.

§ 64 Rechtsbehelfe

(1) Eine anerkannte Naturschutzvereinigung kann, soweit § 1 Absatz 3 des Umwelt-Rechtsbehelfsgesetzes nicht entgegensteht, ohne in eigenen Rechten verletzt zu sein, Rechtsbehelfe nach Maßgabe der Verwaltungsgerichtsordnung einlegen gegen Entscheidungen nach § 63 Absatz 1 Nummer 2 bis 4 und Absatz 2 Nummer 5 bis 7, wenn die Vereinigung

1. geltend macht, dass die Entscheidung Vorschriften dieses Gesetzes, Rechtsvorschriften, die auf Grund dieses Gesetzes erlassen worden sind oder fortgelten, Naturschutzrecht der Länder oder anderen Rechtsvorschriften, die bei der Entscheidung zu beachten und zumindest auch den Belangen des Naturschutzes und der Landschaftspflege zu dienen bestimmt sind, widerspricht,
2. in ihrem satzungsgemäßen Aufgaben- und Tätigkeitsbereich, soweit sich die Anerkennung darauf bezieht, berührt wird und
3. zur Mitwirkung nach § 63 Absatz 1 Nummer 2 bis 4 oder Absatz 2 Nummer 5 bis 7 berechtigt war und sie sich hierbei in der Sache geäußert hat oder ihr keine Gelegenheit zur Äußerung gegeben worden ist.

(2) § 1 Absatz 1 Satz 4, § 2 Absatz 3 und 4 Satz 1 des Umwelt-Rechtsbehelfsgesetzes gelten entsprechend.

(3) Die Länder können Rechtsbehelfe von anerkannten Naturschutzvereinigungen auch in anderen Fällen zulassen, in denen nach § 63 Absatz 2 Nummer 8 eine Mitwirkung vorgesehen ist.

Kapitel 9 **Eigentumsbindung, Befreiungen**

§ 65 Duldungspflicht

(1) Eigentümer und sonstige Nutzungsberechtigte von Grundstücken haben Maßnahmen des Naturschutzes und der Landschaftspflege auf Grund von Vorschriften dieses Gesetzes, Rechtsvorschriften, die auf Grund die-

ses Gesetzes erlassen worden sind oder fortgelten, oder Naturschutzrecht der Länder zu dulden, soweit dadurch die Nutzung des Grundstücks nicht unzumutbar beeinträchtigt wird. Weiter gehende Regelungen der Länder bleiben unberührt.

(2) Vor der Durchführung der Maßnahmen sind die Berechtigten in geeigneter Weise zu benachrichtigen.

(3) Die Befugnis der Bediensteten und Beauftragten der Naturschutzbehörden, zur Erfüllung ihrer Aufgaben Grundstücke zu betreten, richtet sich nach Landesrecht.

§ 66 Vorkaufsrecht

(1) Den Ländern steht ein Vorkaufsrecht zu an Grundstücken,
1. die in Nationalparken, Nationalen Naturmonumenten, Naturschutzgebieten oder als solchen einstweilig sichergestellten Gebieten liegen,
2. auf denen sich Naturdenkmäler oder als solche einstweilig sichergestellte Gegenstände befinden,
3. auf denen sich oberirdische Gewässer befinden.

Liegen die Merkmale des Satzes 1 Nummer 1 bis 3 nur bei einem Teil des Grundstücks vor, so erstreckt sich das Vorkaufsrecht nur auf diesen Teil. Der Eigentümer kann verlangen, dass sich der Vorkauf auf das gesamte Grundstück erstreckt, wenn ihm der weitere Verbleib in seinem Eigentum wirtschaftlich nicht zuzumuten ist.

(2) Das Vorkaufsrecht darf nur ausgeübt werden, wenn dies aus Gründen des Naturschutzes und der Landschaftspflege einschließlich der Erholungsvorsorge erforderlich ist.

(3) Das Vorkaufsrecht bedarf nicht der Eintragung in das Grundbuch. Es geht rechtsgeschäftlich und landesrechtlich begründeten Vorkaufsrechten mit Ausnahme solcher auf den Gebieten des Grundstücksverkehrs und des Siedlungswesens im Rang vor. Bei einem Eigentumserwerb auf Grund der Ausübung des Vorkaufsrechts erlöschen durch Rechtsgeschäft begründete Vorkaufsrechte. Die §§ 463 bis 469, 471, 1098 Absatz 2 und die §§ 1099 bis 1102 des Bürgerlichen Gesetzbuches finden Anwendung. Das Vorkaufsrecht erstreckt sich nicht auf einen Verkauf, der an einen Ehegatten, eingetragenen Lebenspartner oder einen Verwandten ersten Grades erfolgt.

(4) Das Vorkaufsrecht kann von den Ländern auf Antrag auch zugunsten von Körperschaften und Stiftungen des öffentlichen Rechts und anerkannten Naturschutzvereinigungen ausgeübt werden.

(5) Abweichende Vorschriften der Länder bleiben unberührt.

§ 67 Befreiungen

(1) Von den Geboten und Verboten dieses Gesetzes, in einer Rechtsverordnung auf Grund des § 57 sowie nach dem Naturschutzrecht der Länder kann auf Antrag Befreiung gewährt werden, wenn
1. dies aus Gründen des überwiegenden öffentlichen Interesses, einschließlich solcher sozialer und wirtschaftlicher Art, notwendig ist oder
2. die Durchführung der Vorschriften im Einzelfall zu einer unzumutbaren Belastung führen würde und die Abweichung mit den Belangen von Naturschutz und Landschaftspflege vereinbar ist.

Im Rahmen des Kapitels 5 gilt Satz 1 nur für die §§ 39 und 40, 42 und 43.

(2) Von den Verboten des § 33 Absatz 1 Satz 1 und des § 44 sowie von Geboten und Verboten im Sinne des § 32 Absatz 3 kann auf Antrag Befreiung gewährt werden, wenn die Durchführung der Vorschriften im Einzelfall zu einer unzumutbaren Belastung führen würde. Im Fall des Verbringens von Tieren oder Pflanzen aus dem Ausland wird die Befreiung vom Bundesamt für Naturschutz gewährt.

(3) Die Befreiung kann mit Nebenbestimmungen versehen werden. § 15 Absatz 1 bis 4 und Absatz 6 sowie § 17 Absatz 5 und 7 finden auch dann Anwendung, wenn kein Eingriff in Natur und Landschaft im Sinne des § 14 vorliegt.

§ 68 Beschränkungen des Eigentums; Entschädigung und Ausgleich

(1) Führen Beschränkungen des Eigentums, die sich auf Grund von Vorschriften dieses Gesetzes, Rechtsvorschriften, die auf Grund dieses Gesetzes erlassen worden sind oder fortgelten, oder Naturschutzrecht der Länder ergeben, im Einzelfall zu einer unzumutbaren Belastung, der nicht durch andere Maßnahmen, insbesondere durch die Gewährung einer Ausnahme oder Befreiung, abgeholfen werden kann, ist eine angemessene Entschädigung zu leisten.

(2) Die Entschädigung ist in Geld zu leisten. Sie kann in wiederkehrenden Leistungen bestehen. Der Eigentümer kann die Übernahme eines Grundstücks verlangen, wenn ihm der weitere Verbleib in seinem Eigentum wirtschaftlich nicht zuzumuten ist. Das Nähere richtet sich nach Landesrecht.

(3) Die Enteignung von Grundstücken zum Wohl der Allgemeinheit aus Gründen des Naturschutzes und der Landschaftspflege richtet sich nach Landesrecht.

(4) Die Länder können vorsehen, dass Eigentümern und Nutzungsberechtigten, denen auf Grund von Vorschriften dieses Gesetzes, Rechtsvorschriften, die auf Grund dieses Gesetzes erlassen worden sind oder fortgelten, oder Naturschutzrecht der Länder insbesondere die land-, forst- und fischereiwirtschaftliche Nutzung von Grundstücken wesentlich erschwert wird, ohne dass eine Entschädigung nach den Absätzen 1 bis 3 zu leisten ist, auf Antrag ein angemessener Ausgleich nach Maßgabe des jeweiligen Haushaltsgesetzes gezahlt werden kann.

Kapitel 10 **Bußgeld- und Strafvorschriften**

§ 69 Bußgeldvorschriften

(1) Ordnungswidrig handelt, wer wissentlich entgegen § 39 Absatz 1 Nummer 1 ein wild lebendes Tier beunruhigt.

(2) Ordnungswidrig handelt, wer
1. entgegen § 44 Absatz 1 Nummer 1
   a) einem wild lebenden Tier nachstellt, es fängt oder verletzt oder seine Entwicklungsformen aus der Natur entnimmt oder beschädigt oder
   b) ein wild lebendes Tier tötet oder seine Entwicklungsformen zerstört,
2. entgegen § 44 Absatz 1 Nummer 2 ein wild lebendes Tier erheblich stört,
3. entgegen § 44 Absatz 1 Nummer 3 eine Fortpflanzungs- oder Ruhestätte aus der Natur entnimmt, beschädigt oder zerstört,
4. entgegen § 44 Absatz 1 Nummer 4
   a) eine wild lebende Pflanze oder ihre Entwicklungsformen aus der Natur entnimmt oder sie oder ihren Standort beschädigt oder
   b) eine wild lebende Pflanze oder ihre Entwicklungsformen zerstört,
5. entgegen § 44 Absatz 2 Satz 1 Nummer 1, auch in Verbindung mit § 44 Absatz 3,
   a) ein Tier oder eine Pflanze, einer anderen als in § 71 a Absatz 1 Nummer 2 genannten besonders geschützten Art oder
   b) eine Ware im Sinne des Anhangs der Richtlinie 83/129/EWG

   in Besitz oder Gewahrsam nimmt, in Besitz oder Gewahrsam hat oder be- oder verarbeitet und erkennt oder fahrlässig nicht erkennt, dass sich die Handlung auf ein Tier oder eine Pflanze einer in Buchstabe a genannten Art oder auf eine in Buchstabe b genannte Ware bezieht oder

6. einer Rechtsverordnung nach § 54 Absatz 4 Satz 1 oder Absatz 4 a oder einer vollziehbaren Anordnung aufgrund einer solchen Rechtsverordnung zuwiderhandelt, soweit die Rechtsverordnung für einen bestimmten Tatbestand auf diese Bußgeldvorschrift verweist.

(3) Ordnungswidrig handelt, wer vorsätzlich oder fahrlässig

1. ohne Genehmigung nach § 17 Absatz 3 Satz 1 einen Eingriff in Natur und Landschaft vornimmt,
2. einer vollziehbaren Anordnung nach § 17 Absatz 8 Satz 1 oder Satz 2, § 34 Absatz 6 Satz 4 oder Satz 5, § 42 Absatz 7 oder Absatz 8 Satz 1 oder Satz 2, auch in Verbindung mit § 43 Absatz 3 Satz 4, oder § 43 Absatz 3 Satz 2 oder Satz 3 zuwiderhandelt,
3. entgegen § 22 Absatz 3 Satz 3 eine dort genannte Handlung oder Maßnahme vornimmt,
4. entgegen § 23 Absatz 2 Satz 1 in Verbindung mit einer Rechtsverordnung nach § 57 Absatz 2 eine dort genannte Handlung oder Maßnahme in einem Meeresgebiet vornimmt, das als Naturschutzgebiet geschützt wird,

4a. entgegen § 23 Absatz 3, § 24 Absatz 3 Satz 2 oder § 33 Absatz 1a Satz 1 eine dort genannte Anlage errichtet,

5. entgegen § 30 Absatz 2 Satz 1 ein dort genanntes Biotop zerstört oder sonst erheblich beeinträchtigt,
6. entgegen § 33 Absatz 1 Satz 1, auch in Verbindung mit Absatz 2 Satz 1, eine Veränderung oder Störung vornimmt,
7. entgegen § 39 Absatz 1 Nummer 1 ein wild lebendes Tier ohne vernünftigen Grund fängt, verletzt oder tötet,
8. entgegen § 39 Absatz 1 Nummer 2 eine wild lebende Pflanze ohne vernünftigen Grund entnimmt, nutzt oder ihre Bestände niederschlägt oder auf sonstige Weise verwüstet,
9. entgegen § 39 Absatz 1 Nummer 3 eine Lebensstätte wild lebender Tiere oder Pflanzen ohne vernünftigen Grund erheblich beeinträchtigt oder zerstört,
10. entgegen § 39 Absatz 2 Satz 1 ein wild lebendes Tier oder eine wild lebende Pflanze aus der Natur entnimmt,
11. ohne Genehmigung nach § 39 Absatz 4 Satz 1 eine wild lebende Pflanze gewerbsmäßig entnimmt oder be- oder verarbeitet,
12. entgegen § 39 Absatz 5 Satz 1 Nummer 1 die Bodendecke abbrennt oder eine dort genannte Fläche behandelt,

13. entgegen § 39 Absatz 5 Satz 1 Nummer 2 einen Baum eine Hecke, einen lebenden Zaun, ein Gebüsch oder ein anderes Gehölz abschneidet oder auf den Stock setzt,
14. entgegen § 39 Absatz 5 Satz 1 Nummer 3 ein Röhricht zurückschneidet,
15. entgegen § 39 Absatz 5 Satz 1 Nummer 4 einen dort genannten Graben räumt,
16. entgegen § 39 Absatz 6 eine Höhle, einen Stollen, einen Erdkeller oder einen ähnlichen Raum aufsucht,
17. ohne Genehmigung nach § 40 Absatz 4 Satz 1 eine Pflanze einer gebietsfremden Art oder ein Tier ausbringt,
17a. einer mit einer Genehmigung nach § 40c Absatz 1 Satz 1, auch in Verbindung mit § 40c Absatz 2, oder nach § 40c Absatz 3 Satz 1 verbundenen vollziehbaren Auflage zuwiderhandelt,
18. ohne Genehmigung nach § 42 Absatz 2 Satz 1 einen Zoo errichtet, erweitert, wesentlich ändert oder betreibt,
19. entgegen § 43 Absatz 3 Satz 1 eine Anzeige nicht, nicht richtig, nicht vollständig oder nicht rechtzeitig erstattet,
20. *(weggefallen)*
21. entgegen § 44 Absatz 2 Satz 1 Nummer 2, auch in Verbindung mit § 44 Absatz 3, ein Tier, eine Pflanze oder eine Ware verkauft, kauft, zum Verkauf oder Kauf anbietet, zum Verkauf vorrätig hält oder befördert, tauscht oder entgeltlich zum Gebrauch oder zur Nutzung überlässt, zu kommerziellen Zwecken erwirbt, zur Schau stellt oder auf andere Weise verwendet,
22. entgegen § 50 Absatz 1 Satz 1 ein Tier oder eine Pflanze nicht, nicht richtig oder nicht rechtzeitig zur Ein- oder Ausfuhr anmeldet oder nicht oder nicht rechtzeitig vorführt,
23. entgegen § 50 Absatz 2 eine Mitteilung nicht, nicht richtig, nicht vollständig oder nicht rechtzeitig macht,
24. entgegen § 52 Absatz 1 eine Auskunft nicht, nicht richtig, nicht vollständig oder nicht rechtzeitig erteilt,
25. entgegen § 52 Absatz 2 Satz 2 eine beauftragte Person nicht unterstützt oder eine geschäftliche Unterlage nicht, nicht richtig, nicht vollständig oder nicht rechtzeitig vorlegt,
26. entgegen § 61 Absatz 1 Satz 1 oder Satz 2 an einem Gewässer eine bauliche Anlage errichtet oder wesentlich ändert oder
27. einer Rechtsverordnung nach
    a) *(weggefallen)*
    b) § 54 Absatz 5,
    c) § 54 Absatz 6 Satz 1, Absatz 7 oder Absatz 8

oder einer vollziehbaren Anordnung auf Grund einer solchen Rechtsverordnung zuwiderhandelt, soweit die Rechtsverordnung für einen bestimmten Tatbestand auf diese Bußgeldvorschrift verweist.

(4) Ordnungswidrig handelt, wer gegen die Verordnung (EG) Nr. 338/97 des Rates vom 9. Dezember 1996 über den Schutz von Exemplaren wildlebender Tier- und Pflanzenarten durch Überwachung des Handels (ABl. L 61 vom 3.3.1997, S. 1, L 100 vom 17.4.1997, S. 72, L 298 vom 1.11.1997, S. 70, L 113 vom 27.4.2006, S. 26), die zuletzt durch die Verordnung (EG) Nr. 318/2008 (ABl. L 95 vom 8.4.2008, S. 3) geändert worden ist, verstößt, indem er vorsätzlich oder fahrlässig

1. entgegen Artikel 4 Absatz 1 Satz 1 oder Absatz 2 Satz 1 oder Artikel 5 Absatz 1 oder Absatz 4 Satz 1 eine Einfuhrgenehmigung, eine Ausfuhrgenehmigung oder eine Wiederausfuhrbescheinigung nicht, nicht richtig, nicht vollständig oder nicht rechtzeitig vorlegt,
2. entgegen Artikel 4 Absatz 3 Halbsatz 1 oder Absatz 4 eine Einfuhrmeldung nicht, nicht richtig, nicht vollständig oder nicht rechtzeitig vorlegt,
3. entgegen Artikel 8 Absatz 1, auch in Verbindung mit Absatz 5, ein Exemplar einer dort genannten Art kauft, zum Kauf anbietet, zu kommerziellen Zwecken erwirbt, zur Schau stellt oder verwendet oder ein Exemplar verkauft oder zu Verkaufszwecken vorrätig hält, anbietet oder befördert oder
4. einer vollziehbaren Auflage nach Artikel 11 Absatz 3 Satz 1 zuwiderhandelt.

(5) Ordnungswidrig handelt, wer gegen die Verordnung (EWG) Nr. 3254/91 des Rates vom 4. November 1991 zum Verbot von Tellereisen in der Gemeinschaft und der Einfuhr von Pelzen und Waren von bestimmten Wildtierarten aus Ländern, die Tellereisen oder den internationalen humanen Fangnormen nicht entsprechende Fangmethoden anwenden (ABl. L 308 vom 9.11.1991, S. 1), verstößt, indem er vorsätzlich oder fahrlässig

1. entgegen Artikel 2 ein Tellereisen verwendet oder
2. entgegen Artikel 3 Absatz 1 Satz 1 einen Pelz einer dort genannten Tierart oder eine dort genannte Ware in die Gemeinschaft verbringt.

(6) Ordnungswidrig handelt, wer ein Exemplar einer invasiven Art nach einem Durchführungsrechtsakt nach Artikel 4 Absatz 1 Satz 1 oder Artikel 10 Absatz 4 Satz 1 der Verordnung (EU) Nr. 1143/2014 des Europäischen Parlaments und des Rates vom 22. Oktober 2014 über die Prävention und das Management der Einbringung und Ausbreitung invasiver gebietsfremder Arten (ABl. L 317 vom 4.11.2014, S. 35) verbringt, hält, züchtet, befördert, in Verkehr bringt, verwendet, tauscht, zur

Fortpflanzung, Aufzucht oder Veredelung bringt oder in die Umwelt freisetzt.

(7) Die Ordnungswidrigkeit kann in den Fällen der Absätze 1 und 2, des Absatzes 3 Nummer 1 bis 6, 18, 20, 21, 26 und 27 Buchstabe b, des Absatzes 4 Nummer 1 und 3 und des Absatzes 5 mit einer Geldbuße bis zu fünfzigtausend Euro, in den übrigen Fällen mit einer Geldbuße bis zu zehntausend Euro geahndet werden.

(8) Die Länder können gesetzlich bestimmen, dass weitere rechtswidrige und vorwerfbare Handlungen, die gegen Vorschriften dieses Gesetzes oder Rechtsvorschriften verstoßen, die auf Grund dieses Gesetzes erlassen worden sind oder fortgelten, als Ordnungswidrigkeiten geahndet werden können.

§ 70 Verwaltungsbehörde

Verwaltungsbehörde im Sinne des § 36 Absatz 1 Nummer 1 des Gesetzes über Ordnungswidrigkeiten ist

1. das Bundesamt für Naturschutz in den Fällen
   a) des § 69 Absatz 3 Nummer 20 und 21 und Absatz 4 Nummer 3 bei Handlungen im Zusammenhang mit der Einfuhr in die oder der Ausfuhr aus der Gemeinschaft oder dem Verbringen in die oder aus der Bundesrepublik Deutschland,
   b) des § 69 Absatz 3 Nummer 24 bei Verletzungen der Auskunftspflicht gegenüber dem Bundesamt,
   c) des § 69 Absatz 3 Nummer 25 und Absatz 4 Nummer 4 bei Maßnahmen des Bundesamtes,
   d) des § 69 Absatz 4 Nummer 1 und Absatz 5 Nummer 2,
   e) von sonstigen Ordnungswidrigkeiten nach § 69 Absatz 1 bis 6, die im Bereich der deutschen ausschließlichen Wirtschaftszone oder des Festlandsockels begangen worden sind,
2. das zuständige Hauptzollamt in den Fällen des § 69 Absatz 3 Nummer 22 und 23 und Absatz 4 Nummer 2,
3. in allen übrigen Fällen die nach Landesrecht zuständige Behörde.

§ 71 Strafvorschriften

(1) Mit Freiheitsstrafe bis zu fünf Jahren oder mit Geldstrafe wird bestraft, wer eine in

1. § 69 Absatz 2 Nummer 1a, Nummer 2, 3 oder Nummer 4a,

2. § 69 Absatz 2 Nummer 1b oder Nummer 4b oder
3. § 69 Absatz 3 Nummer 21, Absatz 4 Nummer 1 oder Absatz 5

bezeichnete vorsätzliche Handlung begeht, die sich auf ein Tier oder eine Pflanze einer streng geschützten Art bezieht.

(2) Ebenso wird bestraft, wer entgegen Artikel 8 Absatz 1 der Verordnung (EG) Nr. 338/97 des Rates vom 9. Dezember 1996 über den Schutz von Exemplaren wildlebender Tier- und Pflanzenarten durch Überwachung des Handels (ABl. L 61 vom 3.3.1997, S. 1), die zuletzt durch die Verordnung (EG) Nr. 398/2009 (ABl. L 126 vom 21.5.2009, S. 5) geändert worden ist, ein Exemplar einer in Anhang A genannten Art

1. verkauft, kauft, zum Verkauf oder Kauf anbietet oder zu Verkaufszwecken vorrätig hält oder befördert oder
2. zu kommerziellen Zwecken erwirbt, zur Schau stellt oder verwendet.

(3) Wer in den Fällen der Absätze 1 oder 2 die Tat gewerbs- oder gewohnheitsmäßig begeht, wird mit Freiheitsstrafe von drei Monaten bis zu fünf Jahren bestraft.

(4) Erkennt der Täter in den Fällen der Absätze 1 oder 2 fahrlässig nicht, dass sich die Handlung auf ein Tier oder eine Pflanze einer dort genannten Art bezieht, so ist die Strafe Freiheitsstrafe bis zu drei Jahren oder Geldstrafe.

(5) Handelt der Täter in den Fällen des Absatzes 1 Nummer 2 leichtfertig, so ist die Strafe Freiheitsstrafe bis zu 2 Jahren oder Geldstrafe.

(6) Die Tat ist nicht nach Absatz 5 strafbar, wenn die Handlung eine unerhebliche Menge der Exemplare betrifft und unerhebliche Auswirkungen auf den Erhaltungszustand der Art hat.

§ 71a Strafvorschriften

(1) Mit Freiheitsstrafe bis zu drei Jahren oder mit Geldstrafe wird bestraft, wer

1. entgegen § 44 Absatz 1 Nummer 1 ein wildlebendes Tier einer besonders geschützten Art, die in Artikel 4 Absatz 2 oder Anhang I der Richtlinie 2009/147/EG des Europäischen Parlaments und des Rates vom 30. November 2009 über die Erhaltung der wildlebenden Vogelarten (ABl. L 20 vom 26.1.2010, S. 7) aufgeführt ist, tötet oder seine Entwicklungsformen zerstört,

1a. entgegen § 44 Absatz 1 Nummer 1 Entwicklungsformen eines wild lebendes Tieres, das in Artikel 4 Absatz 2 oder Anhang I der Richtlinie 2009/147/EG aufgeführt ist, aus der Natur entnimmt,

2. entgegen § 44 Absatz 2 Satz 1 Nummer 1 ein Tier oder eine Pflanze in Besitz oder Gewahrsam nimmt, in Besitz oder in Gewahrsam hat oder be- oder verarbeitet, das oder die
   a) einer streng geschützten Art angehört, die in Anhang IV der Richtlinie 92/43/EWG des Rates vom 21. Mai 1992 zur Erhaltung der natürlichen Lebensräume sowie der wildlebenden Tiere und Pflanzen (ABl. L 206 vom 22.7.1992, S. 7), die zuletzt durch die Richtlinie 2006/105 EG (ABl. L 363 vom 20.12.2006, S. 368) geändert worden ist, aufgeführt ist oder
   b) einer besonders geschützten Art angehört, die in Artikel 4 Absatz 2 oder Anhang I der Richtlinie 2009/147/EG aufgeführt ist, oder
3. eine in § 69 Absatz 2 Nummer 1 bis 4, Absatz 3 Nummer 21, Absatz 4 Nummer 1 oder Absatz 5 bezeichnete vorsätzliche Handlung gewerbs- oder gewohnheitsmäßig begeht.

(2) Ebenso wird bestraft, wer entgegen Artikel 8 Absatz 5 in Verbindung mit Absatz 1 der Verordnung (EG) Nr. 338/97 ein Exemplar einer im Anhang B genannten Art
1. verkauft, kauft, zum Verkauf oder Kauf anbietet oder zu Verkaufszwecken vorrätig hält oder befördert oder
2. zu kommerziellen Zwecken erwirbt, zur Schau stellt oder verwendet.

(3) Erkennt der Täter in den Fällen des Absatzes 1 Nummer 1, 1a oder Nummer 2 oder des Absatzes 2 leichtfertig nicht, dass sich die Handlung auf ein Tier oder eine Pflanze einer dort genannten Art bezieht, so ist die Strafe Freiheitsstrafe bis zu zwei Jahren oder Geldstrafe.

(4) Handelt der Täter in den Fällen des Absatzes 1 Nummer 1 leichtfertig, so ist die Strafe Freiheitsstrafe bis zu einem Jahr oder Geldstrafe.

(5) Die Tat ist nicht nach Absatz 1 Nummer 1, 1a oder Nummer 2, Absatz 2, 3 oder Absatz 4 strafbar, wenn die Handlung eine unerhebliche Menge der Exemplare betrifft und unerhebliche Auswirkungen auf den Erhaltungszustand der Art hat.

§ 72 Einziehung

Ist eine Ordnungswidrigkeit nach § 69 Absatz 1 bis 6 oder eine Straftat nach § 71 oder § 71a begangen worden, so können
1. Gegenstände, auf die sich die Straftat oder die Ordnungswidrigkeit bezieht, und

2. Gegenstände, die zu ihrer Begehung oder Vorbereitung gebraucht worden oder bestimmt gewesen sind,

eingezogen werden. § 23 des Gesetzes über Ordnungswidrigkeiten und § 74a des Strafgesetzbuches sind anzuwenden.

§ 73 Befugnisse der Zollbehörden

Die zuständigen Verwaltungsbehörden und die Staatsanwaltschaft können im Rahmen ihrer Zuständigkeit zur Aufklärung von Straftaten oder Ordnungswidrigkeiten nach diesem Gesetz Ermittlungen auch durch die Hauptzollämter oder die Behörden des Zollfahndungsdienstes und deren Beamte vornehmen lassen. § 21 Absatz 2 bis 4 des Außenwirtschaftsgesetzes gilt entsprechend.

§ 74 Übergangs- und Überleitungsregelungen

(1) Vor dem 1. März 2010 begonnene Verfahren zur Anerkennung von Vereinen sind zu Ende zu führen

1. durch das Bundesministerium für Umwelt, Naturschutz und Reaktorsicherheit nach § 59 des Bundesnaturschutzgesetzes in der bis zum 28. Februar 2010 geltenden Fassung,
2. durch die zuständigen Behörden der Länder nach den im Rahmen von § 60 Absatz 1 und 3 des Bundesnaturschutzgesetzes in der bis zum 28. Februar 2010 geltenden Fassung erlassenen Vorschriften des Landesrechts.

(2) Vor dem 3. April 2002 begonnene Verwaltungsverfahren sind nach § 29 des Bundesnaturschutzgesetzes in der bis zu diesem Tag geltenden Fassung zu Ende zu führen. Vor dem 1. März 2010 begonnene Verwaltungsverfahren sind nach § 58 des Bundesnaturschutzgesetzes in der bis zu diesem Tag geltenden Fassung zu Ende zu führen.

(3) Die §§ 63 und 64 gelten auch für Vereine, die nach § 29 des Bundesnaturschutzgesetzes in der bis zum 3. April 2002 geltenden Fassung oder nach § 59 oder im Rahmen von § 60 Absatz 1 und 3 des Bundesnaturschutzgesetzes in der bis zum 1. März 2010 geltenden Fassung vom Bund oder den Ländern anerkannt worden sind.

Verordnung zum Schutz wild lebender Tier- und Pflanzenarten (Bundesartenschutzverordnung – BArtSchV)

Vom 16. Februar 2005 (BGBl. I S. 258, 896), zuletzt geändert durch Art. 10 des Gesetzes vom. 21.1.2013 (BGBl. I S. 95)

Abschnitt 1 Unterschutzstellung, Ausnahmen und Verbote

§ 1 Besonders geschützte und streng geschützte Tier- und Pflanzenarten

Die in Anlage 1 Spalte 2 mit einem Kreuz (+) bezeichneten Tier- und Pflanzenarten werden unter besonderen Schutz gestellt. Die in Anlage 1 Spalte 3 mit einem Kreuz (+) bezeichneten Tier- und Pflanzenarten werden unter strengen Schutz gestellt.

§ 2 Ausnahmen

(1) Die Verbote des § 44 Abs. 1 Nr. 4 und Abs. 2 Satz 1 Nr. 1 des Bundesnaturschutzgesetzes gelten nicht für Pilze der nachstehend aufgeführten Arten, soweit sie in geringen Mengen für den eigenen Bedarf der Natur entnommen werden:

Boletus edulis	Steinpilz
Cantharellus spp.	Pfifferling – alle heimischen Arten
Gomphus clavatus	Schweinsohr
Lactarius volemus	Brätling
Leccinum spp.	Birkenpilz und Rotkappe – alle heimischen Arten
Morcheila spp.	Morchel – alle heimischen Arten

Die nach Landesrecht zuständige Behörde kann im Einzelfall für die in Satz 1 genannten Pilze weitergehende Ausnahmen von den dort genannten Verboten zulassen, solange und soweit die Erhaltung der betreffenden Arten landesweit oder in bestimmten Landesteilen nicht gefährdet ist.

(2) Die nach Landesrecht zuständige Behörde kann Ausnahmen von § 44 Abs. 1 Nr. 1 und 3 und Abs. 2 des Bundesnaturschutzgesetzes für Weinbergschnecken (Helix pomatia) mit einem Gehäusedurchmesser von min-

destens 30 Millimeter zulassen, soweit die Vorgaben der Artikel 14 und 16 Abs. 1 der Richtlinie 92/43/EWG des Rates vom 21. Mai 1992 zur Erhaltung der natürlichen Lebensräume sowie der wild lebenden Tiere und Pflanzen (FFH-Richtlinie) (ABl. EG Nr. L 206 S. 7), die zuletzt durch die Richtlinie 2006/105/EG (ABl. L 363 vom 20.12.2006, S. 368) geändert worden ist, nicht entgegenstehen.

(3) Die Besitz- und Vermarktungsverbote des § 44 Abs. 2 Satz 1 des Bundesnaturschutzgesetzes sowie die Vorschriften der §§ 6, 7 und 12 gelten nicht für

1. domestizierte Formen von Arten im Sinne von § 7 Abs. 2 Nr. 13 Buchstabe b des Bundesnaturschutzgesetzes,
2. gezüchtete beziehungsweise künstlich vermehrte Exemplare der in Anlage 2[6] aufgeführten Arten sowie
3. Edelkrebse (Astacus astacus), die rechtmäßig und zum Zweck der Hege dem Gewässer entnommen werden.

Die in Satz 1 genannten Formen sind auch von den Verboten des § 44 Abs. 1 Nr. 1 und 3 des Bundesnaturschutzgesetzes ausgenommen.

§ 3 Verbote für nicht besonders geschützte Tierarten

(1) Die Besitz- und Vermarktungsverbote des § 44 Abs. 2 Satz 1 des Bundesnaturschutzgesetzes gelten nach § 44 Abs. 3 Nr. 2 des Bundesnaturschutzgesetzes für lebende Tiere folgender Arten:

Castor canadensis	Amerikanischer Biber
Chelydra serpentina	Schnappschildkröte
Macroclemys temminckii	Geierschildkröte
Sciurus carolinensis	Grauhörnchen.

Die Regelung des § 45 Abs. 1 Satz 1 Nr. 2 des Bundesnaturschutzgesetzes bleibt unberührt.

(2) Es ist verboten,

1. lebende Tiere der im Absatz 1 Satz 1 genannten Arten anzubieten, zur Abgabe vorrätig zu halten, feilzuhalten oder an andere abzugeben,
2. Tiere der in Absatz 1 Satz 1 genannten Arten zu züchten.

(3) Absatz 2 Nr. 2 gilt nicht für Tierhaltungen unter zoologisch fachkundiger Leitung, die ganz oder überwiegend juristischen Personen des öffentlichen Rechts gehören.

---

6 Die Anlagen 2 bis 6 sind nicht, die Anlage 1 ist teilweise abgedruckt.

§ 4 Verbotene, Handlungen, Verfahren und Geräte

(1) Es ist verboten, in folgender Weise wild lebenden Tieren der besonders geschützten Arten und der nicht besonders geschützten Wirbeltierarten, die nicht dem Jagd- oder Fischereirecht unterliegen, nachzustellen, sie anzulocken, zu fangen oder zu töten:

1. mit Schlingen, Netzen, Fallen, Haken, Leim und sonstigen Klebstoffen,
2. unter Benutzung von lebenden Tieren als Lockmittel,
3. mit Armbrüsten,
4. mit künstlichen Lichtquellen, Spiegeln oder anderen beleuchtenden oder blendenden Vorrichtungen,
5. mit akustischen, elektrischen oder elektronischen Geräten,
6. durch Begasen oder Ausräuchern oder unter Verwendung von Giftstoffen, vergifteten oder betäubenden Ködern oder sonstigen betäubenden Mitteln,
7. mit halbautomatischen oder automatischen Waffen, deren Magazin mehr als zwei Patronen aufnehmen kann, oder unter Verwendung von Visiervorrichtungen für das Schießen bei Nacht mit elektronischen Bildverstärkern oder Bildumwandlern,
8. unter Verwendung von Sprengstoffen,
9. aus Kraftfahrzeugen oder Luftfahrzeugen oder
10. aus Booten mit einer Antriebsgeschwindigkeit von mehr als fünf Kilometer/Stunde.

Satz 1 Nr. 1 gilt, außer beim Vogelfang, für Netze und Fallen nur, wenn mit ihnen Tiere in größeren Mengen oder wahllos gefangen oder getötet werden können. Satz 1 Nr. 6 gilt nur für Tiere der besonders geschützten Arten.

(2) Abweichend von Absatz 1 Satz 1 Nr. 1 ist es gestattet, Bisams (Ondatra zibethicus) mit Fallen, ausgenommen Käfigfallen mit Klappenschleusen (Reusenfallen), zu bekämpfen, soweit dies zum Schutz gefährdeter Objekte, insbesondere zum Hochwasserabfluss oder zum Schutz gegen Hochwasser oder zur Abwehr von land- oder fischerei- oder sonstiger erheblicher gemeinwirtschaftlicher Schäden erforderlich ist. Die Fallen müssen so beschaffen sein und dürfen nur so verwendet werden, dass das unbeabsichtigte Fangen von sonstigen wild lebenden Tieren weitgehend ausgeschlossen ist,

(3) Die nach Landesrecht zuständige Behörde kann im Einzelfall weitere Ausnahmen von den Verboten des Absatzes 1 zulassen, soweit dies

1. zur Abwendung erheblicher land-, forst-, fischerei-, wasser- oder sonstiger gemeinwirtschaftlicher Schäden,
2. zum Schutz der heimischen Tier- und Pflanzenwelt oder

3. für Zwecke der Forschung, Lehre oder Wiederansiedlung oder zur Nachzucht für einen dieser Zwecke

erforderlich ist, der Bestand und die Verbreitung der betreffenden Population oder Art dadurch nicht nachteilig beeinflusst wird und sonstige Belange des Artenschutzes, insbesondere Artikel 9 Abs. 1 der Richtlinie 2009/147/EG des Europäischen Parlaments und des Rates vom 30. November 2009 über die Erhaltung der wild lebenden Vogelarten (ABl. L 20 vom 26.1.2010, S. 7)), und Artikel 16 Abs. 1 der Richtlinie 92/43/EWG des Rates nicht entgegenstehen.

(4) Artikel 2 der Verordnung (EWG) Nr. 3254/91 des Rates vom 4. November 1991 zum Verbot von Tellereisen in der Gemeinschaft und der Einfuhr von Pelzen und Waren von bestimmten Wildtierarten aus Ländern, die Tellereisen oder den internationalen humanen Fangnormen nicht entsprechende Fangmethoden anwenden (ABl. EG Nr. L 308 S. 1), bleibt unberührt.

Abschnitt 2 **Teile und Erzeugnisse, -Aufzeichnungspflichten**

§ 5 Teile und Erzeugnisse

Ohne weiteres erkennbare Teile von Tieren und Pflanzen sowie, ohne weiteres erkennbar aus ihnen gewonnene Erzeugnisse im Sinne des § 7 Abs. 2 Nr. 1 Buchstabe c und d oder Nr. 2 Buchstabe c und d des Bundesnaturschutzgesetzes sind

1. alle Teile und Erzeugnisse von Arten im Sinne von § 7 Abs. 2 Nr. 13 Buchstabe b Doppelbuchstabe aa des Bundesnaturschutzgesetzes,
2. die in Anlage 3 bezeichneten Teile und Erzeugnisse von Tieren und Pflanzen der dort genannten Arten,
3. andere Gegenstände, bei denen aus einem Beleg, aus der Verpackung, aus einer Marke, aus einer Aufschrift oder aus sonstigen Umständen hervorgeht, dass es sich um Teile von Tieren und Pflanzen der besonders geschützten Arten oder aus ihnen gewonnene Erzeugnisse handelt.

§ 6 Aufnahme- und Auslieferungsbuch

(1) Wer gewerbsmäßig Tiere oder Pflanzen der besonders geschützten Arten erwirbt, be- oder verarbeitet oder in den Verkehr bringt, hat ein Aufnahme- und Auslieferungsbuch mit täglicher Eintragung zu führen; alle Eintragungen

in das Buch sind in dauerhafter Form vorzunehmen. Das Aufnahme- und Auslieferungsbuch ist nach dem Muster in Anlage 4 zu führen; die §§ 239 und 261 des Handelsgesetzbuchs gelten sinngemäß. Bei der Abgabe von Teilen oder Erzeugnissen im Einzelhandel müssen Name und Anschrift des Empfängers nur angegeben werden, wenn der Verkaufspreis der Teile oder Erzeugnisse über 250 Euro beträgt; sind die Teile oder Erzeugnisse mit anderen Materialien fest verbunden, so ist der auf die Teile und Erzeugnisse entfallende Anteil am Verkaufswert maßgebend. Die nach Landesrecht zuständige Behörde kann, sofern Belange des Artenschutzes nicht entgegenstehen, Ausnahmen von den Sätzen 1 bis 3 zulassen, soweit durch gleichwertige Vorkehrungen eine ausreichende Überwachung sichergestellt ist.

(2) Absatz 1 Satz 1 bis 3 gilt nicht

1. für Pilze der in § 2 Abs. 1 Satz 1 aufgeführten und für Tiere der nachstehenden Arten, soweit aus einer Aufschrift auf einem Beleg oder auf der Verpackung die Einhaltung artenschutzrechtlicher Vorschriften hervorgeht:

Acipenseriformes spp.	Störartige – ausgenommen tote – Exemplare, Teile und Erzeugnisse
Austropotamobius torrentlum	Steinkrebs
Helix aspersa	Gefleckte Weinbergschnecke
Helix pamatia	Gewöhnliche Weinbergschnecke
Homarus gammarus	Hummer,

2. für durch künstliche Vermehrung gewonnene Pflanzenarten,
3. soweit eine gleichwertige Buchführung auf Grund anderer Vorschriften durchgeführt wird,
4. für Tiere und Pflanzen, bei denen auf Grund eines von der nach Landesrecht zuständigen Behörde anerkannten Verfahrens, dem Belange des Artenschutzes nicht entgegenstehen, durch gleichwertige Vorkehrungen eine ausreichende Überwachung sichergestellt ist,
5. für zu Gegenständen verarbeitete Teile und Erzeugnisse von Tieren und Pflanzen, die vor mehr als 50 Jahren erworben wurden, im Sinne von Artikel 2 Buchstabe w der Verordnung (EG) Nr. 338/97 des Rates vom 9. Dezember 1996 über den Schutz von Exemplaren wild lebender Tier- und Pflanzenarten durch Überwachung des Handels (ABl. EG Nr. L 61 vom 3.3.1997, S. 72, L 298 vom 1.11.1997, S. 70, L 113 vom 27.4.2006, S. 26), die zuletzt durch Verordnung (EG) Nr. 318/2008 (ABl. L 95 vom 8.4.2008, S. 3) geändert worden ist.

(3) Die Bücher mit den Belegen sind den in § 48 des Bundesnaturschutzgesetzes bestimmten Behörden sowie anderen, nach Landesrecht zuständigen Behörden auf Verlangen zur Prüfung auszuhändigen.

(4) Die Bücher mit den Belegen sind nach Maßgabe des Satzes 2 fünf Jahre aufzubewahren. Die Aufbewahrungsfrist beginnt mit dem Schluss des Kalenderjahres, in dem die letzte Eintragung für ein abgeschlossenes Geschäftsjahr gemacht worden ist. Andere gesetzliche Vorschriften, die eine längere Aufbewahrungspflicht vorsehen, bleiben unberührt.

Abschnitt 3 **Haltung und Zucht, Anzeigepflichten**

Unterabschnitt 1 **Haltung und Anzeigepflichten**

§ 7 Haltung von Wirbeltieren

(1) Wirbeltiere der besonders geschützten und der in § 3 Abs. 1 Satz 1 genannten Arten dürfen nur gehalten werden, wenn sie keinem Besitzverbot unterliegen und der Halter

1. die erforderliche Zuverlässigkeit und ausreichende Kenntnisse über die Haltung und Pflege der Tiere hat und
2. über die erforderlichen Einrichtungen verfügt, die Gewähr dafür bieten, dass die Tiere nicht entweichen können und die Haltung den tierschutzrechtlichen Vorschriften entspricht.

Satz 1 gilt nicht für Greifvögel der in Anlage 4 der Bundeswildschutzverordnung vom 25. Oktober 1985 (BGBl. I S. 2040), die durch Artikel 3 der Verordnung vom 14. Oktober 1999 (BGBl. I S. 1955) geändert worden ist, aufgeführten Arten. Das Vorliegen der Anforderungen nach Satz 1 ist der nach Landesrecht zuständigen Behörde auf Verlangen nachzuweisen.

(2) Wer Tiere der unter Absatz 1 fallenden Arten, ausgenommen Tiere der in Anlage 5 aufgeführten Arten, hält, hat der nach Landesrecht zuständigen Behörde unverzüglich nach Beginn der Haltung den Bestand der Tiere und nach der Bestandsanzeige den Zu- und Abgang sowie eine Kennzeichnung von Tieren unverzüglich schriftlich anzuzeigen; die Anzeige muss Angaben enthalten über Zahl, Art, Alter, Geschlecht, Herkunft, Verbleib, Standort, Verwendungszweck und Kennzeichen der Tiere. Die Verlegung des regelmäßigen Standorts der Tiere ist unverzüglich anzuzeigen.

(3) Für Absatz 2 gilt § 3 Abs. 3 entsprechend. Die nach Landesrecht zuständige Behörde kann für andere Tierhaltungen unter zoologisch fachkundiger Leitung Ausnahmen von Absatz 2 zulassen, sofern Belange des Artenschutzes nicht entgegenstehen.

Unterabschnitt 2 **Zucht und Haltung von -Greifvogelhybriden**

§ 8 Begriffsbestimmungen

Greifvogelhybriden im Sinne dieser Verordnung sind Greifvögel, die genetische Anteile von mindestens einer heimischen sowie einer weiteren Greifvogelart enthalten.

§ 9 Zuchtverbot

(1) Es ist verboten, Greifvogelhybriden zu züchten.

(2) Bis zum 31. Dezember 2014 sind ausgenommen von dem Verbot des Absatzes 1 Züchter, die vor dem 25. Februar 2005 mit der Zucht von Greifvogelhybriden begonnen haben.

§ 10 Haltungsverbot

Es ist verboten, Greifvogelhybriden zu halten. Ausgenommen von dem Verbot sind Tiere, die vor dem 25. Februar 2005 in Übereinstimmung mit den zu ihrem Schutz geltenden Vorschriften gehalten werden, sowie, im Falle der Zucht, Jungvögel bis zur Abgabe an Dritte mit Wohnsitz oder Sitz im Ausland.

§ 11 Flugverbot, Entweichen

(1) Es ist verboten, Greifvogelhybriden in den Flug zu entlassen.

(2) Ausgenommen von dem Verbot des Absatzes 1 ist ein mit telemetrischer Ausrüstung überwachter Flug außerhalb des Zeitraums vom Beginn der Bettelflugperiode bis zum Erreichen der Selbstständigkeit des Vogels. Die telemetrische Ausrüstung muss so beschaffen sein, dass die Identifizierung und Ortung des in den Freiflug gestellten Greifvogelhybriden jederzeit kurzfristig möglich ist. Der Halter hat den Greifvogelhybriden nach Abschluss des Fluges unverzüglich in ein Gehege zurückzuführen.

(3) Sobald eine Identifizierung und Ortung nach Absatz 2 Satz 2 nicht mehr möglich ist, hat der Halter unverzüglich alle zumutbaren Maßnahmen zur Rückführung des in den Freiflug gestellten Greifvogelhybriden in ein Gehege zu ergreifen und die nach Landesrecht zuständige Naturschutzbehörde zu informieren.

(4) Für Halter eines Greifvogelhybriden, der aus einem Gehege entwichen ist, gilt Absatz 3 entsprechend.

Abschnitt 4 **Kennzeichnung**

§ 12 Kennzeichnungspflicht

Wer lebende Säugetiere, Vögel und Reptilien der in Anlage 6 Spalte 1 aufgeführten Arten hält, hat diese unverzüglich zu kennzeichnen. Die Kennzeichnung hat nach Maßgabe

1. des § 13 Abs. 1 Satz 1 und 2, Abs. 2 und 3, des § 15 Abs. 1 bis 3, 5 und 7,
2. des § 13 Abs. 1 Satz 3 bis 10 sowie des § 15 Abs. und 6

zu erfolgen.

§ 13 Kennzeichnungsmethoden

(1) Für die Kennzeichnung sind die Kennzeichnungsmethoden zu verwenden, die in Anlage 6 Spalte 2 bis 6 mit einem Kreuz (+) bei den jeweiligen Tierarten bezeichnet sind, sowie für Vogelarten der offene Ring gemäß Satz 2. Sind nach Satz 1 mehrere Kennzeichnungsmethoden vorgesehen, sind die Tiere mit einem Kennzeichen in der folgenden Rangfolge zu versehen:

1. gezüchtete Vögel vorrangig mit dem geschlossenen Ring;
2. Vögel, die nicht unter Nummer 1 fallen, vorrangig nach Wahl des Halters mit dem offenen Ring oder dem Transponder, ansonsten mit der Dokumentation;
3. Säugetiere vorrangig mit dem Transponder, ansonsten mit der Dokumentation oder mit sonstigen Kennzeichen;
4. Reptilien vorrangig nach Wahl des Halters mit dem Transponder oder der Dokumentation.

Die Kennzeichnung mit einem Transponder scheidet aus, soweit die Tiere weniger als 200 Gramm, bei Schildkröten weniger als 500 Gramm, wiegen oder ein solches Gewicht nicht erreichen können. Das Absehen von der jeweils als vorrangig bezeichneten Kennzeichnungsmethode bedarf der Zustimmung der nach Landesrecht zuständigen Behörde. Diese kann das Absehen von den als vorrangig bezeichneten Kennzeichnungsmethoden zulassen, wenn diese wegen körperlicher oder verhaltensbedingter Eigenschaften der Tiere einschließlich des Unterschreitens der in Satz 3 genannten Gewichtsgrenzen nicht angewandt werden können. In diesem Fall sind unter den Voraussetzungen von Satz 5 andere für die betreffende Art mit einem Kreuz (+) bezeichneten Kennzeichnungsmethoden anzuordnen. Soweit dies nicht möglich ist, können weitere geeignete Kennzeichnungsmethoden, insbesondere molekulargenetische Methoden, zugelassen werden. Die Entscheidung nach Satz 5 ist mit der Auflage zu verbinden, die Kennzeichnung nachzuholen, sobald mit einem Fortfall der in Satz 5 genannten Hindernisse gerechnet werden kann. Für Tiere der in Anlage 6 Spalte 1 aufgeführten Arten, die in den Spalten 2 bis 6 nicht mit einem Kreuz (+) bezeichnet sind, sowie für Hybride von in Anlage 6 Spalte 1 aufgeführten Vogelarten mit weiteren dort aufgeführten oder anderen Arten hat der Halter spätestens mit Eintritt der Kennzeichnungspflicht bei der nach Landesrecht zuständigen Behörde die Festlegung der verbindlichen Kennzeichnungsmethode zu beantragen. Satz 7 gilt entsprechend.

(2) Ringe müssen eine Größe aufweisen, dass sie nach vollständigem Auswachsen des Beines nur durch Zerstörung des Ringes oder Verletzung des Vogels entfernt werden können. Dazu sind grundsätzlich Ringe der in Anlage 6 Spalte 3 vorgegebenen Größe zu verwenden. Von den Vorgaben in Satz 2 kann für Vögel bestimmter Rassen oder Populationen abgewichen werden, soweit die Verwendung von Ringen der dort genannten Größe entweder zu Verletzungen beim Vogel führt oder – abweichend von Satz 1 – ein Entfernen des Ringes möglich ist.

(3) Eine Dokumentation muss eine zeichnerische oder fotografische Darstellung individueller Körpermerkmale enthalten, die eine Identifizierung ermöglicht. Diese Darstellung ist zu ergänzen um eine Beschreibung des Tieres, die zumindest Angaben umfassen muss zu Größe und Länge, Gewicht, Geschlecht und Alter, sowie eine Beschreibung vorhandener Besonderheiten. Die Dokumentation ist in solchen Zeitabständen zu wiederholen, dass mögliche Änderungen der Körpermerkmale nachvollziehbar sind. Eine Mehrfertigung der ersten Dokumentation hat der Halter der Anzeige nach § 7 Abs. 2 beizufügen, weitere Dokumentationen sind den nach Landesrecht zuständigen Behörden auf Verlangen vorzulegen.

§ 14 Ausnahmen von der Kennzeichnungspflicht

(1) Die Kennzeichnungspflicht nach § 12 entfällt, wenn ein verletztes, hilfloses oder krankes Wirbeltier aufgenommen wird, um es gesund zu pflegen und es wieder in die Freiheit zu entlassen. Die nach Landesrecht zuständige Behörde kann im Einzelfall Ausnahmen von der Kennzeichnungspflicht nach § 12 zulassen für Wirbeltiere, die im Rahmen von bestands-

schützenden Maßnahmen oder Wiederansiedlungsmaßnahmen gehalten oder abgegeben werden.

(2) Die Kennzeichnungspflicht nach § 12 entfällt auch, wenn ein Wirbeltier im Vollzug artenschutzrechtlicher Vorschriften der Europäischen Gemeinschaften oder auf Grund von Rechtsvorschriften anderer Mitgliedstaaten bereits mit einem Kennzeichen versehen ist. Vor Inkrafttreten der Kennzeichnungspflicht angebrachte Kennzeichnungen, die nicht unter Satz 1 fallen, kann die nach Landesrecht zuständige Behörde als Kennzeichnung im Sinne des § 12 anerkennen, soweit eine gleichwertige Individualisierung sichergestellt ist.

§ 15 Ausgabe von Kennzeichen

(1) Für die Kennzeichnung nach dieser Verordnung sind nur Ringe und Transponder zu verwenden, die von den nachstehenden Vereinen ausgegeben werden:
1. Bundesverband für fachgerechten Natur- und Artenschutz e. V.,
2. Zentralverband Zoologischer Fachbetriebe Deutschlands e. V.

Sie ermöglichen nicht vereinsangehörigen Personen den Bezug von Kennzeichen zu denselben Bedingungen wie Vereinsmitgliedern.

(2) Nach Absatz 1 ausgegebene Ringe müssen so beschaffen sein, dass sie vom Tier nicht zerstört werden können, ihre Lesbarkeit dauerhaft gewährleistet ist, sie nicht erheblich verformt oder geweitet werden können und eine Entfernung nur durch Zerstörung des Ringes oder Verletzung des Tieres möglich ist. Geschlossene Ringe müssen nahtlos, offene Ringe müssen darüber hinaus so beschaffen sein, dass sie nur einmal verwendet werden können. Ringe müssen tierschutzgerecht sein. Ringe für Greifvogelhybriden sind blau zu färben.

(3) Nach Absatz 1 ausgegebene Ringe müssen eine Beschriftung nach Maßgabe der Anlage 7 aufweisen. Die in Satz 1 genannte Beschriftung muss sich gegenüber eventuell auf dem Ring zusätzlich angebrachten Angaben deutlich hervorheben.

(4) *(weggefallen)*

(5) Nach Absatz 1 ausgegebene Transponder müssen in der Codestruktur und dem Informationsgehalt dem Standard ISO 11784:1996 (e) „Radio Frequency Identification of Animals – Code Structure“[7] entsprechen. Die

---

7 Vertrieb: Beuth Verlag, Burggrafenstraße 6, 10787 Berlin.

im Transponder festgelegte Information muss einmalig und darf nach Herstellung nicht veränderbar sein. Die Transponder müssen ferner den im Standard ISO 11785: 1996 (E) Radio-Frequency Identification of Animals – Technical Concept“[8] festgelegten technischen Anforderungen entsprechen.

(6) Die in Absatz 1 genannten Vereine haben der nach Landesrecht zuständigen Behörde vierteljährlich die Beschriftung von in ihrem Zuständigkeitsbereich im laufenden Jahr ausgegebenen Kennzeichen sowie Name und Anschrift der Empfänger in für die elektronische Datenverarbeitung geeigneter Form zu übermitteln sowie dieser und dem Bundesamt für Naturschutz auf Anfrage unverzüglich entsprechende Angaben zu machen.

(7) Im Falle der Präparation verbleibt der Ring am Vogel.

Abschnitt 5 Ordnungswidrigkeiten

§ 16 Ordnungswidrigkeiten

(1) Ordnungswidrig im Sinne des § 69 Absatz 3 Nummer 27 Buchstabe b des Bundesnaturschutzgesetzes handelt, wer vorsätzlich oder fahrlässig entgegen § 3 Abs. 2 ein Tier anbietet, zur Abgabe vorrätig hält, feilhält, an andere abgibt oder züchtet.

(2) Ordnungswidrig im Sinne des § 69 Absatz 3 Nummer 27 Buchstabe c des Bundesnaturschutzgesetzes handelt, wer vorsätzlich oder fahrlässig

1. entgegen § 4 Abs. 1 in der dort bezeichneten Weise einem Tier nachstellt, es anlockt, fängt oder tötet,
2. entgegen § 6 Abs. 1 Satz 1 ein Buch nicht, nicht richtig, nicht vollständig oder nicht in der vorgeschriebenen Weise führt,
3. entgegen § 6 Abs. 3 ein Buch nicht oder nicht rechtzeitig aushändigt,
4. entgegen § 6 Abs. 4 Satz 1 ein Buch nicht oder nicht mindestens fünf Jahre aufbewahrt,
5. entgegen § 7 Abs. 2 eine Anzeige nicht, nicht richtig, nicht vollständig, nicht in der vorgeschriebenen Weise oder nicht rechtzeitig erstattet,
6. entgegen § 9 Greifvogelhybride züchtet,
7. entgegen § 10 Greifvogelhybride hält,
8. entgegen § 11 Greifvogelhybride in den Flug entlässt,

---

8 Vertrieb: Beuth Verlag, Burggrafenstraße 6, 10787 Berlin.

9. entgegen § 11 Abs. 3 auch in Verbindung mit Abs. 4 eine Maßnahme nicht oder nicht rechtzeitig ergreift oder eine Greifvogelhybride nicht rechtzeitig zurückführt,
10. entgegen § 12 Satz 1 und 2 Nr. 1 ein Tier nicht, nicht richtig, nicht in der vorgeschriebenen Weise oder nicht, rechtzeitig kennzeichnet, oder Kennzeichen ohne Zustimmung der nach Landesrecht zuständigen Behörde verändert oder entfernt,
11. entgegen § 13 Abs. 1 Satz 9 die Festlegung einer verbindlichen Kennzeichnungsmethode nicht oder nicht rechtzeitig beantragt,
12. entgegen § 13 Abs. 3 Satz 4 eine dort genannte Unterlage nicht beifügt oder nicht oder nicht rechtzeitig vorlegt.

Abschnitt 6 **Ländervorbehalt**

§ 17 Ländervorbehalt

Die nach Landesrecht zuständigen Behörden können nach § 2 Abs. 1 Satz 2 und Abs. 2, § 4 Abs. 3, § 6 Abs. 1 Satz 4, § 7 Abs. 3 Satz 2 und § 14 Abs. 1 Satz 2 unter den jeweils genannten Voraussetzungen Ausnahmen auch allgemein zulassen.

Anlage 1
(zu § 1)

Schutzstatus wild lebender Tier- und Pflanzenarten

Erläuterungen zur Anlage 1

1. Die in Anlage 1 aufgeführten Arten werden bezeichnet
   a) mit dem Namen der Art oder
   b) als Gesamtheit der einem höheren Taxon (Ordnungsstufe des Tier- bzw. Pflanzenreiches) oder einem bestimmten Teil derselben angehörenden Arten.
2. Die Abkürzung „spp." wird zur Bezeichnung alter Arten eines höheren Taxons verwendet.
3. Sonstige Bezugnahmen auf höhere Taxa als Arten dienen nur der Information oder Klassifikation.
4. Durch Aufnahme einer Art in Anlage 1 werden auch Bastarde dieser Art mit anderen Arten erfasst. Sind beide an der Bastardierung beteiligten Ausgangsarten geschützt, so richtet sich der Schutz nach den für die am strengsten geschützte Art geltenden Vorschriften.
5. Domestizierte Formen werden durch die Aufnahme einer Art in Anlage 1 nicht erfasst. Als domestizierte Form gilt insbesondere Apis mellifera – Honigbiene.
6. „Europäisch" ist eine wild lebende Tier- oder Pflanzenart, die ihr Verbreitungsgebiet oder regelmäßiges Wanderungsgebiet ganz oder teilweise
   a) in Europa hat oder in geschichtlicher Zeit hatte oder
   b) auf natürliche Weise nach Europa ausdehnt.

   Europa umfasst im Osten und Südosten jenen Teil Eurasiens, der vom Uralgebirge und der Kaspisee, dem Kaukasus, dem Schwarzen Meer, dem Bosporus, dem Marmarameer und den Dardanellen begrenzt wird, dazu alle Ägäischen Inseln und Kreta; im Süden und Südwesten Malta, Sizilien, die Balearen und die iberische Halbinsel; im Westen die Britischen Inseln und im Norden Skandinavien mit Island sowie Spitzbergen, Franz-Joseph-Land und Nowaja Semlja.
7. Die Taxonomie der in den Anlagen genannten Tier- und Pflanzenarten richtet sich nach folgenden Werken, soweit die Arten dort aufgeführt sind:[9]

---

9 hier nicht abgedruckt

Wissenschaftl. Bezeichnung	Deutscher Name	Besonders geschützte Arten zu § 1 Satz 1	Streng geschützte Arten zu § 1 Satz 2
Fauna			
Mammalia spp.[2, 3, 4]	Säugetiere – alle heimischen Arten, soweit nicht im Einzelnen aufgeführt	+	
excl. Aricola terrestris Clethrionomys glareolus Microtus agrestis Microtus arvalis Mus musculus Mustela vison Myocastor coypus Nyctereutes procyonoides Ondatra zibethicus Procyon lotor Rattus norvegicus Rattus rattus	mit Ausnahme von Schermaus Rötelmaus Erdmaus Feldmaus Hausmaus Amerikanischer Nerz Nutria Marderhund Bisam Waschbär Wanderratte Hausratte		
Aves	**Vögel**		
Acrocephalus arundinaceus[5]	Drosselrohrsänger		+
Acrocephalus paludicola[5]	Seggenrohrsänger		+
Acrocephalus schoenobaenus[5]	Schilfrohrsänger		+
Actitis hypoleucos[5]	Flussuferläufer		+
Alcedo atthis[5]	Eisvogel		+
Alectoris graeca[5]	Steinhuhn		+
Alectoris rufa[5]	Rothuhn		+
Anthus campestris[5]	Brachpieper		+
Ardea purpurea[5]	Purpurreiher		+
Arenaria interpres[5]	Steinwälzer		+
Aytha nyroca	Moorente		+
Botaurus stellaris[5]	Rohrdomme		+

Wissenschaftl. Bezeichnung	Deutscher Name	Besonders geschützte Arten zu § 1 Satz 1	Streng geschützte Arten zu § 1 Satz 2
Burhinus oedicnemus[5]	Triel		+
Calldris alpina[5]	Alpenstrandläufer		+
Caprimulgus europaeus[5]	Ziegenmelker		+
Carpodacus erythrinus[5]	Karmingimpel		+
Cathartes aura	Truthahngeier	+	
Cathartes burrovianus	Kleiner Gelbkopfgeier	+	
Cathartes melambrotus	Großer Gelbkopfgeier	+	
Charadrius alexandrinus[5]	Seeregenpfeifer		+
Charadrius dubius[5]	Flussregenpfeifer		+
Charadrius hiaticula[5]	Sandregenpfeifer		+
Chlidonias leucopterus[5]	Weißflügelseeschwalbe		+
Chlidonias niger[5]	Trauerseeschwalbe		+
Ciconia ciconia[5]	Weißstorch		+
Coracias garrulus[5]	Blauracke		+
Coragyps atratus	Rabengeler	+	
Crex crex[5]	Wachtelkönig		+
Cygnus cygnus[5]	Singschwan		+
Dendrocopos leucotos[5]	Weißrückenspecht		+
Dendrocopos medius[5]	Mittelspecht		+
Dryocopus martiuss[5]	Schwarzspecht		+
Emberiza calandra[5]	Grauammer		+
Emberiza cia[5]	Zippammer		+
Emberiza cirlus[5]	Zaunammer		+
Emberiza hortulana[5]	Ortolan		+
Eudromias morinellus[5]	Mornellregenpfeifer		+
Ficedula albicollis[5]	Halsbandschnäpper		+
Ficedula parva	Zwergschnäpper		+
Fratercula arctica[5]	Papageitaucher,		+
Fulmarus glacialis[5]	Eissturmvogel		+

Wissenschaftl. Bezeichnung	Deutscher Name	Besonders geschützte Arten zu § 1 Satz 1	Streng geschützte Arten zu § 1 Satz 2
Galerida cristata[5]	Haubenlerche		+
Gallinago gallinago[5]	Bekassine		+
Gallinago media[5]	Doppelschnepfe		+
Gallinula chloropus[5]	Teichhuhn		+
Gavia immer[5]	Eistaucher		+
Gelochelidon nilotica[5]	Lachseeschwalbe		+
Hirnantopus himantopus[5]	Stelzenläufer		+
Hydrobates pelagicus[5]	Sturmschwalbe		+
Ixobrychus minutus[5]	Zwergdommel		+
Jynx torquilla[5]	Wendehals		+
Lanius excubitor[5]	Raubwürger		+
Lanius minor[5]	Schwarzstirnwürger		+
Lanius senator[5]	Rotkopfwürger		+
Limosa limosa[5]	Uferschnepfe		+
Locustella luscinioides[5]	Rohrschwirl		+
Lullula arborea[5]	Heidelerche		+
Luscinia svecica[5]	Blaukehlchen		+
Lymnocryptes minimus[5]	Zwergschnepfe		+
Merops apiaster[5]	Bienenfresser		+
Monticola saxatilis[5]	Steinrötel		+
Numenius arquata[5]	Großer Brachvogel		+
Nycticorax nycticorax[5]	Nachtreiher		+
Oceanodroma leucorhoa[5]	Wellenläufer		+
Petronia petronia[5]	Steinsperling		+
Phalaropus lobatus[5]	Odinshühnchen		+
Philomachus pugnax[5]	Kampfläufer		+
Phylloscopus bonelli[5]	Berglaubsänger		+
Picoides tridactylus[5]	Dreizehenspecht		+

Wissenschaftl. Bezeichnung	Deutscher Name	Besonders geschützte Arten zu § 1 Satz 1	Streng geschützte Arten zu § 1 Satz 2
Picus canus[5]	Grauspecht		+
Picus viridis[5]	Grünspecht		+
Plegadis falcinellus[5]	Braunsichler		+
Pluvialis apricaria[5]	Goldregenpfeifer		+
Podiceps auritus[5]	Ohrentaucher		+
Podiceps grisegena[5]	Rothalstaucher		+
Podiceps nigricollis[5]	Schwarzhalstaucher		+
Porzana parva[5]	Kleines Sumpfhuhn		+
Porzana porzana[5]	Tüpfelsumpfhuhn		+
Porzana pusilla[5]	Zwergsumpfhuhn		+
Ptyonoprogne rupestris[5]	Felsenschwalbe		+
Recurvirostra avosetta[5]	Säbelschnäbler		+
Riparia ripania[5]	Uferschwalbe		+
Serinus citrinella[5]	Zitronengirlitz		+
Sterna albifrons[5]	Zwergseeschwalbe		+
Sterna caspia[5]	Raubseeschwalbe		+
Sterna dougallii[5]	Rosenschwalbe		+
Sterna hirundo[5]	Flussseeschwalbe		+
Sterna paradisaea[5]	Küstenseeschwalbe		+
Sterna sandvicensis[5]	Brandseeschwalbe		+
Sylvia nisoria[5]	Sperbergrasmücke		+
Tetrao tetrix	Birkhuhn		+
Tetrao urogallus	Auerhuhn		+
Tringa glareola[5]	Bruchwasserläufer		+
Tringa ochropus[5]	Waldwasserläufer		+
Tringa stagnatilis[5]	Teichwasserläufer		+
Tringa totanus[5]	Rotschenkel		+
Upupa epops[5]	Wiedehopf		+
Vanellus vanellus[5]	Kiebitz		+

Richtlinie des Europäischen Parlaments und des Rates über die Erhaltung der wildlebenden Vogelarten – EU-Vogelschutzrichtlinie –

Vom 30. November 2009 (ABl. L 20/7 vom 26.1.2010) – Auszug –

Artikel 5

Unbeschadet der Artikel 7 und 9 erlassen die Mitgliedstaaten die erforderlichen Maßnahmen zur Schaffung einer allgemeinen Regelung zum Schutz aller unter Artikel 1 fallenden Vogelarten, insbesondere das Verbot

a) des absichtlichen Tötens oder Fangens, ungeachtet der angewandten Methode;
b) der absichtlichen Zerstörung oder Beschädigung von Nestern und Eiern und der Entfernung von Nestern;
c) des Sammelns der Eier in der Natur und des Besitzes dieser Eier, auch in leerem Zustand;
d) ihres absichtlichen Störens, insbesondere während der Brut- und Aufzuchtzeit, sofern sich diese Störung auf die Zielsetzung dieser Richtlinie erheblich auswirkt;
e) des Haltens von Vögeln der Arten, die nicht bejagt oder gefangen werden dürfen.

Artikel 6

(1) Unbeschadet der Absätze 2 und 3 untersagen die Mitgliedstaaten für alle unter Artikel 1 fallenden Vogelarten den Verkauf von lebenden und toten Vögeln und von deren ohne weiteres erkennbaren Teilen oder aus diesen Tieren gewonnenen Erzeugnissen sowie deren Beförderung und Halten für den Verkauf und das Anbieten zum Verkauf.

(2) Die Tätigkeiten nach Absatz 1 sind für die in Anhang III Teil 1 genannten Arten nicht untersagt, sofern die Vögel rechtmäßig getötet oder gefangen oder sonst rechtmäßig erworben worden sind.

(3) Die Mitgliedstaaten können in ihrem Gebiet die Tätigkeiten nach Absatz 1 bei den in Anhang III Teil B aufgeführten Vogelarten genehmigen und dabei Beschränkungen vorsehen, sofern die Vögel rechtmäßig getötet oder gefangen oder sonst rechtmäßig erworben worden sind. Die Mitgliedstaaten, die eine solche Genehmigung erteilen wollen, konsultieren vorher

die Kommission, mit der sie prüfen, ob durch eine Vermarktung von Vögeln der betreffenden Art aller Voraussicht nach die Populationsgröße, die geographische Verbreitung oder die Vermehrungsfähigkeit dieser Arten in der gesamten Gemeinschaft gefährdet würde oder gefährdet werden könnte. Ergibt diese Prüfung, dass die beabsichtigte Genehmigung nach Ansicht der Kommission an den Mitgliedstaat eine begründete Empfehlung, mit der einer Vermarktung der betreffenden Art widersprochen wird. Besteht eine solche Gefährdung nach Auffassung der Kommission nicht, so teilt sie dies dem Mitgliedstaat mit. Die Empfehlung der Kommission wird im Amtsblatt der Europäischen Union veröffentlicht. Der Mitgliedstaat, der eine Genehmigung nach diesem Ansatz erteilt, prüft in regelmäßigen Zeitabständen, ob die Voraussetzungen für die Erteilung dieser Genehmigung noch vorliegen.

Artikel 7

(1) Die in Anhang II aufgeführten Arten dürfen aufgrund ihrer Populationsgröße, ihrer geographischen Verbreitung und ihrer Vermehrungsfähigkeit in der gesamten Gemeinschaft im Rahmen der einzelstaatlichen Rechtsvorschriften bejagt werden. Die Mitgliedstaaten sorgen dafür, dass die Jagd auf diese Vogelarten die Anstrengungen, die in ihrem Verbreitungsgebiet zu ihrer Erhaltung unternommen werden, nicht zunichte macht.

(2) Die in Anhang II Teil A aufgeführten Arten dürfen in dem geographischen Meeres- und Landgebiet, in dem diese Richtlinie Anwendung findet, bejagt werden.

(3) Die in Anhang II Teil B aufgeführten Arten dürfen nur in den Mitgliedsstaaten, bei denen sie angegeben sind, bejagt werden.

(4) Die Mitgliedstaaten vergewissern sich, dass bei der Jagdausübung – gegebenenfalls unter Einschluss der Falknerei –, wie sie sich aus der Anwendung der geltenden einzelstaatlichen Vorschriften ergibt, die Grundsätze für eine vernünftige Nutzung und eine ökologisch ausgewogene Regulierung der Bestände der betreffenden Vogelarten, insbesondere der Zugvogelarten, eingehalten werden und dass diese Jagdausübung hinsichtlich der Bestände dieser Arten mit den Bestimmungen aufgrund von Artikel 2 vereinbar ist. Sie sorgen insbesondere dafür, dass die Arten, auf die die Jagdvorschriften Anwendung finden, nicht während der Nistzeit oder während der einzelnen Phasen der Brut- und Aufzuchtzeit bejagt werden. Wenn es sich um Zugvögel handelt, sorgen sie insbesondere dafür, dass die Arten, für die die einzelstaatlichen Jagdvorschriften gelten,

nicht während der Brut- und Aufzuchtzeit oder während ihres Rückzugs zu den Nistplätzen bejagt werden. Die Mitgliedstaaten übermitteln der Kommission alle zweckdienlichen Angaben über die praktische Anwendung der Jagdgesetzgebung.

Artikel 8

(1) Was die Jagd, den Fang oder die Tötung von Vögeln im Rahmen dieser Richtlinie betrifft, so untersagen die Mitgliedstaaten sämtliche Mittel, Einrichtungen oder Methoden, mit denen Vögel in Mengen oder wahllos gefangen oder getötet werden oder die gebietsweise das Verschwinden einer Vogelart nach sich ziehen können, insbesondere die in Anhang IV Buchstabe a) aufgeführten Mittel, Einrichtungen und Methoden.

(2) Ferner untersagen die Mitgliedstaaten jegliche Verfolgung aus den in Anhang IV Buchstabe b) aufgeführten Beförderungsmitteln heraus und unter den dort genannten Bedingungen.

Artikel 9

(1) Die Mitgliedstaaten können, sofern es keine andere zufriedenstellende Lösung gibt, aus den nachstehenden Gründen von den Artikeln 5, 6, 7 und 8 abweichen:

a) – im Interesse der Volksgesundheit und der öffentlichen Sicherheit,
   – im Interesse der Sicherheit der Luftfahrt,
   – zur Abwendung erheblicher Schäden an Kulturen, Viehbeständen, Wäldern, Fischereigebieten und Gewässern,
   – zum Schutz der Pflanzen- und Tierwelt;

b) zu Forschungs- und Unterrichtszwecken, zur Aufstockung der Bestände, zur Wiederansiedlung und zur Aufzucht im Zusammenhang mit diesen Maßnahmen;

c) um unter streng überwachten Bedingungen selektiv den Fang, die Haltung oder jede andere vernünftige Nutzung bestimmter Vogelarten in geringen Mengen zu ermöglichen.

(2) In den in Absatz 1 genannten Abweichungen ist anzugeben,

a) für welche Vogelarten die Abweichungen gelten,

b) die zugelassenen Fang- oder Tötungsmittel, -einrichtungen und -methoden,

c) die Art der Risiken und die zeitlichen und örtlichen Umstände, unter denen diese Abweichungen getroffen werden können,

d) die Stelle, die befugt ist zu erklären, dass die erforderlichen Voraussetzungen gegeben sind, und zu beschließen, welche Mittel, Einrichtungen und Methoden in welchem Rahmen von wem angewandt werden können,
e) welche Kontrollen vorzunehmen sind.

(3) Die Mitgliedstaaten übermitteln der Kommission jährlich einen Bericht über die Anwendung der Absätze 1 und 2.

(4) Die Kommission achtet anhand der ihr vorliegenden Informationen, insbesondere der Informationen, die ihr nach Absatz 3 mitgeteilt werden, ständig darauf, dass die Auswirkungen dieser Abweichungen mit dieser Richtlinie vereinbar sind. Sie trifft entsprechende Maßnahmen.

Gesetz zum Schutz der Natur in Nordrhein-Westfalen (Landesnaturschutzgesetz – LNatSchG NRW)

neu gefasst durch Artikel 1 des Gesetzes vom 15. November 2016 (GV. NRW. S. 934), in Kraft getreten am 25. November 2016 und am 1. Januar 2018

– Auszug.

Kapitel 1 **Allgemeine Vorschriften**

§ 1 Regelungsgegenstand

In diesem Gesetz werden Regelungen getroffen, die das Bundesnaturschutzgesetz vom 29. Juli 2009 (BGBl. I S. 2542), das zuletzt durch Artikel 421 der Verordnung vom 31. August 2015 (BGBl. I S. 1474) geändert worden ist, ergänzen, neben dem Bundesnaturschutzgesetz gelten oder von diesem im Sinne von Artikel 72 Absatz 3 Satz 1 Nummer 2 des Grundgesetzes abweichen.

§ 2 Naturschutzbehörden, Grundflächen der öffentlichen Hand
(zu § 3 Absatz 1 und 2 und zu § 2 Absatz 4 des Bundesnaturschutzgesetzes)

(1) Die für Naturschutz und Landschaftspflege zuständigen Behörden (Naturschutzbehörden) sind:
1. das für Naturschutz zuständige Ministerium als oberste Naturschutzbehörde,
2. die Bezirksregierungen als höhere Naturschutzbehörden,
3. die Kreise und kreisfreien Städte als untere Naturschutzbehörden.

Sie überwachen über § 3 Absatz 2 des Bundesnaturschutzgesetzes hinaus die Einhaltung dieses Gesetzes, der auf Grund dieser Gesetze erlassenen Vorschriften sowie der unmittelbar geltenden europarechtlichen Vorschriften zum Naturschutz. Sie treffen nach pflichtgemäßem Ermessen die im Einzelfall erforderlichen Maßnahmen, um deren Einhaltung sicherzustellen.

(2) Die Naturschutzbehörden sind Sonderordnungsbehörden.

(3) Die Kreise und kreisfreien Städte nehmen auch die Aufgaben der unteren Naturschutzbehörden, die nicht Aufgaben der Gefahrenabwehr sind, als Pflichtaufgaben zur Erfüllung nach Weisung wahr. Die Aufsichtsbehörden können sich jederzeit über die Angelegenheiten der unteren Naturschutzbehörden unterrichten. Die Aufsichtsbehörden können Weisungen erteilen, um die gesetzmäßige Erfüllung der Aufgaben der unteren Naturschutzbehörde zu sichern. Zur zweckmäßigen Erfüllung dieser Aufgaben können die Aufsichtsbehörden

1. allgemeine Weisungen erteilen, um die gleichmäßige Durchführung der Aufgaben zu sichern und
2. besondere Weisungen erteilen, wenn das Verhalten der unteren Naturschutzbehörde zur sachgerechten Aufgabenwahrnehmung nicht geeignet erscheint oder überörtliche Interessen gefährdet sind.

Weisungen zur Erledigung einer bestimmten Aufgabe im Einzelfall führt der Hauptverwaltungsbeamte als staatliche Verwaltungsbehörde durch, sofern die Aufsichtsbehörde dies in der Weisung festlegt. Dies gilt auch für solche Weisungen, deren Geheimhaltung im Interesse der Sicherheit des Staates erforderlich ist. Das Weisungsrecht der Aufsichtsbehörden erstreckt sich nicht auf den Erlass ordnungsbehördlicher Verordnungen.

(4) Soweit in diesem Gesetz, im Bundesnaturschutzgesetz, den dazu ergangenen Durchführungsvorschriften sowie in anderen Vorschriften des Naturschutzrechts, insbesondere des Artenschutzrechts, nichts anderes bestimmt ist, ist die zuständige Behörde die untere Naturschutzbehörde.

(5) Fällt eine Angelegenheit in den Zuständigkeitsbereich mehrerer unterer oder höherer Naturschutzbehörden, kann die oberste Naturschutzbehörde die Aufgabe im Einzelfall einer unteren oder einer höheren Naturschutzbehörde übertragen.

(6) Entscheidungen nach § 44 Absatz 5, § 45 Absatz 7 und § 67 Absatz 2 des Bundesnaturschutzgesetzes trifft in Verfahren mit Konzentrationswirkung die zuständige Genehmigungsbehörde im Benehmen mit der Naturschutzbehörde ihrer Verwaltungsebene.

(7) Bei der Bewirtschaftung von Grundflächen im Eigentum oder Besitz der öffentlichen Hand sollen die Ziele und Grundsätze des Naturschutzes und der Landschaftspflege in besonderer Weise berücksichtigt werden. Für den Naturschutz besonders wertvolle Grundflächen sollen, soweit angemessen, in ihrer ökologischen Beschaffenheit nicht nachteilig verändert werden. Die Sätze 1 und 2 stehen der Erfüllung bestimmter öffentlicher Zweckbestimmungen von Grundflächen nicht entgegen.

§ 3 Landesamt für Natur, Umwelt und Verbraucherschutz
(zu § 3 Absatz 1 des Bundesnaturschutzgesetzes)

(1) Das Landesamt für Natur, Umwelt und Verbraucherschutz hat auf dem Gebiet des Naturschutzes und der Landschaftspflege im Zusammenwirken mit anderen für die Ermittlung von Grundlagen des Naturhaushalts zuständigen Stellen des Landes:
1. die wissenschaftlichen Grundlagen für die Landschaftsplanung zu erarbeiten,
2. die geschützten Flächen und Landschaftsbestandteile zu erfassen und wissenschaftlich zu betreuen,
3. den Zustand des Naturhaushalts und seine Veränderungen, die Folge solcher Veränderungen einschließlich des Klimawandels, die Einwirkung auf den Naturhaushalt und die Wirkungen von Umweltschutzmaßnahmen auf den Zustand des Naturhaushalts zu ermitteln, auszuwerten, zu bewerten und mit den anderen Ländern und dem Bund abzustimmen und
4. die im Naturschutz und in der Landschaftspflege tätigen Dienstkräfte und ehrenamtlichen Mitarbeiterinnen und Mitarbeiter zu schulen und fachlich zu betreuen.

(2) Die oberste Naturschutzbehörde kann dem Landesamt für Natur, Umwelt und Verbraucherschutz weitere Aufgaben übertragen.

(3) Zur Erfüllung der Aufgaben nach Absatz 1 führt das Landesamt für Natur, Umwelt und Verbraucherschutz zentrale Datenbanken, insbesondere über
1. die geschützten Teile von Natur und Landschaft,
2. den Zustand und die Entwicklung der Biodiversität und
3. das Schutzgebietssystem Natura 2000.

Die Behörden des Landes Nordrhein-Westfalen sind verpflichtet, zu diesen Zwecken die vorhandenen Daten kostenlos zur Verfügung zu stellen.

§ 4 Landwirtschaft, Forstwirtschaft
(zu § 5 Absatz 2 und 3 des Bundesnaturschutzgesetzes)

(1) Abweichend von § 5 Absatz 2 des Bundesnaturschutzgesetzes ist bei der landwirtschaftlichen Nutzung zusätzlich verboten,
1. Dauergrünland und Dauergrünlandbrachen umzuwandeln,
2. den Grundwasserstand in Nass- und Feuchtgrünland sowie -brachen abzusenken, davon unberührt bleiben bestehende Absenkungs- und Drainagemaßnahmen,

3. Feldgehölze, Hecken, Säume, Baumreihen, Feldraine und Kleingewässer als naturbetonte Strukturelemente der Feldflur zu beeinträchtigen; eine solche Beeinträchtigung ist jede Schädigung oder Minderung der Substanz dieser Elemente, insbesondere das Unterpflügen oder Verfüllen; unberührt von diesem Verbot bleiben gewerbliche Anpflanzungen im Rahmen des Gartenbaus,
4. Dauergrünlandpflegemaßnahmen durch umbrechende Verfahren wie Pflügen oder umbruchlose Verfahren wie Drill-, Schlitz- oder Übersaat auf landwirtschaftlich genutzten Flächen, die als gesetzliche Biotope nach § 30 Absatz 2 Nummer 2 des Bundesnaturschutzgesetzes sowie nach § 42 Absatz 1 eingestuft sind, durchzuführen,
5. bei der Mahd auf Grünlandflächen ab 1 Hektar von außen nach innen zu mähen, davon unberührt bleibt stark hängiges Gelände und
6. ab dem 1. Januar 2022 auf Dauergrünlandflächen in Naturschutzgebieten Pflanzenschutzmittel einzusetzen.

Dauergrünland im Sinne dieses Gesetzes sind alle auf natürliche Weise entstandenen Grünlandflächen sowie angelegte und dauerhaft als Wiese, Mähweide oder Weide genutzte Grünlandflächen und deren Brachen. Nicht auf Dauer angelegte Ackerfutterflächen sind kein Dauergrünland im Sinne dieses Gesetzes.

(2) Von dem Verbot des Absatzes 1 Nummer 1 sind auf Antrag Ausnahmen zuzulassen, wenn die Beeinträchtigungen ausgeglichen werden. Von den Verboten des Absatzes 1 Nummer 2 bis 4 können auf Antrag Ausnahmen zugelassen werden, wenn die Beeinträchtigungen ausgeglichen oder ersetzt werden. In Verfahren nach dem Flurbereinigungsgesetz in der Fassung der Bekanntmachung vom 16. März 1976 (BGBl. I S. 546), das zuletzt durch Artikel 17 des Gesetzes vom 19. Dezember 2008 (BGBl. I S. 2794) geändert worden ist, sind Ausnahmen vom Verbot des Absatzes 1 Nummer 1 durch die zuständige Flurbereinigungsbehörde zulässig, wenn dies zur Gewährleistung wertgleicher Landabfindungen unverzichtbar ist. Für die punktuelle Beseitigung giftiger, invasiver oder bei vermehrtem Auftreten für die Grünlandnutzung problematischen Pflanzenarten können von dem Verbot des Absatzes 1 Nummer 6 auf Antrag Ausnahmen zugelassen werden.

(3) Nach Beendigung eines Vertrages kann die vorher rechtmäßig ausgeübte landwirtschaftliche Nutzung wieder aufgenommen werden, sofern der Vertrag keine entgegenstehenden Regelungen enthält. Wird diese durch Verbote oder Gebote des Bundesnaturschutzgesetzes oder dieses Gesetzes oder auf Grund des Bundesnaturschutzgesetzes oder dieses Gesetzes eingeschränkt oder untersagt, ist nach Maßgabe des § 68 des Bundesnaturschutzgesetzes eine angemessene Entschädigung zu leisten.

(4) Ergänzend zu § 5 Absatz 3 des Bundesnaturschutzgesetzes ist bei der forstlichen Nutzung des Waldes das Ziel zu verfolgen, stehendes dickstämmiges Totholz von Laubbäumen im Wald zu belassen. Zur Umsetzung dieses Ziels kann das für Naturschutz und Forsten zuständige Ministerium eine Rahmenvereinbarung mit den Waldbesitzerverbänden schließen.

§ 5 Beobachtung von Natur und Landschaft
(zu § 6 des Bundesnaturschutzgesetzes)

Die Beobachtung von Natur und Landschaft nach § 6 des Bundesnaturschutzgesetzes erfolgt im Rahmen der landesweiten Biotopkartierung sowie des Arten- und Biotopmonitorings. Die Ergebnisse der Umweltbeobachtung werden der Öffentlichkeit zugänglich gemacht, soweit nicht Schutzerfordernisse der zu schützenden Tiere oder Pflanzen dem entgegenstehen.

§ 10 Entwicklungsziele für die Landschaft, Biotopverbund

(1) Die Entwicklungsziele für die Landschaft geben als räumlich-fachliche Leitbilder über das Schwergewicht der im Plangebiet zu erfüllenden Aufgaben der Landschaftsentwicklung Auskunft. Entwicklungsziele sind insbesondere der Aufbau des Biotopverbundes einschließlich des Wildtierverbundes nach § 21 des Bundesnaturschutzgesetzes und die Förderung der Biodiversität. Als räumlich differenzierte Entwicklungsziele kommen insbesondere in Betracht

1. die Erhaltung einer mit naturnahen Lebensräumen oder sonstigen natürlichen Landschaftselementen reich oder vielfältig ausgestatteten Landschaft als Lebensraum für die landschaftstypischen Tier- und Pflanzenarten oder die Erhaltung einer gewachsenen Kulturlandschaft mit ihren biologischen und kulturhistorischen Besonderheiten,
2. die Anreicherung einer Landschaft mit naturnahen Lebensräumen und mit gliedernden und belebenden Elementen,
3. die Wiederherstellung einer in ihrem Wirkungsgefüge, ihrem Erscheinungsbild oder ihrer Oberflächenstruktur geschädigten oder stark vernachlässigten Landschaft,
4. die Herrichtung der Landschaft für die Erholung und
5. die Entwicklung der Landschaft für Zwecke des Immissionsschutzes und des Bodenschutzes oder zur Verbesserung des Klimas.

(2) Bei der Darstellung der Entwicklungsziele für die Landschaft sind die im Plangebiet zu erfüllenden öffentlichen Aufgaben und die wirtschaftlichen Funktionen der Grundstücke, insbesondere die land-, forst-, berg-, abgrabungs-, wasser-, abfallwirtschaftlichen sowie klimaschutzrechtlichen Zweckbestimmungen zu berücksichtigen.

§ 11 Zweckbestimmung für Brachflächen

(1) Der Landschaftsplan kann nach Maßgabe der Entwicklungsziele die Zweckbestimmung für Brachflächen dadurch festsetzen, dass diese entweder der natürlichen Entwicklung überlassen oder in bestimmter Weise genutzt, bewirtschaftet oder gepflegt werden müssen. Bei der Festsetzung sind die wirtschaftlichen Absichten des Eigentümers oder Nutzungsberechtigten angemessen zu berücksichtigen.

(2) Als Brachflächen gelten Grundstücke, deren landwirtschaftliche Bewirtschaftung aufgegeben ist oder die länger als drei Jahre nicht genutzt sind, es sei denn, dass eine Nutzung ins Werk gesetzt ist.

Kapitel 3 Allgemeiner Schutz von Natur und Landschaft

§ 30 Eingriffe in Natur und Landschaft
(zu § 14 des Bundesnaturschutzgesetzes)

(1) Als Eingriffe gelten insbesondere
1. die oberirdische Gewinnung von Bodenschätzen,
2. Aufschüttungen und Abgrabungen ab 2 Metern Höhe oder Tiefe auf einer Grundfläche von mehr als 400 Quadratmetern,
3. die Errichtung oder wesentliche Änderung von Flugplätzen, Abfalldeponien und anderen Abfallentsorgungsanlagen, Modellsportanlagen,
4. die Errichtung oder wesentliche Änderung von Schienenwegen, von Straßen, von versiegelten land- oder forstwirtschaftlichen Wirtschaftswegen und von baulichen Anlagen im Sinne des § 2 Absatz 1 der Landesbauordnung in der Fassung der Bekanntmachung vom 1. März 2000 (GV. NRW. S. 256), die zuletzt durch Artikel 2 des Gesetzes vom 20. Mai 2014 (GV. NRW. S. 294) geändert worden ist,

5. die Herstellung oder wesentliche Umgestaltung von Gewässern oder ihrer Ufer, sofern das Vorhaben nicht einer ökologischen Verbesserung zur Erreichung der Ziele nach § 27 des Wasserhaushaltsgesetzes vom 31. Juli 2009 (BGBl. I S. 2585), das zuletzt durch Artikel 320 der Verordnung vom 31. August 2015 (BGBl. I S. 1474) geändert worden ist, dient, sowie die Beseitigung von Gewässern,
6. die Zerstörung oder sonstige erhebliche oder nachhaltige Beeinträchtigung der nach dem Bundesnaturschutzgesetz oder nach diesem Gesetz oder auf Grund des Bundesnaturschutzgesetzes oder dieses Gesetzes geschützten Flächen und Objekte,
7. die Beseitigung von Hecken, Feld- und Ufergehölzen, Baumreihen und Baumgruppen, soweit sie prägende Bestandteile der Landschaft sind, des Weiteren die Beseitigung von Kleingewässern mit einer Fläche von mehr als 100 Quadratmetern,
8. die Umwandlung von Wald,
9. die Neuanlage von Weihnachtsbaum- und Schmuckreisigkulturen außerhalb des Waldes; dies gilt auch für die Neuanlage von Weihnachtsbaum- und Schmuckreisigkulturen, wenn sie baumschulmäßig genutzt oder als Baumschule bezeichnet werden und größer sind als 1 Hektar.

(2) Neben den in § 14 Absatz 2 und 3 des Bundesnaturschutzgesetzes geregelten Fällen gelten in der Regel nicht als Eingriffe

1. das Verlegen von Leitungen im baulichen Außenbereich im Baukörper von Straßen und befestigten Wegen, soweit dabei angrenzende Bäume nicht erheblich beschädigt werden,
2. Unterhaltungsmaßnahmen auf Grund rechtlicher Verpflichtungen; bei der Gewässerunterhaltung gilt dies nur, sofern sie der ökologischen Verbesserung zur Erreichung der Ziele nach § 27 des Wasserhaushaltsgesetzes dient,
3. die Beseitigung von durch Sukzession oder Pflege entstandenen Biotopen oder Veränderungen des Landschaftsbilds auf Flächen, die in der Vergangenheit rechtmäßig baulich oder für verkehrliche Zwecke genutzt waren, bei Aufnahme einer neuen oder Wiederaufnahme der ehemaligen Nutzung (Natur auf Zeit),
4. Erdwälle für den Lärmschutz an Straßen- und Schienenwegen.

Kapitel 4 Schutz bestimmter Teile von Natur und Landschaft

Abschnitt 1 Biotopverbund, geschützte Teile von Natur und Landschaft, Baumschutzsatzung

§ 35 Biotopverbund
(zu § 20 Absatz 1 des Bundesnaturschutzgesetzes)

Im Land Nordrhein-Westfalen ist ein Netz räumlich oder funktional verbundener Biotope (Biotopverbund) darzustellen und festzusetzen, das 15 Prozent der Landesfläche umfasst.

§ 36 Nationalparke, Nationale Naturmonumente
(zu § 24 des Bundesnaturschutzgesetzes)

(1) Das für Naturschutz zuständige Ministerium kann geeignete Gebiete nach Anhörung des zuständigen Ausschusses des Landtags durch Rechtsverordnung zu Nationalparken erklären. Die Rechtsverordnung soll Vorschriften über die Verwaltung des Nationalparks und über die erforderlichen Lenkungsmaßnahmen einschließlich der Regelung des Wildbestands enthalten.

(2) Nationalparke sind nachrichtlich in die Landschaftspläne zu übernehmen.

(3) Die Verwaltung des Nationalparks ist zuständig für
1. die Überwachung der durch eine Rechtsverordnung nach Absatz 1 festgelegten Gebote und Verbote und
2. für die Erteilung von Befreiungen nach § 67 Absatz 1 des Bundesnaturschutzgesetzes von den Geboten und Verboten dieser Rechtsverordnung. § 78 Absatz 5 gilt entsprechend. § 75 Absatz 1 und 2 ist nicht anzuwenden.

(4) Die oberste Naturschutzbehörde kann durch Rechtsverordnung geeignete Gebiete zu Nationalen Naturmonumenten erklären.

(5) Nationale Naturmonumente sind nachrichtlich in die Landschaftspläne zu übernehmen.

§ 37 Biosphärenregionen
(zu § 25 des Bundesnaturschutzgesetzes)

(1) Das für Naturschutz zuständige Ministerium kann durch Rechtsverordnung Gebiete im Sinne des § 25 des Bundesnaturschutzgesetzes, die geeignet sind, von der UNESCO als Biosphärenregionen anerkannt zu werden, zu Biosphärenregionen erklären.

(2) Die Rechtsverordnung soll durch Vorschriften sicherstellen, dass Biosphärenregionen unter Berücksichtigung der durch die Großräumigkeit und Besiedlung gebotenen Ausnahmen über Kernzonen, Pflegezonen und Entwicklungszonen entwickelt werden und wie Naturschutzgebiete oder in der Entwicklungszone wie Landschaftsschutzgebiete geschützt werden.

(3) In der Rechtsverordnung sind der Schutzgegenstand, der Schutzzweck differenziert nach Zonen und die zur Verwirklichung der Schutzzwecke erforderlichen Bestimmungen einschließlich der Schutz-, Pflege- und Entwicklungsmaßnahmen zu bestimmen.

(4) Biosphärenregionen sind nachrichtlich in die Landschaftspläne zu übernehmen.

§ 38 Naturparke
(zu § 27 des Bundesnaturschutzgesetzes)

Großräumige Gebiete, welche die in § 27 Absatz 1 des Bundesnaturschutzgesetzes genannten Voraussetzungen erfüllen, werden von der obersten Naturschutzbehörde im Einvernehmen mit der Landesplanungsbehörde als Naturpark anerkannt, sofern dies den im Landesentwicklungsplan oder in den Regionalplänen enthaltenen oder zu erwartenden Darstellungen entspricht und wenn für ihre Betreuung ein geeigneter Träger besteht. Der Naturparkträger stellt einen Naturparkplan auf.

§ 39 Gesetzlich geschützte Landschaftsbestandteile
(zu § 29 des Bundesnaturschutzgesetzes)

(1) Folgende Landschaftsbestandteile sind gesetzlich geschützt:
1. mit öffentlichen Mitteln geförderte Anpflanzungen für Zwecke des Naturschutzes und der Landschaftspflege außerhalb des Waldes und im Außenbereich im Sinne des Bauplanungsrechts,
2. Hecken ab 100 Metern Länge im Außenbereich im Sinne des Bauplanungsrechts und Wallhecken und

3. Anpflanzungen, die als Ausgleichs- und Ersatzmaßnahmen nach § 15 Absatz 2 des Bundesnaturschutzgesetzes festgesetzt wurden und im Kompensationsflächenverzeichnis nach § 34 Absatz 1 Satz 1 zu erfassen sind.

Dies gilt nicht für Begleitgrün von Verkehrsanlagen. § 41 bleibt unberührt. Einer besonderen Ausweisung bedarf es nicht.

(2) Maßnahmen, die zu einer erheblichen oder nachhaltigen Beeinträchtigung oder zu einer Zerstörung der in Absatz 1 Nummer 1 bis 3 genannten Landschaftsbestandteile führen können, sind verboten.

(3) Zulässig sind schonende Form- und Pflegeschnitte zur Beseitigung des Zuwachses der Anpflanzungen oder zur Gesunderhaltung von Bäumen sowie die bestimmungsgemäße Nutzung der Anpflanzungen.

§ 40 Wildnisentwicklungsgebiete
(zu § 23 des Bundesnaturschutzgesetzes)

(1) Zur dauerhaften Erhaltung und Entwicklung naturnaher alt- und totholzreicher Waldflächen können Wildnisentwicklungsgebiete ausgewiesen werden. Sofern sich diese Flächen nicht im Staatswald befinden, setzt die Ausweisung als Wildnisentwicklungsgebiete die ausdrückliche Zustimmung des Grundeigentümers oder der Grundeigentümerin voraus. Wildnisentwicklungsgebiete sollen insbesondere den an die Alters- und Zerfallsphase gebundenen Pflanzen- und Tierarten einen geeigneten Lebensraum bieten. In den Wildnisentwicklungsgebieten entwickeln sich die Wälder mit ihren Lebensgemeinschaften entsprechend den natürlich ablaufenden Prozessen. Nach Maßgabe des Absatzes 3 werden diese Gebiete im Ministerialblatt für das Land Nordrhein-Westfalen und in der Karte der Wildniswälder in Nordrhein-Westfalen erfasst und veröffentlicht. Mit der Veröffentlichung sind die Wildnisentwicklungsgebiete als Naturschutzgebiete im Sinne des § 23 des Bundesnaturschutzgesetzes gesetzlich geschützt, sofern sie nicht bereits als Naturschutzgebiet oder Nationalpark förmlich unter Schutz stehen.

(2) In veröffentlichten Wildnisentwicklungsgebieten ist die Nutzung von Holz untersagt. Alle Handlungen, die zu einer Zerstörung, Beschädigung, Veränderung oder sonstigen erheblichen Beeinträchtigung dieser Gebiete führen können, sind verboten. Maßnahmen, die aus Gründen der Verkehrssicherheit erforderlich sind, die Entnahme nicht lebensraumtypischer Gehölze sowie die Saatgutgewinnung in Einzelfällen bleiben unberührt. Für die bereits förmlich unter Schutz stehenden Gebiete im Sinn des Absatzes 1 Satz 5 gelten ergänzend die Gebote und Verbote ihrer Unterschutzstellung, soweit diese den Sätzen 1 bis 3 nicht widersprechen.

(3) Das Landesamt für Natur, Umwelt und Verbraucherschutz stellt im Einvernehmen mit dem Landesbetrieb Wald und Holz die Wildniseignung einer Waldfläche fest. Die Wildnisentwicklungsgebiete werden vom für Naturschutz zuständigen Ministerium im Ministerialblatt für das Land Nordrhein-Westfalen bekanntgegeben und zusätzlich in einer Karte unter http://wildnis.naturschutzinformationen.nrw.de auf der Internetseite des Landesamtes für Natur, Umwelt und Verbraucherschutz veröffentlicht und regelmäßig aktualisiert. Die veröffentlichten Wildnisentwicklungsgebiete sind nachrichtlich in den Landschaftsplan zu übernehmen.

§ 41 Alleen
(zu § 29 Absatz 3 des Bundesnaturschutzgesetzes)

(1) Alleen an öffentlichen oder privaten Verkehrsflächen und Wirtschaftswegen sind gesetzlich geschützt. Die Beseitigung von Alleen sowie alle Handlungen, die zu deren Zerstörung, Beschädigung oder nachteilige Veränderung führen können, sind verboten. Pflegemaßnahmen und die bestimmungsgemäße Nutzung werden hierdurch nicht berührt.

(2) Die Verbote des Absatzes 1 gelten nicht im Rahmen von Maßnahmen, die aus zwingenden Gründen der Verkehrssicherheit erforderlich sind und für die keine anderen Maßnahmen zur Gewährleistung der Verkehrssicherheit erfolgreich durchgeführt werden können. Sie sind der Naturschutzbehörde vorher anzuzeigen. Bei gegenwärtiger Gefahr kann die Maßnahme sofort durchgeführt werden. Sie ist der Naturschutzbehörde anschließend anzuzeigen. Kommt es aufgrund der durchgeführten Maßnahmen zu einer Bestandsminderung, sind in Abstimmung mit der Naturschutzbehörde Ersatzpflanzungen vorzunehmen.

(3) Um den Alleenbestand nachhaltig zu sichern und zu entwickeln, sollen von den für die öffentlichen Verkehrsflächen zuständigen Behörden rechtzeitig und in ausreichendem Umfang Neuanpflanzungen vorgenommen werden. Andere Behörden können im Rahmen ihrer Zuständigkeit, insbesondere bei der Festsetzung von Kompensationsmaßnahmen im Rahmen der Eingriffsregelung, entsprechende Sicherungs- und Entwicklungsmaßnahmen ergreifen.

(4) Das Landesamt für Natur, Umwelt und Verbraucherschutz führt ein landesweites Kataster der nach Absatz 1 gesetzlich geschützten Alleen. Die geschützten Alleen sind nachrichtlich in den Landschaftsplan sowie in die jeweilige ordnungsbehördliche Verordnung zu übernehmen. Der Schutz nach Absatz 1 besteht unabhängig von den Eintragungen im Alleenkataster oder nachrichtlichen Übernahmen der Biotope.

§ 42 Gesetzlich geschützte Biotope
(zu § 30 des Bundesnaturschutzgesetzes)

(1) Weitere gesetzlich geschützte Biotope im Sinne des § 30 Absatz 2 Satz 2 des Bundesnaturschutzgesetzes sind:
1. Kleinseggenrieder, Nass- und Feuchtgrünland,
2. Magerwiesen und -weiden,
3. Halbtrockenrasen,
4. natürliche Felsbildungen, Höhlen und Stollen,
5. Streuobstbestände nach Maßgabe des Absatzes 4.

(2) Das Landesamt für Natur, Umwelt und Verbraucherschutz erfasst die gesetzlich geschützten Biotope in der Biotopkartierung und grenzt sie in Karten eindeutig ab. Die Karten werden in digitaler Form für jede Person zur Einsicht bereitgestellt, zusätzlich werden sie im Internet veröffentlicht. Die Karten sind auch bei der unteren Naturschutzbehörde zur Einsicht jeder Person bereitzuhalten und den Gemeinden für deren Gebiet zur Verfügung zu stellen. Die untere Naturschutzbehörde teilt Eigentümerinnen und Eigentümern oder sonstigen Nutzungsberechtigten auf Anfrage mit, ob sich auf ihrem Grundstück ein gesetzlich geschützter Biotop befindet oder ob eine bestimmte Maßnahme verboten ist. Die Karten werden fortlaufend auf der Grundlage der Biotopkartierung aktualisiert. Der gesetzliche Biotopschutz vermittelt einen gesetzesunmittelbaren Schutz, der die Erfassung in der Biotopkartierung nicht voraussetzt. Die geschützten Biotope sind nachrichtlich in den Landschaftsplan sowie in die ordnungsbehördliche Verordnung zu übernehmen.

(3) Das für Naturschutz zuständige Ministerium wird ermächtigt, durch Rechtsverordnung nach Anhörung des zuständigen Ausschusses des Landtags Einzelheiten über das Verfahren zur Ermittlung und über die Veröffentlichung der gesetzlich geschützten Biotope festzulegen, in denen auch die landesspezifischen Besonderheiten gesetzlich geschützter Biotope beschrieben, Ausschlussmerkmale und – soweit erforderlich – Mindestgrößen für einzelne Biotoptypen festgelegt und die typischen Pflanzengesellschaften und -arten näher benannt werden.

(4) Extensiv genutzte Obstbaumwiesen oder -weiden aus hochstämmigen Obstbäumen mit einer Fläche ab 2.500 Quadratmetern (Streuobstbestände) sind gesetzlich geschützt. Ausgenommen sind Bäume, die weniger als 50 Meter vom nächstgelegenen Wohngebäude oder Hofgebäude entfernt sind. Der gesetzliche Schutz tritt in Kraft, sobald die Gesamtfläche dieser Streuobstbestände im Land Nordrhein-Westfalen um mindestens 5 Prozent abgenommen hat. Durch Rechtsverordnung gemäß Absatz 3 können Einzelheiten festgelegt werden insbesondere über

1. den für Satz 3 maßgeblichen Stichtag,
2. die Feststellung der Flächenabnahme nach Satz 3 durch Verwaltungsvorschrift des für Naturschutz zuständigen Ministeriums,
3. Ausnahmen und Befreiungen,
4. Ausgleichs- und Ersatzmaßnahmen sowie die Leistung von Ersatz in Geld.

§ 43 Schutzmaßnahmen

(1) Liegt ein Landschaftsplan nicht vor, so kann die höhere Naturschutzbehörde unter Beachtung der Ziele der Raumordnung außerhalb der im Zusammenhang bebauten Ortsteile und des Geltungsbereichs der Bebauungspläne durch ordnungsbehördliche Verordnung Naturschutzgebiete, Landschaftsschutzgebiete, Naturdenkmale oder geschützte Landschaftsbestandteile ausweisen. § 20 Absatz 2, §§ 23, 26, 28 und 29 des Bundesnaturschutzgesetzes gelten entsprechend. Bei der Ausweisung der Schutzgebiete und -objekte sind die Darstellungen der Flächennutzungspläne in dem Umfang zu beachten, wie sie den Zielen der Raumordnung entsprechen. Soweit ein Bebauungsplan Festsetzungen nach § 9 Absatz 1 Nummer 11, 14 bis 18, 20, 24 bis 26 des Baugesetzbuches trifft und diese im Zusammenhang mit dem baulichen Außenbereich stehen, kann sich die ordnungsbehördliche Verordnung unbeschadet der baurechtlichen Festsetzungen auch auf diese Flächen erstrecken. Dies gilt entsprechend für Satzungen gemäß § 34 Absatz 4 Satz 1 Nummer 2 und 3 des Baugesetzbuches. Die Ausweisungen treten außer Kraft, sobald ein Landschaftsplan in Kraft tritt. Ordnungsbehördliche Verordnungen nach Satz 1 stehen der Genehmigung eines Flächennutzungsplanes, der mit seinen Darstellungen den Geboten oder Verboten der Schutzausweisungen widerspricht, nicht entgegen, wenn die höhere Naturschutzbehörde in dem Verfahren zur Aufstellung, Änderung oder Ergänzung des Flächennutzungsplanes erklärt, die Verordnung für die Bereiche mit widersprechenden Darstellungen vor Inkrafttreten des entsprechenden Bebauungsplanes aufzuheben.

(2) Innerhalb der im Zusammenhang bebauten Ortsteile und des Geltungsbereichs von Bebauungsplänen kann die untere Naturschutzbehörde in entsprechender Anwendung des § 20 Absatz 2, §§ 23, 28 und 29 des Bundesnaturschutzgesetzes Naturschutzgebiete, Naturdenkmale und geschützte Landschaftsbestandteile durch ordnungsbehördliche Verordnung ausweisen, soweit dies nicht nach Absatz 1 möglich ist.

(3) Für Inhalt und Wirkung der Schutzausweisungen nach den Absätzen 1 und 2 gilt § 23 entsprechend.

(4) Die Verletzung von Verfahrens- und Formvorschriften dieses Gesetzes und des Teils II Abschnitt 2 des Ordnungsbehördengesetzes in der Fassung der Bekanntmachung vom 13. Mai 1980 (GV. NRW. S. 528), das zuletzt durch Artikel 8 des Gesetzes vom 2. Oktober 2014 (GV. NRW. S. 622) geändert worden ist, kann gegen ordnungsbehördliche Verordnungen über Naturschutzgebiete, Landschaftsschutzgebiete, Naturdenkmale oder geschützte Landschaftsbestandteile nach Ablauf eines Jahres nach ihrer Verkündung nicht mehr geltend gemacht werden, es sei denn,

1. die ordnungsbehördliche Verordnung ist nicht ordnungsgemäß verkündet worden oder
2. der Form- und Verfahrensmangel ist gegenüber der Naturschutzbehörde, welche die Verordnung erlassen hat, vorher gerügt und dabei die verletzte Rechtsvorschrift und die Tatsache bezeichnet worden, die den Mangel ergibt.

Bei der Verkündung der ordnungsbehördlichen Verordnung ist auf die Rechtsfolge nach Satz 1 hinzuweisen.

§ 44 Großflächige und naturschutzfachlich bedeutsame Gebiete

Bei landesweit naturschutzfachlich bedeutsamen zusammenhängenden Gebieten, die ganz oder teilweise von verschiedenen Landschaftsplänen erfasst werden, kann die oberste Naturschutzbehörde das gesamte Gebiet durch Rechtsverordnung als Naturschutzgebiet ausweisen.

§ 48 Einstweilige Sicherstellung, Veränderungsverbot
(zu § 22 Absatz 3 des Bundesnaturschutzgesetzes)

(1) Für die Anordnung einstweiliger Sicherstellungen nach § 22 Absatz 3 des Bundesnaturschutzgesetzes ist die höhere Naturschutzbehörde oder mit deren Ermächtigung die untere Naturschutzbehörde zuständig. Die einstweilige Sicherstellung ergeht als Verfügung, Allgemeinverfügung oder als ordnungsbehördliche Verordnung. Für die ordnungsbehördliche Verordnung gilt § 47 entsprechend.

(2) Zur Sicherung eines Naturschutzgebietes, Naturdenkmals oder eines geschützten Landschaftsbestandteils kann eine Anordnung nach Absatz 1 auch im Geltungsbereich eines rechtsverbindlichen Landschaftsplans durch die untere Naturschutzbehörde erlassen werden.

(3) Bei geplanten Naturschutzgebieten, Naturdenkmalen und geschützten Landschaftsbestandteilen sind von der Bekanntmachung der öffentlichen

Auslegung nach § 46 an bis zum Inkrafttreten der Schutzverordnungen, längstens drei Jahre lang, alle Änderungen verboten, soweit nicht in ordnungsbehördlichen Verordnungen oder Verfügungen nach den Absätzen 1 und 2 abweichende Regelungen getroffen werden. Wenn besondere Umstände es erfordern, kann die zuständige Naturschutzbehörde durch öffentliche Bekanntmachung die Frist bis zu einem weiteren Jahr verlängern. Die im Zeitpunkt der Bekanntmachung ausgeübte rechtmäßige Bewirtschaftungsform bleibt unberührt. In der öffentlichen Bekanntmachung nach § 46 ist auf die Wirkung dieses Absatzes hinzuweisen. Die Sätze 1 bis 4 gelten entsprechend für geplante Naturschutzgebiete, Naturdenkmale und geschützte Landschaftsbestandteile in einem Landschaftsplan vom Zeitpunkt der Beteiligung der Bürgerinnen und Bürger gemäß § 16.

Abschnitt 2 **Netz Natura 2000**

§ 51 Ermittlung und Vorschlag der Gebiete
(zu § 32 Absatz 1 des Bundesnaturschutzgesetzes)

(1) Die Gebiete, die der Europäischen Kommission von der Bundesrepublik Deutschland nach Artikel 4 Absatz 1 der Richtlinie 92/43/EWG des Rates vom 21. Mai 1992 zur Erhaltung der natürlichen Lebensräume sowie der wildlebenden Tiere und Pflanzen (ABl. L 206 vom 22.7.1992, S. 7), die zuletzt durch die Richtlinie 2013/17/EU (ABl. L 158 vom 10.6.2013, S. 193) geändert worden ist, zu benennen sind, werden nach den in dieser Vorschrift genannten naturschutzfachlichen Maßgaben durch das Landesamt für Natur, Umwelt und Verbraucherschutz ermittelt.

(2) Die höheren Naturschutzbehörden führen über die ermittelten Gebiete eine Anhörung der Betroffenen durch, fassen das Ergebnis der Anhörung zusammen und leiten es zusammen mit einer Stellungnahme sowie einer Schätzung der Kosten, die zur Erfüllung der Verpflichtungen nach Artikel 6 Absatz 1 der Richtlinie 92/43/EWG erforderlich sind, der obersten Naturschutzbehörde zu. Die oberste Naturschutzbehörde bewertet nach Maßgabe von Artikel 4 Absatz 1 der Richtlinie 92/43/EWG die von den höheren Naturschutzbehörden vorgelegten Gebietsvorschläge sowie die Kostenschätzung und führt vor Weiterleitung der Gebietsvorschläge an das zuständige Ministerium des Bundes einen Beschluss der Landesregierung herbei.

(3) Für die Ermittlung und den Vorschlag der besonderen Schutzgebiete nach Artikel 4 Absatz 1 und 2 der Richtlinie 2009/147/EG des Europäischen Parlaments und des Rates vom 30. November 2009 über die Erhal-

tung der wildlebenden Vogelarten (ABl. L 20 vom 26.1.2010, S. 7), die zuletzt durch die Richtlinie 2013/17/EU (ABl. L 158 vom 10.6.2013, S. 193) geändert worden ist, gilt das Verfahren nach den Absätzen 1 und 2 entsprechend.

§ 52 Sicherung europäischer Vogelschutzgebiete
(zu § 32 Absatz 4 des Bundesnaturschutzgesetzes)

(1) Die in der Bekanntmachung der Europäischen Vogelschutzgebiete in Nordrhein-Westfalen vom 13. April 2016 (MBl. NRW. S. 244) bekannt gemachten Europäischen Vogelschutzgebiete sind nach Maßgabe des Absatzes 2 gesetzlich geschützt. Die Bekanntmachung bestimmt die Abgrenzungen der Vogelschutzgebiete sowie deren Schutzzwecke entsprechend den jeweiligen Erhaltungszielen. Sie sind nachrichtlich in den Landschaftsplan oder in die jeweilige ordnungsbehördliche Verordnung zu übernehmen. Die Gebietskarten im Maßstab 1:5 000 können bei den unteren Naturschutzbehörden eingesehen werden.

(2) Alle Veränderungen und Störungen, die zu einer erheblichen Beeinträchtigung eines Europäischen Vogelschutzgebiets nach Absatz 1 in den für die Erhaltungsziele oder den Schutzzweck maßgeblichen Bestandteilen führen können, sind verboten. Insbesondere ist in den Europäischen Vogelschutzgebieten in Bezug auf Vogelarten, die in dem Schutzzweck oder den Erhaltungszielen für das jeweilige Gebiet genannt sind, verboten,
1. bauliche Anlagen zu errichten, von denen ein signifikant erhöhtes Tötungsrisiko ausgeht,
2. erhebliche Störungen zu verursachen, durch die sich der Erhaltungszustand der lokalen Population verschlechtert,
3. Fortpflanzungs- oder Ruhestätten sowie essenzielle Nahrungshabitate und Flugkorridore zu beeinträchtigen, so dass ihre ökologische Funktion gefährdet ist,
4. Horst- und Höhlenbäume zu fällen und
5. während der Brutzeit vom 1. März bis 31. Juli Hunde unangeleint zu lassen, ausgenommen sind Gebrauchshunde in Verwendung.

Die §§ 32 bis 36 des Bundesnaturschutzgesetzes bleiben unberührt.

(3) Auf Anforderung der zuständigen unteren Naturschutzbehörde kann die oberste Naturschutzbehörde das Landesamt für Natur, Umwelt und Verbraucherschutz mit der Erarbeitung von Pflege- und Entwicklungsplänen für Europäische Vogelschutzgebiete beauftragen.

(4) Das für Naturschutz zuständige Ministerium wird ermächtigt, Anpassungen der jeweiligen Gebietsabgrenzung oder des Schutzzwecks sowie

der Erhaltungsziele des jeweiligen Gebietes durch Rechtsverordnung vorzunehmen.

§ 53 Verträglichkeit und Unzulässigkeit von Projekten, Ausnahmen
(zu § 34 des Bundesnaturschutzgesetzes)

(1) Sind im Zusammenhang mit der Durchführung des Projektes Maßnahmen des Naturschutzes und der Landschaftspflege vorgesehen, die gewährleisten, dass die in § 34 Absatz 1 Satz 1 des Bundesnaturschutzgesetzes aufgeführten erheblichen Auswirkungen auf ein Natura 2000-Gebiet ausbleiben, ist das Projekt zulässig.

(2) Über die Verträglichkeit von Projekten, die nicht unter § 34 Absatz 6 Satz 1 des Bundesnaturschutzgesetzes fallen, mit den Erhaltungszielen eines Natura 2000-Gebietes, über die Zulässigkeit solcher Projekte nach § 34 Absatz 3 und 4 des Bundesnaturschutzgesetzes und über Maßnahmen nach § 34 Absatz 5 Satz 1 des Bundesnaturschutzgesetzes entscheidet die Behörde, die das Projekt zulässt, der das Projekt anzuzeigen ist oder die das Projekt selbst durchführt, im Benehmen mit der Naturschutzbehörde ihrer Verwaltungsebene. Die Durchführung der zur Sicherung des Zusammenhangs des Netzes „Natura 2000" notwendigen Maßnahmen sind dem Träger des Projektes aufzuerlegen. Die nach Satz 1 zuständige Behörde holt die Stellungnahme der Kommission nach § 34 Absatz 4 Satz 2 des Bundesnaturschutzgesetzes über die oberste Naturschutzbehörde ein. Die Unterrichtung nach § 34 Absatz 5 Satz 2 des Bundesnaturschutzgesetzes erfolgt durch die nach Satz 1 zuständige Behörde über die oberste Naturschutzbehörde.

Kapitel 5 Schutz der wild lebenden Tier- und Pflanzenarten, ihrer Lebensstätten und Biotope

§ 56 Tiergehege
(zu § 43 des Bundesnaturschutzgesetzes)

(1) Abweichend von § 43 Absatz 3 Satz 1 des Bundesnaturschutzgesetzes bedürfen die Errichtung, Erweiterung, wesentliche Änderung und der Betrieb eines Tiergeheges der Genehmigung der unteren Naturschutzbehörde.

(2) Einer Genehmigung nach Absatz 1 bedarf es nicht für

1. Anlagen, die von einer juristischen Person des öffentlichen Rechts betrieben werden,
2. Auswilderungsvolieren für dem Jagdrecht unterliegende Arten, wenn die Volieren nicht länger als einen Monat aufgestellt werden,
3. Anlagen, die eine Grundfläche von 50 Quadratmetern nicht wesentlich überschreiten,
4. Anlagen für höchstens zwei Greifvögel, wenn die Vögel ausschließlich zum Zweck der Beizjagd gehalten werden und der Halter einen Falknerjagdschein besitzt,
5. Anlagen, in denen ausschließlich zum Schalenwild im Sinne des § 2 Absatz 3 des Bundesjagdgesetzes in der Fassung der Bekanntmachung vom 29. September 1976 (BGBl. I S. 2849), das zuletzt durch Artikel 422 der Verordnung vom 31. August 2015 (BGBl. I S. 1474) geändert worden ist, gehörende Tierarten gehalten werden und
6. Netzgehege, in denen Zucht- oder Speisefische gehalten werden.

Kapitel 6 **Erholung in Natur und Landschaft**

§ 57 Betretungsbefugnis
(zu § 59 des Bundesnaturschutzgesetzes)

(1) In der freien Landschaft ist das Betreten der privaten Wege und Pfade, der Wirtschaftswege sowie der Feldraine, Böschungen, Öd- und Brachflächen und anderer landwirtschaftlich nicht genutzter Flächen zum Zwecke der Erholung auf eigene Gefahr gestattet, soweit sich nicht aus den Bestimmungen dieses Kapitels oder aus anderen Rechtsvorschriften Abweichungen ergeben. Für das Betreten des Waldes gelten die Vorschriften des Forstrechts.

(2) Absatz 1 gilt sinngemäß für das Radfahren und das Fahren mit Krankenfahrstühlen in der freien Landschaft. Das Radfahren ist jedoch nur auf privaten Straßen und Wegen gestattet.

§ 58 Reiten in der freien Landschaft und im Wald
(zu § 59 Absatz 2 Satz 2 des Bundesnaturschutzgesetzes)

(1) Das Reiten in der freien Landschaft ist über den Gemeingebrauch an öffentlichen Verkehrsflächen hinaus zum Zweck der Erholung auf privaten

Straßen und Wegen auf eigene Gefahr gestattet. Dies gilt sinngemäß für das Kutschfahren auf privaten Wegen und Straßen, die nach der Straßenverkehrsordnung nur für den landwirtschaftlichen Verkehr freigegeben sind.

(2) Das Reiten im Wald ist über den Gemeingebrauch an öffentlichen Verkehrsflächen hinaus zum Zweck der Erholung auf privaten Straßen und Fahrwegen sowie auf den nach den Vorschriften der Straßenverkehrsordnung gekennzeichneten Reitwegen auf eigene Gefahr gestattet. Fahrwege sind befestigte oder naturfeste Waldwirtschaftswege.

(3) In Gebieten mit regelmäßig geringem Reitaufkommen können die Kreise und kreisfreien Städte durch Allgemeinverfügung im Einvernehmen mit der Forstbehörde und nach Anhörung der betroffenen Gemeinden und Waldbesitzer- und Reiterverbände das Reiten im Wald über die Befugnis nach Absatz 2 hinaus auf allen privaten Wegen im Wald zum Zweck der Erholung zulassen. Die Zulassung ist im amtlichen Verkündungsorgan des Kreises oder der kreisfreien Stadt bekannt zu geben.

(4) In Waldflächen, die in besonderem Maße für Erholungszwecke genutzt werden, können die Kreise und kreisfreien Städte durch Allgemeinverfügung im Einvernehmen mit der Forstbehörde und nach Anhörung der betroffenen Gemeinden und Waldbesitzer- und Reiterverbände das Reiten im Wald auf die nach den Vorschriften der Straßenverkehrsordnung gekennzeichneten Reitwege beschränken. Die Beschränkung ist im amtlichen Verkündungsorgan des Kreises oder der kreisfreien Stadt bekannt zu geben.

(5) Für einzelne, örtlich abgrenzbare Bereiche in der freien Landschaft und im Wald, in denen das Reiten nach Maßgabe der Absätze 2 und 3 gestattet ist, aber die Gefahr erheblicher Beeinträchtigungen anderer Erholungssuchender oder erheblicher Schäden besteht, können die Kreise und kreisfreien Städte für bestimmte Wege Reitverbote festlegen. Diese Wege sind nach den Vorschriften der Straßenverkehrsordnung zu kennzeichnen.

(6) Die Vorschriften des Straßenrechts und des Straßenverkehrsrechts bleiben unberührt.

(7) Die Eigennutzung durch Grundstückseigentümer und sonstige Berechtigte bleibt unberührt, soweit hierdurch das Betretungsrecht nicht unzumutbar beeinträchtigt wird.

(8) Die Naturschutzbehörden sollen im Zusammenwirken mit den Forstbehörden, den Gemeinden, den Waldbesitzern und den Reiterverbänden für ein ausreichendes und geeignetes Reitwegenetz sorgen. Grundstücksei-

gentümer und sonstige Berechtigte haben die Kennzeichnung von Reitwegen und Reitverboten zu dulden.

(9) Das Führen von Pferden in der freien Landschaft und im Wald richtet sich nach den Vorschriften dieses Gesetzes über das Reiten. Das Führen von Pferden im Wald ist darüber hinaus auf allen Wegen gestattet. Dies gilt auch für die Wege in Waldflächen nach Absatz 4.

§ 59 Grenzen der Betretungs- und Reitbefugnisse, Schäden aus Erholungsverkehr

(1) Die Betretungs- und Reitbefugnisse gelten nicht für Gärten, Hofräume und sonstige zum privaten Wohnbereich gehörende oder einem gewerblichen oder öffentlichen Betrieb dienende Flächen.

(2) Die Betretungs- und Reitbefugnisse dürfen nur so ausgeübt werden, dass die Belange der anderen Erholungssuchenden und die Rechte der Eigentümer oder Besitzer nicht unzumutbar beeinträchtigt werden. Radfahrer und Reiter haben auf Fußgänger besondere Rücksicht zu nehmen.

(3) In Naturschutzgebieten, Landschaftsschutzgebieten, Nationalparken, Nationalen Naturmonumenten, geschützten Biotopen oder innerhalb von geschützten Landschaftsbestandteilen ist das Radfahren und Reiten außerhalb von Straßen und Wegen verboten. Die untere Naturschutzbehörde kann allgemein oder im Einzelfall Ausnahmen zulassen, soweit hierdurch der Zweck der Schutzausweisung nicht beeinträchtigt wird oder Verbote nach anderen Rechtsvorschriften nicht entgegenstehen.

(4) Weist ein Grundstückseigentümer oder sonstiger Berechtigter nach, dass ihm durch den Erholungsverkehr im Rahmen des § 59 des Bundesnaturschutzgesetzes und der §§ 57 und 58 ein nicht nur unerheblicher Schaden entstanden ist, so ist ihm dieser auf Antrag durch die untere Naturschutzbehörde zu ersetzen. Steht dem Grundstückseigentümer oder sonstigen Berechtigten ein Anspruch auf Schadensersatz gegen einen Dritten zu, so geht der Anspruch auf den Kreis oder die kreisfreie Stadt über, soweit der Kreis oder die kreisfreie Stadt den Schaden beseitigt.

(5) Die Vorschriften des Forstrechts bleiben unberührt.

§ 60 Zulässigkeit von Sperren
(zu § 59 Absatz 2 des Bundesnaturschutzgesetzes)

(1) Die Ausübung der Befugnisse nach § 59 Absatz 1 des Bundesnaturschutzgesetzes und §§ 57 und 58 kann durch den Grundstückseigentümer

oder sonstigen Berechtigten untersagt oder tatsächlich ausgeschlossen werden. Der Grundstückseigentümer oder sonstige Berechtigte bedarf hierzu der vorherigen Genehmigung durch die untere Naturschutzbehörde.

(2) Die Genehmigung ist zu erteilen, wenn andernfalls die zulässige Nutzung der Flächen unzumutbar behindert oder eingeschränkt würde oder erhebliche Schäden entstehen würden. Im Übrigen darf die Genehmigung nur erteilt werden, wenn hierfür ein wichtiger Grund vorliegt und die Sperrung unter Berücksichtigung des Interesses der Allgemeinheit vertretbar ist. Die Genehmigung ist in der Regel widerruflich oder befristet zu erteilen.

(3) Gesperrte Flächen sind durch Schilder kenntlich zu machen. Das für Naturschutz zuständige Ministerium wird ermächtigt, durch Rechtsverordnung Muster im Gesetz- und Verordnungsblatt für das Land Nordrhein-Westfalen bekannt zu machen.

(4) Die Vorschriften des Forstrechts bleiben unberührt.

§ 61 Betretungsbefugnisse in geschlossenen Ortschaften

Die Gemeinden können durch Satzung das Betreten von privaten Wegen sowie Grünflächen und anderen nicht bebauten Grundstücken in den im Zusammenhang bebauten Ortsteilen regeln.

§ 62 Kennzeichnung von Reitpferden, Reitabgabe

(1) Wer in der freien Landschaft oder im Wald reitet, muss ein gut sichtbares, am Pferd beidseitig angebrachtes gültiges Kennzeichen führen.

(2) Kennzeichen nach Absatz 1 dürfen nur gegen Entrichtung einer Abgabe ausgegeben werden. Die Abgabe ist für die Anlage und Unterhaltung von Reitwegen sowie für Ersatzleistungen nach § 59 Absatz 4 zweckgebunden; sie fließt den höheren Naturschutzbehörden zu.

(3) Das für Naturschutz zuständige Ministerium wird ermächtigt, durch Rechtsverordnung Einzelheiten über die Kennzeichnung nach Absatz 1 zu regeln sowie die Höhe der Abgabe nach Absatz 2 festzusetzen. Die Höhe der Abgabe ist nach dem voraussichtlichen Aufwand für die Anlage und Unterhaltung der Reitwege sowie nach den voraussichtlichen Ersatzleistungen zu bemessen. Für Reiterhöfe können abweichende Regelungen getroffen werden.

Kapitel 7 Naturschutzvereinigungen, Naturschutzbeiräte, Naturschutzwacht, Biologische Stationen, Landesförderung

§ 66 Mitwirkung von Naturschutzvereinigungen
(zu § 63 Absatz 2 des Bundesnaturschutzgesetzes)

(1) Einer gemäß § 3 des Umwelt-Rechtsbehelfsgesetzes in der Fassung der Bekanntmachung vom 8. April 2013 (BGBl. I S. 753), das zuletzt durch Artikel 1 des Gesetzes vom 20. November 2015 (BGBl. I S. 2069) geändert worden ist, vom Land anerkannten Naturschutzvereinigung, die nach ihrer Satzung landesweit tätig ist (anerkannte Naturschutzvereinigung), ist über die in § 63 Absatz 2 des Bundesnaturschutzgesetzes genannten Fälle hinaus in den folgenden Fällen Gelegenheit zur Stellungnahme und zur Einsicht in die einschlägigen Sachverständigengutachten zu geben:

1. vor der Zulassung von Projekten oder Plänen nach § 34 Absatz 3 oder 4 sowie § 36 des Bundesnaturschutzgesetzes, bei denen die Prüfung der Verträglichkeit ergeben hat, dass sie zu erheblichen Beeinträchtigungen eines Natura 2000-Gebietes führen,
2. vor der Erteilung von Befreiungen und Ausnahmen von Geboten und Verboten zum Schutz von gesetzlich geschützten Biotopen,
3. vor der Erteilung von Befreiungen und wesentlichen Ausnahmen von den Geboten und Verboten zum Schutz von
   a) geschützten Landschaftsbestandteilen,
   b) Naturdenkmälern und
   c) gesetzlich geschützten Alleen im Sinne dieses Gesetzes,
4. vor der Erteilung von Genehmigungen und Erlaubnissen für Abgrabungen nach § 3 des Abgrabungsgesetzes in der Fassung der Bekanntmachung vom 23. November 1979 (GV. NRW. S. 922), zuletzt geändert durch Artikel 5 des Gesetzes vom 19. Juni 2007 (GV. NRW. S. 226), nach § 55 des Bundesberggesetzes vom 13. August 1980 (BGBl. I S. 1310), das zuletzt durch Artikel 303 der Verordnung vom 31. August 2015 (BGBl I S. 1474) geändert worden ist und nach § 6 des Bundes-Immissionsschutzgesetzes in der Fassung der Bekanntmachung vom 17. Mai 2013 (BGBl. I S. 1274), das zuletzt durch Artikel 76 der Verordnung vom 31. August 2015 (BGBl. I S. 1474) geändert worden ist, soweit im Genehmigungsverfahren eine Umweltverträglichkeitsprüfung durchgeführt werden muss,
5. vor der Erteilung von Genehmigungen von Abwasserbehandlungsanlagen nach § 60 Absatz 3 des Wasserhaushaltsgesetzes, Anlagen in und an Gewässern nach § 99 Absatz 1 des Landeswassergesetzes in

der Fassung der Bekanntmachung vom 25. Juni 1995 (GV. NRW. S. 926), das zuletzt durch Artikel 1 des Gesetzes vom 5. März 2013 (GV. NRW. S. 133) geändert worden ist, sofern das Vorhaben mit Eingriffen in Natur und Landschaft verbunden ist,

6. vor der Erteilung von Plangenehmigungen nach § 68 Absatz 2 des Wasserhaushaltsgesetzes,
7. vor der Erteilung von Erlaubnissen, Bewilligungen und gehobenen Erlaubnissen nach §§ 11 und 15 des Wasserhaushaltsgesetzes,
   a) für das Entnehmen, Zutagefördern und Ableiten von Grundwasser sowie für dessen Einleitung in Gewässer, sofern eine Menge von 600 000 Kubikmetern pro Jahr überschritten wird
   b) für das Entnehmen und Ableiten von Wasser aus oberirdischen Gewässern sowie für dessen Einleitung in Gewässer, sofern die Entnahme oder die Einleitung 5 Prozent des Durchflusses des Gewässers überschreitet,
   c) für das Einleiten und Einbringen von Abwasser aus Abwasserbehandlungsanlagen nach § 60 Absatz 3 des Wasserhaushaltsgesetzes in ein oberirdisches Gewässer,
8. bei Erstaufforstungen und bei Waldumwandlungen nach dem Landesforstgesetz in Fällen von mehr als 3 Hektar,
9. vor der Entscheidung über die Aufhebungserklärung der höheren Naturschutzbehörde nach § 43 Absatz 1 Satz 7,
10. vor der Erteilung von wesentlichen Ausnahmen von Geboten und Verboten zum Schutz von Gebieten im Sinne des § 32 Absatz 2 des Bundesnaturschutzgesetzes, Natura 2000-Gebieten, Naturschutzgebieten, Nationalparken und Nationalen Naturmonumenten, auch wenn diese durch eine andere Entscheidung eingeschlossen oder ersetzt werden.

(2) Sind keine oder nur geringfügige Auswirkungen auf Natur und Landschaft zu erwarten, kann von einer Mitwirkung abgesehen werden.

§ 67 Art und Weise der Mitwirkung, Voraussetzung der Anerkennung von Naturschutzvereinigungen
(zu § 63 Absatz 3 des Bundesnaturschutzgesetzes)

(1) Anerkannte Naturschutzvereinigungen sind so frühzeitig wie möglich zu beteiligen, spätestens jedoch zum Zeitpunkt der Übersendung der Unterlagen an die Naturschutzbehörden. Anerkannten Naturschutzvereinigungen werden die Unterlagen übersandt. Sie können Dritte zur Entgegennahme der Unterlagen beauftragen. Die Pflicht zur frühzeitigen Übersendung der

Unterlagen wird nicht durch eine in anderen Rechtsvorschriften des Bundes oder der Länder vorgeschriebene weniger weitgehende Form der Mitwirkung ersetzt.

(2) Jede anerkannte Naturschutzvereinigung erhält eine eigene Ausfertigung der Unterlagen. Die übersandten Unterlagen sollen dauerhaft bei den Naturschutzvereinigungen verbleiben, zumindest aber bis zum Abschluss eines Rechtsbehelfsverfahrens unter Beteiligung der Naturschutzvereinigung oder bis zum endgültigen Verstreichen der Rechtsbehelfsfrist nach Bekanntgabe der Entscheidung. Die Naturschutzvereinigungen erhalten dieselben Unterlagen, die auch den Naturschutzbehörden zur Stellungnahme übersandt werden, soweit diese nicht Geschäfts- oder Betriebsgeheimnisse enthalten. Werden Naturschutzbehörden nachträglich ergänzte oder geänderte Unterlagen übersandt, erhalten auch die anerkannten Naturschutzvereinigungen diese geänderten oder ergänzten Unterlagen.

(3) Werden übermittelte Informationen als Betriebs- oder Geschäftsgeheimnisse gekennzeichnet, hat die zuständige Behörde in der Regel vom Vorliegen eines Betriebs- und Geschäftsgeheimnisses auszugehen. Auf Verlangen der zuständigen Behörde haben mögliche Betroffene im Einzelnen darzulegen, dass ein Betriebs- oder Geschäftsgeheimnis vorliegt. Die Unterlagen sind in gedruckter oder digitaler Fassung zu übersenden.

(4) Die Naturschutzvereinigung kann innerhalb einer Frist von einem Monat nach Übersendung der Unterlagen eine Stellungnahme abgeben. Die Frist zur Stellungnahme kann auf Antrag verlängert werden, wenn die Behörde dies für sachdienlich hält. Eine Fristverlängerung ist insbesondere sachdienlich, wenn die Unterlagen besonders umfangreich sind oder wenn sich ein Fall durch besondere Komplexität auszeichnet. Die Sätze 1 bis 3 gelten vorbehaltlich anderer Rechtsvorschriften des Bundes oder des Landes.

(5) Endet das Verfahren durch einen Verwaltungsakt oder den Abschluss eines öffentlich-rechtlichen Vertrages, so ist den anerkannten Naturschutzvereinigungen, die im Verfahren eine Stellungnahme abgegeben haben oder einem von diesen beauftragten Dritten die Entscheidung vorbehaltlich anderer Rechtsvorschriften des Bundes oder des Landes durch Übersendung bekanntzugeben.

(6) Eine Vereinigung fördert im Schwerpunkt die Ziele des Naturschutzes und der Landschaftspflege im Sinne des § 63 Absatz 1 Nummer 1 des Bundesnaturschutzgesetzes in Verbindung mit § 3 Absatz 1 Satz 3 des Umwelt-Rechtsbehelfsgesetzes, wenn diese naturschützerische Zielsetzung das eindeutig prägende Ziel der Vereinigung ist, welche durch praktische Tätigkeit belegt ist.

§ 68 Rechtsbehelfe von anerkannten Naturschutzvereinigungen
(zu § 64 Absatz 3 des Bundesnaturschutzgesetzes)

Über § 64 des Bundesnaturschutzgesetzes hinaus kann eine anerkannte Naturschutzvereinigung unter den in § 64 Absatz 1 Nummer 1 und 2 und Absatz 2 des Bundesnaturschutzgesetzes genannten Voraussetzungen Rechtsbehelfe einlegen gegen Entscheidungen nach § 66 Absatz 1 Nummer 1 bis 8 und 10, soweit Verfahren zur Ausführung von landesrechtlichen Vorschriften betroffen sind. Voraussetzung ist, dass die Naturschutzvereinigung zur Mitwirkung nach § 66 berechtigt war und sich hierbei in der Sache geäußert hat oder ihr keine Gelegenheit zur Äußerung gegeben worden ist.

§ 69 Naturschutzwacht

(1) Die untere Naturschutzbehörde soll auf Vorschlag des Naturschutzbeirats Beauftragte für den Außendienst bestellen (Naturschutzbeauftragte). Diese bilden die Naturschutzwacht. Die Naturschutzwacht soll die zuständigen Behörden über nachteilige Veränderungen in der Landschaft benachrichtigen und darauf hinwirken, dass Schäden von Natur und Landschaft abgewendet werden. Die Tätigkeit in der Naturschutzwacht ist eine ehrenamtliche Tätigkeit für den Kreis oder die kreisfreie Stadt.

(2) Die untere Naturschutzbehörde regelt durch eine Dienstanweisung die Obliegenheiten der Naturschutzwacht. Die oberste Naturschutzbehörde legt den Rahmen der Dienstanweisung fest. Sie kann hierbei ein Dienstabzeichen vorschreiben.

§ 70 Naturschutzbeiräte

(1) Zur unabhängigen Vertretung der Belange von Natur und Landschaft werden bei den unteren Naturschutzbehörden Beiräte gebildet. Die Beiräte sollen bei Schutz, Pflege und Entwicklung der Landschaft mitwirken und dazu

1. den zuständigen Behörden und Stellen Vorschläge und Anregungen unterbreiten,
2. der Öffentlichkeit die Absichten und Ziele von Naturschutz und Landschaftspflege vermitteln und
3. bei Fehlentwicklungen in der Landschaft entgegenwirken.

(2) Die Beiräte sind vor allen wichtigen Entscheidungen und Maßnahmen der unteren Naturschutzbehörde zu hören. Die Beiräte sind rechtzeitig zu unterrichten. Die Beteiligung des Beirats bei der unteren Naturschutzbehörde richtet sich im Übrigen nach § 31 Absatz 4 Satz 5 und § 75 Absatz 1 Satz 2.

(3) Die Sitzungen der Beiräte sind öffentlich; § 48 Absatz 2 Satz 2 bis 5 der Gemeindeordnung für das Land Nordrhein-Westfalen in der Fassung der Bekanntmachung vom 14. Juli 1994 (GV. NRW. S. 666), die zuletzt durch Artikel 2 des Gesetzes vom 25. Juni 2015 (GV. NRW. S. 496) geändert worden ist, sowie § 33 Absatz 2 Satz 2 bis 5 der Kreisordnung für das Land Nordrhein-Westfalen in der Fassung der Bekanntmachung vom 14. Juli 1994 (GV. NRW. S. 646), die zuletzt durch Artikel 2 des Gesetzes vom 19. Dezember 2013 (GV. NRW. S. 878) geändert worden ist, finden entsprechende Anwendung. Für die Beschlussfähigkeit der Beiräte gelten § 49 der Gemeindeordnung für das Land Nordrhein-Westfalen sowie § 34 der Kreisordnung für das Land Nordrhein-Westfalen entsprechend.

(4) Der Beirat besteht aus 16 Mitgliedern; er setzt sich zusammen aus

1. drei Vertreterinnen oder Vertretern der Landesgemeinschaft Naturschutz und Umwelt Nordrhein-Westfalen e. V. (LNU),
2. je zwei Vertreterinnen oder Vertretern des Naturschutzbundes Deutschland e. V. (NABU) und des Bundes für Umwelt und Naturschutz Deutschland e. V. (BUND),
3. einer Vertreterin oder einem Vertreter der Schutzgemeinschaft Deutscher Wald Landesverband NRW e. V. (SDW),
4. zwei Vertreterinnen oder Vertretern des regional zuständigen Landwirtschaftsverbandes,
5. einer Vertreterin oder einem Vertreter des Waldbauernverbandes NRW e.V.,
6. einer gemeinsamen Vertreterin oder einem gemeinsamen Vertreter des Landesverbandes Gartenbau Rheinland e.V., des Landesverbandes Gartenbau Westfalen-Lippe e.V. und des Provinzialverbandes Rheinischer Obst- und Gemüsebauer e.V.,
7. einer gemeinsamen Vertreterin oder einem gemeinsamen Vertreter der nach § 52 des Landesjagdgesetzes Nordrhein-Westfalen in der Fassung der Bekanntmachung vom 7. Dezember 1994 (GV. NRW. S. 2), das zuletzt durch Artikel 1 des Gesetzes vom 12. Mai 2015 (GV. NRW. S. 448; ber. S. 629) geändert worden ist, anerkannten Vereinigungen der Jäger,
8. einer Vertreterin oder einem Vertreter des Fischereiverbandes Nordrhein-Westfalen e.V.,

9. einer Vertreterin oder einem Vertreter des Landessportbundes Nordrhein-Westfalen e.V. und
10. einer gemeinsamen Vertreterin oder einem gemeinsamen Vertreter des Imkerverbandes Rheinland e.V. und des Landesverbandes Westfälischer und Lippischer Imker e.V.

(5) Die Mitglieder des Beirats werden aufgrund der Vorschläge der in Absatz 4 aufgeführten Mitglieder von der Vertretungskörperschaft des Kreises oder der kreisfreien Stadt gewählt. In die Beiräte sollen nur Personen bestellt oder gewählt werden, die ihre Wohnung im Bezirk der Naturschutzbehörde haben. Bedienstete des Kreises oder der kreisfreien Stadt dürfen dem Beirat nicht angehören. Soweit die nach Absatz 4 vorschlagsberechtigten Vereinigungen von ihrem Vorschlagsrecht in einer von der Naturschutzbehörde gesetzten angemessenen Frist keinen Gebrauch machen, können Beiratsmitglieder auch ohne Vorschlag von der zuständigen Vertretungskörperschaft gewählt werden. Diese Mitglieder treten an die Stelle der Vertreter, für die keine Vorschläge gemacht worden sind.

(6) Die Mitgliedschaft in den Beiräten ist eine ehrenamtliche Tätigkeit. Sie wird erworben mit dem Eingang der Annahmeerklärung bei der Behörde, bei der der Beirat eingerichtet ist. § 36 Absatz 1 Satz 2 bis 5 des Kommunalwahlgesetzes in der Fassung der Bekanntmachung vom 30. Juni 1998 (GV. NRW. S. 454, 509, 1999 S. 70), die zuletzt durch Artikel 2 Absatz 3 des Gesetzes vom 8. September 2015 (GV. NRW. S. 666) geändert wurde, gilt entsprechend.

(7) Der Beirat wählt aus seiner Mitte den Vorsitzenden und dessen Stellvertreter. Der Vorsitzende unterhält die Verbindung zur unteren Naturschutzbehörde und zu anderen Behörden und vertritt den Beirat gegenüber der Öffentlichkeit. Bei Entscheidungen und Maßnahmen, die nicht bis zu einer Sitzung des Beirats aufgeschoben werden können, kann der Vorsitzende anstelle des Beirats beteiligt werden.

(8) Das für Naturschutz zuständige Ministerium regelt im Einvernehmen mit dem für Kommunales zuständigen Ministerium für Inneres und Kommunales nach Anhörung des zuständigen Ausschusses des Landtags durch Rechtsverordnung die Einzelheiten über die Beiräte, insbesondere über die Vorschlagsberechtigung, die Amtsdauer ihrer Mitglieder und die Grundzüge ihrer Geschäftsordnung.

§ 71 Biologische Stationen

(1) Biologische Stationen als eingetragene Vereine führen mit Zustimmung der Naturschutzbehörden auch Aufgaben der fachlichen Betreuung von

besonders geschützten Teilen von Natur und Landschaft, der fachlichen und praktischen Betreuung von Bewirtschaftern und Flächen im Rahmen des Vertragsnaturschutzes und der Umsetzung von Pflege- und Entwicklungsmaßnahmen durch.

(2) Das Land Nordrhein-Westfalen unterstützt die Biologischen Stationen dauerhaft finanziell bei der Wahrnehmung ihrer in Absatz 1 aufgeführten Aufgaben nach Maßgabe der Förderrichtlinien Biologische Stationen NRW vom 1. Januar 2005 (MBl. NRW. S. 564), die zuletzt durch Runderlass vom 30. September 2015 (MBl. NRW. S. 709) geändert worden sind.

§ 73 Betretungs- und Untersuchungsrecht
(zu § 65 Absatz 3 des Bundesnaturschutzgesetzes)

Bedienstete und Beauftragte der zuständigen Naturschutzbehörden sowie des Landesamtes für Natur, Umwelt und Verbraucherschutz dürfen zur Erfüllung ihrer Aufgaben Grundstücke betreten. Beauftragte haben eine schriftliche Legitimation mitzuführen und vorzulegen. Sie dürfen dort Prüfungen, Vermessungen, Bodenuntersuchungen und ähnliche Arbeiten und Besichtigungen vornehmen. Maßnahmen nach den Sätzen 1 und 2 sind rechtzeitig anzukündigen, wenn dadurch deren Zweck nicht gefährdet wird. Für entstehende Schäden ist Ersatz zu leisten.

§ 74 Vorkaufsrecht
(Abweichung von § 66 des Bundesnaturschutzgesetzes)

(1) Abweichend von § 66 Absatz 1 des Bundesnaturschutzgesetzes steht dem Land ein Vorkaufsrecht zu an Grundstücken, die in Naturschutzgebieten, in FFH-Gebieten oder in Nationalparken liegen, sofern das jeweilige Grundstück im Zeitpunkt des Vertragsschlusses im Verzeichnis nach Absatz 6 aufgeführt ist.

(2) Ausgeübt wird das Vorkaufsrecht nach Absatz 1 durch die höhere Naturschutzbehörde.

(3) Das Vorkaufsrecht nach Absatz 1 kann zugunsten der Kreise und kreisfreien Städte (Träger der Landschaftsplanung), von Körperschaften und Stiftungen des öffentlichen Rechts und anerkannten Naturschutzvereinigungen sowie zugunsten von landesweit tätigen Naturschutzstiftungen des privaten Rechts auf deren Antrag ausgeübt werden. Die Ausübung des Vorkaufsrechts zugunsten Dritter im Sinne des § 66 Absatz 4 des Bundesnaturschutzgesetzes und des Satzes 1 setzt voraus, dass diese die

zum Erwerb notwendigen Mittel den Berechtigten zur Verfügung stellen oder diese erstatten.

(4) Das Vorkaufsrecht nach Absatz 1 steht dem Vorkaufsrecht auf den Gebieten des Grundstücksverkehrs und des Siedlungswesens im Range gleich.

(5) Über § 66 Absatz 3 Satz 5 des Bundesnaturschutzgesetzes hinaus erstreckt sich das Vorkaufsrecht nicht auf den Verkauf eines Rechts nach dem Wohnungseigentumsgesetz in der jeweils geltenden Fassung.

(6) Das Landesamt für Natur, Umwelt und Verbraucherschutz führt und veröffentlicht ein Verzeichnis über die Grundstücke, für die das Vorkaufsrecht nach Absatz 1 besteht. Jede Notarin und jeder Notar darf das Verzeichnis elektronisch einsehen. Die jeweilige Einsichtnahme sowie das vom Verzeichnis der Notarin oder dem Notar jeweils zur Verfügung gestellte Ergebnis der Einsichtnahme wird dauerhaft gespeichert.

§ 75 Befreiungen und Ausnahmen
(zu § 67 des Bundesnaturschutzgesetzes)

(1) Für die Erteilung von Befreiungen nach § 67 Absatz 1 und 2 des Bundesnaturschutzgesetzes ist die untere Naturschutzbehörde zuständig. Der Beirat bei der unteren Naturschutzbehörde kann einer beabsichtigten Befreiung mit der Folge widersprechen, dass die Vertretungskörperschaft des Kreises oder der kreisfreien Stadt oder ein von ihr beauftragter Ausschuss über den Widerspruch zu entscheiden hat. Hält die Vertretungskörperschaft oder der Ausschuss den Widerspruch für berechtigt, muss die untere Naturschutzbehörde die Befreiung versagen. Hält die Vertretungskörperschaft oder der Ausschuss den Widerspruch für unberechtigt, hat die höhere Naturschutzbehörde innerhalb einer Frist von sechs Wochen darüber zu entscheiden. Lässt sie die Frist verstreichen, kann die Befreiung durch die untere Naturschutzbehörde erteilt werden. Die Sätze 2 bis 5 gelten auch für die beabsichtigte Erteilung von wesentlichen Ausnahmen von Verboten in Naturschutzgebieten, soweit es sich dabei nicht um gebundene Entscheidungen handelt.

(2) Für die Befreiung von den Geboten und Verboten des § 24 ist abweichend von Absatz 1 der Landesbetrieb Wald und Holz zuständig. Er entscheidet im Einvernehmen mit der unteren Naturschutzbehörde.

(3) Absatz 1 gilt entsprechend für die Verordnungen, die auf Grund des Reichsnaturschutzgesetzes vom 26. Juni 1935 (RGS. NW. S. 156), das zu-

letzt durch Gesetz vom 3. Dezember 1974 (GV. NRW. S. 1504) geändert worden ist, erlassen worden sind und die nach § 79 weiter gelten.

§ 76 Beschränkungen des Eigentums, Entschädigung

(1) Zum Wohl der Allgemeinheit ist aus Gründen des Naturschutzes und der Landschaftspflege die Enteignung von Grundstücken zugunsten des Landes, von Gemein-den, Gemeindeverbänden und sonstigen öffentlich-rechtlichen Körperschaften zulässig. Das Landesenteignungs- und -entschädigungsgesetz vom 20. Juni 1989 (GV. NRW. S. 366), das zuletzt durch Artikel 10 des Gesetzes vom 2. Oktober 2014 (GV. NRW. S. 622) geändert worden ist, ist anzuwenden.

(2) Zur Entschädigung nach § 68 Absatz 1 des Bundesnaturschutzgesetzes ist das Land verpflichtet. Der Antrag auf Entschädigung oder Übernahme des Grundstücks ist bei der Behörde zu stellen, die die Beschränkung der Nutzungsrechte oder die Auferlegung von Pflichten angeordnet hat.

Kapitel 9 **Ordnungswidrigkeiten**

§ 77 Ordnungswidrigkeiten
(zu § 69 des Bundesnaturschutzgesetzes)

(1) Ergänzend zu § 69 Absatz 1 bis 5 des Bundesnaturschutzgesetzes handelt ordnungswidrig, wer vorsätzlich oder fahrlässig

1. gegen die in § 4 Absatz 1 Nummer 1 bis 5 aufgeführten Verbote verstößt,
2. entgegen § 23 Absatz 5 Grundstücke in einer Weise nutzt, die den Festsetzungen des Landschaftsplans nach § 11 widerspricht,
3. entgegen § 24 Absatz 1 Satz 1 die Festsetzungen des Landschaftsplans für die forstliche Bewirtschaftung nicht beachtet,
4. einem gemäß § 23 Absatz 2, § 26 Absatz 2, § 28 Absatz 2 oder § 29 Absatz 2 des Bundesnaturschutzgesetzes, § 36 oder § 43 Absatz 1 bis 3 oder in einem Landschaftsplan, einer Rechtsverordnung oder einer ordnungsbehördlichen Verordnung für Naturschutzgebiete, Landschaftsschutzgebiete, Naturdenkmale, geschützte Landschaftsbestandteile, Biosphärenregionen, Nationalparke oder Nationale Na-

turmonumente enthaltenen Gebot oder Verbot zuwiderhandelt, sofern die Rechtsverordnung, die ordnungsbehördliche Verordnung oder der Landschaftsplan, wenn er nach dem 1. Januar 1984 in Kraft getreten ist, für einen bestimmten Tatbestand auf diese Bußgeldvorschrift verweist,

5. entgegen § 39 Absatz 2 gesetzlich geschützte Landschaftsbestandteile beschädigt oder beseitigt,
6. entgegen § 40 Handlungen vornimmt, die zu einer Zerstörung, Veränderung oder sonstigen erheblichen Beeinträchtigung von Wildnisentwicklungsgebieten führen können,
7. entgegen § 30 Absatz 2 Satz 1 des Bundesnaturschutzgesetzes einen in § 42 dieses Gesetzes genannten Biotop zerstört oder sonst erheblich beeinträchtigt,
8. einer ordnungsbehördlichen Verordnung nach § 48 Absatz 1 oder 2 oder einer Rechtsverordnung nach § 65 Absatz 3 zuwiderhandelt, sofern die ordnungsbehördliche Verordnung oder die Rechtsverordnung für einen bestimmten Tatbestand auf diese Bußgeldvorschrift verweist,
9. einem Veränderungsverbot nach § 48 Absatz 3 zuwiderhandelt,
10. einer Satzung einer Gemeinde nach § 49 oder § 61 zuwiderhandelt, sofern sie für einen bestimmten Tatbestand auf diese Bußgeldvorschrift verweist,
11. gegen die in § 52 Absatz 2 aufgeführten Verbote verstößt,
12. entgegen § 43 des Bundesnaturschutzgesetzes in Verbindung mit § 56 Absatz 1 ein Tiergehege ohne Genehmigung errichtet, erweitert, wesentlich ändert oder betreibt oder einer vollziehbaren Auflage nach § 43 Absatz 3 des Bundesnaturschutzgesetzes zuwiderhandelt,
13. entgegen § 59 Absatz 3 in Naturschutzgebieten, Landschaftsschutzgebieten, Nationalparken, Nationalen Naturmonumenten, geschützten Biotopen oder innerhalb von geschützten Landschaftsbestandteilen außerhalb von Straßen oder Wegen Rad fährt oder reitet oder ein Pferd führt,
14. eine nach § 60 gesperrte und als solche ordnungsgemäß gekennzeichnete Fläche betritt, auf ihr fährt oder reitet oder ein Pferd führt,
15. entgegen § 62 Absatz 1 ohne ein gut sichtbares, beidseitig am Pferd angebrachtes gültiges Kennzeichen in der freien Landschaft oder im Wald reitet oder ein Pferd führt.

(2) Ordnungswidrig handelt ferner, wer

1. entgegen § 50 Absatz 3 die Bezeichnung „Naturschutzgebiet“, „Landschaftsschutzgebiet“, „Naturdenkmal“, „geschützter Landschaftsbestandteil“, „geschützter Biotop“, „Biosphärenregion“, „Nationalpark“,

„Nationales Naturmonument“ oder „Naturpark“ für Teile von Natur und Landschaft verwendet, die nicht nach diesem Gesetz geschützt sind,
2. entgegen § 50 Absatz 4 Kennzeichen oder Bezeichnungen verwendet, die denen nach § 50 Absatz 2 oder 3 zum Verwechseln ähnlich sind,
3. den Zutritt zu oder die Benutzung von Wegen oder Flächen, deren Betreten oder Benutzung nach den §§ 57, 58 oder 63 gestattet ist, untersagt oder tatsächlich ausschließt.

§ 78 Geldbuße, Kostentragungspflicht des Halters eines Kraftfahrzeugs, Einziehung, Zusammentreffen mit Straftaten, Verwaltungsbehörde

(1) Ordnungswidrigkeiten nach § 77 können mit einer Geldbuße bis zu fünfzigtausend Euro geahndet werden.

(2) Kann in einem Bußgeldverfahren wegen eines Parkverstoßes nach § 77 Absatz 1 Nummer 2 der Führer des Kraftfahrzeugs, der den Parkverstoß begangen hat, nicht ermittelt werden oder würde seine Ermittlung einen unangemessenen Aufwand erfordern, findet die Kostentragungspflicht des Halters nach § 25a des Straßenverkehrsgesetzes in der Fassung der Bekanntmachung vom 5. März 2003 (BGBl. I S. 310, 919), das zuletzt durch Artikel 4 des Gesetzes vom 8. Juni 2015 (BGBl. I S. 904) geändert worden ist, entsprechende Anwendung.

(3) Ist eine Ordnungswidrigkeit nach diesem Gesetz begangen worden, so können Gegenstände, auf die sich die Ordnungswidrigkeit bezieht oder die zu ihrer Begehung oder Vorbereitung gebraucht worden oder bestimmt gewesen sind, eingezogen werden. § 23 des Ordnungswidrigkeitengesetzes in der Fassung der Bekanntmachung vom 19. Februar 1987 (BGBl. I S. 602), die zuletzt durch Artikel 4 des Gesetzes vom 13. Mai 2015 (BGBl. I S. 706) geändert wurde, ist anzuwenden.

(4) § 77 wird nicht angewendet, wenn die Tat nach anderen Rechtsvorschriften mit Strafe bedroht ist. Von dieser Regelung ausgenommen sind die in den Bußgeldvorschriften geregelten Fälle der einfachen Sachbeschädigung; ihre Ahndung nach § 303 des Strafgesetzbuches ist ausgeschlossen.

(5) Verwaltungsbehörde im Sinne des § 36 Absatz 1 Nummer 1 des Ordnungswidrigkeitengesetzes ist in den Fällen des § 77 Absatz 1 Nummer 13 die Gemeinde, im Übrigen die untere Naturschutzbehörde.

Ausübung der Jagd in Naturschutzgebieten

RdErl. d. Ministeriums für Umwelt, Raumordnung und Landwirtschaft vom 1. März 1991 (MBl. NW. S. 507), zuletzt geändert durch RdErl. v. 29. September 2015 (MBl. NRW. S. 707)

1 Grundsätze

1.1 Naturschutzgebiete werden durch Landschaftspläne der Kreise und kreisfreien Städte oder durch ordnungsbehördliche Verordnungen der Regierungspräsidenten ausgewiesen, soweit dies im öffentlichen Interesse erforderlich ist.
Der Schutz bestimmter Teile von Natur und Landschaft und die ordnungsgemäße Jagdausübung und Hege stellen mitunter Gegensätze dar.
Es bedarf deshalb einer Regelung im Einzelfall, inwieweit der Schutzzweck der in § 20 Absatz 1 des Landesjagdgesetzes Nordrhein-Westfalen genannten Gebiete eine Einschränkung oder Untersagung der Jagdausübung erfordert. Die Jagd hat sich nach Art und Umfang nach dem Schutzzweck zu richten.

1.2 Die zur Erreichung des jeweiligen Schutzzwecks festzusetzenden Gebote und Verbote der Naturschutzausweisung müssen erforderlich sein (§ 19 LG).
In Naturschutzgebieten sind daher Einschränkungen der Jagd insoweit zulässig, als der Schutzzweck dies unter Beachtung des Grundsatzes der Verhältnismäßigkeit der Mittel erfordert. Die Einschränkungen müssen auch geeignet sein, den angestrebten Gemeinwohlzweck zu erreichen.
Einschränkungen der Jagdausübung sind nicht nur dann möglich, wenn ein bestimmter schutzwürdiger Zustand erhalten werden soll; sie sind auch zulässig, um die Biotopqualität des betreffenden Gebietes zu optimieren.

1.3 Zur Beurteilung der Notwendigkeit von Einschränkungen der Jagdausübung ist eine hinreichende Konkretisierung des jeweiligen Schutzzwecks erforderlich. Es genügt nicht, in der ordnungsbehördlichen Verordnung oder im Landschaftsplan lediglich den Gesetzestext des § 20 a) bis c) LG zu übernehmen, da bei einer nur abstrakten Aufzählung von Schutzgründen weder die Notwendigkeit noch die Verhältnismäßigkeit der ausgesprochenen Ge- und Verbote überprüft werden kann.

1.4 Der in § 1 Absatz 4 des Bundesjagdgesetzes verwendete Begriff der Jagdausübung umfasst nur die Jagdausübung im engeren Sinn, also die tatsächliche Ausübung der Jagd. Im Jagdrecht und in der Rechtsprechung findet sich vielfach auch eine Verwendung des Begriffs in einem weiteren Sinn.
Zur Jagdausübung im weiteren Sinn gehören alle Maßnahmen und Handlungen, durch die das Jagdrecht verwirklicht wird, so auch unter anderem die Schaffung von Äsungsflächen, die Einrichtung von Futterstellen und von Einrichtungen für die Ansitzjagd sowie der Jagdschutz, die im Einzelfall durchaus negative Auswirkungen auf ein Naturschutzgebiet haben können.
Daher ist im Folgenden allgemein von der Jagdausübung im weiteren Sinn auszugehen.

1.5 Im Einzelfall kann die Jagd auch völlig verboten werden, wenn es der Schutzzweck erfordert. Ein absolutes Jagdverbot auf größerer Fläche kann unerwünschte Wildmassierungen, insbesondere von Schalenwild, zur Folge haben, was nicht nur zu übermäßigen Wildschäden führen, sondern auch dem Schutzzweck in floristisch und faunistisch bedeutsamen Naturschutzgebieten zuwiderlaufen kann. Darüber hinaus ist in Naturschutzgebieten, in denen die Jagd nicht ausgeübt werden darf, auch der Jagdschutz nicht mehr gewährleistet.

1.6 Im Fall der gänzlichen Untersagung der Jagdausübung scheiden die Eigentümer der betroffenen Flächen aus der Jagdgenossenschaft aus (§ 9 Absatz 1 des Bundesjagdgesetzes). Hieraus ergibt sich grundsätzlich ein Entschädigungsanspruch der Eigentümer dieser Grundflächen.

1.7 Wird die Jagdausübung eingeschränkt oder untersagt, so ist bei unvorhersehbaren Fällen § 69 LG anzuwenden.

1.8 Dieser Runderlass ist auch auf geschützte Landschaftsbestandteile nach § 23 LG anzuwenden, die lediglich wegen ihres geringen räumlichen Umfangs nicht zu Naturschutzgebieten erklärt werden, aber ansonsten in der Wirkung einem Naturschutzgebiet gleichkommen.

1.9 Die örtlich zuständige untere Jagdbehörde ist im Aufstellungsverfahren von der zuständigen Stelle frühzeitig anzuhören.

2 Auswirkungen von Jagd und Hege in Naturschutzgebieten

2.1 Positive Auswirkungen

Jagd und Hege können im Einzelfall folgende positive Auswirkungen haben: – zusätzliche Beaufsichtigung des Schutzgebietes durch die Jagdschutzberechtigten (Die Befugnisse der Landschaftswacht bleiben unberührt.) – Schutz von Flora und Fauna durch Regulierung von Wildbeständen, insbesondere von Schalenwild und Raubwild – Maßnahmen zur Biotoppflege, soweit diese im Einklang mit dem Schutzzweck stehen.

2.2 Negative Auswirkungen

Die ordnungsgemäße Ausübung des Jagdrechts kann in Naturschutzgebieten auch negative Auswirkungen haben. Diese können sich sowohl aus der unmittelbaren Jagdausübung im Sinn des § 1 Absatz 4 des Bundesjagdgesetzes als auch aus verschiedenen Hegemaßnahmen ergeben.

Im Wesentlichen handelt es sich um folgende Aspekte:

2.2.1 Jagd als Störfaktor

Die Jagd kann zu Auswirkungen auf die Raumnutzung und die Aktivitätsperiodik freilebender Tiere führen.

Dieser Störfaktor ist größer, wenn in einem Gebiet scheue Tierarten vorkommen, es dort zu größeren Konzentrationen von Tieren kommt oder wenn dem Gebiet eine bedeutende Funktion als Rast- und Überwinterungsplatz (beispielsweise für Wasservögel, Limikolen) zukommt. Die Jagd kann hier zur Vertreibung von Arten führen, zur Erhöhung der Fluchtdistanz und bei erhöhtem Energiebedarf die Nahrungsaufnahme der Tiere erschweren und deren physiologische Konstitution verschlechtern.

Jagdart, Jagdhäufigkeit und die Zeit der Jagdausübung haben wesentlichen Einfluss auf den Grad der Störung.

Neben der Jagdausübung mit der Schusswaffe kann insbesondere auch das häufige Befahren und Begehen des Gebiets, die Errichtung von jagdlichen Einrichtungen an bestimmten Orten (beispielsweise Horst-, Nist- und Brutplätze, Rast- und Überwinterungsgebiete gefährdeter Arten) und die Ausbildung und Prüfung von Jagdhunden zu Störungen führen.

2.2.2 Beeinträchtigungen durch jagdliche Einrichtungen und -Hegemaßnahmen

Zu unerwünschten Auswirkungen durch Ansitzeinrichtungen (Jagdkanzeln, Ansitzleitern, Erdsitze) kann es kommen, wenn diese häufig oder über längere Zeit besetzt und zahlenmäßig überhöht beziehungsweise. das Landschaftsbild beeinträchtigend errichtet werden.

Die Anlage von Wildäsungsflächen (Wildwiesen, Wildäcker, Prossholzflächen) in einem Naturschutzgebiet ist wesensfremd; sie kann gerade in floristisch bedeutsamen Gebieten zur Vernichtung der schutzwürdigen Vegetation führen; die intensive Bewirtschaftung solcher Flächen kann eine Eutrophierung nährstoffarmer Standorte bewirken.

Fütterungen mit oder ohne feste Einrichtungen und Kirrungen können zu unnatürlich hohen Wildkonzentrationen führen. Veränderungen der Vegetation durch erhöhten Verbiss, durch Einbringen biotopfremder Pflanzen, sowie Eutrophierungen durch Eintrag von Futtermitteln und Exkrementen können die Folge sein (beispielsweise Anfüttern von Wasserwild an oligotrophen Gewässern).

Negativ zu beurteilen sind alle Maßnahmen, die zu einer „Überhege“ bestimmter Wildarten führen, insbesondere die unzureichende Erfüllung des Abschusses beim Schalenwild.

Maßnahmen der sogenannten Biotophege, die nicht im Einklang mit dem Schutzzweck stehen, sind unzulässig. Dies ist dann der Fall, wenn Hegemaßnahmen für bestimmte jagdbare Tiere nachteilige Auswirkungen auf andere nicht jagdbare oder jagdliche wenigor interessante Arten haben beispielsweise Anpflanzen von Hecken, Baumreihen und Feldgehölzon in bedeutenden Rastgebieten arktischer Wildgänse.

2.2.3 Eingriffe in Wildpopulationen

Die Erlegung von Wildtieren stellt einen Eingriff in die Population und das Sozialgefüge dar. Die Auswirkungen sind jedoch im Allgemeinen unbedeutend, da das Revierjagdsystem, die Jagdzeitenregelungen, die Abschussrichtlinien und vor allem das Interesse der Jägerschaft an einer nachhaltigen Nutzung der Wildbestände übermäßige Eingriffe verhindern.

Andererseits können mangelnde Eingriffe unter anderem beim Schalenwild zu einer Beeinträchtigung der schutzwürdigen Vegetation führen.

Unter Berücksichtigung von Art, Größe und Struktur des jeweiligen Naturschutzgebietes bedarf es daher einer sorgfältigen Prüfung im Einzelfall.

3 Regelungen zur Jagd in Naturschutzgebieten

Einschränkende Regelungen zur Ausübung des Jagdrechts in Naturschutzgebieten müssen geeignet, erforderlich und angemessen sein. Dabei sind neben dem völligen Jagdverbot viele Variationen denkbar. So können sich Jagdbeschränkungen insbesondere beziehen auf

- einzelne Wildarten oder Wildartengruppen (z. B. Haarwild, Federwild, Wasserwild),
- die Örtlichkeit (z. B. Teilflächen eines Naturschutzgebietes),
- die Zeit (z. B. Verkürzung oder Beschränkung von Jagdzeiten für einzelne Wildarten oder Wildartengruppen oder Festlegung eines allgemein begrenzten Zeitraums für alle dem Jagdrecht unterliegenden Arten),
- die Jagdart (z. B. Treib-, Drück-, Suchjagden, deren Anzahl wie auch die Anzahl der Jagdausübenden,
- die Erstellung von jagdlichen Einrichtungen (beispielsweise Hochsitze) und die Durchführung von Hegemaßnahmen (beispielsweise, Wildäsungsflächen, Fütterungen, künstliche Brutstätten). In diesem Zusammenhang können auch Gebote für die Jagdausübung in Betracht kommen.

3.1 Zeitliche und/oder örtliche Einschränkungen
Zeitliche und/oder örtliche Jagdeinschränkungen sowie Beschränkungen der Jagdart oder das gänzliche Verbot der Jagdausübung können insbesondere in Gebieten erforderlich sein, in denen stark störungsempfindliche Tierarten leben oder große Wasservogelkonzentrationen vorkommen.
Verstärkt wird die Notwendigkeit zur Einschränkung oder zum Verbot, wenn es sich bei dem Schutzgebiet um ein wertvolles Nahrungs-, Mauser- oder Rastgebiet durchziehender Vögel (insbesondere Enten, Gänse oder Limikolen) handelt. Hier sind die Größe des Schutzgebietes, das Zugverhalten der Tiere sowie internationale Schutzverpflichtungen in die Abwägung einzubeziehen.

3.2 Krankgeschossenes und schwerkrankes Wild
Nach § 22a Absatz 1 des Bundesjagdgesetzes ist krankgeschossenes Wild unverzüglich zu erlegen, um es vor vermeidbaren Schmerzen oder Leiden zu bewahren; das gleiche gilt für schwer krankes Wild, es sei denn, dass es genügt und möglich ist, es zu fangen und zu versorgen.
Soweit für ein Naturschutzgebiet ein zeitliches oder örtliches Jagdverbot angeordnet beziehungsweise festgesetzt wird, ist in die Un-

berührtheitsklausel eine entsprechende Freistellung in Bezug auf krankgeschossenes und schwerkrankes Wild aufzunehmen.

3.3 Ansitzeinrichtungen

Offene Ansitzleitern sollen regelmäßig von den Bauverboten ausgenommen werden; dagegen sollen Jagdkanzeln in Naturschutzgebieten wegen der Beeinträchtigung des Landschaftsbildes im Allgemeinen nicht errichtet werden beziehungsweise nur im Einvernehmen mit der unteren Landschaftsbehörde.

Bei der Erteilung von Befreiungen (§ 69 LG) ist zu berücksichtigen, dass eine ordnungsgemäße Bejagung der Schalenwildarten (Rot-, Schwarz-, Dam-. Muffel- und Sikawild) in der Regel ohne geschlossene Kanzeln nicht möglich ist.

Ansitzleitern und in Einzelfällen genehmigte Jagdkanzeln sollen zweckdienlich, klein, möglichst unauffällig und dem Schutzzweck (Landschaftsbild, Naturhaushalt) angepasst errichtet werden. Dies gilt sowohl für den jeweiligen Standort als auch für die Bauausführung.

3.4 Wildäsungsflächen

In Naturschutzgebieten müssen die Anlage von Wildwiesen, Wildackern und Prossholzflächen sowie der Anbau von fruchttragenden Bäumen (beispielsweise Rosskastanien) einer Befreiung gemäß § 69 des Landschaftsgesetzes vorbehalten bleiben. Dabei ist jedoch zu berücksichtigen, dass Wildäsungsflächen nicht nur der Äsungsverbesserung und der Wildschadenverhütung dienen, sondern auch in vielen Fällen für eine ausreichende Bejagung des Schalenwildes erforderlich sind (im Umfeld auf den Wechseln).

3.5 Wildfütterung und Schwarzwildkirrung

Wegen der negativen Auswirkungen sollen Wildfütterungen mit und ohne Einrichtungen in Naturschutzgebieten regelmäßig nicht zugelassen werden.

Allerdings ist zu berücksichtigen, dass der Jagdausübungsberechtigte nach § 25 Absatz 1 des Landesjagdgesetzes Nordrhein-Westfalen verpflichtet ist, bei witterungs- oder katastrophenbedingtem Äsungsmangel insbesondere bei vereister oder hoher Schneelage oder nach ausgedehnten Waldbränden (Notzeiten), für eine angemessene Wildfütterung zu sorgen. In Naturschutzgebieten ist auf eine Wildfütterung generell zu verzichten, wenn ein Ausweichen auf Flächen außerhalb des Schutzgebietes möglich ist.

Sofern die gesetzliche Verpflichtung nach § 25 Absatz 1 des Landesjagdgesetzes Nordrhein-Westfalen nicht auf Flächen außerhalb

des Naturschutzgebietes erfüllt werden kann, ist die Fütterung in Notzeiten zuzulassen. Hierbei sind Ort, Art und Zahl der Fütterungseinrichtungen auf Vorschlag des Jagdausübungsberechtigten von der unteren Landschaftsbehörde nach Anhörung der unteren Jagdbehörde zu bestimmen.
Auf oligotrophen Standorten wie Moorböden, Magerrasen und Heideflächen sowie auf Flächen, die eine besonders schutzwürdige Vegetation aufweisen und in Quell- oder Feuchtgebieten, darf nicht gefüttert oder gekirrt werden.

3.6 Aussetzen von Wild
Wegen der in aller Regel nicht überschaubaren Auswirkungen ist das Aussetzen von Wild in Naturschutzgebieten zu verbieten. Befreiungen für Wiedereinbürgerungsversuche sollen nur dann erteilt werden, wenn eine positive Stellungnahme des Landesamtes für Natur, Umwelt und Verbraucherschutz (LANUV) vorliegt. § 31 des Landesjagdgesetzes Nordrhein-Westfalen und § 40 Absatz 4 des Bundesnaturschutzgesetzes bleiben unberührt.

3.7 Einsatz von Jagdhunden
Ein Verbot, Hunde in Naturschutzgebieten frei laufen zu lassen, gilt nicht für Jagdhunde im jagdlichen Einsatz.
In Naturschutzgebieten sind aber Hundearbeiten, die über den jagdlich erforderlichen Einsatz hinausgehen (beispielsweise Ausbildung oder Prüfung), zu verbieten. Dies gilt vor allem dann, wenn die Schutzgebietsfläche nur einen untergeordneten Teil des Jagdbezirkes einnimmt und die Hundearbeiten auch außerhalb des Schutzgebietes erfolgen können.
In anderen Fällen soll geprüft werden, ob eine Befreiung wegen nicht beabsichtigter Härte erteilt werden kann. Dies kommt beispielsweise in Betracht, wenn Hundearbeiten in störungsanfälligen Bereichen eines Naturschutzgebietes möglich sind oder die Arbeiten auf ein bestimmtes Maß oder bestimmte Zeiten beschränkt werden.

3.8 Abschuss von wildernden Hunden
Der Abschuss von wildernden Hunden im Rahmen des Jagdschutzes liegt im Interesse des Naturschutzes. Er sollte nur ausnahmsweise dann erfolgen, wenn keine milderen Maßnahmen möglich sind.

4 Selbstbeschränkung und Kooperation

Abgesehen von den für das jeweilige Naturschutzgebiet geltenden Einschränkungen und Verboten ist bei allen jagdlichen Handlungen

auf die Belange des Naturschutzes und der Landschaftspflege Rücksicht zu nehmen.
Diese Selbstbeschränkung bei der Ausübung des Jagdrechts ergibt sich nicht nur aus dem Anspruch der Jägerschaft, für die Belange des Naturschutzes tatkräftig einzutreten, sondern auch aus der gesetzlichen Verpflichtung zur Beachtung der allgemein anerkannten Grundsätze deutscher Waidgerechtigkeit (§ 1 Absatz 3 des Bundesjagdgesetzes).
In Zweifelsfällen sollte der Jagdausübungsberechtigte die Zustimmung der unteren Landschaftsbehörde einholen. Diese soll ihrerseits die untere Jagdbehörde beteiligen.
Darüber hinaus ist ein ständiger Kontakt zwischen den Jagdausübenden und den das Naturschutzgebiet betreuenden Organisationen wie den Biologischen Stationen sinnvoll und im Hinblick auf gemeinsame Zielsetzungen wünschenswert.

5 Inkrafttreten

Dieser Runderlass tritt mit Wirkung vom 1. März 1991 in Kraft, Dieser Runderlass tritt am Tag nach seiner Veröffentlichung in Kraft.

Strafgesetzbuch (StGB)

In der Fassung der Bekanntmachung vom 13. November 1998 (BGBl. I S. 3322), zuletzt geändert durch Artikel 14 des Gesetzes vom 18. Dezember 2018 (BGBl. I S. 2639) – Auszug

§ 32 Notwehr

(1) Wer eine Tat begeht, die durch Notwehr geboten ist, handelt nicht rechtswidrig.

(2) Notwehr ist die Verteidigung, die erforderlich ist, um einen gegenwärtigen rechtswidrigen Angriff von sich oder einem anderen abzuwenden.

§ 33 Überschreitung der Notwehr

Überschreitet der Täter die Grenzen der Notwehr aus Verwirrung, Furcht oder Schrecken, so wird er nicht bestraft.

§ 34 Rechtfertigender Notstand

Wer in einer gegenwärtigen, nicht anders abwendbaren Gefahr für Leben, Leib, Freiheit, Ehre, Eigentum oder ein anderes Rechtsgut eine Tat begeht, um die Gefahr von sich oder einem anderen abzuwenden, handelt nicht rechtswidrig, wenn bei Abwägung der widerstreitenden Interessen, namentlich der betroffenen Rechtsgüter und des Grades der ihnen drohenden Gefahren, das geschützte Interesse das beeinträchtigte wesentlich überwiegt. Dies gilt jedoch nur, soweit die Tat ein angemessenes Mittel ist, die Gefahr abzuwenden.

§ 35 Entschuldigender Notstand

(1) Wer in einer gegenwärtigen, nicht anders abwendbaren Gefahr für Leben, Leib oder Freiheit eine rechtswidrige Tat begeht, um die Gefahr von sich, einem Angehörigen oder einer anderen ihm nahestehenden Person abzuwenden, handelt ohne Schuld. Dies gilt nicht, soweit dem Täter nach den Umständen, namentlich weil er die Gefahr selbst verursacht hat oder weil er in einem besonderen Rechtsverhältnis stand, zugemutet werden konnte, die Gefahr hinzunehmen; jedoch kann die Strafe nach § 49 Abs. 1

gemildert werden, wenn der Täter nicht mit Rücksicht auf ein besonderes Rechtsverhältnis die Gefahr hinzunehmen hatte.

(2) Nimmt der Täter bei Begehung der Tat irrig Umstände an, welche ihn nach Absatz 1 entschuldigen würden, so wird er nur dann bestraft, wenn er den Irrtum vermeiden konnte. Die Strafe ist nach § 49 Abs. 1 zu mildern.

§ 113 Widerstand gegen Vollstreckungsbeamte

(1) Wer einem Amtsträger oder Soldaten der Bundeswehr, der zur Vollstreckung von Gesetzen, Rechtsverordnungen, Urteilen, Gerichtsbeschlüssen oder Verfügungen berufen ist, bei der Vornahme einer solchen Diensthandlung mit Gewalt oder durch Drohung mit Gewalt Widerstand leistet oder ihn dabei tätlich angreift, wird mit Freiheitsstrafe bis zu zwei Jahren bestraft.

(2) In besonders schweren Fällen ist die Strafe Freiheitsstrafe von sechs Monaten bis zu fünf Jahren. Ein besonders schwerer Fall liegt in der Regel vor, wenn

1. der Täter oder ein anderer Beteiligter eine Waffe bei sich führt, um diese bei der Tat zu verwenden oder
2. der Täter durch eine Gewalttätigkeit den Angegriffenen in die Gefahr des Todes oder einer schweren Gesundheitsschädigung bringt.

(3) Die Tat ist nicht nach dieser Vorschrift strafbar, wenn die Diensthandlung nicht rechtmäßig ist. Dies gilt auch dann, wenn der Täter irrig annimmt, die Diensthandlung sei rechtmäßig.

(4) Nimmt der Täter bei Begehung der Tat irrig an, die Diensthandlung sei nicht rechtmäßig, und konnte er den Irrtum vermeiden, so kann das Gericht die Strafe nach seinem Ermessen mildern (§ 49 Abs. 2) oder bei geringer Schuld von einer Bestrafung nach dieser Vorschrift absehen. Konnte der Täter den Irrtum nicht vermeiden und war ihm nach den ihm bekannten Umständen auch nicht zuzumuten, sich mit Rechtsbehelfen gegen die vermeintlich rechtswidrige Diensthandlung zu wehren, so ist die Tat nicht nach dieser Vorschrift strafbar; war ihm dies zuzumuten, so kann das Gericht die Strafe nach seinem Ermessen mildern (§ 49 Abs. 2) oder von einer Bestrafung nach dieser Vorschrift absehen.

§ 114 Widerstand gegen Personen, die Vollstreckungsbeamten gleichstehen

(1) Der Diensthandlung eines Amtsträgers im Sinne des § 113 stehen Vollstreckungshandlungen von Personen gleich, die die Rechte und Pflichten

eines Polizeibeamten haben oder Ermittlungspersonen der Staatsanwaltschaft sind, ohne Amtsträger zu sein.

(2) § 113 gilt entsprechend zum Schutz von Personen, die zur Unterstützung bei der Diensthandlung zugezogen sind.

§ 292 Jagdwilderei

(1) Wer unter Verletzung fremden Jagdrechts oder Jagdausübungsrechts
1. dem Wild nachstellt, es fängt, erlegt oder sich oder einem Dritten zueignet oder
2. eine Sache, die dem Jagdrecht unterliegt, sich oder einem Dritten zueignet, beschädigt oder zerstört,

wird mit Freiheitsstrafe bis zu drei Jahren oder mit Geldstrafe bestraft.

(2) In besonders schweren Fällen ist die Strafe Freiheitsstrafe von drei Monaten bis zu fünf Jahren. Ein besonders schwerer Fall liegt in der Regel vor, wenn die Tat
1. gewerbs- oder gewohnheitsmäßig,
2. zur Nachtzeit, in der Schonzeit, unter Anwendung von Schlingen oder in anderer nicht weidmännischer Weise oder
3. von mehreren mit Schusswaffen ausgerüsteten Beteiligten gemeinschaftlich

begangen wird.
Die Absätze 1 und 2 gelten nicht für die in einem Jagdbezirk zur Ausübung der Jagd befugten Personen hinsichtlich des Jagdrechtes auf den zu diesem Jagdbezirk gehörenden nach § 6a des Bundesjagdgesetzes für befriedet erklärten Grundflächen.

§ 293 Fischwilderei

Wer unter Verletzung fremden Fischereirechts oder Fischereiausübungsrechts
1. fischt oder
2. eine Sache, die dem Fischereirecht unterliegt, sich oder einem Dritten zueignet, beschädigt oder zerstört,

wird mit Freiheitsstrafe bis zu zwei Jahren oder mit Geldstrafe bestraft.

§ 294 Strafantrag

In den Fällen des § 292 Abs. 1 und des § 293 wird die Tat nur auf Antrag des Verletzten verfolgt, wenn sie von einem Angehörigen oder an einem Ort begangen worden ist, wo der Täter die Jagd oder die Fischerei in beschränktem Umfang ausüben durfte.

§ 295 Einziehung

Jagd- und Fischereigeräte, Hunde und andere Tiere, die der Täter oder Teilnehmer bei der Tat mit sich geführt oder verwendet hat, können eingezogen werden. § 74a ist anzuwenden.

§ 306f Herbeiführen einer Brandgefahr

(1) Wer fremde
1. feuergefährdete Betriebe oder Anlagen,
2. Anlagen oder Betriebe der Land- oder Ernährungswirtschaft, in denen sich deren Erzeugnisse befinden,
3. Wälder, Heiden oder Moore oder
4. bestellte Felder oder leicht entzündliche Erzeugnisse der Landwirtschaft, die auf Feldern lagern,

durch Rauchen, durch offenes Feuer oder Licht, durch Wegwerfen brennender oder glimmender Gegenstände oder in sonstiger Weise in Brandgefahr bringt, wird mit Freiheitsstrafe bis zu drei Jahren oder mit Geldstrafe bestraft.

(2) Ebenso wird bestraft, wer eine in Absatz 1 Nr. 1 bis 4 bezeichnete Sache in Brandgefahr bringt und dadurch Leib oder Leben eines anderen Menschen oder fremde Sachen von bedeutendem Wert gefährdet.

(3) Wer in den Fällen des Absatzes 1 fahrlässig handelt oder in den Fällen des Absatzes 2 die Gefahr fahrlässig verursacht, wird mit Freiheitsstrafe bis zu einem Jahr oder mit Geldstrafe bestraft.

§ 326 Unerlaubter Umgang mit gefährlichen Abfällen

(1) Wer unbefugt Abfälle, die
1. …
2. …
3. …

4. nach Art, Beschaffenheit oder Menge geeignet sind,
   a) nachhaltig ein Gewässer, die Luft oder den Boden zu verunreinigen oder sonst nachteilig zu verändern oder
   b) einen Bestand von Tieren oder Pflanzen zu gefährden,

außerhalb einer dafür zugelassenen Anlage oder unter wesentlicher Abweichung von einem vorgeschriebenen oder zugelassenen Verfahren behandelt, lagert, ablagert, ablässt oder sonst beseitigt, wird mit Freiheitsstrafe bis zu fünf Jahren oder mit Geldstrafe bestraft.

(2) ...

(3) ...

(4) In den Fällen der Absätze 1 und 2 ist der Versuch strafbar.

(5) Handelt der Täter fahrlässig, so ist die Strafe
1. in den Fällen der Absätze 1 und 2 Freiheitsstrafe bis zu drei Jahren oder Geldstrafe,
2. ...

(6) Die Tat ist dann nicht strafbar, wenn schädliche Einwirkungen auf die Umwelt, insbesondere auf Menschen, Gewässer, die Luft, den Boden, Nutztiere oder Nutzpflanzen, wegen der geringen Menge der Abfälle offensichtlich ausgeschlossen sind.

§ 329 Gefährdung schutzbedürftiger Gebiete

(1) ...

(2) ...

(3) Wer entgegen einer zum Schutz eines Naturschutzgebietes, einer als Naturschutzgebiet einstweilig sichergestellten Fläche oder eines Nationalparks erlassenen Rechtsvorschrift oder vollziehbaren Untersagung
1. Bodenschätze oder andere Bodenbestandteile abbaut oder gewinnt,
2. Abgrabungen oder Aufschüttungen vornimmt,
3. Gewässer schafft, verändert oder beseitigt,
4. Moore, Sümpfe, Brüche oder sonstige Feuchtgebiete entwässert,
5. Wald rodet,
6. Tiere einer im Sinne des Bundesnaturschutzgesetzes besonders geschützten Art tötet, fängt, diesen nachstellt oder deren Gelege ganz oder teilweise zerstört oder entfernt,
7. Pflanzen einer im Sinne des Bundesnaturschutzgesetzes besonders geschützten Art beschädigt oder entfernt oder
8. ein Gebäude errichtet

und dadurch den jeweiligen Schutzzweck nicht unerheblich beeinträchtigt, wird mit Freiheitsstrafe bis zu fünf Jahren oder mit Geldstrafe bestraft.

(4) ...

(5) Handelt der Täter fahrlässig, so ist die Strafe

1. ...
2. in den Fällen des Absatzes 3 Freiheitsstrafe bis zu drei Jahren oder Geldstrafe.

Strafprozessordnung (StPO)

In der Fassung der Bekanntmachung vom 7. April 1987 (BGBl. I S. 1074, ber. S. 1319), zuletzt geändert durch Artikel 12 des Gesetzes vom 18. Dezember 2018 (BGBl. I S. 2639) – Auszug –

§ 127 Vorläufige Festnahme

(1) Wird jemand auf frischer Tat betroffen oder verfolgt, so ist, wenn er der Flucht verdächtig ist oder seine Identität nicht sofort festgestellt werden kann, jedermann befugt, ihn auch ohne richterliche Anordnung vorläufig festzunehmen. Die Feststellung der Identität einer Person durch die Staatsanwaltschaft oder die Beamten des Polizeidienstes bestimmt sich nach § 163b Abs. 1.

(2) Die Staatsanwaltschaft und die Beamten des Polizeidienstes sind bei Gefahr im Verzug auch dann zur vorläufigen Festnahme befugt, wenn die Voraussetzungen eines Haftbefehls oder eines Unterbringungsbefehls vorliegen.

(3) Ist eine Straftat nur auf Antrag verfolgbar, so ist die vorläufige Festnahme auch dann zulässig, wenn ein Antrag noch nicht gestellt ist. Dies gilt entsprechend, wenn eine Straftat nur mit Ermächtigung oder auf Strafverlangen verfolgbar ist.

Bürgerliches Gesetzbuch (BGB)

in der Fassung der Bekanntmachung vom 2. Januar 2002 (BGBl. I S. 42, 2909; 2003 I S. 738), zuletzt geändert durch Art. 1 des Gesetzes vom 31.1.2019 (BGBl. I S. 54) – Auszug –

§ 90a Tiere

Tiere sind keine Sachen. Sie werden durch besondere Gesetze geschützt. Auf sie sind die für Sachen geltenden Vorschriften entsprechend anzuwenden, soweit nicht etwas anderes bestimmt ist.

§ 251 Schadensersatz in Geld ohne Fristsetzung

...
... Die aus der Heilbehandlung eines verletzten Tieres entstandenen Aufwendungen sind nicht bereits dann unverhältnismäßig, wenn sie dessen Wert erheblich übersteigen.

§ 823 Schadensersatzpflicht

(1) Wer vorsätzlich oder fahrlässig das Leben, den Körper, die Gesundheit, die Freiheit, das Eigentum oder ein sonstiges Recht eines anderen widerrechtlich verletzt, ist dem anderen zum Ersatz des daraus entstehenden Schadens verpflichtet.

(2) Die gleiche Verpflichtung trifft denjenigen, welcher gegen ein den Schutz eines anderen bezweckendes Gesetz verstößt. Ist nach dem Inhalt des Gesetzes ein Verstoß gegen dieses auch ohne Verschulden möglich, so tritt die Ersatzpflicht nur im Falle des Verschuldens ein.

§ 833 Haftung des Tierhalters

Wird durch ein Tier ein Mensch getötet oder der Körper oder die Gesundheit eines Menschen verletzt oder eine Sache beschädigt, so ist derjenige, welcher das Tier hält, verpflichtet, dem Verletzten den daraus entstehenden Schaden zu ersetzen. Die Ersatzpflicht tritt nicht ein, wenn der Schaden durch ein Haustier verursacht wird, das dem Beruf, der Erwerbstätigkeit oder dem Unterhalt des Tierhalters zu dienen bestimmt ist, und entweder der Tierhalter bei der Beaufsichtigung des Tieres die im Verkehr erforderliche Sorgfalt beobachtet oder der Schaden auch bei Anwendung dieser Sorgfalt entstanden sein würde.

§ 834 Haftung des Tieraufsehers

Wer für denjenigen, welcher ein Tier hält, die Führung der Aufsicht über das Tier durch Vertrag übernimmt, ist für den Schaden verantwortlich, den das Tier einem Dritten in der im § 833 bezeichneten Weise zufügt. Die Verantwortlichkeit tritt nicht ein, wenn er bei der Führung der Aufsicht die im Verkehr erforderliche Sorgfalt beobachtet oder wenn der Schaden auch bei Anwendung dieser Sorgfalt entstanden sein würde.

§ 958 Eigentumserwerb an beweglichen herrenlosen Sachen

(1) Wer eine herrenlose bewegliche Sache in Eigenbesitz nimmt, erwirbt das Eigentum an der Sache.

(2) Das Eigentum wird nicht erworben, wenn die Aneignung gesetzlich verboten ist oder wenn durch die Besitzergreifung das Aneignungsrecht eines anderen verletzt wird.

§ 960 Wilde Tiere

(1) Wilde Tiere sind herrenlos, solange sie sich in der Freiheit befinden. Wilde Tiere in Tiergärten und Fische in Teichen oder anderen geschlossenen Privatgewässern sind nicht herrenlos.

(2) Erlangt ein gefangenes wildes Tier die Freiheit wieder, so wird es herrenlos, wenn nicht der Eigentümer das Tier unverzüglich verfolgt oder wenn er die Verfolgung aufgibt.

(3) Ein gezähmtes Tier wird herrenlos, wenn es die Gewohnheit ablegt, an den ihm bestimmten Ort zurückzukehren.

§ 1004 Beseitigungs- und Unterlassungsanspruch

(1) Wird das Eigentum in anderer Weise als durch Entziehung oder Vorenthaltung des Besitzes beeinträchtigt, so kann der Eigentümer von dem Störer die Beseitigung der Beeinträchtigung verlangen. Sind weitere Beein-

trächtigungen zu besorgen, so kann der Eigentümer auf Unterlassung klagen.

(2) Der Anspruch ist ausgeschlossen, wenn der Eigentümer zur Duldung verpflichtet ist.

Unfallverhütungsvorschrift Jagd (UVV)

– VSG 4.4 – vom 1. Januar 2000 (Vorschriften für Sicherheit und Gesundheitsschutz – VSG)

§ 1 Grundsätze

Diese Unfallverhütungsvorschrift gilt für den Umgang mit Waffen und Munition sowie für die Ausübung der Jagd.

§ 2 Waffen und Munition

(1) Es dürfen nur Schusswaffen verwendet werden, die den Bestimmungen des Waffengesetzes entsprechen und nach dem Bundesjagdgesetz für jagdliche Zwecke zugelassen sind. Die Waffen müssen funktionssicher sein und dürfen nur bestimmungsgemäß verwendet werden.

Durchführungsanweisung zu Absatz 1

1. *Eine Waffe ist z. B. funktionssicher, wenn sie zuverlässig gesichert werden kann, ihr Verschluss dicht ist und wenn sie keine Laufaufbauchungen, Laufdellen oder die Funktionssicherheit beeinträchtigende Rostnarben aufweist.*
2. *Keine bestimmungsgemäße Verwendung ist z. B. die Benutzung der Waffe zum*
   - *Niederhalten von Zäunen beim Übersteigen,*
   - *Aufstoßen von Hochsitzluken,*
   - *Erschlagen des Wildes.*
3. *Auf die einschlägigen Bestimmungen*
   - *des Waffengesetzes (WaffG),*
   - *der Verordnungen zum Waffengesetz (WaffV),*
   - *der Verwaltungsvorschrift zum Waffengesetz (Waff VwV),*
   - *das Bundesjagdgesetz (BJG)*

wird hingewiesen.

(2) Es darf nur die für die jeweilige Schusswaffe bestimmte Munition in einwandfreiem Zustand verwendet werden.

Durchführungsanweisung zu Absatz 2

1. *Hinweise auf die verwendbare Munition geben z. B. die Angaben auf der Schusswaffe.*

2. *In nicht einwandfreiem Zustand ist z. B. feucht gewordene Munition, selbst wenn sie getrocknet wurde.*

(3) Auch nicht gewerbsmäßig hergestellte Munition muss den gesetzlichen Bestimmungen entsprechen.

Durchführungsanweisung zu Absatz 3

1. *Hierzu gehört z. B. wiedergeladene Munition.*
2. *Auf die einschlägigen Bestimmungen des Waffengesetzes und des Sprengstoffgesetzes wird hingewiesen.*

(4) Flintenlaufgeschosspatronen müssen so mitgeführt werden, dass Verwechslungen mit Schrotpatronen ausgeschlossen sind.

§ 3 Ausübung der Jagd

(1) Schusswaffen dürfen nur während der tatsächlichen Jagdausübung geladen sein. Die Laufmündung ist stets – unabhängig vom Ladezustand – in eine Richtung zu halten, in der niemand gefährdet wird. Nach dem Laden ist die Waffe zu sichern.

(2) Eine gestochene Waffe ist sofort zu sichern und zu entstechen, falls der Schuss nicht abgegeben wurde.

(3) Beim Besteigen von Fahrzeugen und während der Fahrt muss die Schusswaffe entladen sein. Beim Besteigen oder Verlassen eines Hochsitzes, beim Überwinden von Hindernissen oder in ähnlichen Gefahrlagen müssen die Läufe (Patronenlager) entladen sein.

(4) Ein Schuss darf erst abgegeben werden, wenn sich der Schütze vergewissert hat, dass niemand gefährdet wird.

Durchführungsanweisung zu Absatz 4

Eine Gefährdung ist z. B. dann gegeben, wenn

- *Personen durch Geschosse oder Geschossteile verletzt werden können, die an Steinen, gefrorenem Boden, Ästen, Wasserflächen oder am Wildkörper abprallen oder beim Durchschlagen des Wildkörpers abgelenkt werden,*
- *beim Schießen mit Einzelgeschossen kein ausreichender Kugelfang vorhanden ist.*

(5) Von Wasserfahrzeugen aus darf im Stehen nur geschossen werden, wenn das Fahrzeug gegen Umschlagen und der Schütze gegen Stürzen gesichert sind.

(6) Bei einer mit besonderen Gefahren verbundenen Jagdausübung ist ein Begleiter zur Hilfeleistung mitzunehmen.

Durchführungsanweisung zu Absatz 6
Besondere Gefahren können sich ergeben, z. B. durch Witterungs-, Gelände- und Bodenverhältnisse, vor allem im Hochgebirge, auf Gewässern und in Mooren oder bei der Nachsuche auf wehrhaftes Wild.

(7) Fangeisen dürfen nur mit einer entsprechenden Vorrichtung gespannt und nur mit einem geeigneten Gegenstand ge- bzw. entsichert werden.

(8) Fangeisen dürfen fängisch nur so aufgestellt werden, dass keine Personen gefährdet werden.

Durchführungsanweisung zu Absatz 8
Eine Gefährdung kann z. B. vermieden werden, wenn Fangeisen in verblendeten Fangbunkern, Fallenkästen oder Fangburgen aufgestellt werden.

§ 4 Besondere Bestimmungen für Gesellschaftsjagden

(1) Bei Gesellschaftsjagden muss der Unternehmer einen Jagdleiter bestimmen, wenn er nicht selbst diese Aufgabe wahrnimmt. Die Anordnungen des Jagdleiters sind zu befolgen.

Durchführungsanweisung zu Absatz 1
Zur Gesellschaftsjagd gehören z. B. Treibjagden und Drückjagden.

(2) Der Jagdleiter hat den Schützen und Treibern die erforderlichen Anordnungen für den gefahrlosen Ablauf der Jagd zu geben. Er hat insbesondere die Schützen und Treiber vor Beginn der Jagd zu belehren und ihnen die Signale bekannt zu geben.

Durchführungsanweisung zu Absatz 2
Zur Belehrung gehört insbesondere der Hinweis auf die Vorschriften in Absatz 3 sowie in den Absätzen 6 bis 11.

(3) Sofern der Jagdleiter nichts anderes anordnet, ist die Waffe erst auf dem Stand zu laden und nach Beendigung des Treibens sofort zu entladen.

(4) Der Jagdleiter hat Personen, die infolge mangelnder geistiger und körperlicher Eignung besonders unfallgefährdet sind, die Teilnahme an der Jagd zu untersagen.

(5) Der Jagdleiter kann für einzelne Aufgaben Beauftragte einsetzen.

Durchführungsanweisung zu Absatz 5
Zu den Aufgaben des Beauftragten können z. B. das Einweisen der Schützen in die Schützenstände und das Führen der Treiberwehr gehören.

(6) Bei Standtreiben haben der Jagdleiter oder die von ihm zum Anstellen bestimmten Beauftragten den Schützen ihre jeweiligen Stände anzuweisen und den jeweils einzuhaltenden Schussbereich genau zu bezeichnen. Nach Einnahme der Stände haben sich die Schützen mit den jeweiligen Nachbarn zu verständigen; bei fehlender Sichtverbindung hat der Jagdleiter diese Verständigung sicherzustellen. Sofern der Jagdleiter nichts anderes bestimmt, darf der Stand vor Beendigung des Treibens weder verändert noch verlassen werden. Verändert oder verlässt ein Schütze mit Zustimmung des Jagdleiters seinen Stand, so hat er sich vorher mit seinem Nachbarn zu verständigen.

(7) Wenn sich Personen in gefahrbringender Nähe befinden, darf in diese Richtung weder angeschlagen noch geschossen werden. Ein Durchziehen mit der Schusswaffe durch die Schützen- oder Treiberlinie ist unzulässig.

(8) Mit Büchsen- oder Flintenlaufgeschossen darf nicht in das Treiben hineingeschossen werden. Ausnahmen kann der Jagdleiter nur unter besonderen Verhältnissen zulassen, sofern hierdurch eine Gefährdung ausgeschlossen ist.

Durchführungsanweisung zu Absatz 8
Besondere Verhältnisse können z. B. gegeben sein durch die Geländeform oder mit Ansitzdrückjagden.

(9) Bei Kesseltreiben bestimmt der Jagdleiter, ab wann nicht mehr in den Kessel geschossen werden darf; spätestens darf jedoch nach dem Signal „Treiber rein" nicht mehr in den Kessel geschossen werden.

(10) Die Waffe ist außerhalb des Treibens stets ungeladen, mit geöffnetem Verschluss und mit der Mündung nach oben oder abgeknickt, zu tragen. Bei besonderen Witterungsverhältnissen kann der Jagdleiter zulassen, dass Waffen geschlossen und mit der Mündung nach unten getragen werden, wenn sie entladen sind.

(11) Durchgeh- oder Treiberschützen dürfen während des Treibens nur entladene Schusswaffen mitführen. Dies gilt nicht für Feldstreifen und Kesseltreiben.

Durchführungsanweisung zu Absatz 11

1. *Als Feldstreife kann nach Entscheidung des Jagdleiters auch eine Streife mit flankierenden und vorgestellten Schützen in sonstigem übersichtlichem Gelände gelten.*

2. *Das Mitführen der Schusswaffe mit entladenen Läufen (Patronenlager) ist ausnahmsweise für den Durchgeh- und Treiberschützen zulässig*
   - *für den Eigenschutz*
   - *für den Fangschuss*
   - *für den Schuss auf vom Hund gestelltes Wild.*

(12) Bei Gesellschaftsjagden müssen sich alle an der Jagd unmittelbar Beteiligten deutlich farblich von der Umgebung abheben.

Durchführungsanweisung zu Absatz 12
Als deutlich farbliche Abhebung eignen sich bei Treibern, Treiber- und Durchgehschützen z. B. gelbe Regenbekleidung oder Brustumhänge in orange-roter Signalfarbe, bei Schützen z. B. ein orange-rotes Signalband am Hut.

(13) Bei schlechten Sichtverhältnissen hat der Jagdleiter die Jagd einzustellen.

Durchführungsanweisung zu Absatz 13
Schlechte Sichtverhältnisse liegen z. B. vor bei dichtem Nebel, einsetzender Dunkelheit oder Schneetreiben.

§ 5 Nachsuche

(1) Der Hundeführer wird durch den Unternehmer oder seinen Beauftragten als Jagdleiter bestimmt; er hat damit Weisungsrecht bei der Nachsuche, falls weitere Personen beteiligt sind.

(2) Der Hundeführer muss die notwendige persönliche Schutzausrüstung benutzen.

Durchführungsanweisung zu Absatz 2
Hierzu kann z. B. das Tragen von Schutzbrille und Schutzhandschuhen gehören.

(3) Der Lauf der Waffe ist vor eindringenden Fremdkörpern zu schützen.

Durchführungsanweisung zu Absatz 3
Hierzu eignen sich z. B. Klebestreifen aus durchschießbarem Material.

(4) Kinder und Jugendliche dürfen nicht an der Nachsuche teilnehmen.

(5) Der Unternehmer hat bei der Nachsuche für die Bereitstellung von Erste-Hilfe-Material zu sorgen.

Durchführungsanweisung zu Absatz 5
Auf die Unfallverhütungsvorschrift „Erste Hilfe" (VSG 1.3) wird verwiesen.

(6) Es gelten im Übrigen die Vorschriften von § 4 Absätze 2, 3, 5, 6, 7, 10 und 12 entsprechend.

§ 6 Übungsschießen

(1) Das Übungsschießen ist nur auf behördlich zugelassenen Schießständen erlaubt.

Durchführungsanweisung zu Absatz 1
1. *Die behördliche Zulassung kann auf Grundlage des Bundesimmissionsschutzgesetzes oder des Waffengesetzes erfolgen.*
2. *Auf die Schießstandordnung und die Schießvorschrift des Deutschen Jagdschutz-Verbandes e. V. wird hingewiesen.*

(2) Beim Schießen ist geeigneter Gehörschutz zu tragen.

Durchführungsanweisung zu Absatz 2
Als geeigneter Gehörschutz sind z. B. Gehörschutzkapseln anzusehen. Auf die Unfallverhütungsvorschrift „Allgemeine Vorschriften für Sicherheit und Gesundheitsschutz" (VSG 1.1) wird verwiesen.

§ 7 Hochsitze

(1) Der Unternehmer muss sicherstellen, dass
1. Hochsitze, ihre Zugänge sowie Stege fachgerecht errichtet und mit Einrichtungen gegen das Abstürzen von Personen gesichert sind,
2. bei ortsveränderlichen Hochsitzen die Standsicherheit gewährleistet ist,
3. Hochsitze vor jeder Benutzung, mindestens jedoch einmal jährlich, geprüft werden,
4. nicht mehr benötigte Einrichtungen abgebaut werden.

Durchführungsanweisung zu Absatz 1 Ziffer 1
1. *Als Absturzsicherung bei Ansitzleitern wird die Waffenauflage angesehen.*
2. *Auf die Unfallverhütungsvorschrift „Allgemeine Vorschriften für Sicherheit und Gesundheitsschutz" (VSG 1.1) und die Unfallverhütungsvorschrift „Arbeitsstätten, bauliche Anlagen und Einrichtungen" (VSG 2.1) wird verwiesen.*

3. *Als fachgerecht hergestellt gelten Jagdeinrichtungen, wenn z. B. die Hinweise in der Broschüre „Sichere Hochsitzkonstruktion" beachtet sind.*

Durchführungsanweisung zu Absatz 1 Ziffer 2
Auf die Unfallverhütungsvorschrift „Technische Arbeitsmittel" (VSG 3.1) wird verwiesen.

(2) Aufgenagelte Sprossen sind nur an geneigt stehenden Leitern zulässig. Sie sind mit den Leiterholmen fest zu verbinden und auf diesen nach unten hin abzustützen.

§ 8 Ordnungswidrigkeiten

Ordnungswidrig im Sinne des § 209 Absatz 1 Nr. 1 Siebtes Buch Sozialgesetzbuch (SGB VII) handelt, wer vorsätzlich oder fahrlässig den Bestimmungen des
§ 2 Abs. 1,
§ 3 Abs. 1 Satz 1,
§ 4 Abs. 1 Satz 1, Abs. 2, 3, 6, 7, Abs. 8 Satz 1, Abs. 10 Satz 1 oder § 11 Satz 1,
§ 5 Abs. 4,
§ 6 Abs. 1 oder
§ 7 Abs. 1 Ziffern 3 oder 4
zuwiderhandelt.

Stichwortverzeichnis

Nach der fettgedruckten Ordnungsziffer verweisen die Zahlen auf die abgedruckten Paragraphen.

Stichwortverzeichnis

Stichwortverzeichnis

Stichwortverzeichnis

Stichwortverzeichnis

Stichwortverzeichnis